U0153996

近代中國與東亞研究系列 之一

1920年代之中國

政大出版社
Chengchi University Press

大歷史

主編 ──── 劉維開

國家圖書館出版品預行編目(CIP)資料

1920年代之中國 / 李在全等作；劉維開主編. -- 初版. --
臺北市：政大出版社出版：政大歷史系發行, 2018.12
　面；　公分（近代中國與東亞研究系列；1）
ISBN　978-986-96304-7-4（平裝）

1.中國研究　2.文集

574.107　　　　　　　　　　　　　　　107021928

近代中國與東亞研究系列之一
1920年代之中國

主　　編｜劉維開
作　　者｜李在全、佐藤純平、郭玫珂、羅皓星、朱紹聖、
　　　　　許峰源、施純純、馬思宇、侯嘉星、趙席夐、
　　　　　陳皓昕、方慧雯、皮國立

發 行 人　郭明政
發 行 所　國立政治大學歷史學系
出 版 者　政大出版社
編輯助理　楊善堯
執行編輯　林淑禎
地　　址　11605臺北市文山區指南路二段64號
電　　話　886-2-29393091#80625
傳　　真　886-2-29387546
網　　址　http://nccupress.nccu.edu.tw

經　　銷　元照出版公司
地　　址　10047臺北市中正區館前路18號5樓
網　　址　http://www.angle.com.tw
電　　話　886-2-23756688
傳　　真　886-2-23318496
戶　　名　元照出版有限公司
郵撥帳號　19246890

法律顧問　黃旭田律師
電　　話　886-2-23913808

初版一刷　2018年12月
定　　價　400元
I S B N　9789869630474
G P N　1010702451

政府出版品展售處
• 國家書店松江門市：104臺北市松江路209號1樓
　電話：886-2-25180207
• 五南文化廣場臺中總店：400臺中市中山路6號
　電話：886-4-22260330

目　次

導言

劉維開

國立政治大學歷史學系教授

　　歷史的轉折有其延續或斷裂，從近代中國發展的軌跡來看，1920年代是一個革命狂飆的年代，也是一個思想制度新舊交替的年代，具有承先啟後的意義。1920年代發生的幾個事件，在當時或許有大小不同的反應；中國共產黨成立、北京政變溥儀被逐出宮、孫中山北上逝世、國共合作與分裂、五卅慘案與反帝運動蜂起、國民革命軍北伐、國民政府奠都南京等，從後來的發展，則是直接或間接帶動政治、軍事、社會、經濟、教育、文化等方面的變革，影響中國近代歷史進程甚鉅。

　　國立政治大學歷史學系長期致力於中國近現代史及近代中外關係史等領域之研究，並與國內外學術單位合作進行各項學術活動。2014年起，歷史系研究部同學自發性成立「中國近現代史讀書會」，企圖藉由讀書會的相互討論，進一步推動中國近現代史研究。2015年，讀書會在政治大學歷史學系的支持下，舉辦「百變民國：民國史百年來的演進與變革」工作坊，對民國史研究之軍事、地方建設、外交、文化、財政、宗教等各領域，進行深入的交流與討論，與會者咸感收穫甚豐。有鑒於此，讀書會成員決定凝聚研究焦點，以年代為斷限，探討民國史相關問題。計畫以三年時間，由1920年代開始，分別進行1920年代、1930年代、1940年代之中國學術研討會，邀請更多有志於民國史研究的青年學者參與，以期透過會議論文與討論，展現出對民國史多元的研究方向，並促進彼此間的交流。

　　「百變民國：1920年代之中國」學術研討會於2017年2月11、

12 日，在國立政治大學社會科學資料中心舉行，有來自臺灣、中國大陸與日本青年學者 30 餘位參與，發表論文 29 篇。會議採青年學者提報論文，資深學者評論，與會學者共同討論方式進行。論文經過評論、討論及會後審查、修改，共有 13 篇收入本論文集中。依論文性質分為政治、對外關係、社會群體與觀察、性別與身體四個主題。

　　第一個主題「政治」，分別由個人與國家、地方與中央、租界與司法三個方向切入。廣州國民政府以推倒北京政府為目標，指揮國民革命軍展開北伐，是 1920 年代的重大事件。由於「北伐」二字內含從南方立論的意涵，長期以來，有關北伐史的研究，多以軍政勢力消長為主要內容，也多是從南方角度進行探究。李在全的〈北伐前後的微觀體驗：以居京湘人黃尊三為例〉，以黃尊三日記為主要史料，探討一位在北京工作的湖南人，如何觀察這場大變局，以及如何在變局中求生存。作為北京政權的邊緣人，黃尊三對北京政府固然沒有多少認同感，對於南方政權也沒有多少嚮往與欣喜。戰爭造成了他在南歸或留京選擇上，「歸則無家，留則無食」的兩難窘境。黃尊三的微觀體驗表明，北伐前後的南方與北方，很難說存在相互轉換、零和博弈的現象；用「南北新舊」詮釋北伐史，效力與不足並存。李在全所探討的雖然是一個個案，但是在大變局下，任何個人選擇的兩難基本上是一致的，「歸則無家，留則無食」的窘境，同樣出現在 1949 年另一次政權交替的變局中。佐藤純平的〈圍繞清末民初浙江省財政的三角關係：浙江省議會、省政府和中央政府〉，以浙江省之財政問題與政治動向之間的關係為主軸，探討浙江省議會因為國地兩稅衍伸出能否審查國家預算問題、省議會如何監管地方財政，以及省議會企圖藉由省憲的「財政」條文規範地方財政，藉以理解北洋政府時期中央政府、地方行政首長和地方議會三者之間所形成的三角關係，同時對於浙江省的省自治運動結束，提供財政角度的觀點。由於清代以來浙江省被中央政府攤派數額較多的解協款，晚清的諮議局和民國以後的省議會均十分關注國家預算和地方預算的劃分。1914 年 2 月省議會被迫解散，但是 1916 年臨時約法恢復後，重開的浙江省

議會仍然建議國會，由省議會優先審查國家預算，予以增刪修改之說明後，陳請國會，以備參考。這個方式以擴大地方預算的範圍和對國家預算發揮更大的影響力為目標，展開了相應的行動，並且獲得省政府的支持。特別是直皖戰爭後，浙江都督盧永祥和直系為中心的北京政府之間的關係惡化，上述傾向愈發明晰。在這個背景下，1920 年代浙江省制訂了《九九憲法》、《三色憲法》等省憲草案，其中均有關於預算分配之規定，並以削減軍費和確保教育經費、實業經費等為目標。但是，省議會主張的地方預算擴大，實際上侵犯了省政府的權力，府、會關係趨於緊張。另一方面，省議會在憲法草案中要求削減軍費，將影響盧永祥的權力基礎，省憲的施行自然無法得到盧的支持。浙江省的省自治運動也在這樣的情況下遭到終結。郭玫珂的〈1920 年代北京政府與上海租界之關係：以會審公廨為中心〉，運用英國國家檔案館（British National Archives）的外交部檔案（FO228），探討北京政府外交部如何通過會審公廨，利用中國的各種新法律，間接地影響租界的內部社會，與租界當局進行博弈。1921 年 7 月，北京政府與德國簽訂《中德協約》後，德國人在中國不再享有領事裁判權，雖然由於租界外國人的反對，未能及時將所有德國人的管轄權集中到中國司法體系內，但是明確地促進了北京政府外交部的租界政策，並且引起租界的逐步變化。另一方面，受到這個問題的影響，會審公廨的會審官們開始試圖嚴格管理外國人的國籍問題。1924 年 8 月，北京政府外交部向公使團建議，不僅在中國人之間的民事案件，而且在無治外法權外國人與中國人之間發生的民事案件，都應由中國會審官審判。公使團認為外交部的建議係基於條約而來的主張，外國方面不可堅執反對意見，但是考慮到租界為「特殊地區」的情況，還是需要維持部分案件的會審權。最終，中外雙方達成妥協：在無治外法權國家外國人與中國人之間，或是兩造都是無約國外國人之間發生的民事案件中，外國人沒有會審權。作者表示：「北京政府確實在瓦解『租界代表外國人利益』這一原則，最終廢除對於無約國外國人案件的會審權。於此，不管這些外國人住在租界裡，他們的司法地位基

本上被置於北京政府的管轄之下。」

　　第二個主題「對外關係」，重點在中日關係的討論，以及南海主權的維護。羅皓星的〈1920 年代中期中日兩國實業界團體的往來：以 1926 年上海實業團為例〉，以實業界為中心，探討中日兩國如何在經濟上尋求合作，進而共同謀取各自之利益。作者以 1925 年的上海實業團訪問為例，認為訪問的過程中受到諸多因素影響，使得整個行程失焦，無法達成雙方想要達到的「中日親善」的最終目的。但是，通過這次實業團的訪問，可以注意到日華實業協會在其中所起的促成作用。他們延續了自明治以來日本實業界在中國的人際網絡，並持續維持了這種關係。而日華實業協會不只接待實業界人士，亦接待政界人士。1927 年，蔣介石下野訪日期間，在日本會面的人士，除了接收孫中山過去的人脈外，亦建立他在日本新的人脈。而澀澤榮一等人就接見蔣介石，並大談中日兩國如何共存共榮。這種關係一直延續至 1937 年兒玉謙次的日本訪華視察團，仍在持續產生作用。朱紹聖的〈日本外交官重光葵眼中的 1920 年代前後之中國〉，從重光葵（1887-1957）的角度，探討他如何認識 1920 年代的中國，以及在實際參與對華交涉的過程中，他的對華認識產生了何種轉變。重光葵在 1933 年出任外務次官前的 10 年間，主要從事對華事務，對當時的中國有著長時間的關注，由他所留存的相關資料及外交文書中的記載，對於理解一位日本外交官如何認知此時中國局勢變化，具有重要的價值。重光葵在 1921 年結束巡視南洋群島的任務後，隨即展開一場將近兩個月時間的旅程由南至北進行對中國的考察。在這段旅程中，他認識到在蘇聯的支援下，無論是南方的孫中山，抑或北方的馮玉祥，隨時都有可能走向左傾的道路，對於維護日本在中國東北的利益上顯然是充滿危機的。但是孫中山在東北問題上願意與日本妥協的態度，也讓他意識到此時的日本政府與國民黨之間仍然存在著合作的可能性。於是拉攏中國民族主義力量倒向日本、遠離蘇聯，形成他在處理中國事務上的主要方針。1927 年田中義一組閣後，重光葵從駐華使館被改派至德國柏林的公使館任職，至 1928 年北伐結

束後，日本調整其對華政策，他再度派赴中國，任上海總領事，並在駐華公使佐分利貞男自殺以及小幡酉吉出任公使遭拒後，代理公使一職，於 1930 年與國民政府簽訂《中日關稅協定》。九一八事變發生後，重光葵一改過去對華讓步的姿態，將九一八事變的責任全部推卸給中國政府，並以蔑視的態度觀察中國局勢的發展，與同時在日本國內高漲的民族主義浪潮同流。作者認為重光葵對中國認識的轉變過程，實際上反映出 1920 年代中日關係的變化，成為理解同時代中國局勢變遷的一面鏡子。許峰源的〈許繼祥捍衛南海主權的努力（1920-1928）〉，利用國家發展委員會檔案管理局典藏《國防部史政編譯局檔案》、中央研究院近代史研究所檔案館典藏《外交部檔案》，以及相關南海檔案彙編與報刊資料等，以北京政府海道測量局局長許繼祥作為考察的軸線，探索中國在 1920 年代落實東沙島海事建設、強化海權，以及維繫南海島嶼主權之努力與遭遇的挑戰。自清末以降，東沙島與西沙群島長年為廣東管轄，日商違法勾結華商開採磷礦之例屢見不鮮，爭議頻起。1925 年 12月，海岸巡防處在東沙島無線電氣象臺工程完工後，許繼祥鑒於島嶼行政管轄權歸屬廣東，但島上並無居民，提議將島嶼劃歸海軍部管轄。1926 年 5 月，北京政府國務院決議東沙島歸由海軍部管轄，並派海軍人員進駐，之後，再將同屬南海區域之西沙群島亦劃歸海軍部管理。海軍部經營東沙島與西沙群島事務後，採取相對嚴格方式取締日方非法行徑，以鞏固島嶼主權。燈塔、無線電與氣象臺是南海島嶼重要的海洋事務建設，許繼祥除在東沙島完成氣象臺、無線電臺與燈塔之建置，亦著手西沙島燈塔、無線電與氣象臺之建置，最終卻苦於國家財政困乏，無法落實是項計畫。然而，許繼祥落實東沙島燈塔與無線電氣象臺建設，以及西沙群島海洋事務建設之設計藍圖，後來也成為南京國民政府經營東沙島海事設施，開展西沙群島無線電氣象臺建設的根基。

　　第三個主題「社會群體與觀察」，有三個議題：廖仲愷對中國社會改造的看法、中共早期黨團之探討、近代中國農業高等教育與農業化學知識的發展。施純純的〈廖仲愷對中國社會改造的看法（1919-

1925）〉，分析廖仲愷在五四時期和國民黨聯俄容共過程中對於中國社會改造的看法。廖仲愷是孫中山聯俄容共政策的支持與執行者，這與他對於中國社會改造的看法有關。作者認為無論在五四時期或聯俄容共期間，廖仲愷始終相信社會中的階級分化乃至於階級鬥爭，均源自產業革命後的社會。中國遭遇帝國主義侵略的現實，以及尚未完全工業化的處境，使得中國有餘裕借鑑西方資本主義國家的經驗，也使得「中國革命是否需要階級鬥爭」成為爭議的問題。在五四時期，廖仲愷主張以直接民權修正西方代議制度的缺失，從政治上的改善避免西方階級鬥爭在中國的重演。在聯俄容共期間，廖仲愷主張各階級聯合以進行反帝反軍閥的國民革命，轉而加強黨的組織力量、民眾動員以及黨軍的訓練，發展革命的「強力」，並以公共團體與政府的聯繫，處理階級之間的衝突。因此，廖仲愷的社會改造需要民眾參與，但相較於五四時期訴諸民眾直接掌握政治權力以影響政策，聯俄容共期間的民眾參與，更多是使民眾服從黨和政府的領導，執行黨和政府的決策。廖仲愷在民眾與黨、社會團體與政府連結的問題上，雖然試圖兼顧民眾利益與革命需要，但仍是黨與政府主導民眾的命運和未來，以及掌握社會團體的動向和組織。民眾作為革命載體的優先性，呈現了廖仲愷既想要讓民眾掌握權力、又必須使其服從主義、參與革命的兩難處境，也反映出革命者處於中國 1920 年代的政治、經濟困境和國際壓力之中，想要改造社會的限制與困難。馬思宇的〈中共早期黨團研究（1921-1927）〉，以黨團機制在中共早期發展過程中所起的關鍵作用，探討中共在 1921 年至 1927 年的七年間，如何從一個研究小團體成為群眾性政黨。黨團是指中共在黨外組織與群眾組織中進行活動的祕密機關，圍繞它而衍生出的一套組織機制和行動規則，是為黨團機制。該機制可追溯至 19 世紀上半葉的英國議會黨團，列寧將這一個制度移植到蘇俄布爾什維克，並將其活動範圍擴大到蘇維埃及一切社會團體，藉以確保黨在政治上的領導地位，成為列寧主義政黨的一種獨特機制。黨團機制對應著中共與黨外團體之間的差序格局。在這一格局中，中共居於核心地位，而國民黨、工會、農

會、學生會以及各界聯合組織,按照階級劃分,親緣性和重要性向外依層遞減,形成一張環環相扣,層層深入的蛛網結構。而黨團就是中心射向四方的蛛絲,勾連革命政黨與群眾團體。中共既可派人滲透到各群眾團體,貫徹黨的政策,以有形化無形;也可利用黨團運作,造成群眾團體自下而上回應,化無形為有形。黨團隱於群眾團體之中,又超乎團體之外,通過對群眾團體中組織、宣傳、外聯等環節,掌握群眾團體乃至群眾運動的主動。中共和青年團共同推動學生組織的政治改造,使其成為政黨運動的一部分。而藉由以學生聯合會為代表的各群眾團體合力推動,中共和青年團得以在各界聯合會中遍設黨團,掌握主動,從而獲得了群眾運動的領導權。在五卅運動前,中共和青年團仍是小黨、弱團,但是中共巧妙利用黨團機制,在參與領導五卅運動過程中,加以彌合,不但使中共、青年團在群眾團體中站穩腳跟,更將運動導向革命方向。作者指出,中共和青年團不斷總結經驗教訓,在組織、行動、宣傳等方面均有修正,為日後中共開展群眾運動奠定基礎。黨團機制亦得以逐漸發展、完善,而成為中共政治體系中獨特且重要的黨組制度。侯嘉星的〈近代中國農業高等教育與農業化學知識的發展〉,利用民國時期與農業有關的大專院校學報論文、一般雜誌文獻等,從農業化學知識之引介與應用出發,探討十九世紀末至 1920 年代間,農業化學知識傳入、建立高等教育的歷程。自清季新政開始,各省相繼建立農林學校,這些學校在 1920 年代前後陸續發展成為新式農業科學教育的基地,包括北京大學、中央大學、金陵大學及中山大學等,設置農業化學相關科系,同一時期,政府當局及民間業者也意識到農業市場對化學品的渴求,其龐大商機吸引資本家投入。就此而言,農業化學作為現代部門參與農業生產,並不僅是對農民帶來生產工序上的變革,同時帶來的是新式知識、產銷配售關係、生產組織以及政府角色等種種改變,使得現代部門得以更深刻地影響農村。這些過程與今日中國經濟轉型有異曲同工之處,所以探討近現代中國的農業化學知識的發展,實際上也是試圖回應如何理解型塑今日中國社會樣貌的種種驅力。

　　第四個主題「性別與身體」，著眼於女性角色的探討、服裝產業發展與時尚潮流變遷、男性話語權下的「新性道德」，以及營養食品在近代中國的發展等問題。趙席敻的〈革命、政治與愛情：以陳璧君及汪精衛為中心之探討（1908-1925）〉，以陳璧君與汪精衛的早年行事活動為主軸，探討一個作為近代中國重要政治人物配偶的角色。作者認為陳璧君作為汪精衛的同志、妻子，她將愛戀與革命合一，婚姻亦和革命結合，與汪精衛是一種生死以之的同命鴛鴦；隨著汪精衛的仕途浮沉，陳璧君也與之同進退、共患難。陳璧君在這個時期，很稱職的扮演「男性政治人物背後的賢內助」角色，但她的參與程度很高，主動性與決策部分卻有限，除了婚前自主加入革命行動外，其他時候，她的角色只是輔助與隨同。陳皓昕的〈1927 至 1936 年服裝產業發展與時尚潮流變遷：以上海為中心〉，以 1927 至 1936 年的審美轉折期為研究對象，探討上海的服裝產業發展與時尚潮流變遷。作者認為上海在這個時期正經歷商業和觀念上的重大變化，商業上，以百貨業為主要對象的各式消費興起，促成消費革命；觀念上，新富中產階級生活產生重大改變，其中以女性觀念變遷最為矚目。全文從「近代中國服裝消費方式的轉變」、「民國成衣業概況」，以及「服裝銷售與引領時尚」三個方面，分析服裝產業發展與時尚潮流變遷的關係。方慧雯〈五四前後男性話語權下的「新性道德」〉，以近代思想脈絡為依據，期刊雜誌為主要材料，著眼五四時期「新性道德」的「社交」、「貞操」、「戀愛」、「婚姻」及「優生學」等內涵，探討五四「新女性」是如何形塑生成，又依據何種形式、身分，被吸納至近代國族主義之論述。作者認為在複雜多變的五四時期，婦女雖然看似有著更多的表現機會，但是仍然無法掙脫男性所列定的「活動框架」，難得真正的自由。近代中國的「婦女解放」之路，女性其實一直深陷在「自我犧牲」當中，五四男性依據性別權力，以滿足自身欲求、家國民族理想；及至抗戰時期重塑「女國民」身分，後至毛澤東主導中國建立「女同志」形象，女性實依據時代發展，其形象、內涵不斷被變更以貼合社會趨勢。其中的「順從」與「舒心」，可

以說是「女性」長期以來應有的特質。皮國立的〈當「營養」成商品：維他命在近代中國（1920-1931）〉，以維他命傳入中國後如何由「藥品」成為商品的過程為重點，討論維他命在近代中國發展的軌跡。維他命知識剛傳入中國時，與醫療疾病有相當之關係。人們在 1920 年代一邊探討維他命的種類，也一邊關注維他命可以治療何種疾病，如此的知識呈現，其實更早於維他命成為商品之現象。1920 年代作為「商品」的維他命，至少有魚肝油、維他命補充劑或添加至食品內，如牛肉汁等，在維他命知識剛進入中國時，有些魚肝油的廣告不一定會強調它添加了維他命。但是當維他命的知識漸漸被建立之後，如魚肝油等商品廣告就不斷強調它含有「維他命」，而且把所有當時一般民眾懼怕的疾病預防與治療，不論中西新舊，都賦予在商品的廣告中，凸顯醫學理論知識和商品療效二者之間的巨大差異和錯置。從維他命的歷史，可以使我們對現代食品和藥品交會下「衛生」的知識史與內涵，有一個更全面的理解。

　　關於 1920 年代中國的學術研究不在少數，也曾經舉辦過以 1920 年中國為主題的學術研討會，會後出版過同名的論文集。但是隨著時代的演變、知識的流通，以及資料的大量開放，現階段對於 1920 年代中國的研究，有著較以往更佳的條件與環境。收錄在這本論文集中的各篇論文，雖然主題各異，但是所呈現出的是青年學者對於 1920 年代中國研究的成果，與年輕世代對於 1920 年中國的認識。當然論文集中的主題無法含括 1920 年代中國的所有面相，但是立基於前輩學者以往的研究成果，若干主題，如維他命在中國如何從藥品成為商品、農業化學知識的傳播與應用、中共如何運用黨團進行擴張、一位在北京工作的南方人如何看待北伐等，可以說具有一定程度的創新與學術貢獻。「中國近現代史讀書會」在 1920 年代之中國學術研討會舉行之後，發展為「近代中國與東亞研究群」，希望進一步擴大研究視野，並繼續舉辦 1930年代、1940 年代之中國學術研討會。《禮記・學記》:「獨學而無友，則孤陋而寡聞。」相信研究群成員透過切磋與交流，一步一步前進，應該會有更豐碩的研究成果。

1920年代的政治

北伐前後的微觀體驗：
以居京湘人黃尊三為例 *

李在全

中國社會科學院近代史研究所副研究員

引言

　　1926 至 1928 年的北伐戰爭，是現代中國具有轉折意義的事件，在中國現代史的敘述中也占有重要地位。長期以來，有關北伐史的研究，多以軍政勢力消長為主要內容，也多是從南方（國民黨、共產黨、國共合作等）角度進行探究，[1] 這由於「北伐」二字內含從南方立論的意涵。近一、二十年來，狀況有很大改變，不少學者考察範圍不再囿於軍政變動，且超越「南方」視角，從更寬廣視角，如地域南北之別、文化新舊之爭、社會輿情互動等角度，對北伐史進行了新的探索與詮釋，成果

＊　本文已發表於《近代史研究》，2018 年第 1 期。
1　華崗，《中國大革命史》（上海：春耕書局，1932）；王雲五等編，《國民革命軍北伐戰爭史》（上海：商務印書館，1933）；「國防部」史政局編，《北伐戰史》（臺北：史政局，1959；中華大典編印會，1967）；Donald A. Jordan, *The Northern Expedition: China's National Revolution of 1926-1928* (Honolulu: The University Press of Hawaii, 1976)；張玉法主編，《中國現代史論集》，第 7 輯《護法與北伐》（臺北：聯經出版社，1982）；曾成貴等，《國共合作的北伐戰爭》（河南：河南人民出版社，1986）；王宗華主編，《中國大革命史：1924-1927》（北京：人民出版社，1990）；曾憲林等，《北伐戰爭史》（成都：四川人民出版社，1991）；李新、陳鐵健總主編，《中國新民主主義革命史長編（北伐戰爭）》（上海：上海人民出版社，1995）；楊天石主編，《中華民國史》，第 2 編第 5 卷（北伐戰爭與北洋軍閥的覆滅）（北京：中華書局，1996）；等。

斐然。[2] 然而，北伐史研究尚有很大拓展空間，例如，缺乏微觀個體人物，尤其是能涵蓋南北、新舊、輿情等複雜因素的微觀人物之視角。居京湘人黃尊三及其日記，為從這一視角考察北伐史，提供了可能性。

黃尊三（1880-1950），字達生，湖南瀘溪人。早年中秀才，後就讀於湖南高等學堂。光緒 31 年由湖南官費赴日留學，就讀於弘文學院、正則學校、早稻田大學預科，宣統元年考入明治大學法科。武昌起義後短暫回國參與其事，不久再度赴日完成學業。1912 年 7 月回國，先後執教於江漢大學（武漢）、中國公學（上海、北京）等校，並任北京政府內政部僉事、（編譯處）編譯等職。1927 年南京國民政府成立後，執教於民國學院（北平），任總務長。1931 年九一八事變後，攜眷南歸，任教於湖南辰郡中學及省立四中，瀘溪簡易師範學校，獻身於桑梓教育事業，1950 年 7 月病故。[3]

黃尊三日記，名《三十年日記》，始於光緒 31 年 4 月，終於民國 19 年 11 月，基本連續。[4] 關於日記之目的，黃氏在自序中言：「易曰：『天行健，君子以自強不息』，日記之作，意在斯乎」，即在於督促自己，供修養之用。為黃氏日記作序的近代湖南名流周震鱗，謂黃乃「篤信謹守之士」，「用寫日記，以自克責」（序言一）。綜觀黃氏日記，確實可謂一部修身日記，這或許暗含一定的「示人」意圖。值得提醒的是，該日記在著者生前出版，付梓之前，應有不少刪改；日記中也有編改此前日記的記述，如 1927 年前後「編留東日記」，後世研究者當注意及

2　羅志田，〈南北新舊與北伐成功的再詮釋〉，《新史學》，第 5 卷第 1 期，頁 87-129；高郁雅，《北伐報紙輿論對北伐之反應：以天津大公報、北京晨報為代表的探討》（臺北：學生書局，1999）；王奇生：《國共合作與國民革命 1924-1927》（南京：江蘇人民出版社，2006）；等。

3　上述生平簡介，根據黃氏日記，並參考湖南省瀘溪縣誌編纂委員會編，《瀘溪縣誌》（北京：社會科學文獻出版社，1993），頁 571-572。

4　黃尊三，《三十年日記》（長沙：湖南印書館，1933）。事實上，黃尊三日記延及晚年，見《黃尊三日記選載》（即 1935 年），《湘西文史資料》，第 3 輯（1984）。其他年分日記不知現存何處。

此。但這對該日記的史料價值來說，總體上影響不大。學界對黃尊三日記之利用，主要集中於清末留日部分，[5] 此後的日記，尚未見系統利用、研究者。實際上，黃氏此後的日記，資訊也很豐富，包含居京的工作著（譯）述、交友應酬、社會文化活動及日常生活等。本文即利用黃氏日記之北伐前後部分，該部分日記載述了黃尊三——一位居住北京[6]的南方人——對這場南北戰爭及由此引發的時局變動、政權更迭、生活變化的觀察與思慮。親歷者體驗的「歷史」，自然別有一番風味。

一、北方時局與生活

清末黃尊三赴日學習法科，民初回國後，有自己的活動圈子。除供職於北京政府內務部及講學、著（譯）述外，不時參加一些社團活動。例如，參與北京「市民公會之籌備會」，黃由眾推為宣言書及章程起草員；[7] 參與「建設學會」活動（1924 年 5 月 13 日）；[8] 五卅慘案發生後，黃參與「滬案國民外交會」，商議發行出版物事宜（1925 年 7 月 2 日），等等。關於中央與地方關係方面，從留日時代起，黃傾向於地方自治、分權，不主張中央集權；加之，1920 年代聯省自治頗成潮流，

5　日本學者實藤惠秀在《中國人留學日本史》第三章中摘錄利用過該日記（實藤秀惠著，譚汝謙、林啟彥譯，《中國人留學日本史》，修訂譯本〔北京：北京大學出版社，2012〕，頁 103-119），且將該日記翻譯成日文（黃尊三著，實藤惠秀、佐藤三郎譯，《清國人日本留學日記》〔東京：東方書店，1986〕），其他相關研究有：范鐵權，《黃尊三留日史事述論——以黃尊三〈留學日記〉為依據》，《徐州師範大學學報》（哲學社會科學版），2012 年第 4 期；楊瑞，《辛亥變局與留日學人心態裂變——以湘人黃尊三心路歷程為個案的考察》，《史學月刊》，2013 年第 10 期；拙文《「新人」如何練就：清末一位留日法科學生的閱讀結構與日常生活》，《史林》，2016 年第 6 期；等。

6　1928 年 6 月，南京國民政府宣布北京改稱北平。本文統一稱為北京，簡稱「京」。

7　〈京聞紀要〉，《申報》，1922 年 6 月 28 日，第 7 版。

8　文中所引黃尊三日記，時間多為 1925 至 1928 年，凡在正文中已經說明時間的，不再另注；若正文未說明，在文後用括弧注出。

故黃對地方自治為宗旨的社團活動頗為熱心。1924 年 6 月 24 日記：
「聯治同志會籌備會於中央公園水榭，到者七八十人」，黃被推為湖南
籌備員之一；在「委員制」與「獨裁制」爭論中，黃亦堅持「委員制為
本會主張之特色」（10 月 19 日）。除參與民間社團活動外，黃對現實政
治也有所關注，且有低度參與：黃與北洋政治名流孫洪伊保持著密切
聯繫，1925 年 10 月 23 日，黃赴天津與孫面談；1925 年許世英出任段
祺瑞執政府國務總理，黃多次拜訪許氏（1925 年 9 月 23 日、10 月 14
日，1926 年 1 月 6 日）。

　　1920 年代北京政府，財政陷入窘境，欠薪成為常態，索薪運動此
起彼伏。黃供職的內務部亦然，黃在其中頗為活躍。據報導，1922 年
內務部索薪風潮，全體罷工，黃被推選為副代表，與相關方面交涉；9
次年內務部員工繼續索薪，成立「薪俸維持會」，黃被推選為代表會副
主席。10 證諸黃氏日記，大體確是。1924 年 12 月 29 日記：內務部員
工「開索薪會」，黃被推為代表，「當引同人至總長辦公室代陳一切」，
總長允諾發薪一月，眾人不允，再三力爭，總長許諾發月半薪水，爭
執直至晚七時才退出，因為內務部「已四月不發薪水也」；但事情並未
結束，次日部中再開索薪會，「人多意見不一，總次長均遠避不到，擾
擾至天黑，得五成薪水而散。」索薪運動嚴重影響北京政府之運轉。
1926 年 9、10 月，國務院以攝行大總統令特任顧維鈞代國務總理，顧
氏改組內閣時，內務總長張國淦即「因節關發薪，大受部員糾纏，堅辭
不幹」。11 9 月 21 日，為中秋節，黃閱報獲悉：此次節關，政府發庫券
三百萬，現款一百二十八萬；庫券撥作京外軍費，現洋各機關以二成發
放，共需二十七萬有餘，外餘百萬，則作京內軍警餉項；黃感嘆：「軍
費既占如此巨額，國家財政，焉能整理」。京城如此，外省亦然。1926

9　〈內務部罷工之武劇〉，《申報》，1922 年 4 月 28 日，第 7 版。
10　〈京機關大規模之索薪運動〉，《申報》，1923 年 7 月 8 日，第 10 版。
11　楊天石主編，《中華民國史》，第 2 編第 5 卷，頁 159。

年 2 月 13 日，為大年初一，一位來自江西的友人，談及九江督辦公署
狀況：「無事可辦，無薪可發，頗難支援」，黃感覺：內戰頻年，民窮
財盡，「中央如此，外省又如彼，國事尚可為乎」。無疑，此時北京政
府是異常孱弱的中央政府，《東方雜誌》報導：「四年前，在徐世昌時
代，政府命令只能行於北方諸省。到了曹錕時代，統治的範圍，又縮小
而只及於京畿。現在的段政府是更不行了，在名義上依然是中華民國的
政府，實際上政令已不行於都門之內」，並調侃曰：「沒有一個人擁護
政府，沒有一個人在事實上承認它是政府，而政府的招牌還是照舊的掛
著，這樣滑稽的事情，只有中國才有。」[12]

　　北伐軍興之前，雖欠薪成為常態，居京生活甚是不易，但相較於
各地大小不一的軍閥混戰，北京尚屬安穩之區。1926 年 3 月 17 日，友
人來訪，談及湖南故鄉慘狀，「實不忍聞」，這時黃感覺居住北京，「如
在天上，尚不知足，直自討煩惱耳」。問題是，北京狀況很快也發生變
化。1926 年「三一八」事件發生，當天日記：「下午二時，枕上忽聞槍
聲隆隆，約二十分鐘，極為驚異」，黃感覺「政府之橫蠻如是，國事尚
可問乎」。此後北京，紛紛擾擾，人心惶惶。1926 年 4 月，奉軍戰機
多次飛臨北京上空，投擲炸彈三十多枚，造成多人死傷慘劇。[13] 此事對
民眾驚擾甚巨，黃氏家人也「驚懼」，這時，黃意識到困住京城有四大
患：一、飛機投彈，生命隨時可以告終；二、國民軍駐滿城內外，隨時
可以入城嘩變；三、戰事日久，無職之人，滿街滿巷，隨時可以掠奪；
四、米煤因交通斷絕，運輸不來，斷炊之患，即在目前（4 月 5 日）。
報紙報導：「近日的北京，已陷入於混亂，恐怖的境地中」，目前緊要
問題是，「軍隊的複雜，軍用票流通卷的行用，地方治安的維持」；民眾
關切的是「交通的恢復，糧食燃料的接濟，軍隊的撤退。」[14] 證諸黃氏

---

12 〈雜評〉，《東方雜誌》，第 23 卷第 3 號，1926 年 2 月 10 日，頁 2。
13 〈奉飛機六次來京拋炸彈〉，《申報》，1926 年 4 月 22 日，第 9 版。
14 〈雜評〉，《東方雜誌》，第 23 卷第 7 號，1926 年 4 月 10 日，頁 1。

日記，亦大體如是，時局變動明顯影響京城民眾的日常生活。4 月 7 日深夜，「炮聲隆隆，街市戒嚴」；10 日，黃本擬去醫院診病，因「政變發生，鋪店均關門，只得家居靜養」；11 日，「一夜炮聲隆隆，知戰事即在近郊」。很快，馮玉祥國民軍撤出北京，奉、魯勢力迅速進入京津地區，在「反赤」名義下，恐怖事件層出不窮。據《申報》報導，張宗昌在天津設立直魯聯軍密查處，「明密稽察各一百……查拿赤黨」；北洋元老王懷慶接任京津衛戍總司令後，宣布保安辦法，規定：「凡宣傳赤化者，概處死刑」；在京津地區大肆搜捕左派分子和共產黨人，派員到各學校「詳加檢查」。[15] 正是在這樣恐怖氛圍中，不少社會名人慘遭殺戮。4 月 28 日，黃得知「在京辦理《京報》有年」的著名報人邵飄萍被張宗昌槍決，「各界多深惜之」；8 月，另一位著名報人林白水也被殺害（8 月 10 日）。受此刺激，8 月 17 日，黃起草了遺囑，以備不測。所有這些表明，此前蟄居北京尚存的些許安全感，如今蕩然無存了。

　　北伐軍興後，北方各派勢力分化重組，政局急劇變動，這牽動著黃氏心思。1926 年 11 月 7 日，黃聽聞張作霖有入關主政之說；18 日，黃獲悉：天津開各省代表會議，共推張為大元帥；22 日，報紙證實：天津會議，共推張為總司令，孫（傳芳）、張（宗昌）、閻（錫山）為副司令，出兵五十萬南下，黃「逆料南北大戰，期將不遠」；26 日，討赤聯軍總司令部在天津成立，奉方擬向京漢線出兵。30 日，奉系命令張景惠赴鄭州，與吳佩孚接洽京漢出兵問題。與此同時，商震與馮玉祥聯合，西北的包頭歸化一帶，「布滿青天白日旗」，歸屬國民黨。這時北方也成赤白兩立局面。12 月 2 日報載：張作霖受十五省推戴，就任安國軍總司令；粵政府移鄂，宣布以武昌為國都。黃立即想到：「假令南軍將來完全勝利，國都恐不必仍在北京」。在北伐前後，國都問題一直是黃關切的問題，因為這事關將來生計、出路問題（詳後）。12 月 28

15　〈本館專電〉，《申報》，1926 年 4 月 22 日，第 5、6 版；〈王懷慶搜查中國大學〉，《申報》，1926 年 5 月 10 日，第 9 版。

日，黃聽聞張作霖已抵京，「用迎元首禮，由正陽中門而入」。在北方各派角力下，1927 年初顧維鈞內閣再次改組，異常費勁，「七拼八湊，新內閣班子總算湊齊」，[16] 此次內閣改組，在黃看來：「換湯不換藥，有何效力，時局如此」。（1927 年 1 月 13 日）。

北伐戰爭導致北洋各派紛紛倒臺。1927 年 3 月 2 日，獲悉孫傳芳已通電下野，黃感慨「孫以長江五省之盟主，不兩月而瓦解，政治舞臺，可謂變化莫測」。在黃眼中，直系吳佩孚還算一號人物，頗具才能與見識；北方報紙也認為：抵抗不了北伐軍並非吳氏個人問題，指出吳「其人雖妄，私人品行，猶有可取，雖任性專擅，固亦自信愛國。」[17] 1927 年 1 月 13 日，黃注意到吳發表「中國建設大綱」；19 日，吳通電：河南首先廢督，為各省倡，黃本就認為中國應「廢督」，故認為吳為「武人中之難得者」。5 月 13 日，報載「吳佩孚赴南陽投於學忠」，黃感嘆「英雄末路，為之奈何」。如此一來，北方各大勢力中，僅剩奉系張作霖了。6 月 18 日記：「張作霖經孫傳芳等推戴，今日就海陸軍大元帥職，改造中央與潘閣令同下」。

北伐前夕，北京政府雖已陷入窘境，但京城市面尚屬正常。1926 年 2 月 27 日，為元宵節，黃尊三赴友人在北海之宴，日記中寫道：「北海燈會頗盛，到晚花炮齊放，觀者人山人海，熱鬧異常，席散後，隨意遊覽」。北伐軍興後，北京生活明顯受到影響。1927 年 1 月 1 日，為元旦，黃與家人至東安市場遊玩，發現「當此新年，遊人甚為稀少，亦足見市況之不振」；3 月 5 日，黃攜眷至安定門外的京兆公園，「遊人絕跡，僅有兵士三五成群，園內所有陳設，摧敗淨盡，殘破景象，不堪入目」；7 月 17 日，為盛夏時節，黃至北海公園閒散，雖「風景絕佳，荷花盛開」，然「人跡絕少」；11 月 24 日，黃散步至北海，「遊人稀少，景物蕭蕭」；29 日，黃步至中央公園，「遊人絕跡，繞園一周，覺

16　楊天石主編，《中華民國史》，第 2 編第 5 卷，頁 180。
17　〈回頭是岸〉，《大公報》，1926 年 9 月 4 日，第 1 版。

景物蕭索，風寒透骨」。不僅公共場所如此，市面亦然。黃 1927 年 10 月 24 日記：「大街之上，因戒嚴故，幾絕人行，光景冷淡愁慘之至，足見戰事之影響於面者市大矣」；11 月 2 日，黃察覺到，北京不僅市面「蕭條已極」，而且恐怖氣氛令人窒息，「軍警到處破壞機關，捕捉黨徒」。1927、1928 年之交京津蕭條、恐怖狀況在南方內部情報資訊中得到驗證：「北京偽衛戍司令部近日破獲黨機關數處，並捕去男女學生五十餘人，槍斃學生工人甚多，京畿人民咸栗栗自危，言論稍一不慎，即被軍警就地格殺」，「天津戒備極嚴，市面蕭條，河北尤為冷落。直隸省銀行票每十元換現洋四元。金融奇緊，小販營業多以閉市。」[18]

　　北京市政運轉原本就舉步維艱，北伐戰事逼近，無異於雪上加霜。在這狀況下，各種非常措施不斷出籠，例如各種稅捐激增。關於稅捐問題，《大公報》分析道：「中國稅課，則向來因人而異，貴官富豪，例得免征，中產半貧，負擔最重。試看偌大一座京城，真實負擔市政經費者，惟筋骨勞動之車夫及皮肉生涯之妓女而已。」[19] 分析頗有道理，但把市政經費負擔歸到「筋骨勞動之車夫及皮肉生涯之妓女」身上，則不符史實，實際上，像黃尊三這樣普通市民也深受侵擾。1927 年 10 月 9 日記：「京師警餉，一錢不發，而以警餉為名之房捐，催討之急，有如星火」；25 日晚，得知警廳通知，又催房捐，黃憂心忡忡：「賦閑日久，一文不進，而苛捐催促，有如星火，亂世苛政猛於虎，於今益信」。11 月 15 日，報載財政部將開徵奢侈品稅，「商民苦之，開會反對無效」，黃預料「從此物價必繼漲，生活愈見困難」。黃之預見，亦是京城很多人的共同預感。有記者就此事向商界人士瞭解情況，「據云北京商務，向不發達，所謂巨莊大號者，不過少數幾家而已……若官廳又舉辦奢侈稅，當此商業停滯，市面冷落，吾輩商民實無法支持。」其

18　《北伐陣中日記》（1927 年 11 月 11 日），收於章伯鋒、顧亞主編，《近代稗海》，第 14 輯（成都：四川人民出版社，1988），頁 505。
19　〈北京之警費問題〉，《大公報》，1928 年 3 月 25 日，第 1 版。

實，北京政府內部對徵收奢侈品稅存不同意見，奉軍將領張學良、韓麟春致電國務總理潘複，請免奢侈品特捐，謂此捐「眾怨沸騰」；因各方紛起反對，財政部只能暫時緩辦。[20] 但由於財政異常緊張，1928 年 3 月[21] 還是開始徵收奢侈特捐，並增收房捐。3 月 6 日，黃接警署通知，「房捐照加一半，以助警餉」，黃憂心：「當此生活困難之時，捐款加增，人民之負擔何堪，又商界因政府徵收奢侈捐，議決行總罷市，如果實行，恐前途險象，不堪言狀」。戰事臨近，身家性命不保，捐稅無數，生活難以為繼，不難想見京城百姓之窘境。作為其中一人，28 日黃苦痛寫道：

> 軍興以來，各項捐款，鬧得天昏地暗，而最無理、最黑暗者，莫如房捐，捐後複加，加則必倍，毫無標準，一任警署橫派，一日數追。在巡警唯視收入之多少，以討好長官，而人民則因催索之急迫，致賣妻鬻女者，比比皆是。亂世之民，即此已覺難堪，而生活之逼迫，土匪之騷擾，其痛苦則又十倍於此者，民焉得有生路乎。

二、觀察南方：軍興、內爭、殺戮

在很多外國人眼中，北伐前夕的廣東給人的印象是：「搞叛亂」，「瞎折騰」，「成不了什麼事」，這估計也是中國普通民眾的觀感；但身處廣州的外國人，已經明顯察覺到「驚天動地的事情正在醞釀中」。[22] 國人之中，一些嗅覺靈敏的觀察者，亦已預感時局暗流湧動。1926 年

20　〈奢侈稅與北京商界〉，《大公報》，1927 年 11 月 26 日，第 3 版。

21　韓信夫、姜克夫主編，《中華民國史‧大事記》，第 4 卷，1927 年 12 月 5、10 日（北京：中華書局，2011），頁 2882、2888。

22　哈雷特‧阿班著，楊植峰譯，《民國採訪戰：〈紐約時報〉駐華首席記者阿班回憶錄》（桂林：廣西師範大學出版社，2008），頁 18、19。

初有人在上海《東方雜誌》撰文指出，近來國內軍人的舉動，顯出兩種不同的趨向：第一種是吳佩孚、張作霖以及國民軍系的活動，「他們都注目光於全域，合縱連橫以醞釀時局的變化，而各謀在這變化中造成自己操縱全域的機會」；第二種是趙恒惕、孫傳芳、蔣介石、劉湘等人的舉措，「他們對於關係全域的事件，不輕有所活動，而各竭其力以整理自己所有的地方」。第一派人，「雖然志大言高，而實際應付各事，常不免左支右絀，自己能力的所及，與自己所抱的志願，相去不知若干，前途的發展，實在希望很少」；第二派人，則「精力飽滿，根基穩固，應付周旋，遊刃有餘」，因此，第一派日漸頹勢，第二派日益發展，這是「時局變化中最值得我們的注意的」。[23] 觀察者雖然未能準確預言廣東國民政府在如此中央─地方（中心─邊緣）的軍政格局下積蓄力量、發動北伐，但其提及的蔣介石，這時確實正在思索如何改變全國軍政格局──北伐。1926 年 1 月 11 日，蔣介石在日記記述：「思索戰略：先統一西南，聯絡東南，然後直出武漢為上乎；或統一湖南，然後聯絡西南、東南，而後再問中原為上乎？其或先平東南，聯絡西南，而後再問中原乎；殊難定也。」28 日又記：「研究北方軍事政治」。[24]

黃尊三顯然不是細心的時局觀察者，未能預感這場源於南方的巨變。但身居北京的黃氏，在日記裡經常記述南方及家鄉資訊。1926 年 6 月 29 日記：「十五年禍亂頻頻，兵匪橫行，吾湘為甚，今某軍閥又引兵入湘」，此處所言「某軍閥又引兵入湘」之相關背景是：1926 年 3 月，湖南唐生智舉兵倒趙恒惕，背後是廣州政府與直系吳佩孚之爭；廣州方面幾經權衡後，決定出兵入湘援唐，5 月 20 日，國民革命軍第四軍獨立團葉挺部作為先遣隊奉命入湘，6 月中下旬，國民革命軍各部陸

23 〈雜評〉，《東方雜誌》，第 23 卷第 2 號（1926 年 1 月 25 日），頁 2。
24 《蔣介石日記》，1926 年 1 月 11 日、1926 年 1 月 28 日，美國史丹佛大學胡佛研究所藏。

續北上，集結於湘南前線；與此同時，吳佩孚也增兵入湘。[25] 以歷史後見之明視之，這是北伐戰爭的序幕；但在居京湘人黃尊三看來，這與此前司空見慣的軍閥混戰並無兩樣，遠未意識到這場戰爭將導致南北政權易位。身為湘人，黃關切家鄉戰事，8 月 10 日記：「兩湖之戰禍，方興未艾，近聞粵桂黔鄂聯軍，開入湘境，不下十餘萬人，加以水旱成災，哀鴻遍野，黎民何辜，逢此浩劫。」可見，在北伐戰爭開展兩月後，黃觀感如初，認為是混戰相尋的延續，皆屬「不義之戰」。其實，這也反映了很多國人對北伐初期的即時觀感。獲悉北伐軍進攻吳佩孚，身處浙南瑞安的鄉紳張棡用「噬狼爭正」表述之，亦可為證。[26]《大公報》說：「戰亦如是，不戰亦如是，則厭惡之心生；戰勝亦如是，戰敗亦如是，則鄙屑之念起；無論若何之號召，皆等量而齊觀；不論誰何之勝負，概熟視若無睹。」[27] 換言之，此前戰亂太多，如今誰跟誰打，打的如何，誰贏誰負，國人不再關心了，有些「麻木」了。

　　然而，事實出乎絕大多數人之意料。1926 年 7 月，南方革命軍誓師北伐，迅速攻占長沙，8 月下旬，占領岳陽，10 月上旬攻占武漢，一路所向披靡，令全國輿論刮目相看。天津《國聞週報》說：「孫中山北伐多年，其先鋒隊始終難過韶關。今蔣介石在幾個禮拜以內竟能一舉而下嶽州，再戰而得漢陽，聲威所播，大有南昌已失、九江不穩之象」；由此明言蔣介石及南方勢力已經崛起，「蔣氏的勢力究能發展到甚麼程度，現在自然是不易預言，然其在目下已成為中國政治上一種重要勢力，不如在廣東時之可忽視，則為人人承認的事實了。」[28] 北伐軍進入湖南，受到民眾歡迎，如進入郴州城時，白天「入市口已白幕

25　王奇生，《國共合作與國民革命》，頁 260、261。
26　俞雄選編，《張棡日記》，1926 年 7 月 23 日（上海：上海社會科學院出版社，2003），頁 370。
27　〈戰蜀〉，《大公報》，1926 年 9 月 2 日，第 1 版。
28　老敢，《全國智識階級對於蔣介石北伐應取何種態度》，《國聞週報》，第 3 卷第 38 期（1926 年 10 月 3 日），頁碼不連貫。

蔽天，大小鋪戶咸掛青天白日旗」，晚間「官民男女各界，更開提燈大
會，以表歡迎，途中高呼各種口號，並唱革命歌，一時革命空氣，為之
緊張」。[29] 民眾這種態度，不僅使北伐軍士氣高昂、順利進軍，而且迅
速擴大了自身勢力，大量湖南人加入北伐軍行列。北伐將領張發奎晚年
憶述：「我們向湖南新兵解釋什麼是步槍與子彈後，就讓他們上陣地作
戰。他們穿上軍服拿起步槍十分高興。當然，他們被摻和在老兵之中，
讓後者施教。那些日子士氣之高昂實在難以描述。」[30]

　　所有這些湖南戰事及民情士氣，是身居北京的黃尊三無法體會與
感受的。占領湖南後，北伐軍迅速攻入湖北，尤其是 10 月上旬占領
武漢，舉國震動。但此事在黃氏日記中的反應很微妙。1926 年 9 月 2
日，友人來訪，雲「武昌陷落」，黃本人並未注意及此，而是別人談及
後才得知，可見，北伐戰事至此，黃依然延續軍閥混戰觀念視之，仍
未意識南方勢力的崛起及其勢不可擋。9 月 8 日，黃閱報得知：「北伐
軍於七日入漢口，漢陽危急」，這是黃日記中第一次出現「北伐軍」字
樣（此後有時也稱「南軍」）。此後，黃閱報頻率明顯加快，顯然注意
到了南方軍事行動。實際上，對絕大多數居京人士而言，及至 9 月上
旬，才注意到這次南方北伐的威力。此時同處北京的許寶蘅在日記裡寫
道：「聞武昌、漢陽均為蔣介石軍所得，吳子玉不知存亡，大局又有大
變動矣」，[31] 這是許氏日記中首次有關北伐戰事的記述。這時活動於京津
地區的鄭孝胥也由閱報得知：「漢陽已失，吳退至孝感，靳雲鶚猶守武
昌」，只不過，在鄭氏眼中，南方革命軍與「匪」無異，斥曰：「粵匪

---

29 《北伐陣中日記》（1926 年 8 月 3 日），章伯鋒、顧亞主編，《近代稗海》，第 14
　　輯，頁 47。

30 夏蓮瑛訪談及記錄，胡志偉翻譯及校注，《張發奎口述自傳》（北京：當代中國出
　　版社，2012），頁 69。

31 許恪儒整理，《許寶蘅日記》，第 3 冊，1926 年 9 月 8 日（北京：中華書局，
　　2010），頁 1149。

無歸路，不得不致死於武漢，豈不知耶？」[32]

　　在北伐軍進入兩湖的同時，江西戰場也打響。9月10日，黃閱報獲悉：「孫傳芳對粵軍下哀的美敦書，限期退出湘鄂」（注意：報紙稱「國民革命軍」為「粵軍」，說明時人依然延續此前的地域軍隊觀念），據此，黃預感「長江各省之捲入戰渦，為期當不在遠」。果不其然，次日報載：孫傳芳進兵萍鄉，戰局日益擴大。12日，「粵贛兩軍，已在修水開火，吳佩孚移駐信陽，孫傳芳赴九江督師，南北混戰，不知何日可了。」顯然，包括黃氏在內的很多人看來，這場戰爭依然屬「南北混戰」。11月7日，獲悉孫傳芳所轄江西九江被「粵軍奇襲失陷」，黃意識到：「果爾，則孫傳芳之地位正複危殆」。隨後，孫之地盤逐漸被南軍占領，「孫退南京，南昌後路已斷」，此消彼長，南軍占領九江後，「勢益盛」，南軍中「唐生智之勢更張，而湖口蕪湖安慶相繼動搖」，至此，黃才察覺「北伐軍將來實有無窮之希望」。（11月9日）數日後，從南來友人雷君口中，黃確認了這一判斷，雷君言：「北軍之不能戰，南軍之奮勇，形如指掌」，並雲：「南軍軍事上頗有計畫，有把握，將來必占勝利」；雷君所言，又得到另一位南來朱君的證實（11月14日）。顯見，直至1926年11月，即北伐已開戰近半年後，黃才意識到南方勢力的崛起及其戰鬥力之強。這一時間差，既存北伐史研究中似未關注到。

　　不僅存時間差，而且黃尊三對南方陣營內部結構的認識也滯後。1926年11月21日，一位長沙友人致函黃稱：「黨軍如何奮發有功」，這是黃氏日記中第一次出現「黨軍」字樣。兩天後，黃赴友人之約，座中有人言及「南軍如何得民心，北軍如何失民心」，黃心想，「果爾，南軍之成功，可預卜也」。不難推測，黃此時對南方觀感應較佳，且預感南方戰事發展應較為順利。長期的軍閥混戰，著實讓國人生厭，普遍寄

32　勞祖德整理，《鄭孝胥日記》，第4冊，1926年9月9日（北京：中華書局，2005），頁2114。

望新勢力改變這一局面，國民黨崛起及北伐軍興正契合了這一社會心理變化。著名報人胡政之就觀察到：「黨軍一入湘鄂，所向披靡，有辛亥倒清之勢者，非黨軍有何等魔力，實由人心厭舊，怨毒已深，對於新興之勢力，懷抱一種不可明言之企望。」[33] 1927 年 2 月 6 日，好友向君自南來，述「南政府軍事計畫，最為詳盡，決其必占最後勝利」，原因是「南政府以黨為中心，以工作為要素，兵到之處，即其政治勢力支配之地，且軍官不以勝敗易其地位，只要有勞績，雖敗而其地位不變，其一切軍事，無不受黨治之支配，且新氣澎湃，非北方所能對抗」，黃也認為向君所言「頗有根據」。這是黃氏日記中第一次出現「黨治」字樣。由此可見，直至 1927 年 2 月，黃對南方政權內部基本結構仍未有認識。3 月 3 日，黃閱報得知，中共「已潛入奉軍勢力範圍，擬以北京為政治革命中心」，這是黃日記中第一次提及中共。由上述黨軍、黨治、中共等相關資訊，可見居京人士對南方革命陣營瞭解之滯後，這也反映了北方普通民眾對南方的認知狀況。

隨著北伐的推進，南方陣營內部矛盾日益激化，逐漸演變為寧漢對峙局面。早在北伐之初，北方軍政高層就獲悉南方內部矛盾不少，如北伐軍剛攻占武漢之時，奉軍就「得確報，蔣（介石）、唐（生智）已有破裂之兆」。[34] 但外界並未知悉，黃尊三是通過閱報才知曉這些，自然是很晚之後的事了。1927 年 3 月 6 日，黃得知，「蔣介石聯絡粵桂對付共產分子」；14 日，黃獲悉，武漢「左派對蔣介石已執宣戰態度」；21 日，武漢方面提議：「罷免蔣介石，任唐生智為北伐總司令」。蔣介石與武漢方面矛盾公開化。這時南方內部左右、國共之爭不斷見諸報端。4 月 4 日，報載，「九江杭州左右派喋血，公安局解散總工會，鄂

33　政之，〈主義與飯碗〉，《國聞週報》，第 3 卷第 39 期（1926 年 10 月 10 日），頁碼不連續。

34　《魯禮賢致張景惠電》（1926 年 10 月 12 日），章伯鋒主編，《北洋軍閥》，第 5 卷（武漢：武漢出版社，1990），頁 672。

黨部通電討蔣」；6日，報載，「民黨元老派會議，驅逐共產黨，汪精衛
為鞏固黨基，與陳獨秀共同發表宣言，勸左右兩派，互去猜疑。」隨著
蔣介石占領江浙，清黨運動逐漸明朗。上海「四一二」清黨發生前，北
方報紙已經注意到：「蔣介石實行以武力對付左派，上海南京皆以右派
軍人駐守」；（4月10日）清黨事件發生後，北方報紙反應迅速，黃於
4月13日就閱報得知「上海赤黨糾察隊，被白崇禧繳械，同時解散總
工會，右黨決議不奉武漢政府命令，成立臨時委員會，與共產派之上海
臨時政府對抗。」15日報載，「黨政府緊急會議，討伐蔣介石，蔣派南
京會議，另設政府」，顯然，在多數社會輿論中，「黨政府」專指武漢
政府。4月18日蔣介石主導的南京政府成立，「通電擁護南京中央執行
監察聯席會議，請汪譚歸京，汪蔣合作，恢復黨權」（4月21日），很
快，「汪精衛與漢政府通電，反對南京政府」。（4月29）至此，寧漢完
全對峙。

　　隨著南方內部的分裂，恐怖、殺戮資訊不斷傳入黃氏耳中。藉由閱
報，黃獲悉，武漢政府「起內訌，唐生智辭職」；（4月26日）夏鬥寅
「通電痛斥共黨罪惡，唱鄂人治鄂說」；（5月23日）唐生智、夏鬥寅
「以改組漢政權為條件，成立妥協」；（5月28日）所轄「長沙已成無政
府狀態，贛湘腹地，完全赤化」；（5月10日）「總工會解散，唐生智反
共」；（7月2日）「何健舉兵反共，占據武昌漢陽；汪派集議改組武漢政
府，由純粹國民黨員充任」；（7月20日）武漢國民黨中央「令保護共
黨身體自由，並農工階級利益」（7月23日）；「武漢實行國共分家」（7
月28日）。除報紙外，從南來親友口中，黃也得知相關資訊。1927年
5月11日，從南來劉君口中，黃得知：南方狀況非常混亂，武漢轄區
的「湖南尤甚，出境避難者，紛紛皆是」，黃家鄉湘西「常辰一帶，匪
患最盛，行路為難，為之慨然」。南京方面也是如此，「南京政情紊亂，
軍隊林立，財政困難」。（5月15日）居京浙人余紹宋也注意到：自南

歸北者，無論年長者，還是年輕人，均言南方之「紊亂」、「混雜」。[35]

　　不僅如此，北伐過程中的恐怖、殺戮很快波及黃尊三親友。1927
年 5 月 22 日，黃出席一弔唁會，聽聞友人「陳坤載之大公子，在辰州
為某黨槍斃；某君小兒，在漢口為土匪綁去」，黃深感惶恐，感嘆「此
等不祥消息，重疊而來，殊屬嚇人聽聞。」6 月 27 日，黃接湘西家鄉
來函，得知侄兒「因共黨嫌疑，在辰被軍隊槍決，聞耗驚痛欲絕。」次
日，黃復函囑咐「謹慎保身，如此亂世，不必作生意，不必謀事，只不
餓死，不橫死，即是幸事。」至此，在黃看來，原先觀感不錯的南方，
與北方軍閥也無多大區別了。南北趨同，是這時很多人的共同感覺，鄭
孝胥早先時候就觀察到：無論南方，還是北方，「彼等皆染赤化，南北
主義略同，實皆狂妄無知，殆甚於義和團。」[36]

　　胡適於 1932 年憶述：「民十五六年之間，全國大多數人心的傾向中
國國民黨，真是六七十年來所沒有的新氣象」，[37] 此固屬事實，可惜這氣
象未能持續多長時間。《大公報》言：「今寧漢分裂，且已動殺，此後因
軍事之變遷，地方勢力每一變更，即須流血，尋仇報復，必無已時」，
故「對於各方殺機之開，勢不能不大聲疾呼，極端抗議」。[38] 隨著南方
陣營的內爭、分裂，國民革命的恐怖及殺戮，國人對國民黨及其政權的
觀感迅速逆轉，日漸負面化，報紙報導：此前國民黨及其北伐，備受各
界矚目，現在則今非昔比，「黨人腐化，相與利用」，「武裝同志，爭步
軍閥後塵。」[39] 在黃氏眼中，國民黨也經歷這一變化過程。

35　余紹宋，《余紹宋日記》，第 5 冊，1927 年 8 月 29 日（北京：北京圖書館出版
　　社，2003），頁 20。
36　勞祖德整理，《鄭孝胥日記》，第 4 冊，1927 年 1 月 14 日，頁 2130。
37　胡適，〈慘痛的回憶與反省〉，《獨立評論》，第 18 號，1932 年 9 月 18 日，頁 11。
38　〈黨禍〉，《大公報》，1927 年 4 月 29 日，第 1 版。
39　〈南京今日之會〉，《大公報》，1927 年 9 月 15 日，第 1 版。

三、南行糾結：「歸則無家，留則無食」

　　從民國 2 年始，黃居住京城，及至 1920 年代，南行之念不時浮現。1923 年 2 月 18 日記：居京十載，家人頗思南歸，黃躊躇不能決定，思慮再三，認為不可南歸，理由有三：一、「路途遙遠，匪禍流行，萬一遭險，挽回無術」；二、「家人群歸，我獨留京，老年思兒，將何以慰」；三、「三兒俱小，豈能受長途之風波，萬一得病，何以治之」。黃雖決定不南歸，還是不時探聽南方（包括家鄉）消息，以備將來打算。1923 年 3 月 11 日，友人李君自南來，談及南方情況：可以「匪旱」二字概括，「斗米千錢，斤菜百枚，為北方所未見，遍地皆匪，有家莫歸，言之慨然」。與南方匪盜遍地相比，北京尚屬安定；欠薪雖是常態，但黃還有其他一些收入（如譯書費等），工作也還算清閒，尚可勉強度日。黃心想：在這兵荒馬亂年代，居京尚有「十樂」，其中第一樂即是「當此衙署無薪，官不得食，我尚有餘蓄，足度朝夕」；第二樂便是「土匪遍地，人不安居，我安居京門，毫無顧慮」。（1923 年 3 月 12 日）顯見，這時黃傾向暫居北京，南行之事，從長計議。

　　黃氏故里湘西（瀘溪）經年兵災匪禍，慘狀連連。1925 年 7 月 4 日，黃氏之弟來京，述「瀘縣自遭兵變，十室九空，人民痛苦已極。」1926 年 3 月 17 日，家鄉一位故人來訪，「述故鄉慘狀，實不忍聞」。北伐軍興後，湖南成為戰區，雪上加霜。8 月 10 日記：「湘亂以來，四月至今，未得家書，不知桑梓之區，成何景象，弟妹避亂何方，思之又不勝愁絕。」家鄉除戰亂人亡之外，物價倍增，極難生活。12 月 15 日，黃接函獲悉，家鄉瀘溪「谷米二十元，鹽則每斤一元，生活之高，遠過滬漢」，故「人民焉得而不餓死」。慘狀一直持續著，1927 年 5、6、7 月間，瀘溪地方鄉團與黔軍發生衝突，黔軍圍城，「全縣搶劫一空，居民逃亡殆盡，城中斷炊者十餘日，為空前未有之浩劫」，黃哀嘆「地方糜爛如是，有家何歸？」（1927 年 10 月 26 日、1928 年 2 月 1 日）

　　家鄉不能回，居京也甚是艱難。由於房租太高，1926 年初黃利用

多年積蓄，匆忙購置一處新居；同時，勒緊褲腰帶，「擬月支預算表，以收入既無，支出不能不從節儉（1926 年 2 月 14 日）。節儉度日是此時多數居京人家無奈之選，擔任執政府銓敘局局長的許寶蘅也不得不如此，甚至連夜與家人商議「收束家用辦法」，感慨：「物力日艱，生計日促，不得不稍事撙節」。[40]居京之艱難，南行之念不免又縈繞於黃氏心間。1926 年 3 月 3 日記：「靜思久客北京，無聊殊甚，加以收入斷絕，如何能支，故思歸裡，以了餘生。」7 月 24 日記：「余久有歸志，因戰事連年，兵匪充斥，道路梗塞，欲行不得，京華困守，生活日艱，加以年事漸長，精力就衰，性情孤陋，趨附無方，前途茫茫，不知投身何地」；9 月 11 日記：「交通梗塞，物價騰貴，困守都門，生路斷絕，將來誠不知死所」。進退維艱、去留難決，溢於言表。實際上，糾結者何止黃氏一人，許寶蘅也深感，去留問題「甚為難決，以京中政局而論，無可流連，惟安土重遷，食指繁多，殊不易動」友人屢勸離京謀職，許氏「始終委決不下」。[41]

　　1926 年 10 月 17 日，友人尹君來訪，言北京「不能生活，擬回南謀事」；數日後，黃亦打算「度過年關，將房產變賣，舉家回南。」（11 月 10 日）不幸，1926 年 11、12 月，因為房產涉訟，南行只能作罷。1926、1927 年之交，北方政局變動異常，奉系張作霖入主北京，「顧（維鈞）內閣三次辭職」，黃又覺「時局如此，北京豈可久居，擬俟痔病稍癒，將房產變賣，毅然回南。」（12 月 18 日）此時南行只是臆想，實際上已不可能，故黃 1927 年 1 月 13 日記：「北京大不易居，本擬春正回南，今住房既發生問題，一時不能出售；小兒等又不便中途輟學；戰亂未已，盜匪橫行，地方不能安居。有此三因，故爾中止。」決定歸決定，糾結、煩悶還是不時纏繞黃之心頭。2 月 2 日，為大年初一，黃心想「不能老守北京，磨消精神與歲月」；2 月 16 日，黃「久思

40　許恪儒整理，《許寶蘅日記》，第 3 冊，1926 年 2 月 10 日，頁 1115-1116。
41　許恪儒整理，《許寶蘅日記》，第 3 冊，1925 年 12 月 22 日，頁 1104。

南下」；3 月 2 日，又改變主意，「若經濟足以維持生活，余將以著述終老，不他圖也」；3 月 20 日，致函家鄉親人，「囑調查湘西一帶是否平靜，以便秋涼歸裡」，當知悉家鄉親友多人相繼而逝，黃又不擬南歸，雲：「余對世事，更為冷淡，亦不作南遊之想，擬讀書教子，度此亂世生涯，而養天年」；（4 月 1 日）數日後，黃又道：「余本擬病癒南行，聞友人言，南方情形，甚為混亂，旅行頗不方便，壯心為之阻喪」。（4 月 4 日）南行與否？反復糾結於黃心中。

在危難中度日，無異於煎熬，1927 年 8 月 24 日記：「戰禍頻年，生活逼人，歸則無家，留則無食，苟延生命於危城」。此乃多數居京人士共同的生存狀態，一位友人就對黃說：「現在除節約外，無他道，同事中不能維持生活者，比比皆是」。（10 月 12 日）在 11 月 5 日記中，黃道盡了一位居京南人進退維艱的處境與心境，曰：「滿城景況荒涼，人人有大禍將臨之懼，朋友留此地者，為生活所迫，見面愁眉，無辭可慰；家鄉則半年之中，兩被兵禍，十室九空，家人之在瀘（溪）若啼饑號寒，無法救濟，而知交之訴窮，室人之嘆苦，其聲啾啾，日振耳鼓。」

1927 年 6 月 20 日，黃外出訪友，發現友人中南行者甚多，原因「雖雲士各有志，亦實為生活所迫，不得不爾」。在此前後，大批北京人士南行，黃之所言「生活所迫」確實是一大原因，如《現代評論》就報導了北京教員之窘境：有的教員到別處學校，另謀生活去了；有的投筆從戎，各自飛騰去了；其餘的教書先生們，有的不願走，有的不能走，就活活的困在北京。「有自用車的，已有許多把車夫去了；使聽差的，已有許多把聽差去了；使老媽子的，已有用不起的了；如果再窮，雖不便對太太離婚，然為減輕負擔，恐怕到必不得已的時候，只好一律遣散，送回原籍」，並指出：「薪金積欠已達二十個月之多，就是生活簡單，舊有蓄積，恐怕用完了的已經不在少數。這是教育的實在的狀

況，並不是故甚其詞的話。」[42] 教員之窘境僅是京城生活的冰山一角，對於整個北京而已，生活艱難已是不爭的事實，《大公報》稱：「三四年來，枯窘益甚，以視疇昔，已同隔世。至昨今兩年則欠薪二十個月，殆成普遍現象⋯⋯此真官僚社會之奇哀，寄生階級之末日也。」[43]

經濟狀況是導致北人南行原因之一，但並非全部，北京政府隨意捕殺文人之行徑，也迫使不少人南行。北伐之前，當局逮捕陳獨秀，引起一批新文化運動知識人南行；此後，邵飄萍、林白水、李大釗等人相繼被捕殺，更促使許多知識人南行，有人就從心理方面觀察到：在這場南北戰爭中，「國內許多思想較新的人集中於黨軍旗幟之下，這些人在北方確有點不能相容」，並指出：「其實思想與經濟也大有關係，有許多人因思想較新不見容於舊社會而生活受窘，更因生活受窘而思想益激進」，[44] 故不得不南行。1927 年 3 月，周鯁生、王世傑等一批留洋歸國的北京大學教授南投武漢，此後知識人南投之報導，不斷見諸報端。[45] 除頗有名位的知識人外，青年南行者更多，黃埔軍校開辦後，各地青年投軍者日多，北伐軍興後，南投趨勢更盛。對此，有人撰文指出：「自北伐軍興，近一兩月來各地知識階級（包括學生言）往廣東投效的踵接肩摩⋯⋯自北伐軍占陽夏，由滬往粵投效者三日之內達三百人，由京往粵投效者六百人，類皆大學學生。」[46] 自北南行已成潮流。

潮流歸潮流，總有未南行者，黃氏即其中一人。黃自道：「余雖有救國之志，奈機緣不熟，不能勉強，只好靜以待之，若不問時機，一味奔走，為衣食則可，為救國則不可也。」（1927 年 6 月 20 日）由此可知，在黃眼中，南行未必僅是回歸湘西一途，去新政權（南京、上海

42　〈京師的國立各校〉，《現代評論》，第 4 卷第 101 期（1926 年 11 月 13 日），頁 2。
43　〈北京官僚生活之末日〉，《大公報》，1927 年 5 月 14 日，第 1 版。
44　百憂，〈以科學眼光剖析時局〉，《晨報副刊》，1926 年 10 月 5 日，頁 3。
45　〈要聞簡報〉，《晨報》，1927 年 3 月 9 日，第 3 版；〈現代評論派與國民黨〉，《晨報》，1927 年 7 月 7 日，第 2 版。
46　百憂，〈以科學眼光剖析時局〉，《晨報副刊》，1926 年 10 月 5 日，頁 3。

等地）謀職也是選項之一。其實，在北伐進軍之時，南行謀職者也不少，報紙報導：「南昌漢口住閑求事的人很多，從北方去的尤其不少，得意的似乎不大有。」[47]黃亦有此想法，1927 年 7 月 19 日接友人自南京來函，雲「南京政府，尚未完全組成，而求事者多如鯽，生活之高，倍於北京」，勸黃不必南下，這說明黃有意南下謀職（至少向友人詢問過此事或透露過這想法）；1928 年 3 月 14 日，黃再得友人南京來函，謂南京「經濟困難，亦無減於北，所謂到處烏鴉一樣黑也」，亦勸黃不必南下。但是，黃還是決定南行，一探究竟。4 月 17 日，黃乘火車南下，但此行僅至天津，中途折返；18 日記：身體未癒，不支，加路途艱難，「遂決計歸京」。至於，此番為何要南行？黃日記中沒有詳述。此時離京南行，路途兇險自不待言，即便是進出北京城，也很不便，因由軍事失利，北京政府加緊京城防衛，各城門加派兵員守衛，還全城戒嚴。[48]在如此狀況下，黃還決意南行，可見南行對其之緊要。4 月 20 日，友人歐君來訪，黃對其言此行經過，歐謂：「時事解決，即在目前，吾輩且稍俟之」，勸黃在此戰事混亂、時局未定之際，稍安勿躁。據此，可大體推知，黃試圖在北京政府未完全倒臺之前，即往南京謀差事，這較此後再南行謀職應該「勝算」更多一些。月餘後，黃依然惦念此事，「自前月去寧未果，至今又近兩月，奉張出關，戰事或將收束，長此坐廢，殊非所宜」，（6 月 5 日）心裡還想著南行。但黃終究未南行，北京政府終結後，留在「故都」謀生，應故交周震麟之邀，擔任私立民國學院總務長，直至 1931 年九一八事變後，攜眷南歸。

47　《南行視察記》，《大公報》，1927 年 3 月 8 日，第 2 版。
48　韓信夫、姜克夫主編，《中華民國史・大事記》，第 5 卷，1928 年 4 月 18 日，頁 3020。

四、南京政府：「以黨治國」或「以國殉黨」

　　1928 年上半年，隨著二次北伐推進，北京政府頹勢日顯。6 月張作霖通電下野，撤退關外，將北京政權交給王士珍、熊希齡等人組成的治安維持會。北京政權交接頗為平穩，輿論對此深表讚揚，[49] 但畢竟局面未定，故「商民惴惴，自所難免」。[50] 6 月 7 日，黃閣報得知，馮玉祥所部進駐京郊南苑，閻錫山晉軍抵達京城西直門。9 日，閻錫山在保定就任京津衛戍總司令，佈告安民；晉軍總指揮商震入城；北京警備司令第七軍長張蔭梧，奉閻命就職。值此政權更迭之際，黃發現各種各樣團體組織湧現，異常活躍，「斯時趁機活躍者，有國民黨市黨部，國立九校之代表團，國民黨京漢鐵路特別部，順直特別政務委員會，國民革命軍直隸第一路司令部，京師總商會之治安維持會，文物臨時維護會；此外，如京兆各團體，旅京公會，各大學之學生會，五光十色，極人類自謀生存謀活動之能事。」這一奇特現象，令很多人注目，許寶蘅也記述：「有市黨部在湖南館成立開會，又有特務委員會出現，又有其他會部紛起」。[51] 月餘後，在天安門開慶祝北伐成功大會，「各界均停止工作，團體參加約二百餘」。（7 月 7 日）

　　二次北伐本是南方各派暫時妥協、聯手的結果，隨著奉軍撤退、北伐軍占領京津，國民黨內部不和消息再度傳開。6 月 13 日，黃知悉，北京附近，「閻軍雲集，不下十萬；馮軍在京津一帶，亦不下十萬；桂軍十餘萬，有即日開駐京畿之說；蔣軍十餘萬，已陸續由津浦至津」，黃擔心：「八方戰士會京津，將來如何給養，是可憂也」。占領京津後，國民黨中央開始醞釀裁兵事宜，各派系暗中角力。6 月 27 日，友人朱君來談時局，謂「裁兵事各方皆無誠意，仍屬權利地盤之爭，因用

49　〈北京治安維持會之成功〉，《大公報》，1928 年 6 月 11 日，第 1 版。

50　章伯鋒主編，《北洋軍閥》，第 5 卷，頁 792。

51　許恪儒整理，《許寶蘅日記》，第 3 冊，1928 年 6 月 6 日，頁 1249。

人一項，閻蔣之間，頗有意見」。7月3日，報載，「馮因病不來京」，黃心想「時局前途，恐無良果」。7月4日，黃閱報獲悉：蔣介石、李宗仁昨晨抵北平，開西山會議，馮玉祥派鹿鐘麟代表出席。當天一位友人來訪，言「現在革命尚未成功，右黨竊權柄政，裁兵之說，純系欺騙，根本即辦不到。奉天用兵，馮白主張一致，若蔣閻不同意，內部難免不生破綻」。一位多年供職於軍隊的張君對黃說：「南京政府用人，純以金錢及武力為前提，非此則多不行……武人仍不脫封建思想，互相競權，蔣白之積不相容，已有歷史關係，而浙桂浙湘湘桂之爭，亦無時或已，馮蔣權勢相侔，內競更烈，將來不知弄到如何地步」，張君言時「頗為慨嘆」。（1928年7月8日）不難看出，即使北伐軍占領北京，許多不穩定因素依然延續，並未給人帶來多少安全感。

1928年6月9日，某君來黃宅談，認為「現在北伐雖告成功，離建設之程度尚遠，黨國所缺乏者，為建設人才，雖有三民主義，而無適當具體之建設方略，訓政時間過長，人民之自由權，恐受剝奪。北洋舊人，雖雲腐敗，然多少總有所顧忌，不敢橫行一切；國黨則毫無於忌，一黨專政，人民公權，必受影響，縱以最高之黨權，勉強範圍各方面，而政治（能）否就軌，國家能否向上發展，尚屬問題」，並表示「吾人不願為個人衣食問題，隨意附和，將澄靜以觀其變」。此言頗能代表北京人士對南京新政權的觀感，並采「靜觀其變」之態度。黃本人也在觀察新政權，當得知：南京政府擬劃全國為六軍區，「第一二三四各軍區，即以一二三四各集團現在之地盤分配之，即二軍區為陝甘豫及直省之一部，三軍區為山西察哈爾熱河及京津一帶，五軍區為兩廣，以東三省為第六軍區」，黃立即意識到：「按如上分配，仍不失為地盤分配之性質，殊非根本解兵之道」（6月16日）。顯而易見，南京新政府與此前北京政府並無二致，依然是按軍力分配地盤的舊格局，如《晨報》所言：「今日黨軍之病，在軍人未能拋卻舊軍閥傳統之地盤觀念，故雖在青白旗幟之下，以主義來相號召，然其所表現於吾人之前者，則悉為

地盤之爭、權利之戰而已」；[52]《大公報》直言：「革命之最大危險」是「革命軍人本身之軍閥化。」[53] 南方新政權這種轉變與黃之預期相去甚遠，失望自是難免。

　　事實上，早在北京政府尚未垮臺之前，很多北方人士已在觀察、研判南京政權之體制與政象了。1927 年 9 月 2 日，友人向君來談，認為「最後勝利，終歸南方」。9 月 8 日，一位友人與黃談論時局，問：「右派得志，究竟如何？」黃答：「不過名義上統一，事實統一，一時恐辦不到」；問：「以黨治國如何」，黃答：「看其如何治法，有無信條及辦法，有則未始不可治」，可見，此時黃對南北真正統一並不樂觀，對國民黨「以黨治國」持「拭目以待」的態度。長期以來，北京政府「政令皆不出國門，識者憂之，以為分裂之兆」；問題是，南京政府剛剛成立，即呈分裂之象，「浙皖各省，公然實行財政獨立，孫科憤而辭職，南北如出一轍。」（1927 年 12 月 30 日）1928 年 2 月 4 日，某君從南京來訪，稱：「南方局面頗壞，兵匪橫行，共黨潛伏，危險殊甚，軍政餉俱無所出，人民對於民黨，感情惡劣，而黨人之綁票行為，甚於土匪，官吏之貪暴，遠過北方之舊官僚」，還特別指出：「凡友人之至南方者，無不失望而返，大概北伐一事，現在絕談不到」。3 月 10 日，另一位自南京的張君來訪，「述南政府用人之濫，官以賄成，無缺不賣，腐敗之狀，勝於北京，偉人之揮霍，政客之嫖賭，在在皆是，可為寒心」。這狀況必然導致政務紊亂，美國記者阿班直言：「南京政府各部門混亂至極」。[54] 可見，在不少人看來，新成立的南京政府問題叢生，甚或不如原先的北京政府。

　　除亂象外，國民黨一黨控扼政權的做法，也招致全國各界批評。北伐期間，上海《東方雜誌》明言：「我們對於今日一閥一系私據政權，

52　〈討唐與國民黨前途〉，《晨報》，1927 年 11 月 24 日，第 2 版。
53　〈論蔣介石辭軍職事〉，《大公報》，1928 年 6 月 11 日，第 1 版。
54　哈雷特‧阿班，《民國採訪戰：〈紐約時報〉駐華首席記者阿班回憶錄》，頁 80。

壓迫人民，固然極端反對；而對於以一政黨統治全國的計畫，亦認為非立憲國家之常軌，只足引起國內糾紛而絕少實現的可能性」，因此公開表示：「我們對於北方實力派首領，不能不要求他們放棄私據政權的野心；對於南方政黨中堅人物，亦不能不要求他們修正黨治的計畫，依立憲國家的正軌，解放政權，公開政治。」[55] 如果說《東方雜誌》代表南方輿論的話，天津《大公報》和北京《晨報》則代表了北方輿論，他們對南方實行蘇俄式一黨專政也很反感。北伐初期，《大公報》就批評：「廣東國民黨招致反對最大之點，為主張俄式之黨治主義」，「吾人不敢贊成軍閥專制，然亦何可贊成黨閥專制。」[56] 國民黨分共清黨之後，繼續保留蘇俄式黨治體制，《大公報》頗感費解：「今國民黨既排斥共產黨之根本理論，而徒學其一黨專政，是誠畫虎不成之流矣，抑觀國民黨今日所謂專政，反類於義大利之法西斯蒂。」[57]《晨報》也指出：「黨軍日以主義政策號召群眾，然其所主張之『一黨獨治』，根本上與民主政體，自由主義，不能相容」；[58] 並分析曰：「凡是一個廣大的國家，其社會與經濟關係，都很複雜，僅一黨統治，自然就主持各階級的命運，而這些與社會攸關的激烈反對者，不得已加入該黨的此派或彼派，玩花樣，使其黨中各各派自己內鬥」，[59] 由此斷言：「今日混亂之局，欲求統一，決非一黨一閥專恃武力征服異己所能成功。」[60]

　　對國民黨的不滿，不僅體現在報紙輿論，也體現在民眾私下言談中。1927 年底，李烈鈞在南京演說：「以黨治國則可，以一黨治國則未當，若僅以一黨治國，則民主的專制與君主專制何異？」黃閱報獲悉

55 〈雜評〉，《東方雜誌》，第 23 卷第 21 號（1926 年 11 月 10 日），頁 2。
56 〈時局雜感〉，《大公報》，1926 年 9 月 13 日，第 1 版；《軍閥與黨閥》，《大公報》1926 年 9 月 23 日，第 1 版。
57 〈從共產黨到法西斯蒂〉，《大公報》1927 年 12 月 24 日，第 1 版。
58 〈「迎接新春」〉，《晨報》，1927 年 1 月 1 日，第 2 版。
59 〈共產黨的內鬥〉，《晨報副刊》，1927 年 12 月 27 日，頁 43。
60 〈「新路」〉，《晨報》，1928 年 2 月 17 日，第 2 版。

後，感嘆李烈鈞「在黨治空氣包圍中，又處中央執行委員的地位，公然有此至公之言，誠屬難能」，（1927 年 12 月 3 日）這說明黃對國民黨「一黨治國」之反感；立場不同，反應迥異，黨國領袖蔣介石對李烈鈞所言所行甚是不滿，在日記中斥責：「李烈鈞倒（搗）亂腐敗如此，何能革命也。」[61] 1930 年 9 月，原北京政府財政部官員李景銘應邀到黃尊三供職的民國學院參加開學典禮，並發表演講，「痛詈黨治之誤國」，全場「歡聲雷動」，在旁座側聽的國民黨元老、此時擔任民國學院校長的周震鱗亦對李氏所言深表贊同。[62] 不少國民黨元老都對國民黨黨治很不滿，不難推知各界民眾對國民黨之反感了。

　　1928 年 1 月 30 日，友人朱、張二君來黃宅閒談，朱言：「三民主義錯誤太多，非行修改不可，國民黨現皆拋棄其黨義，借招牌以競權爭利，將來平定時局，並非蔣介石等國民黨人借招牌號召者所能成功，而國民黨亦必有改轍更張之日，蓋信一黨治國必不可行，非廣收人材，共圖國是不可」；張說：「以黨治國，乃近代國家之新制，如俄如意均通行，南方仿行此制，故所有人材，限於本黨，不取廣收；朱君思想，未免為舊式的，非南方新人所敢承，現在除共產主義無政府主義外，不足以壓服民黨以黨治國之主張」。為此，張、朱二人爭論良久，無疑，這代表了當時中國讀書人對國家治理方式的兩種觀點。黃則認為：國民黨人才嚴重不足，「元老之思想本已老腐，新進黨員，對國家亦少研究」，「若以現在之國民黨之人材治國，則恐國未治而黨先崩」，故黃主張「廣收國內賢才」；問題是，現狀是「國民黨要人，自恃其資格之老，把持政柄，拒絕黨外之賢才，如是而謂『以黨治國』，不如謂之『以國殉黨』，即謂之以國供國民黨二三野心家之犧牲可也。」顯而易見，黃對國民黨「一黨治國」深不以為然。在很多人看來，國民黨「一

61　《蔣介石日記》，1928 年 1 月 12 日，美國史丹佛大學胡佛研究所藏。

62　李景銘，《六二回憶》，《近代史資料》，總 134 號（北京：中國社會科學出版社，2016），頁 165-166。

黨治國」首要問題，是人才與經驗不足，「國民黨太無建設經驗，財政
經濟，人才尤少，爾後軍政費必成問題，而影響所及，或且別生事故，
前途茫茫，未可樂觀。」[63] 由於國民政府規定，入仕為官者必須是國民
黨黨員，自然造成很多人，尤其是青年人鑽營入黨，「南方去年曾有命
令，非黨員不得為官吏，故求官者，輒先鑽營得介紹入黨。」[64] 報紙與
黃氏等人的觀察與擔心，當屬事實，先不論這些國民黨黨員的素質、能
力、經驗等，僅黨員人數而言，問題就很難解決。據統計，1928 年 3
月國民黨普通黨員僅為 22 萬人，約等於全國人口二千分之一，[65] 比例如
此之低，國民黨欲推行「以黨治國」，極為困難。

　　北伐戰爭推翻了北洋政府，但在很多人看來，「革命」並未成功。
1928 年 6 月 29 日，某君來談，「以此次革命甚不徹底，仍是官僚占地
位，山西人佈滿要津」，黃告訴他，此乃「革命後當然之結果，曷足
怪焉。」7 月 1 日，一位友人對黃說：「今日革命，均是假的，人面獸
性，何嘗為公，如此革命，乃革貧民及好人之命，惡人仍居高位，竊大
權，不改常態，揮金如土，何能致太平」，黃也認為其「言自有見」。
其實，並非少數人觀感如此，《大公報》言：「最近北伐告成，南北統一
之局，然而中國猶尚未見新政治之出現也」；[66]「國府成立以來，百政並
議，大會時開」，但「一會之後，萬事不提，只聞宣傳，不見事實」，[67]
失望之情，躍然紙上。

　　經由北伐戰爭，南北統一，但遺留不少問題。出身四川的青年黨
領導人李璜 1929 年到北方各地視察，發現南北差異很大，但「更可憂
者，是在精神方面，北人對於南人，在此次國民革命之後，懷著一種嫉

63　〈北方匪禍〉，《大公報》，1927 年 9 月 25 日，第 1 版。
64　〈保障技術人才問題〉，《大公報》，1928 年 3 月 14 日，第 1 版。
65　王奇生，《黨員、黨權與黨爭——1924-1949 年中國國民黨的組織形態》（上海：
　　上海書店出版社，2003），頁 248、249。
66　〈新舊政治之分歧點〉，《大公報》，1928 年 8 月 26 日，第 1 版。
67　〈會議與效率〉，《大公報》，1928 年 12 月 27 日，第 1 版。

視的心理，革命而既以主義相號召，而要稱作『北伐』，這足使北人感
到南宋之對金人，把北人當著異族看待，何況更將北京要改成『北平』
呢！」；北伐後，革命黨人給北人以「不良印象」，「革命而全靠軍事力
量的征伐，國民黨在北方未能深入民眾去做基本誘導功夫」，南北彼此
瞭解不夠，「易滋誤會」，凡此種種，於是「誤解與怨言相當的普遍於
北方社會」。[68] 但這點對身居北方的南方人而言，感受並不明顯，黃尊
三還是能較為平和、公允的分析南北之別：「南北之風氣不同，而士之
氣質亦異。就政治言，南人多急取，北人多保守；就性情言，南人多高
明，北人多沉潛，此其善者也。若南人之暴亂燥浮，北人之腐朽因循，
皆非進德修業之器。」黃還自我剖析：「余南人居北久，亦養成一種因
循腐敗之習，棄南之長而有北之短，個人固毫無進步，國家亦何取此廢
材。」（1928 年 3 月 24 日）

　　政權更迭，首都南遷，「一群依官為生的亡國大夫，都馬上加鞭，
直奔新都去了。可憐紅運已過的北平，也無力挽留他們，只落得一天
一天消瘦下去。」[69] 北京地位一落千丈，「市面日漸蕭條，失業者遍地
皆是，社會空氣，陰鬱愁悶。」[70] 這種狀況嚴重影響北京民眾的生計，
他們如何因應、何思何想？1928 年 6 月 11 日，黃閱報得知，國民政
府決議：「首都仍設南京」，國都何地？一直是北京民眾關切的問題。
早在北伐形勢並不明朗的 1926 年 12 月，一位北京律師就對黃說：「將
來都城必在南方，北方局勢，恐難持久」，（12 月 21 日）北京人士關
切國都問題，因為事關未來出路與生計。1928 年 6 月 8 日，黃與友人
談論時局，友人說：「國家紛亂之會，正書生寧靜養志之時，靜坐以
觀世變，斯為上策，此時作官活動，甚非其時」，黃認為「其言甚有見
地。」兩天後，黃訪友人向君，向君問黃之行止，黃曰：「吾人對於革

68　李璜，《學鈍室回憶錄》（香港：明報月刊社，1979），頁 248、249。
69　〈北平的繁榮問題〉，《大公報》，1928 年 9 月 7 日，第 10 版。
70　〈維持北平繁榮之捷徑〉，《大公報》，1928 年 8 月 18 日，第 1 版。

命，毫無工作，此時只有冷靜以待革命之成功」。黃之態度，估計也是此時多數讀書人的態度，即北京舊政權已倒臺，南京新政權又無可靠內線，只能靜觀，等待機會。

1928 年 6 月 27 日，黃尊三到中央公園喝茶納涼，聽聞隔座三客，「且說且嘆」，一人雲：「某君已落選市長，我們將何以謀生」；一人答曰：「現在別的都是閒話，『生活』二字，則為事實，我輩以後，只有餓死而已」；聆客言：「更證民生問題之重要，政府若不加以注意，將來禍水橫流，遏抑不來」。另座有某客，大發論議：「國民黨中年以上之人，大家均忙於作官發財，黨務奔走，乃委之青年稚子，如是欲以黨權支配軍人官吏，如以稚子支配大人，是何可能」；又雲：「政治如唱戲，他們唱罷我登臺，好在中國一天不亡，總有我們唱戲之日，不必急煞」。這些無意中的市井閒談，實則富含深意，至少展現了政權更迭後北京人士（包括前政權的官僚、政客）的所思所慮。聽聞其言，黃立即意識到他們「一種不滿足現政府之心，意在言外」。在新政權統治下，這些留在「故都」討生活的人多半並不如意。1929 年身居北京的周作人說：「民國十七年（1928）是年成不很好的年頭兒。雖然有閒似地住在北京，卻無閒去住溫泉，做不出什麼大文章」，[71] 苦悶、壓抑之情，隱現於字裡行間。不過，與北人南行潮流相對應的是南人北來現象，此時留京的許寶蘅在一次洗浴中，就注意到「鄰座多楚人，皆南來之新俊」，[72] 這是值得探究的現象，既存研究中似未注意到此問題。

餘論

從長久的歷史背景來看，中國一直存在南北地域之別，及至近代，這種差別依然延續著，並且隨著晚清北洋時期的內亂和地方意識增強，

71　周作人，《永日集 • 序》（北京：河北教育出版社，2002），頁 1。
72　許恪儒整理，《許寶蘅日記》，第 3 冊，1928 年 7 月 3 日，頁 1254。

漸趨濃烈。有人注意到，在很長時期裡，北洋政府之所以能夠存在，是因為外交「門面」的需要，問題是，1920年代中期情況發生變化：「近來北京使團的政策，明顯有一種改變，遇重大交涉事件，便向地方政府分別談判，對於北京政府已不十分重視。」[73] 這時身處北京的駐華美國記者阿班也指出，北京是個「奇怪的政治真空」，外交部的功能「只是用來存放各國給中國的檔」。[74] 外交地方化是中國實際權勢地方化的表徵。在中央權力日漸孱弱，地方、地域思潮蔓延開來，南北之別自然被放大。檢視北伐前後諸多報刊雜誌，地域觀念（尤其是南北意識）被屢屢提及。隨北伐軍進入湖北的郭沫若，發現老百姓很擁護北伐軍，「他們都稱我們是『南軍』，有的還在『南軍』上加上『我們』兩個字」，他們還說：「南軍是搭救我們老百姓的，南軍勝利了，我們老百姓就有出路了」，並痛打北軍的散兵游勇。[75] 這些說明，南方民眾對南方的地域認同。同樣，北方民眾亦有自己的地域認同，白崇禧在內部電文中說：國民革命軍第三十一軍官兵，「多系北人，北進甚為願意，近因調赴南方，已逃變數營，甚為可慮。」[76] 除普通民眾外，在高層人物中，南北地域觀念也不斷顯現。蔣介石在北伐軍總司令就職宣言中說：「決無南北畛域之見，更無恩仇新舊之分」；[77] 在二次北伐中，蔣對北方民眾宣稱，毋被北方軍閥謠言所惑，「存南人北人之見」，對北方軍隊也宣稱，革命軍北伐旨在統一全國，「既無南北地域之分，更無新舊同異之見」。[78] 無獨有偶，張作霖就任北方安國軍總司令時，也宣言其只

73　〈雜評〉，《東方雜誌》，第23卷第16號，1926年8月25日，頁2。

74　哈雷特・阿班，《民國採訪戰：〈紐約時報〉駐華首席記者阿班回憶錄》，頁41。

75　郭沫若，《郭沫若選集》，第1卷（成都：四川人民出版社，1982），頁314、315。

76　《北伐陣中日記》（1927年7月15日），章伯鋒、顧亞主編，《近代稗海》，第14輯，頁393。

77　《國民革命軍總司令就職宣言》，《蔣介石自反錄》，第1集（香港：中和出版有限公司，2016），頁97。

78　《渡江北伐通告北方同胞》、《渡江北伐告北方將士文》，《蔣介石自反錄》，第2集（1），頁59、61。

知救國，「絕無南北新舊之見」；[79] 張氏在會晤英國駐華公使藍普森時表示，中國向來重統一，且「只有北方征服南方，決無南方來北方統一之事。」[80] 這些言論，恰恰反向說明南北地域之別的實際存在，並且不少勢力在有意識加以運用。

地域之別亦為海內外北伐史研究者所注意。很早以前就有學者注意到，南方革命軍北伐雖然以民族主義為號召，但在分化、各個擊破北洋軍閥時，常常以地域主義為辭相誘；[81] 與此相對，北方軍閥也注意到地域問題，並以此激發所部對抗南方的北伐；[82]「南北之分」是探究近代中國軍政變動中不可忽視的問題。[83] 近年來，不少學者對此又有更深入探究。[84] 這種重視「有形力量」之外「無形力量」的研究，無疑大大推進了北伐史研究，價值毋庸多言。然而，地域乃地理方位用詞，是不可移動的，而人是可流動的，況且，人口流動在近代中國明顯趨強。值得指出，研究北伐史，尤其是南北地域觀念問題所用的史料，很大部分是報刊雜誌，實際上，不同地域的報刊雜誌未必是該地域人士的意思表達，黃尊三也不時投稿北方報紙，他的言論也很難說是代表北方。在近代中國，能在報刊雜誌留下文字的人，也多半是具有人身移動能力者，類似黃尊三等，人數應不少。

黃尊三是南方人，但長期居京生活，其對南方的觀察，很難說是簡

79　〈奉張宣言發表〉，《大公報》，1926 年 12 月 7 日，第 2 版。

80　韓信夫、姜克夫主編，《中華民國史・大事記》，第 4 卷，1926 年 12 月 22 日，頁 2588。

81　Donald A. Jordan, *The Northern Expedition: China's National Revolution of 1926-1928* (Honolulu: The University Press of Hawaii, 1976), Part 2.

82　Hsi-sheng Chi, *Warlord politics in China, 1916-1928* (Stanford, California: Stanford University Press, 1976), p. 115.（中譯本，齊錫生著，楊雲若等譯，《中國的軍閥政治：1916-1928》〔北京：中國人民大學出版社，1991〕，頁 106）。

83　陳志讓，《軍紳政權──近代中國的軍閥時期》（北京：生活・讀書・新知三聯書店，1980），頁 24-33。

84　例如，羅志田，〈南北新舊與北伐成功的再詮〉，《新史學》，第 5 卷第 1 期，1994。

單的「北」對「南」，或「南」對「南」的觀察，而是包含南北地域交
集的複雜的立場與心態。黃氏雖列名北京政府內務部僉事、編譯等職
位，但這些僅是閑差，無甚權力，所獲實際利益亦不多，且不穩定，黃
生活來源很大部分來自兼差講學、譯述等。換言之，黃只是北京政權的
邊緣人。從日記所見，黃對北京政府沒有多少認同感，故此，其對南方
政權的觀感並非「敵對者」的立場，反倒有些「中立觀察者」之意味。
與此相對，也未見黃對南方政權有多少嚮往或欣喜。北伐之初，黃並未
意識到這場戰爭的特別之處，依然以軍閥混戰眼光視之；待到知悉其威
力，已是北伐開戰近半年之後了；這時黃確實對南方觀感不錯，但他顯
然對南方政權內部結構與運作之「新」缺乏瞭解，很快，隨著南方陣營
的內爭、分裂，黃對南方的觀感迅速逆轉，此後很長時間裡，國民革命
的恐怖、殺戮占據其心間，揮之不去。綜觀黃氏日記中，他並未認為北
方是「舊」的、南方是「新」的，至少可以說，這種感覺不甚明顯。這
從個體觀感與體驗角度說明，北伐前後國人的「南新」、「北舊」觀感，
即使存在，也很微弱，而且轉瞬即逝。北伐前後，國人對北方政權的失
望，未必即寄望於南方政權。綜觀該時期的北方報紙雜誌，確實常有刊
載政治弊汙、學校倒閉、民眾苦痛的報導，但「大體並未發現報紙輿論
有將對北方政府的失望轉而寄望南方政權的。」[85] 約言之，在時人觀感
中，北伐前後的南方與北方，很難說存在相互轉換、零和博弈的現象。
這是北伐史研究者必須注意的。

　　北伐前後黃尊三的資訊來源管道，是很值得琢磨的問題。從日記所
見，閱報幾乎是黃每天「必修課」，從這個角度講，黃之體驗相當程度
上代表了社會輿論的觀感。報刊無疑是時人（主體是具有閱讀能力者）
的第一資訊來源管道。若將考察眼光回溯，至少在晚清，閱報已成為很
多士大夫、讀書人獲取資訊的重要管道，晚清京官孫寶瑄就說：「報紙

85　高郁雅，《北伐報紙輿論對北伐之反應：以天津大公報、北京晨報為代表的探
　　討》，頁 76。

為今日一種大學問，無論何人皆當寓目，苟朋友相聚，語新聞而不知，
引為大恥。不讀報者，如面牆，如坐井，又如木偶，如頑石，不能與社
會人相接應也。」[86] 民國初年，報刊進一步發展，在國人資訊獲取中的
地位有增無減。然而，北伐前後，情況發生變化。由於南北的對立、戰
爭，加上，各方均意識到「宣傳」的作用，於是，資訊較量開始了，報
刊成為「另一個戰場」。北京當局嚴屬查處宣傳赤化者，京畿衛戍司令
部派偵緝隊到北京各書鋪搜查，「凡有『俄』、『社會』等字樣的書籍盡
被抄去」；北京員警廳設立檢查新聞特務委員會，檢查滬、津等地來京
各報。[87] 1926 年秋，知識青年王凡西從北京到廣州，在書店中，第一
次見到《新青年》《嚮導》和其他普通刊物一樣公開陳列，封面上用大
字印著「共產主義」或「馬克思」字樣的書籍充斥書店櫃面，感覺非常
驚喜，因為在北方，這些是要在「緊閉的房門後面，放低了聲音才敢提
起」的名詞。[88] 當然，北方也存差異。1926 年底，另一位知識青年侯外
廬從北京到哈爾濱，在書攤上買到《資本論》等幾種經典作者原著的
英譯本和日譯本，讓他欣喜萬分，這些書籍「在北京根本無法得到」，
因為「北京知識分子集中，革命運動高漲，反動派的文化控制特別森
嚴」，哈爾濱則「相對薄弱」。[89] 1927 年初，在北京的張慰慈致函身處
海外的胡適說：「現在北京一般人的口都已封閉了，什麼話都不能說，
每天的日報、晚報甚而至於週報，都是充滿了空白的地位」，報刊經常
被刪去文章，「這種怪現象是中國報紙的歷史上第一次看見」，同時，
「一切書信與電報都受到嚴格的檢查，所說被截留的甚多。並且無故被

86　孫寶瑄，《忘山廬日記》，下冊，光緒三十二年七月二十一日（上海：上海古籍出
　　版社，1983），頁 917。
87　《軍警嚴查赤化》，《申報》，1926 年 9 月 3 日，第 6 版；韓信夫、姜克夫主編，
　　《中華民國史‧大事記》，第 4 卷，1926 年 10 月 1 日、1927 年 1 月 6 日，頁
　　2533、2602。
88　王凡西，《雙山回憶錄》（北京：東方出版社，2004），頁 25。
89　侯外廬，《韌的追求》（北京：生活‧讀書‧新知三聯書店，1985），頁 16。

捕的人也不少」，張氏認為，北京如此局面類似於法國革命時期的恐怖統治，「健全的輿論是不可能的事」。[90] 顯見資訊管控之嚴重。

北方如此，南方亦然。即使在北伐戰事緊張推進過程中，南方也不放鬆資訊管控工作，郭沫若憶述：北伐軍總政治部抵達漢口後，「我們開始把報界拉在手裡，封了兩家很反動的報館。同時組織了一個新聞檢查委員會，所有的報紙都要經過我們的檢閱才能夠發行」，狠幹幾天後，「各種宣傳機關都拉在了手裡。」[91] 這時正在武漢的張君勱就觀察到：「武漢報紙，不論為機關報，或非機關報，幾於千篇一律；何以故，黨化報紙為之也」，並認為這狀況可從《檢查條例》中求解，該條例規定：凡報館及通訊社，如有發表違背黨義，及不利於革命之紀載，而拒絕檢查者，除將該報館通訊社即行封禁外，所有負責人員，一律以軍律懲辦。[92] 在如此資訊管控的社會裡，真假難辨，謠言漫天，難怪《大公報》言：「時局混沌，各方消息歧出，因為大家都講宣傳，把真相隱蔽起來，反使人對任何方面報告，都帶幾分不敢相信。」[93] 時人意識到這個問題，所以，在報刊之外，還需其他資訊管道，親友之間的口耳相傳和往來函電就特顯重要。綜觀黃氏日記，從 1926 年底以後，每遇南來者，黃便探聽南方消息，有時也會從南方親友來函中瞭解情況，這管道雖信息量有限，但可信度要高於報刊。當然，親友言談和信函中的資訊，有時也會矛盾歧出，這就需要自己鑒別了。

90　《張慰慈致胡適》（1927 年 1 月 16 日），中國社會科學院近代史研究所中華民國史組編，《胡適來往書信選》，上冊（北京：中華書局，1979），頁 421。

91　郭沫若，《郭沫若選集》，第 1 卷，頁 364、365。

92　張君勱，《武漢見聞》（南京：國立政治大學，1926），頁 11-12。

93　〈假定下之一種時局判斷〉，《大公報》，1927 年 7 月 29 日，第 1 版。

圍繞清末民初浙江省財政的三角關係：
浙江省議會、省政府和中央政府

佐藤淳平

帝京大學外語學院兼任講師

緒論

　　長期以來，筆者嘗試通過對清末至民國初期編成之預算案的分析，去闡明中央政府財政分配的傾向。筆者認為，在清末及袁世凱政府時期，中央政府的財政分配並非完全根據各省的歲入確定。財政負擔重的省分對財政分配抱有不滿，對辛亥革命和反袁運動也有一定的影響。[1] 在上述研究中，筆者使用中央政府編制之預算，從宏觀角度闡明各省財政結構的差異，大致描繪出了那個時代中國的財政樣態。然而，由於當時並不存在完整的決算書，並且可能存在不少的附加徵收款項。有些學者特別指出，在地方行政末端，預算與現實執行存在不少的差距。[2]

　　因而本文繼續著力探求財政分配與政治動向之間的關係，以浙江省為分析對象，通過活用浙江省議會之文獻，從相對微觀角度來理清那個時代省財政的現實狀況。晚清以來，浙江省就擔負高額解協款。而該省

1　佐藤淳平，〈宣統年間の預算編成と各省の財政負担〉，《史学雑誌》，第 123 編第 2 號（2014 年 2 月）。佐藤淳平，〈袁世凱政権期の預算編成と各省の財政負担〉，《東洋学報》，第 96 卷第 2 號（2014 年 9 月）。

2　岩井茂樹，《中国近世財政史の研究》（京都：京都大学学術出版会，2004）、岩井茂樹，〈中華帝国財政の近代化〉，飯島渉、久保亨、村田雄二郎編，《シリーズ 20 世紀中国史 1　中華世界と近代》（東京：東京大学出版会，2009）指出附加的徵收和當時財政統計的可信度低。

於 1921 年 9 月公布省憲法，是聯省自治運動較為活躍的省分。因而筆者認為，研究這一時期隱瞞稅源逃避中央政府的剝削，保護地方財政的省分時，浙江省可作為一個典型的例子。

與此同時，從史料方面來說，受惠於浙江圖書館所藏之豐富的省議會文獻，可以較為順利地開展研究。筆者之所以選擇對浙江省議會所審議裁決之預決算進行分析，是由於參與省議會審議裁決的議員，多是通曉當地事務的省內精英，因而有較高的可信度。此外，筆者藉此機會，也充分深挖了過去未能展開探討之課題，即省長與省議會之間的關係。

民國時期浙江省財政研究的代表作是潘國旗所著《民國浙江財政研究》（北京：中國社會科學出版社，2007 年 10 月）。潘國旗使用財政部財政調查處編《各省區歷年財政彙覽》（臺北：文海出版社，1989 年，初版 1927 年）等史料，闡明當時浙江省財政的概要。但是，潘國旗的研究對財政統計的真實性並沒有進行扎實的考據，而筆者所關心的財政與省知識分子政治動向之間的互相關係，潘國旗在其著作中也並未進行充分的討論。

此外，從省議會史角度來論及省財政的代表性著作是沈曉敏所著《處常與求變：清末民初的浙江諮議局和省議會》（北京：生活・讀書・新知三聯書店，2005）。沈曉敏利用浙江圖書館所藏的晚清諮議局和北洋政府時期省議會文獻等資料，闡明當時地方選舉的現實、議會審議的內容和其特徵。但是由於其論著以省議會文獻為主要的史料，因而其分析對象限於省議會審議的地方預算的範圍而已，基本未提及國家預算的地方收支，所以從財政史的角度來看，其分析尚不充分。北洋政府時期浙江省財政支出中，地方預算的比率僅為十分之二弱，若要把握浙江省財政的整體情況，對國家預算的分析也是不可缺少的。

金子肇所著《近代中國の中央と地方》（東京：汲古書院，2008）一書並非就浙江省財政所作的專論，但作者在該書中指出，袁世凱執政時期施行國地劃分之時，省政府並不是很積極地配合國稅事務接收，但同時考慮到袁世凱當局挑戰掌管徵稅業務的鄉紳層一面時，會發現國稅

廳籌備處與省政府的利害頗為一致。[3] 因此筆者認為，在分析國家預算
地方收支之時，把握省政府的兩面性十分重要。

　　根據上述既有研究的動向，本文利用杭州文史研究會、民國浙江史
研究中心、浙江圖書館編《辛亥革命杭州史料輯刊》第 6 冊（北京：國
家圖書館出版社，2011），和民國文獻資料叢編編纂出版委員會編《民
國時期浙江省地方議會史料彙編》（北京：國家圖書館出版社，2016）
所收的省議會文獻以及《各省區歷年財政彙覽》等財政統計，闡明在財
政問題上北洋政府時期中央政府、省長和省議會三者之間的關係。筆者
通過上述研究方法，希望能夠闡明 1920 年代前半期，浙江省聯省自治
運動背後，財政方面的背景。

一、晚清財政中國家預算與地方預算的關係

　　清朝財政中，國家預算與地方預算長期以來並沒有明確的劃分。光
緒 34 年（1908）8 月 1 日，憲法編查館和資政院會奏的〈憲法大綱暨
議院法選舉法要領及逐年籌備事宜摺〉中，大致提出了國家預算與地方
預算劃分的方向。此後，同年 12 月度支部上奏的〈妥酌清理財政章程
繕單呈覽摺〉提出了預算編制的程式：首先各省文武大小衙門局所從宣
統 2 年起事前算定翌年收支項目編寫清冊，於 2 月內送到清理財政局，
由該局編輯全省預算報告冊後，於 5 月內由督撫送度支部。度支部從宣
統 2 年起逐年把京外各處送到的預算報告冊二個月以內詳細地審查決
定、奏請施行。各省預算報告冊項目中所屬地方行政經費者，由度支部
到督撫，督撫送諮議局議決。[4] 宣統 3 年浙江省預算中，歲入內約 52%
撥充解協款，這一比率與其他省分相比相對較高。[5]

3　金子肇，《近代中國の中央と地方》，頁 106。

4　佐藤淳平，〈宣統年間の預算編成と各省の財政負担〉，頁 62。

5　佐藤淳平，〈宣統年間の預算編成と各省の財政負担〉，頁 66。浙江省 52% 的數

　　為此、浙江諮議局自成立以來就嚴格關注並監控國家財政中的不恰當支出。在宣統元年（1909）10 月召開的第一屆常會中通過的〈停止無關本省行政之經費支出法案〉就顯示出了這種嚴格的態度。[6] 同法案主張，若無關本省之行政經費，則本省人民絕對無擔負之義務，要求省公署停止由兩江總督函請派銷之泰晤士報及尚賢堂[7] 函請派銷各學堂書籍，提解京師翰林院的津貼之款，由司庫撥助上海中國公學經費。[8] 該法案可以看出浙江諮議局堅持優先浙省的立場。

　　清朝最早的近代預算是宣統 3 年預算。但僅於歲出中劃分國家和地方，歲入則將國家地方合併為一。宣統 2 年 9 月 6 日，浙江省政府將地方行政經費預算表送諮議局，[9] 後於 10 月 2 日送預算總表作為參考之用。[10]

　　對上述預算，浙江諮議局認為其違反諮議局章程第二十一條第二項

　　值，在全國各省區中位列第六位。解協款的擔負額並非按照各省歲入額的比例確定。雖然廣東、江蘇寧屬、四川、直隸、奉天和湖北的歲入額均比浙江多，但是這些省分的比率均在 52% 以下。

6　杭州文史研究會、民國浙江史研究中心、浙江圖書館編，《辛亥革命杭州史料輯刊》，第 6 冊（北京：國家圖書館出版社，2011），〈浙江諮議局第一屆常年會議事錄〉，頁 205。「夫國家之行政經費全國人民擔負之本省之行政經費，全省人民擔負之。若無關本省之行政經費，則本省人民絕對無擔負之義務。現在藩庫支絀萬狀，每年虧短百餘萬。中央攤解之款既年增一年，地方新政之需又日加無已，自顧不暇，遑及其他。……（甲）前由兩江總督函請派銷之泰晤士報及尚賢堂函請派銷各學堂書籍，自本案公布後即停止之。……（乙）由本省提解京師翰院林（原誤）津貼之款，自本案公布後即停止之。……（丙）由司庫撥助上海中國公學經費，自本案議決公布後，司庫即行停支。」

7　尚賢堂是光緒 23 年（1897）美國傳教士 Gilbert Reid 創立於北京的社交場，原來在北京。1900 年被義和團燒毀後，1903 年重建於上海法國租界。

8　1905 年日本政府強化取締，大批清國留學生退出日本。因為接受那些留學生，中國公學 1906 年創立於上海。鄭孝胥為監督，兩江總督每月撥銀 1,000 兩。

9　宣統 2 年 9 月 6 日〈撫院劄發地方行政經費預算表文〉，《辛亥革命杭州史料輯刊》，第 9 冊，〈浙江諮議局文牘第三編〉，頁 209-210。

10　宣統 2 年 10 月 2 日〈撫院劄發預算總表以便參考文〉，《辛亥革命杭州史料輯刊》，第 9 冊，〈浙江諮議局文牘第三編〉，頁 285。

「議決本省歲出入預算事件」之規定，要求同時提出預算歲出入表。但撫院增韞主張，未經度支部釐訂頒行，亦難提交地方稅歲入預算表。¹¹又度支部通過撫院回答諮議局，因國家地方稅章程及國家地方稅章程未經釐定，不能提出正式歲入表。」¹²

其後，各諮議局亦指出，各府州縣各種之政費多未列入，且未詳細說明，返還原預算表等。根據在各署局所分移徵集，送清理財政局和撫院再審定的結果，宣統三年浙江省地方行政費歲出預算案的表決延期至宣統 3 年 1 月的第二屆第一次臨時會。¹³ 上述經緯顯示，宣統三年浙江

11　宣統 2 年 10 月 5 日〈本局呈請撫院正式提出歲入表文〉，《辛亥革命杭州史料輯刊》，第 9 冊，〈浙江諮議局文牘第三編〉，頁 306-309。「僉以本年雖係試辦宣統三年預算，然按照局章第二十一條左列第二項，議決本省歲出入豫算事件之規定，則是發交預算案歲出入表，必同時提出可知。查閱撫部院兩次發交預算案之劄文，其歲入表僅交參攷，不交局議，預算案之性質不符。應請撫部院提出正式歲入表，俾獲遵章議決呈報。……且部頒冊式，祇於歲出門劃分國家地方為二，歲入則合併國家地方為一。部式尚未劃分，前送部說明書中，雖將地方稅國家稅之性質分別詳載，然未經度支部釐訂頒行，亦難據以為准。

12　宣統 2 年 10 月 14 日〈撫院劄准部電所請提出正式歲入表碍難照辦文〉，《辛亥革命杭州史料輯刊》，第 9 冊，〈浙江諮議局文牘第三編〉，頁 327-328。「此次試辦預算歲入一門，因國家地方稅章程未經釐定，故暫行合併編製。現在既將全冊送供參攷，則一切歲入自在其中，該局已可略知大概。所請提出正式歲入表一節，當未劃分國家地方稅以前，礙難照辦。」

13　宣統 2 年 10 月 15 日〈撫院劄發地方行政經費預算表查照部覆辦理文〉，《辛亥革命杭州史料輯刊》，第 9 冊，〈浙江諮議局文牘第三編〉，頁 333-334。宣統 2 年 10 月 17 日〈本局呈請資政院核辦撫院貽誤預算案文〉，同前，頁 360-362。宣統 2 年 10 月 20 日〈本局呈復撫院地方行政經費預算案決議請開臨時會仍將原表返還另行正式提出文〉，同前，頁 392-395。宣統 2 年 11 月 2 日〈資政院致本局預算案如因期促不及審查應開臨時會辦理電〉，同前，頁 481。宣統 2 年 11 月 11 日〈本局為預算事呈請撫院酌定臨時會日期於一月前劄局文〉，同前，頁 497-498。宣統 2 年 11 月 11 日〈本局呈復撫院發交預算原表應再繳還仍請編定正式提出俾早分配研究文〉，同前，頁 498-501。宣統 2 年 11 月 22 日〈撫院劄准部電預算案准由清理財政局另編說明冊送備參考文〉，同前，頁 516-517。宣統 2 年 12 月 5 日〈撫院劄准部咨地方行政經費預算表應飭有清理財政局逐款逐項詳加說明另冊送供參考文〉，同前，頁 529-530。宣統 2 年 12 月 12 日〈本局呈請撫院迅飭清理財政局將地方行政經費逐款逐項詳細說明編成完全預算案交局分配文〉，同前，

省地方預算審查僅限於歲出表而已,筆者認為其頗不完備。

　　就浙江省地方預算規模而言,諮議局審議權限內的地方預算規模,相比資政院權限內審議的國家預算規模更少。根據〈試辦宣統三年預算地方行政經費歲出交議及議決各次總數比較表〉,諮議局覆議案的細目如下:經常民政費651,673兩、經常教育費254,675兩、經常實業費71,614兩、經常工程費3,267兩、臨時民政費37,306兩、臨時教育費161,292兩、臨時實業費56,000兩、臨時工程費62,777兩,共計1,298,604兩。[14]相較之下,同年浙江省國家歲出規模是10,893,605兩,[15]可見國家歲出與地方歲出之比大約是25:3。換言之,對於浙江省歲入的用途,諮議局能夠過問的空間極小。

二、關於北洋政府時期地方預算範圍的議論

　　辛亥革命後,因各省以軍事費等的增加為藉口屢次截留,中央政府構想將所有稅目分為國稅與地方稅,保證中央政府的財源。[16]其後,1913年1月各省國稅廳籌備處成立,進行各省國稅事務的接收。其時國地劃分根據〈國家地方兩稅暫行稅法草案〉進行,主要稅收的田賦、鹽稅、關稅、釐金都成為國稅,田賦附加稅和其他零細稅目僅為地方稅而已。[17]從與預算之間的關係來看,國地劃分意味著國稅部分脫離省議會的審查,各省精英階層的意見難以反映,很多省議會對此表示抗議。

頁 547-549。

14　《辛亥革命杭州史料輯刊》,第10冊,〈浙江諮議局第二屆第一次臨時會議決案目錄第一冊〉,頁203-204。

15　全國圖書館文獻縮微複製中心編,《清代民國財政預算檔案史料彙編》,第4冊(北京:全國圖書館文獻縮微複製中心,2006),〈覈定浙江省宣統三年國家歲出豫算總表〉,頁1749-1751。

16　佐藤淳平,〈袁世凱政権の予算編成と各省の財政負担〉,頁39-40。

17　〈財政部咨各省都督民政長檢送劃分國家稅地方稅草案請飭屬一體遵照文〉,《政府公報》,558號(1913年11月22日)。

　　根據〈浙江省議會第一屆第一次臨時會文牘下編〉，浙江省議會於
6 月 4 日、7 月 4 日從太原，於 6 月 5 日、7 月 7 日從蘭州，於 6 月 8
日從南昌，於 6 月 12、14、23 日從福建，於 6 月 19 日、7 月 1 日從長
沙，於 6 月 28 日從盛京，於 6 月 12 日從吉林、於 6 月 20 日從南寧收
到各省議會電報、於 6 月 14 日從上海的省議會聯合會收電。[18] 這些來
電均認為，財政部 29 日電主張不經國會表決通過就可將各省全體預算
分為國家預算和地方預算，不讓省議會審查國家預算的電文內容不當，
乞協電力爭。對這一號召，浙江省議會於 6 月 25 日向各省議會通電，
表示贊同協爭的意思。[19]

　　浙江省議會於 6 月 25 日、7 月 3 日向參議院和眾議院發電主張，
國務院強行國地劃分限制省議會議決權一事沒有法律上的依據。[20] 又於
7 月 3 日發往眾議院和參議院浙江籍議員的電文中，[21] 浙江省議會主張依
據 1913 年 4 月 2 日公布〈省議會暫行法〉第 16 條第 2 款「議決本省
預決算」及同條第 1、第 3、第 6 款 [22]「議決本省的條例、省稅及使用費

18　《民國時期浙江省地方議會史料彙編》，第 1 冊，〈第一屆第一次臨時會文牘中
　　編〉，頁 264-266、268-272、274-277。這裡舉福建省議會的抗議函電為例。「國家
　　稅、地方稅未經國會議決劃分。凡本省歲出入經費，均應由省議會議決。財政部
　　豔電，以本省二字專指地方預算案，強為劃分。乞協電力爭。閩省議會，寒。」
19　《民國時期浙江省地方議會史料彙編》，第 1 冊，〈第一屆第一次臨時會文牘中
　　編〉，頁 305。「國務院、財政部無解釋法律之權。預算不交全部，無由與監督財
　　政之實，於省議會暫行法第十六條第二款顯然違背，早經本會三電國會。請解決
　　望協爭。浙議會，有。」
20　《民國時期浙江省地方議會史料彙編》，第 1 冊，〈第一屆第一次臨時會文牘中
　　編〉，頁 305-306。「省議會暫行法第十六條第二款，國家經費地方經費未經法案
　　劃分，省議會於預算決算完全由議決之權。比照第一款，並無命令之限制。國務
　　院擅釋條文，曾經三次電請解決，迄未見復。」
21　《民國時期浙江省地方議會史料彙編》，第 1 冊，〈第一屆第一次臨時會文牘中
　　編〉，頁 305-306。「省議會暫行法第十六條第二款，議決本省預算及決算，並無
　　國家地方之分，比照第一、第二（原誤）、第六款亦無命令之限制。國務院擅分
　　國家地方，民政長不交全部，實背法案。」
22　印鑄局官書科編，《法令輯覽》，第 3 冊（北京：印鑄局經理科，1917），第六類
　　地方制度，頁 36-37。「第十六條　省議會之職權如左。一　議決本省單行條

規費之徵收、本省財產及營造物之管理方法，但法律命令有規定者不在此限」之規定，浙江省議會認為國務院恣意分為國家預算和地方預算，民政長不將整體預算交付省議會之事屬於違法。

對此，根據1913年7月9日收到的〈民政長諮轉國務院電開劃分國家地方兩稅暫行稅法草案為標準文〉，[23] 財政部主張如下：1、（省議會暫行法第16條2款〉「本省」自應作為省地方自治解釋，因中央既有國會，則國家預決算，必須經國會議決，省會亦可諮請民政長，將各該省之國家預決算另造一份，送該會參考。2、關於劃分兩稅暫以稅法草案為標準，乃事實上不得已之辦法。現俟稅法由國會議決後，再通令各省辦理，則一年度預算將無提出之期。

但國稅事務的接收狀況和省議會的態度不一定一致。例如，在省議會通知反對國地劃分的甘肅、奉天、吉林省，由國稅廳籌備處負責的國稅事務的接收較為順利地完成了。[24] 拙作也曾指出，東三省長期以來接收協款，都對重視中央財政的袁世凱當局的立場表現出一定的理解，[25] 然而在這些省分，省政府與省議會的立場不一定一致。且地方稅範圍的擴大牽涉到由省議會強化省財政，所以這些省的省政府對省議會的態度

例，但以不牴觸法律命令為限。二　議決本省預算及決算。三　議決省稅及使用費規費之徵收，但法律命令有規定者不在此限。六　議決本省財產及營造物之管理方法，但法律命令有規定者不在此限。」

23　《民國時期浙江省地方議會史料彙編》，第1冊，〈第一屆第一次臨時會文牘中編〉，頁222-224。「此次本部通電，關於劃分兩稅暫以稅法草案為標準，乃事實上不得已之辦法。國會開幕五個月以前，本部已電促各省編造預算，至今尚未送齊。現俟稅法由國會議決後，再通令各省辦理，則一年度預算將無提出之期。……至暫行法所載本省二字，自應作為省地方自治解釋。因中央既有國會，則國家預決算，必須經國會議決，否則各省之國家地方全部預決算，統由各省議會議決，則國家預算亦將受省議會議決，非惟侵奪中央政權，且有蔑視國會之虞。……則省會亦可咨請民政長，將各該省之國家預決算另造一份，送該會參考。」

24　〈各省國稅籌備處辦理情形〉，《稅務月刊》，第1年第1號（1914年1月）。

25　佐藤淳平，〈袁世凱政權期の預算編成と各省の財政負担〉，頁41。

並不太積極。

　　其後，袁世凱於 1914 年 2 月 4 日下達大總統令解散省議會，[26] 浙江省議會被解散，由省議會議決預算權的爭論暫時結束。並且，為了鎮壓「二次革命」，以及對南方省分滲透袁世凱當局自身的影響力，進而提高解款和專款的達成率，袁世凱於 1914 年 6 月放棄了國地劃分的方針。[27]

　　袁世凱於 1916 年 1 月頒行洪憲帝制後，浙江省於同年 4 月 11 日宣言獨立，屈映光取代朱瑞就任都督。其後又由呂公望兼任都督和省長。袁世凱於 6 月去世，黎元洪就任大總統，於 6 月 29 日下達大總統申令恢復 1914 年 1 月 10 日以後失效的臨時約法，並下令於 8 月 1 日召集國會。[28] 其後，又於 8 月 15 日下達大總統令，於同年 10 月 1 日召集各省議會。[29] 為此，浙江省議會於 1916 年 9 月 4 日再開，並選舉沈定一為議長。

　　重開後的浙江省議會中，由省議會議決預算權的爭論又被重新提起。根據 1916 年 12 月 8 日的〈參議院撤回審查國家預算請願書函〉，[30] 浙江省議會於 9 月 27 日向參議院提出允許省議會審查國家預算的請願書。但參議院主張這一要求抵觸臨時約法第 19 條第 2 項「議決預算權完全付之國會」之規定，[31] 依據議院法第 53 條，[32] 沒有受理請

26　〈大總統令〉，《政府公報》，628 號（1914 年 2 月 4 日）。

27　〈財政部總長周自齊呈請取銷國稅地方稅名目，以便支配，而利進行文，並批令〉，《政府公報》，747 號（1914 年 6 月 5 日）。

28　〈大總統申令〉，《政府公報》，175 號（1916 年 6 月 30 日）。

29　〈大總統令〉，《政府公報》，221 號（1916 年 8 月 15 日）。

30　《民國時期浙江省地方議會史料彙編》，第 2 冊，〈第二屆第一次臨時會文牘丁編〉，頁 109。「惟查臨時約法第十九條第二項之規定，議決預算權完全付之國會。該請願書所稱，請將本省國家預算先由各省議會審查等情，核與約法第十九條第二項之規定，未免抵觸。」

31　〈臨時約法〉，《法令輯覽》，第 1 冊，第一類憲法，頁 4。「議決臨時政府之豫算決算。」

32　〈議院法〉，《法令輯覽》，第 1 冊，第二類國會，頁 11。「抵觸憲法之請願不得受

願書。眾議院的請願委員會也於 11 月 15 日審查浙江省議會議長沈定一請國家預算先交省議會審查的請願書,以抵觸約法為理由,未付院議。[33]

　　為此,浙江省議會於 1916 年 12 月 14 日發表〈本會諮復參議院審查國家豫算請願書並未違法仍請付議文〉[34] 反駁。根據此文件,浙江省議會認為依據臨時約法,議決國家預算之權自當專屬於國會,反而審查國家預算之權不妨分任於省會,提議如將國家預算先交省議會審查,加以增刪修改之說明,陳請國會,以備參考。而同日浙江省議會又發〈本會致各省省議會請協爭省議會審查國家預算權電〉,[35] 向各省議會通電乞協爭。然而浙江省議會的主張沒有實現。

　　省議會重開後,國家預算和地方預算分開編制,從劃分的實際情況來看確有一些混亂。比如在湖北省,省政府編制的預算中,發生了地方歲入大半混入國家各稅的事件。為此,湖北省議會請各省議會一同主張向國會迅速決定編制預算的方法。[36] 1917 年 1 月 16 日收文的〈雲南省

理。」

33　〈審查沈定一請國家預算先交省議會審查報告書〉,《眾議院公報:第一期常會》,45 號,1916 年,12 月 9 日。「案承大會交到沈定一請國家預算先交省議會審查一件,本會於十一月十五日開會審查。僉以預算係參眾兩院之特權,載在約法,豈抵觸。該件所陳歸省議會先行審查,諸多不合。本會表決結果,認為不付院議。」

34　《民國時期浙江省地方議會史料彙編》,第 2 冊,〈第二屆第一次臨時會文牘甲編〉,頁 14-15。「又查本會原請願書明言議決國家豫算之權,自當專屬於國會。審查國會(原誤)預算之權,不妨分任於省會。如將國家預算先交省議會審查,加以增刪修改之說明,陳請國會,以備參考,既無侵奪國會權限之虞,而國會扶擇亦較便利。」

35　《民國時期浙江省地方議會史料彙編》,第 2 冊,〈第二屆第一次臨時會文牘丙編〉,頁 80-81。

36　〈湖北省議會電〉,《民國日報》,1916 年 12 月 27 日。「新五年度地方預算案,省署根據財政部佳電編製,地方歲入大半混入國家各稅事,業無從發展。經敝會咨請重行編訂,再交核議,省署堅執前見。……國地兩稅究應如何劃分,未經國會議決,是不敢草率從事。如建議兩院迅議辦法,咨由政府命令公布,釐定預算,始有標準。請一致主張。敦促國會早日議決。」

議會請一致電請國會劃分國地兩稅函〉[37] 可以看出，雲南省議會便贊同湖北省議會的主張。

　　這一新的五年度預算之後，到民國 8 年度為止，沒有編制整體的國家預算。但在浙江省，民國 6 年度後分開編制了國家預算和地方預算，雖然有些項目略有出入，但其劃分的標準大致仿效民國 2 年度預算。因此，地方歲入由地丁及貨物附加稅、牲畜油捐等的雜捐稅、生息收入等的雜收入構成，地方政費由內務經費、各貨捐局徵收經費等的財政經費、省立各種學校經費等的教育經費、實業等的農商經費構成。

　　但是關於屬內務的警察組織經費，其財政支出的一部分被轉移至地方經費的事例也存在，究竟是屬於國家行政的範圍，還是屬於地方行政的範圍，其模糊的歸屬也成為爭執的焦點。關於民國 6 年度國家預算和地方預算的劃分，從 1917 年 4 月 1 日到 5 月 1 日為止召開的第一屆第二年第二次臨時會上，省議會議員王倬於 4 月 23 日提出〈警備隊經費劃歸國家預算案〉的動議。[38] 其內容是，各省警備隊均列國家預算，但浙自獨立後，劃歸省稅，省稅僅三百萬，警備隊占三之一，不均不平。審議的結果是提請國會和省政府，將六年度警備隊經費列入國家預算。但在翌 24 日的審議上，以第二款警備隊經費，照五年度預算，暫行列入地方政費。[39] 但是，民國 7 年度以後要求將警備隊經費繼續列入地方

37　《民國時期浙江省地方議會史料彙編》，第 2 冊，〈第二屆第一次臨時會文牘丁編〉，頁 152。「准鄂省議會銑電，地方歲入大半混入國家。敝省同此情形，是以預算案尚未議決，既經建議兩院，本會極端贊同。除電請速議並復鄂議會查照外，相應函達貴議會，希即一致主張。」

38　《民國時期浙江省地方議會史料彙編》，第 2 冊，〈第一屆第二年第二次臨時會議事錄〉，頁 464-465。「議員王倬說明提案旨趣。議員宋吉成、毛蒙正、許祖謙、陳鐘祺先後發言討論，均以各省警備隊均列國家預算。惟浙自獨立後，劃歸省稅。省稅僅三百萬，警備隊占三之一。不均不平，應請願國會。……議員馮良翰主張，雙方進行。一方面本會建議國會，一方面請官廳將六年度警備隊經費編入國家預算。眾贊同。」

39　《民國時期浙江省地方議會史料彙編》，第 2 冊，〈第一屆第二年第二次臨時會議事錄〉，頁 487。「主席以第二款警備隊經費，照五年度預算暫行列入，咨詢大

政費，但其要求並未被採納。

　　1919 年 12 月 18 日，議員王棟因不服省公署撤銷省議會議決裁有關舊溫屬護商警察局一案，提起行政訴訟一事，也頗耐人尋味。[40] 這件訴訟本身是由於省政府取消了省議會所議決的裁撤舊溫屬護商警察局案而起的。但訴訟中，遇到如何判斷舊溫屬護商警察局是否應認定為地方組織的問題，其經費如何籌措成為一大論點。

　　原本護商警察局是晚清商民為了自衛而出資購船募勇，由溫處道特設的海防局的後繼組織。民國 2 年改稱護商警察局之時，其收入源的海防捐也改稱護捐。其徵收由商船董事會擔任，官廳將此項護捐認定為地方稅。但是，民國 7 年 11 月浙江省議會因該局章程未交會議決，向省政府提出質詢。內務部覆稱，員警屬於官治行政，不在省單行條例範圍之內。對此，省議會主張該局屬於省自治行政，經大會議決將該局裁撤，省政府依據〈省議會暫行法〉第 39 條，[41] 取消這道議決，省議會向平政院提起訴訟。[42]

────

會。眾贊同。」

40　《民國時期浙江省地方議會史料彙編》，第 5 冊，〈民國八年常年會議事錄〉，頁 172-173。「議員王棟動議，省長咨復本會議決裁撤舊溫屬護商警察案，認為官治行政，不在省議會議決範圍之內，竟援照暫行法三十九條撤銷之。查是項經費均歸就地商民負擔，並非國稅開支。今省長認以為官治行政，是剝奪本會議決權。擬依據同條，提起訴訟。附議三人以上。大會多數贊成。」

41　《法令輯覽》，第 3 冊，第六類　地方制度，頁 39。「第三十九條　省議會之議決，省行政長官如認為違法時，得咨省議會撤銷之。如省議會不服其撤銷，得提起訴訟於平政院。」

42　《民國時期浙江省地方議會史料彙編》，第 8 冊，〈民國十年第一次臨時會文牘丁編〉，頁 71。「清季海盜縱橫，商民賄盜，購旗保護，名曰旗費。其後商民出資，購船募勇，由溫處道特設海防局管理，遂化旗費為海防捐。民國二年改稱護商警察局，委地方士紳為局長，改海防捐為護捐，由商船董事會徵收。官廳認此項護捐為地方稅，並未列入國家預算。七年十一月浙江省議會因該局章程未交會議決，提出質詢。省公署以該局是否屬於官治行政，咨准內務部覆稱，警察屬官治行政，不在省單行條例範圍之內，毋庸交會議決等因。省議會以該局不能切實保護船商，並有縱盜殃民情事，且該局性質確係省自治行政，經大會議決將該局裁撤，咨請省公署公布施行。省公署根據部咨，以該局不屬省議會議決範圍，依照

　　1921 年 2 月 3 日平政院判決，取消浙江省公署的處分。[43] 平政院支持省議會的主要理由如下：1、該處洋面現已分區設隊，增設警員多人，巡船亦復不少。2、捐款未列入國家預算，官廳承認為地方稅有案。3、護商警察局專為保護商船而設，不得處理違警案件。4、1915 年 3 月 30 日的水上員警官制公布 [44] 是在 1913 年護商警察局成立後，該局並無援據該官制改組並適用之明文，共 4 點。

　　在前述警備隊經費的事例中，警備隊支出被強行列入了地方政費。但在其後護商警察局的事例中，類似保甲的組織又被認定為警察組織，可見省政府的立場稍缺一貫性。顯而易見的是，如果裁撤護商警察局，省政府就會失去徵收護捐的名目，所以省政府在強化比較能夠自由處理的省的國家財政部分，可以說其立場有一貫性。

　　如上所述，在 1910 年代的浙江省，屢次發生了有關中央政府和省政府均有裁量權的省國家預算部分的爭執，以及省議會有裁量權的地方預算範圍內的爭執。省議會方面通過通電等的手段，聯繫其它省議會，以擴大地方預算的範圍為目標，但並未順利達到目的，地方預算的範圍相比國家預算仍然是被限定的。

　　省議會暫行法第三十九條，咨復撤銷。原告不服處分，來院提起行政訴訟，由第一庭審查，批准受理。」

43　《民國時期浙江省地方議會史料彙編》，第 8 冊，〈民國十年第一次臨時會文牘丁編〉，頁 69-77。「據稱，該處洋面現已分區設隊，增設警員多人，巡船亦復不少。是前項護商警察局顯屬贅設。原告謂，捐款未列入國家預算，官廳承認為地方稅有案，不得為官治行政等語，認為確有理由。又查民國八年該省修正護商警察局章程第八條載，護商警察局專為保護商船而設，不得處理違警案件等語。該局職務權限既經明文規定，其性質自不能與普通官治行政之警察並論。……且水上警察官制頒布，在該局成立之後數年，而該局並無援據該官制改組並適用之明文。所謂該局係以該官制為根據之詞，核與事實不合。……所有被告官署撤銷原告議決裁撤舊溫屬護商警察局一案之處分認為應予取銷，即由被告官署將議決原案公布施行。」

44　〈大總統申令〉，《政府公報》，1039 號（1915 年 3 月 31 日）。

三、省議會對浙江省地方財政的監管

　　本章節分析以省議會的決算審議為中心，闡明省議會如何監管省政府的財政支出。浙江省民國 6、7 年度地方預決算在省議會議事錄中有詳細記述，也可核對之後北洋政府編寫的《各省區歷年財政彙覽》中的數據。因《各省區歷年財政彙覽》所載地方歲出入表基於金庫收支報冊編寫，也存在由各縣逐收逐支未經金庫核作收放者均列入表格的問題，但其仍然是讓後人大致瞭解北洋政府時期浙江省財政狀況的貴重資料。[45] 本章節主要藉此，探討浙江省議會對省政府的收支有著何種程度的把握。

　　民國 6 年度浙江省地方歲入，根據基於《各省區歷年財政彙覽》作的表 1，為 2,423,361 元，根據基於〈浙江省議會民國八年常年會議事錄〉作的表 2，為 3,063,927 元，其差為 64,566 元。又地方政費，根據基於《各省區歷年財政彙覽》作的表 3，為 2,475,392 元，根據基於〈浙江省議會民國八年常年會議事錄〉表 4，為 2,845,851 元，其差為370,459 元。因此在民國 6 年度，決算書刊載之金額較金庫報冊所載，收入支出均有多出。

　　又民國 7 年度浙江省地方歲入，根據基於《各省區歷年財政彙覽》作的表 5，為 2,470,189 元，根據基於〈浙江省議會民國十年常年會議事錄〉作的表 6，為 2,894,734 元，其差為 424,545 元。又地方政費，根據基於《各省區歷年財政彙覽》作的表 7，為 2,888,197 元，根據基於〈浙江省議會民國十年常年會議事錄〉作的表 8，為 2,829,946 元，其差為 58,251 元。因此民國 7 年度，決算書刊載之收入較金庫報冊之收入更多，而支出比金庫報冊則稍少。

　　如上分析，民國 6、7 年度金庫報冊的出納金額和省議會的預決算

45　財政部財政調查處編，《各省區歷年財政彙覽》，第 2 冊（臺北：文海出版社，1989），頁 331-332。

之間有不少差距，貌似連省議會議員也不能正確地把握浙江省的財政收支。1920 年 12 月 9 日民國 9 年常年會中向省長沈金鑑提出的〈許祖謙等質問關於本省國地兩稅逐年收支撥解及借款經過事項書〉，[46] 便是反應這一情況的文獻。根據這件質問書，前省長呂公望曾將浙省民國 3、4 年度國地兩稅收支報告省議會，但民國 6 年以後其報告斷絕了。菸酒附加稅本來應該作為省稅，但由菸酒事務局匯解軍隊。為此，省議會也特別難以把握國家預算和菸酒附加稅的情況，許祖謙等要請省長說明。

關於上述的挪用菸酒附加稅，浙江省議會議員馮毓英等人在 1920 年 12 月 20 日提出了質詢書。菸酒長期以來浙江省的菸酒事務局在徵收菸酒捐和牌照稅的同時還加征附加稅，並轉匯給財政廳。然而這筆經費在民國 6 年度的決算之後開始拖欠，甚至在民國 7 年度之後拖欠情況愈發惡化。為此，馮毓英等人向省長質詢要求對此情況進行說明。[47]

對此，省長沈金鑑作出如下說明：民國 6 年春因第四師赴浙所必須

46　《民國時期浙江省地方議會史料彙編》，第 7 冊，「民國九年常年會議員質問書」，頁 318-320。「究竟民國六年以來國地兩稅之收入年計實數共若干萬。支出之款，除本會議決預算案外，認解中央，若舊稅，若英德金款，若驗契費，若菸酒稅，若官產款，若屠宰稅，若契帖稅，若印花稅，若菸酒牌照稅，每項每年若干萬。又軍事費暫編一師若干萬，暫編二師若干萬，第四師由菸酒事務局劃解若干萬，菸酒事務局歷年虧欠本省附加稅若干萬，第十師由中央撥付若干萬，動借省稅若干萬。又外交、司法、內務、財務、教育、實業等項每項每年若干萬。所借中國銀行洋款共若干萬，有無抵押，前款每月利息若干，近款每月利息若干，每款還期訂明何年月日。前省長呂曾將本省三四年度收支報告本會，俾資參考。江蘇嚴財廳長到任之初，先將蘇省財政情形和盤托出。貴省長係本省之人，對於本省財政自宜特別注意。現在有否瀕於破產，將來如何整頓，從前如何經過，議員等均滋疑義。」

47　1920 年 12 月 20 日〈馮毓英等質問關於菸酒事務局匯解菸酒附稅事項書〉，浙江圖書館編，《民國時期浙江省地方議會史料彙編》，第 7 冊，頁 366-368。「本屆編送七年度決算僅有七年七八兩個月收入，報解杭分金庫，而七年九月起至八年六月止十個月，煙酒附稅及八年度全年煙酒附稅，至今二年有餘，共計銀四十萬元左右。徒有九年間公文報告財政廳，並無一文解存分金庫，以致七年度決算，僅有七八兩個月收入，八年度決算定必完全無收。……何以對於煙酒事務局之匯解財政廳之溺職，一若罔知，並無何等之表示。議員等不無疑義。」

之軍餉每月 15 萬 8 千元，即年 189 萬 6 千元。僅憑中央專款（礦稅、菸酒捐、牌照稅）不足敷用，故財政廳墊付其不足之部分約 50 萬元。然此時對省財政亦有影響，與財政部協商後，自民國 7 年 1 月起於中央專款中計入菸酒專賣費，年入 194 萬 3 千 8 百元，確保能填補不足。但此後由於前任局長削減歲出未能盡力，且由於荒歉造成歲入減少，臨時軍餉增加，鹽業金城等銀行借款之返還等因，財政困難持續不斷。為此，出於不再連累財政廳之考量，第四師軍餉由菸酒事務局專門負責承擔，若有赤字，則有該局負責向銀行借款，以免挪用附加稅。[48] 第四師是楊善德麾下的部隊，楊就任督軍後駐在浙江省。從上述事例可以理解從省外過來的軍隊的駐紮經費壓迫增加浙江省財政擔負，同時也可以體現省內精英十分關注地方歲入的用途。

又民國 10 年，第一次臨時會於 1921 年 6 月 3 日提出了〈李鏡第質問關於答復七年度決算書歲出經常門內河水警廳徵收船舶牌照費案仍有疑義事項書〉。[49] 李鏡第抗議，省政府將內河水警廳所徵收的作為地方

48　1920 年 12 月 22 日〈省長咨文〉，《民國時期浙江省地方議會史料彙編》，第 7 冊，頁 368-373。「第四師自六年春移駐來浙後，所需月餉即奉部令，在應解中央專款項下就近劃撥。維時專款一項年額認解一百四十四萬元內，除礦稅一千三百餘元外，全恃煙酒牌照稅三項為大宗。每月勻計約應解一十二萬，以之儘數抵撥四師月餉，本尚不敷甚鉅。而菸酒捐及牌照稅又均由前菸酒公賣局代收，每月撥支本廳之數，多則八九萬，少則六七萬，比較應撥師餉之數，相差懸殊，以致歷由本廳設法湊墊轉撥。截至六年十二月分止，共計墊繳銀五十餘萬元。……仰經呈請咨商財政部，核准自七年一月起，飭由前菸酒公賣局將經徵菸酒捐稅按月儘收儘撥。不敷之數於公賣費項下照數協撥，以免貽誤。……卷查七年五月開朱前局長任內，對於財政部七年一月銑電聲明，菸酒公賣費、菸酒捐、牌照稅等項雖有二百六十餘萬元，年未徵收足額，六年共徵銀二百二十八萬四百餘元。除支款外，計應解銀一百九十四萬三千八百十元，儘數均撥月餉之需，並無盈餘堪以解部等語。就此而論該局每月撥解四師軍餉銀十五萬八千元，以每年之收入抵支，縱不能再有盈餘，何至不足若此之鉅。該前局長並不切實整頓，撥餉不敷，挪及附稅。……所有四師應放月餉，應請仍飭菸酒事務局將菸酒捐費竭力整頓，循舊儘數撥放。設有不敷，查照八年五月開咨明原案，由局逕向銀行借墊，不准挪移附稅。」
49　《民國時期浙江省地方議會史料彙編》，第 8 冊，〈民國十年第一次臨時會議員質

收入的船舶牌照費的盈餘，挪用為國家支出部分的水警經費。根據質問書，七年分船舶牌照費為洋銀 7,584.016 元，從此中減去俸給辦公費等項 6,422.567 元，其餘 1,161.449 元，被作為水警經費挪用。這一事例表示，省議會議員十分關注地方歲入的用途，擔憂省政府使國家財政和地方財政之間的界線曖昧不分。

　　如上所述，浙江省議會十分關注省政府的財政收支，通過審議地方歲入及政費的決算，行使其對財政的影響力。但在對比金庫報冊和預決算書之間存在的不小差距，以及地方預算範圍外的省國家預算上，省議會幾乎沒能發揮其影響力。可以認為，以軍事費的增加等為背景，地方歲入屢次被挪用為國家支出。

四、省憲法制定的開展與財政

　　上一章節分析的結論顯示，省議會基本上不能對國家預算產生影響，國家預算壓迫地方歲入的情況尤其在 1910 年代後半期顯現了出來。筆者的假設認為，省憲法制定正是作為改善上述情況的一個方策在浙江省興起的。過去有關聯省自治的研究大部分都聚焦政治方面。而筆者將於本章節中特別關注財政方面的內容，以闡明浙江省自治運動的背景。

　　浙江省在 1921 年 6 月召集了由王正廷為委員長的憲法起草委員會，以王正廷所擬之憲法大綱八條為基礎，以何建章、袁榮叟、阮性存、沈鈞儒等委員為中心，起草了浙江省憲法草案。[50] 而後經省議會憲

　　問書〉，頁 347-350。「查水警經費均由國家款支出，而船舶牌照費則為地方款收入，兩者截然不能混合。詎該廳長猶不明此義。其餘款一千一百六十一元四角四分九釐，當然應繳省庫收存，列入決算，乃強辯為呈奉核准，豈以齊省長業經去任，便可推諉耶。須知公款絲毫為重，斷不能以推諉延宕，便可了事。此仍難釋疑者一也。」

50　當時浙江都督盧永祥為山東省籍，實際在憲法起草中發揮核心作用的王正廷、阮

法會議的審查，同年 9 月 9 日公布了浙江省憲法及其施行法。[51] 浙江省憲法由第 1 章〈總綱〉、第 2 章〈省民之權利義務〉、第 3 章〈省之事權〉、第 4 章〈省議院〉、第 5 章〈省長及省政院〉、第 6 章〈法院〉、第 7 章〈監察院〉、第 8 章〈審計院〉、第 9 章〈立法〉、第 10 章〈財政〉、第 11 章〈教育〉、第 12 章〈實業〉、第 13 章〈交通〉、第 14 章〈縣〉、第 15 章〈特別市〉、第 16 章〈市、鄉〉、第 17 章〈憲法之解釋及修正〉共 17 章、計 157 條構成。

著眼有關財政的條款，浙江省也在省憲法施行法第 18 條規定「省政府須確定裁兵計畫提交第一屆省議院」，[52] 可見軍費削減對浙江省而言亦是重要的課題。而在浙江省憲法中，還規定了教育經費占歲出總額的 20% 以上，實業經費占歲出總額 7% 以上，交通經費占 5% 以上。[53] 這些規定較同樣推動自治的湖南省所指定的省憲而言，在行政經費的分配上有著更為詳細的規定。

此外，浙江省憲法第 101 條規定「本省對於國家政費之負擔至多不得超過本省收入總額百分之三十」。[54] 這項規定並未見於湖南省憲法，或體現了浙江省長期以來負擔大量國家財政支出的歷史。實際上，省議會議員也確實對地方歲入被挪用為軍費等國家支出抱有極深的憂慮。

對於當時浙江省的財政狀況，《各省區歷年財政彙覽》中有詳細的記錄。表 9、表 10、表 11 是基於北洋政府財政部 1924 至 1925 年在浙江、江西、江蘇等地的調查結果的匯總內容。根據這些表單所示，民國 11 年度（1922 年 7 月至 1923 年 6 月）的浙江省國家歲出與地方歲出

性存為浙江籍，沈鈞儒祖籍亦是浙江。

51　周葉中、江國華主編，《自下而上的立憲嘗試：省憲評論》（武漢：武漢大學出版社，2010），頁 264-267。

52　〈中華民國浙江省憲法施行法〉，《東方雜誌》，第 19 卷第 22 期（1922 年 11 月），頁 27。

53　〈中華民國浙江省憲法〉，《東方雜誌》，第 19 卷第 22 期（1922 年 11 月），頁 22-23。

54　〈中華民國浙江省憲法〉，同前，頁 21。

總額中，陸軍軍費比重達 45%，民國 12 年度則為 37.9%，民國 13 年度為 35.6%，在所有歲出項目中均占據最高的比重。而浙江省國家歲出與地方歲出總額中所占的教育經費比重，民國 11 年度為 8.2%，民國 12 年度為 6.6%，民國 13 年度為 5.2%，均未能及目標值的 20%。

浙江省國家歲出與地方歲出總額中，實業及農商經費所占比重在民國 11 年度為 1.3%，民國 12 年度為 0.9%，民國 13 年度為 0.7%，均未能達到 7% 的目標值。儘管浙江省的歲出中軍費所占比重較湖南省的軍費比重低，但可見由於債務償還費在民國 12 年度及 13 年度有所增長，出現了壓縮其他行政經費的情況。而根據表 12 可知，民國 11 年度浙江省歲入總額達 15108154 元，而國家政費比重為 35.6%。

這部憲法充分反映出，憲法起草委員會和省議會憲法會議希望改善浙江省財政因軍費和債務償還費在歲出占比高，繼而壓縮教育與實業經費比重的狀況。但這部浙江省憲法由於浙江都督盧永祥和在京浙籍人士、總商會及一部分議員的反對，最終並未能施行。[55]

又 1921 年 10 月的三屆省議會成立後，於 1922 年 11 月重新組織憲法審查會，起草所謂三色憲法。關於省政府的組織，紅色憲法採用委員制，黃色憲法採用內閣制，白色憲法採用首長的合議制。這些憲法草案中也有省預算分配之規定。關於教育費，紅色憲法規定歲出之 30% 以上，黃色和白色規定 20% 以上。關於實業，三色均規定 7% 以上。關於交通，三色均規定 5% 以上。關於軍事，紅色規定 20% 以下，黃色和白色均規定 15% 以下。紅色憲法亦規定確保荒政準備金為 5%。[56]

1920 年 7 月的直皖戰爭後、皖系的浙江都督盧永祥和直系為中心的北洋政府之間的關係惡化。根據《浙江省財政一覽》，浙江省自 1920 年不再有向北洋政府繳匯款項。[57] 因此，從對抗北洋政府的觀點來看，

55　周葉中、江國華主編，《自下而上的立憲嘗試：省憲評論》，頁 278-280。
56　張其昀編，《浙江省史地紀要》（上海：商務印書館，1925），頁 65。
57　浙江財務人員養成所編，《浙江省省財政一覽》（浙江：浙江財務人員養成所，

盧永祥和省議會的利害是一致，這樣情況可以作為 1920 年代前半省自
治運動在浙江省發展起來的一個背景。實際上，盧永祥本身對浙江省的
國家收支有很大的裁量權，而省憲法施行就是減少挪用，擴大省議會的
財政上權限。此外，浙江省憲法施行法含有「省政府須確定裁兵計畫，
提交第一屆省議院」之條文。因為軍隊是盧永祥的權力基礎，其本人肯
定顧慮與軍隊之間的關係惡化。因此些原因，省憲法的施行也無法得到
盧永祥的支持。

　　此後，盧永祥在作為第 2 次奉直戰爭的前哨戰的 1924 年 9 月江浙
戰爭 [58] 中戰敗下臺，浙江省納入了直系孫傳芳之統治下。省議會在孫傳
芳之支配下也繼續開會，但仍然存在挪用公款的問題。

　　根據 1924 年 12 月 2 日提出的〈李鏡第等質問鹽觔加價案答復愈滋
疑義事項書〉，[59] 鹽觔加價以撥充西湖博覽會的經費。但博覽會停辦後，
發生了繼續徵收，挪用為軍事費的情況。對此情況，省議會對省長夏超
抗議有如下四個理由：1、充西湖博覽會專款係省地方款性質，撥充軍
費係國家款性質。2、善後各費亦有國家地方之分，其應由國家支出諸
款，則宜取諸國稅。其應由地方支出諸款。3、鹽觔加價均為浙江之臨
時單行法。4、孫督理迭次宣言軍民分治，其不干預民政。可知辦理善

<hr>

1932），〈浙江省民國元年度起至十八年度止認解中央支出統計表〉。
58　江蘇督軍江蘇督軍齊燮元與浙江督軍盧永祥之間的戰爭。其間，福建督軍孫傳芳
　　支持齊燮元。最終盧永祥敗北。
59　《民國時期浙江省地方議會史料彙編》，第 12 冊，〈民國十三年常年會議員質
　　問〉，頁 329-332。「查兩浙鹽觔加價是項附捐，本充西湖博覽會專款係省地方款
　　性質，撥充軍費係國家款性質。吾浙於國家地方各款早經劃分清晰，安可再有
　　混淆。從前既將是款移作軍費，暫借則可撥充。則不可，國家地方款項詎可朦
　　混。……然善後各費亦有國家地方之分，其應由國家支出諸款，則宜取諸國稅。
　　其應由地方支出諸款，其收支均應交案由省議會議決。……鹽觔加價，無論其充
　　西湖博覽會經費與充善後經費，均為浙江之臨時單行法。單行法，必須經省議會
　　通過。……孫督理迭次宣言軍民分治，其不干預民政。可知辦理善後為民政範圍
　　事。貴省長擬繼續徵收鹽觔加價，以辦善後，而必會同督署，放棄職權耶，抑挾
　　恃軍威耶。」

後為民政範圍事。孫督理應該遵守軍民分治，不干預善後經費。

　　但是，上述問題並不僅僅限於省政府和省議會的關係。因為以鹽稅為外債的抵押，所有重大關係之一切更改事宜，應須於事前與鹽務稽核總所會辦商妥之後，再為辦理。由於此事違反民國 2 年善後五釐金幣借款合同，因而被駐杭州日本領事清野長太郎抗議，[60] 北京政府亦認為與借款有關，牽動外交，迭次電請取消，反而孫傳芳和夏超為財政異常竭蹶，不允取消鹽觔加價。[61]

　　對於這樣狀況，省議會認為「鹽觔加價係地方稅」，向孫傳芳和夏超抗議，防止挪用鹽觔加價為軍費。依據法理，日英法三國及北洋政府的主張合理，省議會的主張恣意擴大自身的權限，沒具有充分的正當性。這個案件表明當時浙江省財政規範相當混亂。其後，孫傳芳暫時繼續統治浙江省，經 1926 年 10 月夏超的獨立宣言和陳儀的短期統治，1927 年 1 月浙江省納入國民黨之支配下。

結論

　　因為清代以來浙江省被中央政府攤派多額的解協款，晚清的諮議局和民國以後的省議會十分關注國家預算和地方預算的劃分。宣統三年預算中，國家歲入和地方歲入尚未劃分，省議會的預算審查也限於地方行政經費而已，有不完備之處，但已對撫院要求提出歲入表和說明各府州縣的預算。又民國 2 年袁世凱當局以重視國家財政的形式，施行國地劃分。而浙江議會通電其它省議會互相合作，以〈國家地方兩稅暫行稅法

60　〈浙鹽截稅加價之交涉〉，《民國日報》，1924 年 11 月 16 日。「三國公使，當以鹽務及鹽稅收入，所有重大關係之一切更改事宜，應須於事前與鹽務稽核總所會辦商妥之後，再為辦理，明載於民國二年善後五釐金幣借款合同。且此種截留及加價，實令該公債所有人不安。現又受關係國公使之委託，仰該領事以日英法三國名義，就地請求軍民長官，即日取消，以符約章。」

61　〈浙當局不允取消鹽斤加價〉，《民國日報》，1925 年 2 月 19 日。

草案〉還沒經過國會的議決為理由，試圖對抗國地劃分。1914 年 2 月省議會被迫解散，但臨時約法恢復後重開的浙江省議會也建議國會，由省議會優先審查國家預算，加以增刪修改之說明後，陳請國會，以備參考。這一方式以擴大地方預算的範圍和對國家預算發揮更大的影響力為目標，活躍地開展了相應的行動。

　　因為浙江省一直以來擔負中央政府攤派的多額解協款，在減少中央政府的影響力上，筆者認為省政府和省議會的立場容易達成一致。特別是直皖戰爭後，都督盧永祥和直系為中心的北洋政府之間的關係惡化，上述傾向愈發明晰。以此為背景，1920 年代浙江省制訂了如九‧九憲法和三色憲法的憲法草案。九‧九憲法和三色憲法均有關於預算分配之規定，並以削減軍費和確保教育經費、實業經費等為目標。

　　但是，省議會主張的地方預算擴大，意味著侵犯了省政府有較強裁量權的省國家預算，省政府也有難以贊同的部分。在 1920 年 12 月 20 日發〈馮毓英等質問關於菸酒事務局匿解菸酒附稅事項書〉、1921 年 6 月 3 日發〈李鏡第質問關於答復七年度決算書歲出經常門內河水警廳徵收船舶牌照費案仍有疑義事項書〉、1924 年 12 月 2 日發〈李鏡第等質問鹽觔加價案答復愈滋疑義事項書〉等的事例中，都以財政竭蹶為背景，發生了國家預算侵蝕地方預算的事件。顯而易見，這些事例表明，省政府和省議會之間有關財政的緊張關係。又省議會在憲法草案中要求的削減軍費，很可能搖撼都督的權力基礎，於當時的政治局勢不穩之際，難以實現。浙江省的省自治運動也在此番拉鋸中迎來了終結。

表1　浙江省民國6年度地方歲入表

	預算經常	預算臨時	預算共計	比重	實收經常	實收臨時	實收共計	比重
附加稅	1,560,289	688,229	2,248,518	72.6%	1,294,268	480,130	1,774,398	73.2%
雜稅捐	537,131		537,131	17.3%	486,192		486,192	20.1%
雜收入	252,927		252,927	8.2%	132,171		132,171	5.5%
繳還公款		60,000	60,000	1.9%		30,600	30,600	1.3%
共計	2,350,347	748,229	3,098,576		1,912,631	510,730	2,423,361	

出典：財政部財政調查處編，《各省區歷年財政彙覽》，第2冊（臺北：文海出版
社，1989），頁289-292。

表2　浙江省民國6年度地方歲入表

	預算經常	預算臨時	預算共計	比重	決算經常	決算臨時	決算共計	比重
附加稅	2,308,082		2,308,082	71.4%	1,817,389	466,976	2,284,366	74.6%
雜稅捐	535,153		535,153	16.6%	482,103		482,103	15.7%
雜收入	328,941	60,000	388,941	12.0%	235,013	62,446	297,459	9.7%
共計	3,172,176	60,000	3,232,176		2,534,505	529,422	3,063,927	

出典：民國文獻資料叢編編纂出版委員會編，《民國時期浙江省地方議會史料彙
編》，第2、5冊（北京：國家圖書館出版社、2016）。

表3　浙江省民國6年度地方政費表

	經常	臨時	共計	比重
內務經費	1,241,337	86,127	1,327,464	53.6%
財政經費	32,607		32,607	1.3%
教育經費	955,379	5,300	960,679	38.8%
農商經費	154,042	600	154,642	6.2%
共計	2,383,365	92,027	2,475,392	

出典：財政部財政調查處編，《各省區歷年財政彙覽》，第2冊，頁326-333。

表4　浙江省民國6年度地方政費表

	預算經常	預算臨時	預算共計	比重	決算經常	決算臨時	決算共計	比重
內務經費	1,467,355	185,527	1,652,882	55.0%	1,387,759	209,159	1,596,918	56.1%
財政經費	161,593		161,593	5.4%	138,247	19,323	157,570	5.5%
教育經費	856,236	153,736	1,009,972	33.6%	768,709	192,038	960,747	33.8%
農商經費	116,503	63,660	180,163	6.0%	101,725	28,891	130,615	4.6%
共計	2,601,687	402,923	3,004,610		2,396,439	449,412	2,845,851	

出典：民國文獻資料叢編編纂出版委員會編，《民國時期浙江省地方議會史料彙
編》，第2、5冊。

表 5　浙江省民國 7 年度地方歲入表

	預算經常	預算臨時	預算共計	比重	實收經常	實收臨時	實收共計	比重
附加稅	1,611,789	686,229	2,298,018	73.4%	1,356,378	431,757	1,788,135	72.4%
雜稅捐	535,153		535,153	17.1%	459,394		459,394	18.6%
雜收入	237,771		237,771	7.6%	191,660		191,660	7.8%
繳還公款		60,000	60,000	1.9%		31,000	31,000	1.3%
共計	2,384,713	746,229	3,130,942		2,007,432	462,757	2,470,189	

出典：財政部財政調查處編，《各省區歷年財政彙覽》，第 2 冊，頁 293-296。

表 6　浙江省民國 7 年度地方歲入表

	預算經常	預算臨時	預算共計	比重	決算經常	決算臨時	決算共計	比重
共計	2,548,443	1,104,896	3,653,339		2,076,881	817,853	2,894,734	

出典：民國文獻資料叢編編纂出版委員會編，《民國時期浙江省地方議會史料彙編》，第 9 冊。

表 7　浙江省民國 7 年度地方政費表

	經常	臨時	共計	比重
內務經費	1,340,272	200,271	1,540,543	53.3%
財政經費	44,944		44,944	1.6%
教育經費	1,093,373	2,150	1,095,523	37.9%
農商經費	207,187		207,187	7.2%
共計	2,685,776	202,421	2,888,197	

出典：財政部財政調查處編，《各省區歷年財政彙覽》，第 2 冊，頁 334-339。

表 8　浙江省民國 7 年度地方政費表

	預算經常	預算臨時	預算共計	比重	決算經常	決算臨時	決算共計	比重
內務經費	1,467,114	89,395	1,556,509	50.7%	1,403,638	70,145	1,473,783	52.1%
財務經費	146,492	36,638	183,130	6.0%	126,534	28,503	155,038	5.5%
教育經費	930,082	113,857	1,043,939	34.0%	848,108	90,480	938,588	33.2%
農商經費	138,704	148,027	286,731	9.3%	125,349	137,188	262,538	9.3%
共計	2,682,392	387,917	3,070,309		2,503,629	326,317	2,829,946	

出典：民國文獻資料叢編編纂出版委員會編，《民國時期浙江省地方議會史料彙編》，第 9 冊。

表 9　浙江省民國 11 年度國地統合歲出

	經常	臨時	共計	比重
外交經費	25,741		25,741	0.2%
內務經費	2,447,858	292,921	2,740,779	18.2%
財政經費	446,672	4,292	450,964	3.0%
司法經費	756,375		756,375	5.0%
教育經費	56,275		56,275	0.4%
實業經費	41,890		41,890	0.3%
撥還新舊債款		1,095,578	1,095,578	7.3%
雜項支出		258,066	258,066	1.7%
陸軍經費	6,336,910	455,000	6,791,910	45.0%
內務經費（地方）	1,413,008	89,128	1,502,136	10.0%
財政經費（地方）	32,526		32,526	0.2%
教育經費（地方）	1,172,349	3,297	1,175,646	7.8%
農商經費（地方）	150,483		150,483	1.0%
共計	12,880,087	2,198,282	15,078,369	

出典：財政部財政調查處編，《各省區歷年財政彙覽》，第 2 冊，頁 232-238、269、
361-367。

表 10　浙江省民國 12 年度國地統合歲出

	經常	臨時	共計	比重
外交經費	21,744		21,744	0.1%
內務經費	2,336,235	173,919	2,510,154	14.0%
財政經費	486,832	27,407	514,239	2.9%
司法經費	803,594		803,594	4.5%
教育經費	49,608	2,000	51,608	0.3%
實業經費	35,390		35,390	0.2%
撥還新舊債款		3,917,565	3,917,565	21.9%
雜項支出		640,852	640,852	3.6%
陸軍經費	6,336,910	447,896	6,784,806	37.9%
內務經費（地方）	1,301,321	44,800	1,346,121	7.5%
財政經費（地方）	30,734		30,734	0.2%
教育經費（地方）	1,125,013	2,333	1,127,346	6.3%
農商經費（地方）	124,627		124,627	0.7%
共計	12,652,008	5,256,772	17,908,780	

出典：財政部財政調查處編，《各省區歷年財政彙覽》，第 2 冊，頁 239-246、270-
271、368-374。

表 11   浙江省民國 13 年度國地統合歲出

	經常	臨時	共計	比重
外交經費	23,742		23,742	0.1%
內務經費	2,509,410	678,082	3,187,492	15.6%
財政經費	440,536	144,316	584,852	2.9%
司法經費	700,858	5,075	705,933	3.5%
教育經費	46,291	397	46,688	0.2%
實業經費	42,656		42,656	0.2%
撥還新舊債款		5,799,354	5,799,354	28.4%
雜項支出		113,705	113,705	0.6%
陸軍經費	7,042,006	233,375	7,275,381	35.6%
內務經費（地方）	1,328,473	156,510	1,484,983	7.3%
財政經費（地方）	28,972		28,972	0.1%
教育經費（地方）	1,013,564	917	1,014,481	5.0%
農商經費（地方）	108,263		108,263	0.5%
共計	13,284,771	7,131,731	20,416,502	

出典：財政部財政調查處編，《各省區歷年財政彙覽》，第 2 冊，頁 247-256、272-274、375-380。

表 12   民國 11 年度浙江省國家政費占收入總額的比重

浙江省收入總額	15,108,154
國家政費	5,425,668
比重	35.9%

出典：財政部財政調查處編，《各省區歷年財政彙覽》，第 2 冊，頁 118-124、232-238、269、309-312。

1920年代北京政府與上海租界之關係：以會審公廨為中心

郭　まいか（玫珂）
京都大學大學院文學研究科博士生

一、研究史及問題意識

自從外國租界於上海成立以來，以工部局為首的上海租界一向被認為是中國政府不能干涉的特殊地域。尤其是在司法方面，整個租界的司法體系為外國勢力所控制，中國政府無法將權力範圍涉及到租界裡的中國人及外國人，也沒法干涉租界內政。於此同時，光緒新政時期中國政府在推行「修約外交」的過程中，制定了各種近代式法律以及司法制度，以便能取消外國治外法權等不平等條約。[1]

如此情況下，1915-1920年，在世界各國陸續發生震盪全球規模的重大事件。第一次世界大戰及俄羅斯十月革命的影響無法避免地波及到中國，中國與這些國家的條約關係也發生了變化。因此，不僅是中國政府有必要規定這些外國人的在華地位，外國租界當局也必須應對租界裡身分有所變化的部分外國人。

中國政府於1909年制定了中國第一部國籍法《大清國籍條例》，針對海內外華人確定誰是「中國國民」的界線。至1912年，北京政府基於晚清時代的《大清國籍條例》改訂新國際法，推進國內司法改革。

1　唐啟華，《被「廢除不平等條約」遮蔽的北洋修約史（1912-1928）》（北京：社會科學文獻出版社，2010）；川島真，《中國近代外交の形成》（名古屋：名古屋大學出版會，2004）。

不僅如此，經過如上所述的世界巨大變化，1919 年制定《管理無條約國人民章程》等針對無約國外國人地位的法律，1921 年也通過外交談判，與德國簽訂條約，試圖設法管理這些在中國無權享受治外法權的國民。

　　租界外國人方面也當面臨租界外國人身分變化，以及大量外國難民湧進上海租界的情況，工部局與外國領事團一方面試圖維護租界權益，另一方面設法管理這些外國人。在晚清時代，中國政府基本上沒有禁止這些外國人通過條約國國家領事館申請保護、從而取得保護民的身分。然而，一部分外國人為了躲避中國政府的司法權，利用此制度而獲得治外法權的保護。到了民國時期，1919 年簽訂的《管理無約國人民章程》基本上不允許無約國外國人再有如上的情況發生，而是規定他們與中國人一樣統統服從中國政府的法律及命令。日本貴志俊彥根據臺灣中央研究院近代史研究所檔案館的外交部資料，針對該章程與相關細則加以分析，在修約外交的研究脈絡中指出：北京政府外交部試圖利用這一法律來取回其裁判權。[2]

　　在多個國家人民聚集的上海租界裡，由各條約國領事組成的外國領事團特別重視國籍的問題。無論是中國人還是外國人，該由租界裡哪一個機關或哪一個領事館來管理或保護他們，這種問題往往會導致國家間的糾紛，因此，國籍是用來判斷個人所屬的國家權力以及解決外交對立的一個重要指標。

　　就上海租界的司法體系而言，在租界裡發生的所有案件可歸於三種法院的管轄之下。其一是領事公堂：領事公堂的審理對象只限於以工部局為原告或被告的案件。其二是領事法院：根據條約國享有的領事裁判

2　貴志俊彥，〈第一次世界大戦後の中国におけるヨーロッパ人の地位──中華民國外交部檔案からみる条約国と無条約国との法的差異〉，《地域研究のフロンティア 1　近代アジアの自画像と他者：地域社会と「外国人」問題》（京都：京都大學學術出版會，2011）。

權，以外國人為被告的案件必須由該國國家領事館領事法院審理。最後
一個就是會審公廨：會審公廨審理的案件主要是在租界裡發生，以中國
人為被告的案件。尤其是關於後面兩個法院，中外之間「以原就被」的
原則基本上決定了租界裡發生的案件究竟歸於何種法院。[3]

　　上海會審公廨是根據 1869 年《洋涇濱設官會審章程》設立於上海
公共租界的華洋混合法院，由中國法官與外國會審官一同審理發生於租
界內的各種案件。後來，外國領事團於 1911 年革命爆發之後的秩序混
亂中，為了維持法院運作的「暫時辦法」掌握了其控制權，通過機構改
革及管轄權的重新整理，決定外國會審官會審租界中國人之間發生的民
事案件。[4]然而，其名義仍然是「中國的法院」。並且，中國法官與外國
會審官一同出庭，如果中外會審官意見不一致，則判決無效。可見，會
審公廨並不是完全的外國機關，以中國人為被告的案件根據以原就被的
原則，統統歸於會審公廨的裁判權之下。此外，涉及無約國外國人等
沒有治外法權國家國民的案件也在會審公廨審理。但是，直到 1920 年
代，針對這些外國人的訴訟程序都沒有任何法律依據，而只能基於租界
的慣例。

　　針對會審公廨的研究並不是很豐富，而且，由於資料的限制，在
實證方面一直未能超越郭泰諾 1925 年出版的著作。[5]就上述國籍問題而

3　1856 年中英《天津條約》規定了以原就被的原則，是為將中外兩國國民置於平衡
　的司法地位。

4　於 1911 年以前，在租界裡兩造中國人之間發生的案件都歸於會審公廨的管轄，
　但中國人法官單獨出庭，外國會審官無權干涉其司法程序及判決內容。

5　Anatol. M. Kotenev, *Shanghai: Its Mixed Court and Council* (Shanghai: North-China
　Daily News & Herald, Limited, 1925); Thomas B. Stephens, *Order and Discipline
　in China: The Shanghai Mixed Court 1911-1927* (Seattle and London: University of
　Washington Press, 1992)；馬長林，〈晚清涉外法權的一個怪物——上海公共租界
　會審公廨剖析〉，《檔案與歷史》，1988 年第 4 期；張銓，〈上海公共租界會審公廨
　論要（續）〉，《史林》，1990 年第 1 期；楊湘鈞，《帝國之鞭與寡頭之鏈——上海
　會審公廨權力關係變遷研究》（北京：北京大學出版社，2006）。

言，在會審公廨處理的國籍案件中，中外雙方最關注的問題是，儘管有
《國籍法》《管理無條約國人民章程》等法律，但一部分外國人與中國人
依然在特定的條約國領事館取得其國保護民的身分，從而逃避會審公
廨的命令。換言之，部分外國領事館無視上述法律規定，而給予他們可
享受治外法權的身分。再加上，由於會審公廨內部組織非常複雜，即使
公廨成功獲得了對他們的裁判權，公廨內部各國會審官之間又會爭奪出
庭的權力。[6] 有鑒於此，針對外國籍中國人的問題，無論他們是在外國
出生的外國臣民還是假冒國籍的中國人，以英國會審官為首的會審公廨
都有意將他們一律視為中國人進行管理。因此，公廨試圖根據中國國籍
法，從外國領事法院手中奪取對這類人的裁判權，以防止部分領事館濫
用治外法權制度。這樣，公廨作為「中國的法院」試圖掌握對租界內中
國人的裁判權，而這一態度正符合外交部的要求，也可以說北京政府的
影響力在一定程度上浸透進了租界內部。[7]

　　雖然如此，租界裡沒有治外法權的國家國民也同樣保有條約國保護
民的身分，也同樣會引發各種問題。對於這些外國人的身分，會審公廨
如何看待他們，又如何來解決問題，未必有清楚的答案。與上述中國人
問題相比，公共租界畢竟是為了華洋別居，保護外國人生命財產之安
全而設立的。因此，租界外國人對他們的態度也與中國人的情況有所差

6　一般來說，會審官由各國領事館的副領事擔任。

7　一直以來，學術界都用「自治市」「國中之國」等說法來表示上海租界的性質，
　　特別是在司法方面，北京政府的權力無法滲透到租界內部。因此，以往的上海史
　　研究主要關注租界內部外國人或是中國人的活動（小濱正子，《近代上海の公共
　　性と國家》〔東京：東京研文出版，2000〕）；Robert Bickers, *Empire Made Me: An
　　Englishman Adrift in Shanghai* (London: Penguin, 2004)；熊月之，《異質文化交織下
　　的上海都市生活》（上海：上海辭書出版社，2008）。而關於租界裡的外國人如何
　　接受或者利用中國的各種近代式法律，以及租界與北京政府之間有無某種互動關
　　係等問題，研究積累並不多。有鑒於此，對於會審公廨如何應對雙重國籍中國人
　　的問題，筆者嘗試從租界外國人與外交部的視角加以分析（郭まいか，〈上海租
　　界における中華民国期二重国籍中国人問題——上海會審公廨を中心に〉，《社會
　　經濟史學》，第 84 卷第 1 期（2018 年 5 月），頁 25-43）。

別。本文利用英國國家檔案館（British National Archives）的外務省資料（FO228），針對這一問題加以考察，試圖從租界史的角度來探明租界與北京政府之間的對立與利益關係。

二、租界裡外國人司法地位的變化： 以 1921 年《中德協約》為契機

　　第一次世界大戰爆發之後，北京政府宣布對德斷絕外交。1918年，由於德國戰敗，北京政府外交部要求廢除舊約，重訂平等條約。經過中德兩國談判，在 1921 年 7 月，北京政府成功簽訂《中德協約》，決定廢除德國人在華領事裁判權。[8] 於是，同年 12 月，外交部向駐上海外國領事團要求將在租界裡發生的德國人為被告的案件移交到中國審判廳處理。[9] 在中德新約簽訂之前，德國人訴中國人的案件都在會審公廨審理，由德國人會審官會審，另一方面，德國人為被告的案件，都在德國領事法院審案。然而，自從歐戰爆發，德國人喪失在華領事裁判權以後，德國人雖然失去了設自國領事法院的權利，但有關德國人的案件，無論被告還是原告，都在會審公廨審案。並且，關於會審權，德國人會審官（由德國副領事兼職）以「特別會審官（special assessor）」的身分繼續出庭。在這種情況下，外交部根據 1921 年《中德協約》，主張在租界裡發生的德國人為被告的民刑案件應由中國審判廳管轄。因為《中德協約》決定在華德國人不再享受治外法權，使他們的司法地位與中國人完全平等。這同時也意味著德國放棄了會審權，於是，外交部根據這一協約要求租界德國人讓出裁判權。

8　唐啟華，《被「廢除不平等條約」遮蔽的北洋修約史（1912-1928）》，頁 82-110。

9　FO228/3502 Dossier 5556 Extra territoriality. Vol.1, Encl. No.1, in British Consul General in Shanghai, Everard Fraser to British Minister in Peking, Beilby F. Alston, No.314 Dec. 19, 1921.

　　雖然如此，駐上海領事團卻認為不能對此要求及時表示贊同。據《中德協約》第三項中的記載，中德兩國國民訴訟之際必須以居住地為標準，服從當地的法權。這一文可以解釋：居住在租界裡的德國人明明是要服從租界的司法體系——就是會審公廨。而且，關於租界裡發生的中國人為被告的案件，統統在會審公廨審案。若是德國人的地位與中國人完全一樣，連租界中國人之間發生的案件都於會審公廨審理，那租界德國人為被告的案件當然歸於會審公廨管轄之下。如上所述，在 19 世紀末的時點，會審公廨的管轄範圍已經包括租界中國人之間的民事案件，尤其是 1912 年領事團掌握其控制權以後，這些中國人之間的案件也都由外國會審官會審。由此，領事團主張，既然租界中國人服從的「正式」法院是會審公廨，同樣住在租界裡的德國人也應該屬於公廨的管轄權下，絕對不會是租界外的任何法院。10

　　並且，據領事團會議中被提到的意見，這些德國人的案件必須由德國人會審官或了解德語的常任會審官以特別會審官的身分出庭。其實，在租界發生的俄國人案件也與此相同，領事團任命一位特別會審官，使他專門處理這些沒有治外法權的俄國人的案件。

　　至於俄羅斯方面，自從十月革命爆發以後，在華俄國人的司法地位也受其影響，不得不暫時有所動搖。然而，由於北京政府對俄國內部政爭保持中立的態度，中俄兩國的條約關係依然繼續。在這種情況下，會審公廨維持了對於上海俄僑的治外法權。11 雖然這一點與完全放棄治外法權的德國大不相同，但是，因有了領事團的調整，俄國人能夠繼續在會審公廨由外國會審官的監督之下接受審理。為此，領事團主張德國人案件也應按照俄國人的例子一樣處理。

10　FO228/3502, Fraser to Alston, No. 314, Dec. 19, 1921.
11　北京政府雖然聲明停止舊俄使領待遇，但依然保護俄國僑民及其財產，關於中俄人民訴訟及俄人犯罪事件均歸中國法庭審理。然而，上海俄僑的司法地位問題則較為複雜，會審公廨成功保留了對上海俄僑的司法管轄權（唐啟華，《被「廢除不平等條約」遮蔽的北洋修約史（1912-1928）》，頁 190、197）。

　　領事團還認為，關於法官的語言能力，外國租界會審公廨遠遠勝過中國審判廳。並且，審判廳的中國法官不熟悉外國人的習慣與想法，這一點也是外國人不願意將租界德國人的裁判權交給中國審判廳的一個重大要素。這樣，領事團以租界中國人的例子為比較對象，說明德國人必須在會審公廨、且需要外國會審官會審的理由。然而，他們同時也注意到，這樣設一個「特別會審官」而處理案件的做法，其實是將租界裡的德國人與中國人置於不同的司法地位。[12]

　　當時的英國上海總領事致英國北京公使的函件中，描述了租界的實際情況，說明了不能將德國人案件移交給審判廳的理由。他認為，1911 年以後的上海會審公廨可稱為「租界法院」。因為就算是與中國沒有條約關係、亦不能依靠自國領事法院的外國國民，只要居住於租界，便可以利用會審公廨，可以說是非常有用的法院。換言之，公廨其實提供了對外維護租界自由的一種「盾」的效果。[13] 實際上，中國審判廳一向以來批評會審公廨掌握了外國人訴租界外中國人案件的裁判權，然而，會審公廨並未答應過這一主張。對此，英國總領事認為，若是一旦承認將這些案件移交給租界外的審判廳，則公廨擁有的如上功能就逐漸被消滅了。考慮到這一點，雖然住在租界外的德國人必須服從中國審判廳，但會審公廨不能放棄對租界德國人案件的管轄權。他主張，但凡涉及到租界外國人的案件，即使兩造都是德國人，統統不可以移交給租界外的中國法院。[14] 於此可見，維持所有外國人的裁判權以便保護外國租界，就是德國人與中國人在租界地位不同的最大理由。

　　雖說如此，總領事同時也憂慮以上的說明缺乏法律上的合理性。

---

[12]　FO228/3502, Fraser to Alston, No. 314, Dec. 19, 1921.

[13]　FO228/3502, Fraser to Alston, Dec. 16, 1921.

[14]　"But if German residents should be allowed to deny the jurisdiction to which native residents are subject, next step obviously will be so to whittle away that jurisdiction as to deprive the Settlement of this practical shield of its liberties" FO228/3502, Fraser to Alston, Dec. 16, 1921.

因此，如果北京政府堅持主張對於德國人的管轄權，領事團也無法拒絕。[15]

　　如此，1921 年之時，中德兩國之間雖然成功簽訂平等條約，但由於租界外國人的反對，未能及時將所有德國人的管轄權集中到中國司法體系內。另一方面，代表租界外國人利益的外國領事團雖然對外交部的要求不表示贊同，但同時注意到這些外國人的主張沒有法律依據，也不能找出適當的說明。總之，在租界裡曾經擁有治外法權的國家首次主動放棄其權利的事實，明確地促進了北京政府外交部的租界政策，並且引起了整個租界的逐步變化。

三、外國人會審權問題以及其作用：
以愛司拉訴葉清和案（1925 年）為例

　　1921 年之時，沒有治外法權的國家並不限僅於德國與俄國。一些無約國新成立諸國的國民也未能在中國享有治外法權。但是，外國領事團主張，這些住在上海租界裡的國民也可以如德俄兩國人民一樣，利用會審公廨。在這裡，我們不妨關注一下，沒有治外法權的國家國民如何利用會審公廨。在上一章已提到，外國領事團有意將租界裡無治外法權外國人的管轄權限於會審公廨，以保護外國租界一向以來擁有的權益以及特殊地位。然而，這些沒有治外法權保護的外國人也未必希望將所有的案件都拿到公廨裡處理。更多情況下，他們主動利用自己微妙的身分，以選擇對自己最為有利的行動。

　　這一時期，各國的國際地位發生著巨大變化，上海租界裡產生了大量沒有治外法權保護的外國人。然而，這一群外國人當中，有一部分人赴條約國領事館申請國籍，或以保護民身分，或以臣民身分，試圖獲得

15　FO228/3502, Fraser to Alston, No. 314, Dec. 19, 1921.

條約國的保護。他們有意在某一國家治外法權的保護傘之下從事經濟貿易，同時，如果涉及訴訟，則可以利用其國籍、身分證，而逃避會審公廨的任何命令。

1925 年，有一位叫愛司拉（N. E. B. Ezra）的西班牙人在會審公廨以侵占鴉片（價值 1,296,000 銀兩）的罪名控告中國人葉清和。愛司拉生於英國殖民地的印度，原是持有英國籍的英國臣民。但因他的父親是生於巴格達的土耳其人，而英國的出生地原則與土耳其的血統原則產生衝突，愛司拉本人為英國和土耳其的雙重國籍。1911 年，他脫離英籍之後，取得了土耳其國籍。此外，由於在上海代理土耳其提供領事業務的是法國，因此，他在法國領事館以土耳其國民身分進行了登記。如果有事發生，則法國領事館有義務保護愛司拉。然而，不知是何緣由，他後來於 1923 年在西班牙領事館申請國籍，又成為西班牙的保護民。由此，愛司拉獲得了與其他西班牙人一樣的、可以享受治外法權的正式身分，而在 1925 年的這時候，以西班牙人的身分在租界裡控告了中國人。對此，北京政府外交部依據《審理無領事裁判權國人民民刑事訴訟章程》的規定，即沒有治外法權的國民均無權享受第三國的保護，主張愛司拉以及西班牙領事館不能行使這一特權。[16]

其實，有一些外國領事館卻對與自國無關的外國人輕率地給予了保護民身分，譬如中國人或無治外法權外國人等等。而其中最明顯的是西班牙領事館。這一事實已經成為領事團中的共識。[17] 至於英國律師協會在報告中則指出任何國家國民只要對西班牙領事館支付費用就能獲得保

16　貴志俊彥，〈第一次世界大戰の中國におけるヨーロッパ人の地位〉，頁 218-219；日本外交資料館藏，上海會審衙門ニ於ケル裁判事件雜件（1, 1, 3, 4），駒形丸ノ阿片密輸入ニ關係スル會審衙門刑事事件經過（一），1925 年 8 月 15 日。貴志也在論文當中涉及到愛司拉事件，以說明北京政府外交部外交政策的一個特徵。但是，關於會審公廨以及租界外國人的反應，仍有不明之處。

17　FO228/3266 Dossier 168 Mixed Court - Shanghai Vol. I, Encl. No.1 in Garstin to Alston, No.123, May 15, 1922.

護。18

　　就租界會審公廨的原則而言，原告或者相關外國人所屬國家領事館的會審官擁有出庭的權力。當身為西班牙保護民的愛司拉控告葉清和之際，愛司拉根據該原則主張，應由西班牙會審官審理他的案件，其他國家不能干涉。然而，以英、美、中為首的會審公廨常任會審官強烈反對西班牙會審官出庭。他們認為愛司拉取得西班牙籍的目的明顯是為了方便進行鴉片貿易，並且，他要求被告賠償的鴉片也是從君士坦丁堡運來，在上海停泊時被葉清和竊盜的。19 因此，英國會審官主張西班牙領事館對此案件無權出庭。換言之，若愛司拉被認定為西班牙人，他作為原告起訴中國人的案件是在會審公廨進行，並且是在西班牙會審官的會審之下得到處理。但同時，如果他因走私鴉片的罪名反被控告，那麼會審公廨對此案件便無權審理。基於以原就被的原則，只有西班牙領事法院可以審判。鑒於愛司拉本人有可疑之處而主張外國籍，會審公廨也不能將這一案件委託給西班牙領事館來進行司法管理。

　　此外，會審官還認為，愛司拉沒有證據可以證明他是經過正式程序脫離英國國籍的。如果他能成功證明自己真正脫離了英國國籍，那麼他就應該被視為奧斯曼人，其地位相當於無約國外國人。所以，這時西班牙還是無權審理該案，而由應公廨常任會審官（就是英國會審官）出庭。20

　　如愛司拉這般利用條約國國家會審權以試圖進行對自己有利的訴訟手續的外國人，北京的英國公使認為，這種行為只會向中國人提供反對治外法權以及會審公廨的藉口而已。他也強調「北京政府不復承認條約國將司法上的保護權擴大到無約國國民」的這一事實，為了防止「小國

18　FO671/437 General consular correspondence, R. N. Macleod to Garstin, May 23, 1922.

19　FO228/3266, J. T. Pratt to R. Macleay, No.28, Feb. 14, 1925.

20　FO228/3266, Encl. No.6 in J. T. Pratt to R. Macleay, No.28, Feb. 14, 1925.

會審官」「濫用條約特權的情況」，因此支持會審公廨的解釋。[21] 如上所述，會審公廨積極援用《管理無條約國人民章程》《審理無領事裁判權國人民民刑事訴訟章程》等法律，以及北京政府不希望條約國領事館給予無約國外國人保護的態度，來作為對抗西班牙的理由。從以上過程可以看出，由於濫用外國籍會擾亂租界的秩序，會審公廨便將這類外國人與中國人等而視之，認為他們應遵循相同的訴訟程序。對公廨而言，他們都是必須嚴格監視的對象。換言之，會審公廨雖名為「中國法院」，但其運作完全是「租界法院」。

這裡筆者用「租界法院」這一表述，並不意圖與中國內地法院作對比，更是想注目於公廨代替北京政府對付租界裡外國人的這一側面。對會審公廨而言，不限於租界裡的中國人，包括喪失治外法權的國家國民以及無約國、新成立諸國國民在內，與其說是保護對象，不如是管理對象。

換言之，在 1925 年之時，包括租界外國人的英國當局開始接受（或是不得不接受）中國法律以及北京政府的部分要求，以對付這些租界外國人。領事團雖然不願意將租界外國人的管轄權交給租界外的中國當局，但我們同時可以看出，若能在租界裡處理案件，則領事團對於北京政府有意管理無治外法權外國人的態度，可以表示一定程度的理解。至少，英國公使以及英國領事認為，沒有治外法權的外國人導致的這種問題會給中國人反對治外法權提供藉口。因此，他們支持會審公廨在租界內抑制一部分無治外法權外國人過度放肆的行為。

愛司拉到底是哪一國人，到底要在哪一間法院審理，並沒有決定性

---

21 "I have approved Mr. Pratt's attitude towards the Spanish Consul's claim to protect Mr. Ezra in this case, which appears to be a particularly glaring instance of the abuse of extraterritorial rights in connection with the Shanghai Mixed Court by the officials of the smaller Latin Powers", "It will be remembered ... that the Chinese Government no longer admit the right of any Treaty Power to extend judicial protection in China to the nationals of non-Treaty Powers". FO228/3266, R. Macleay to F. O., Mar. 2, 1925.

的證據。結果，這一案件本就有不明之處，在拖延了一年之後，終於被公廨駁回了。

然而，這裡更重要的一點是，外交部始終反對條約國領事館給無約國外國人保護的態度，影響了公使團及租界法院。北京政府未能對這些外國人起到直接的、強制的作用，未免導致公廨內部外國領事之間冗長的談判。然而在租界裡，晚清以來外國人向條約國申請保護的這一習慣，到 1920 年代，發生了一些變化。會審官們開始試圖嚴格管理這些外國人的國籍問題，可以說也是針對北京政府的一種反應。

四、圍繞收回會審公廨的交涉

在本章內，將嘗試對 1926 年 8 月 31 日中外簽訂的《收回上海公共租界會審公廨暫行章程》之過程展開分析，檢討中外各方在談判中重視的要素，並考察無治外法權國家國民的租界內地位變遷，以便明確這段時期租界原則的變化。

自從 1911 年外國領事團獲得會審公廨的管轄權以來，外國公使團與北京政府外交部之間便多次就收回公廨之事進行討論，試圖調整雙方的利益。然而，不但其交涉內容涉及到租界本身的重大權益，當在中國面臨政治動亂，外國經驗歐戰的時局，收回公廨的交涉過程自然不免長期化。這裡，「收回會審公廨（Rendition of the Mixed Court）」所指的內容並不是廢除一切租界法院，也不是將公廨移到租界外。其目標主要在於將公廨的地位恢復到 1911 年以前、基於 1869 年《洋涇濱設官會審章程》所規定的狀態。當進行這一交涉之際，其重點不是在於「應該」或「不應該」收回，而是在於「如何」收回的問題。[22] 也就是說，這一外交交涉是以 1869 年的會審章程為標準，中外摸索雙方妥協點的

---

22 燕樹棠，〈解決上海會審公廨問題之捷徑〉，《公道，自由與法》（北京：清華大學出版社，2006），頁 397。

一個過程。通過英國方面的史料也可看得出，承擔交涉的外國人也共享
這一觀點而進行討論。

　　收回會審公廨談判中最主要的論點之一，是關於外國會審官「會審
權」之事。對此，北京政府要求廢除公廨一部分案件的外國人會審權，
以試圖削減公廨內的外國勢力。1911 年，外國會審官雖然掌握了對於
中國人之間發生的民事案件的會審權，但根據 1869 年《洋涇濱設官會
審章程》，這種案件本來要由一名中國法官來審案，外國人無權干涉。
並且，1911 年以後，領事團管理公廨的情況只不過是為了渡過混亂時
期的「暫時辦法」而已，既然現在已經成立中央政府，對這些案件的外
國會審權自然也要廢止。由此，北京政府外交部主張租界中國人之間的
民事案件應該由中國會審官單獨處理，無論如何，不能承認外國人的會
審權。23

　　然而，這一主張同時有涉及到德國人、俄國人、無約國外國人等無
治外法權國家國民之會審權的可能性。在本文第二章已提到，曾經北
京政府向領事團要求按照《中德協約》《管理無條約國人民章程》等規
定，將無治外法權國家國民的管轄權移交到中國審判廳。對此，外國領
事團以租界裡中國人的司法地位為理由拒絕了外交部的要求，主張這些
外國人必須與租界裡的中國人一樣，在租界會審公廨接受審判。但在這
時候，若中國人與這些外國人的地位是一樣的，則有關是否可以維持中
國人案件的外國會審權這一議論，亦自然地伴隨了租界裡無治外法權外
國人的會審權問題。換言之，問題關鍵之處在於是否允許中國法官單獨
審判租界外國人。

　　在北京方面，針對中國人之間民事案件的會審權，外國公使團其實

23　FO228/2741, Jordan to F. O. Sep. 12, 1916;〈支那政府及例國側衙門回收條件案對
　　照〉，JACAR（アジア歴史資料センター）Ref.B10070316000，上海共同租界会
　　審衙門問題（附　厦門共同租界会審衙門問題）・支那人ノ租界行政参与問題／
　　在支治外法権撤廃ニ関スル国際調査委員会資料　第二輯／一九二五年（条二、
　　三九）（外務省外交史料館）、上海共同租界会審衙門問題。

傾向於接受外交部的意見，有放棄外國人會審權的準備。這一決定雖然受到了租界民間外國人的強烈反對，[24] 但上海各國領事團最關心的是有關刑事案件的外國人會審權，而對於中國人之間的民事案件的會審權，他們以 1869 年《會審章程》為標準，有意向北京政府做出讓步。[25]

　　然而，外交部在 1924 年 8 月 9 日向公使團建議，不僅在中國人之間的民事案件，而且在無治外法權外國人與中國人之間發生的民事案件，無論此外國人是原告還是被告，都應由中國會審官一個人審判。[26] 理論上而言，外交部應將無治外法權外國人看作中國人一般，這一主張是極為正當的。反之，以外國律師及商人團體為首的租界外國人一向以來拒絕接受外交部的這一方案。根據他們的看法，如果外國會審官放棄會審權而讓中國法官單獨出庭，法院裡就很容易滋生出 1911 年以前的壞習慣——收賄、濫用職權、財政混亂、對 90% 的案件不作判決等等。尤其是在弱勢的外國會審官出庭與中國法官會審時，往往會發生這些腐敗。[27] 因此，針對無治外法權國家外國人的民事案件，他們仍舊不

24　會審公廨的民事案件中，其大部分是中國人之間發生的民事案件，因此英國商業團體主張從租界中國人的利益起見，不應該放棄這種案件的會審權。"Improvements too numerous to mention have been inaugurated and grafted on to the procedure not the least of which is the presence on the bench of Foreign Assessors in Chinese Civil Cases which on the Civil Side form the bulk of the work of the Court. Withdrawal of Foreign Assessors from these cases will at once cause a feeling of uncertainty among local Chinese". "My Committee consider that it would be an extremely weak and retrograde step to give up this status having once obtained it". FO228/2741 Volume 527 (Shanghai Settlement Extension; Shanghai Mixed Court), Encl. Aug. 30, 1916, in Fraser to British Minister in Peking, John Jordan, No.251, Sep. 14, 1916.

25　自從 1915 年外交部初次提交會審公廨收回案的時候，外國領事團對此項目並未表示過反對。

26　FO228/3266, Circulaire No.136, May 14, 1925.

27　"It need no real argument, as the Chinese mind (although they have well paid Judges) is such, at present, that as soon as you take away supervision, you get corruption." "A great many cases of actual bribery, if Chinese Magistrate come to our notice where Assessor is weak. What would it be without one?" FO228/3266, Encl. Heads of argument against

願意放棄會審權。按照會審公廨的慣例，有關德國人的案件以「特別會審官」的形式，這時候由中立國的熟習德語的會審官來審理案件。並對於俄國人以及無治外法權外國人的案件，一般由當天的常任會審官承擔審理。租界外國人認為，鑒於租界的特殊情形，他們必須維持會審公廨所採取的出於慣例的這一辦法。[28]

　　雖然如此，公使團在 1922 年組成的專門討論收回會審公廨的委員會（以上海領事團英、美、法、義、日的五名領事為代表擔任委員）[29]認為：由於外交部的建議內容不是單純的「希望」，而是基於條約——遵循正式程序而來的主張，委員會決定外國方面不可堅執反對意見。但也考慮到租界為「特殊地區」的情況，他們決定還是必須維持部分案件的會審權。最終，中外雙方到達了妥協點：在無治外法權國家外國人與中國人之間，或是兩造都是無治外法權外國人之間發生的民事案件中，外國人沒有會審權。但條約國外國人為原告訴無治外法權國外國人的時候，外國會審官即可以會審案件。[30] 鑒於條約國外國人訴中國人的案件需要會審一事，此交涉結果可認為是外國方面做出了一些讓步。

Rendition of International Mixed Court at Shanghai from a lawyer's point of view, in K. G. Newman to A. H. George, May 11, 1921.

28　"We maintain that ... the special conditions of the International Settlement at Shanghai make it essential for the due administration of justice that the present rule be not abrogated and that a foreign assessor should continue to sit in all mixed civil cases where a foreigner who does not possess extraterritorial rights is either plantiff or defendant." FO228/3266, Circulaire No.136, May 14, 1925.

29　FO228/3266, Circular No. 304, Senior Consul in Shanghai, G. de Rossi to the Dean of the Diplomatic Body, J. B. de Freitas, Dec. 9, 1922.

30　"In regard to cases involving only nationals of countries not possessing extraterritorial rights, or such nationals and Chinese, the Commission decided...there was insufficient basis for demand on the part of the Extraterritorial Powers that assessors be present at such cases in the Special Court at Shanghai (Mixed Court). The Commission adopted the view, however, that assessors could be demanded in cases involving such nationals if nationals of Extraterritorial Powers were plaintiffs". FO228/3266, Shanghai Mixed Court Commission Appointed by the Heads of Legation: Minutes of Meetings, Jun. 9, 1925.

　　以上所述的內容，未必意味著北京政府外交政策逐步奏效，也不是指明外國人在這時點還成功地維持著大部分租界權益。在此，筆者想強調的是，通過雙方的外交交涉，以保護外國人為第一要務的租界原則發生了一些變化。也就是說，北京政府通過會審公廨，不僅對租界中國人、甚至對租界一部分外國人亦能實行管轄權了。

五、結語

　　租界原本是由通過「華洋別居」來保護外國人生命財產而成立的，所以在租界成立的清末時代，無論條約國或無約國，所有外國人都能夠享受概括性的治外法權。但自民國肇始以來，外交司法兩部各自推進司法改革及修約外交，加上國內撤廢治外法權的輿論也越來越大，外國租界也無可避免地受到影響。於此，或是為了保護租界利益，或是為了表示公廨為中國法院的正當性，外國人管理的會審公廨積極地援用北京政府的法律。並且，在 1915 年開始的收回會審公廨交涉中，也決定放棄中國人民事案件中的外國會審權。

　　但是，以歐戰爆發為重大契機，租界各國人之間的地位在這時明顯地發生了差別。甚至有部分人著眼於這些國家之間司法地位的差距，利用條約國國籍而選擇對自己最有利的訴訟行為。對此，會審公廨援用北京政府的法律，從而成功地維持了上海租界的秩序。同時也可以說，北京政府能夠對租界內政間接地行使其影響力。北京政府與租界之間的這一巧妙平衡關係，是通過會審公廨才能實現的。

　　然而，面臨中國收回治外法權及會審公廨的要求，外國人必須放棄租界中享有的部分權益。對他們來說，其基準在於——租界的保護對象是外國人而非中國人。雖然無治外法權外國人與中國人都利用條約特權來尋求外國保護，同樣會導致濫用特權的弊害，但他們在租界的地位本就不同。

　　在這種情況下，通過外交交涉，外交部能夠基於北京政府制定的各

項法律，成功地撤銷一部外國人的會審權。總的來說，外國人對於收回會審公廨交涉的態度是：希望將租界裡發生的所有案件在租界裡處理，但其中部分案件可以由中國法官單獨審判。事關無治外法權外國人案件時，雖然租界部分外國人主張將他們的案件照慣例審理，然而，委員會最終優先主張了《中德協約》等新約中取消治外法權的規定。公使團方面的這一決定符合北京政府《管理無條約國人民章程》《管理俄人條例》等法律。

換言之，北京政府確實在瓦解「租界代表外國人利益」這一原則，最終廢除對於無治外法權外國人案件的會審權。於此，不管這些外國人住在租界裡，他們的司法地位基本上被置於北京政府的管轄之下。

1920年代的對外關係

1920 年代中期中日兩國實業界團體的往來：以 1926 年上海實業團為例

羅皓星

國立政治大學歷史學系博士候選人

前言

　　自簽訂二十一條的爭議以來，中、日兩國在政治上相互交鋒。[1] 而抗戰史觀的形成，致使個別團體與人物在政治上的合縱連橫，受到忽視。[2] 因此，如何重新書寫中日關係史的敘述，實應加以考量。所以，本論文則是從實業界為中心探討中、日兩國實業人士如何在經濟上尋求合作，進而共同謀取各自之利益。而在此過程中，中日兩國人士通過互訪的形式，增進彼此之間的認識與了解，以使日方能在中國市場受到較小的阻力。但是，在進行的過程中受到諸多外在因素的影響，使得整個行程失焦，無法達至中、日雙方想要達到的「中日親善」的最終目的。

一

　　自明治維新以來，日本即致力於成為一個現代化的國家。其中，經濟事業的拓展實為重中之重。由於先天上缺乏天然資源，使得經濟發展

1　奈良岡聰智，《対華二十一カ条要求とは何だったのか：第一次世界大戰と日中対立の原点》（名古屋：名古屋大學出版社，2015）。

2　唐啟華，《被「廢除不平等條約」遮蔽的北洋修約史（1912-1928）》（北京：社會科學文獻出版社，2010）。

受到局限。所以國內有志之士，有意往外擴張，以取得生存之資源，以使日本能以此列於列強之林。因此，幅員遼闊的中國自然成為他們想要發展的目標。

自甲午戰爭以後，日本商人開始在中國內陸遊歷。亦掌握此機會，前往中國拓展商業版圖。在此過程中，日本政府一直扮演著推動的角色。如日本政府就大力補助輪船業前往中國開拓新航路，以協助其在競爭上取得優勢。[3] 與此同時，由於實現殖產興業等政策，日本的實業得以高速發展。為了進一步拓展，得以依賴中國的龐大資源。大倉組的重要人物門野重九郎（1867-1958）在《中國實業振興策》一書中，就提到中國物產資源豐富。但是「中國人士，未悉泰西科學之應用，又乏所儲蓄資本，以至無限富源無由開發。」而日本則「於科學之應用、資本之蓄積，比之中國，聊有一日之長。然國土狹小，物產不豐。」所以，兩國實應相互合作以為互補不足。[4] 門野重九郎的說法，正好代表了日本實業界的經驗之談。

因著開拓市場的需要，日本希望能借由「同文同種」的名分，以建立在中國的人際網絡。而最直接方式，即為組織團體前往中國訪問，進而邀請中國政商界人士前往日本交流。[5] 在行程中，安排日本人士訪問各大中國城市，並與各地的政商名流會面，以建立彼此之間的聯繫。這樣一來，實能為日後的進一步合作建立基礎。

與此同時，中國各省人士亦因為要建立本身的實業基礎，亦希望能以日本經驗以為借鏡。如在 1911 年由留日記者公會出版的《日本實業

3　蕭明禮，《「海運興國」與「航運救國」：日本對華之航運競爭（1914-1945）》（臺北：臺大出版中心，2017），頁 40-42。

4　〈序〉，收入：門野重九郎、薗村楠太郎譯，《中國實業振興策》（東京：譯者自印，1917，上海圖書館古籍部藏），無頁碼。關於大倉組在中國的投資，可參看：大倉財閥研究会編，《大倉財閥の研究：大倉と大陸》（東京：近藤出版社，1982）。

5　木村昌人，《日米民間経済外交，1905-1911》（東京：慶應通信，1989），頁 155-175。

大觀》的序言中，就強調此書記載「日本商業發達之由來、工藝改良
之進步，言之殊詳，可使商工界人知今日之商工業已居於何等地位，則
懼而思奮之情必有不能已者。其於吾國商工界之前途，亦庶幾不無裨益
歟。」[6]從這可以看出中國商界意欲引進日本的先進經驗，以為改良自
身實業之不足。因此，前往日本考察實業實有其必要。[7]在兩國實業界
都有求於對方的情況下，大規模的交流就有其必要。

　　1910年所舉行的渡清實業團，可以說是日本第一次公開的大規模
的實業家訪問中國參訪團。實業團的主要目的，為參加在南京所主辦的
南洋勸業會。參訪團於明治43年（1910）5月5日出發，展開為期兩
個月的行程，經門司、平壤、奉天、天津、北京、上海等地，並赴南京
參加南洋勸業會，並於7月19日回到長崎。參訪團由日本郵船株式會
社社長近藤廉平（1848-1921）為團長，成員大多為日本企業界的重要
人士，如大阪商業會議所會頭土居通夫（1837-1917）、橫濱商業會議所
會頭大谷嘉兵衛（1845-1933）等人。這些人士多為日本各地的商業會
議所領袖，亦有如白岩龍平（1870-1942）與永井久一郎（1852-1913）
等具有「中國經驗」之實業界人士。在互有需要的情況下，兩國實業界
有著進一步往來的意願。

　　在民國建立前後，中、日兩國實業界的交流雖一度中斷。惟在局
勢稍定以後，兩國實業界的交流逐漸恢復。兩國實業家在這時的合作
關係，可以以中日實業公司作為代表。通過中日實業公司，日本得以
投資中國的各項事業。除了投資中國的電報事業外，[8]亦斥資從安徽桃沖
山購入鑛，以供日本國內製鐵之用。[9]從這個案之中，可以看到中日實

6　江蘇長洲王蔭康編、留日清國記者公會出版，《日本實業大觀》（東京：1991，日
　　本國立國會圖書館藏），無頁碼。
7　熊達雲，《近代中國官民の日本視察》（東京：成文社，1998）。
8　薛軼群，《近代中國の電信建設と對外交涉：国際通信をめぐる多国間協調・對
　　立関係の変容》（東京：勁草書房，2016），頁98-103。
9　〈論說：對支放資の絕好機〉，《支那》，8：1（1917年1月15日），頁1-4。

業界合作之嘗試。[10] 這種合作固然有政治因素在內。但在其運作的過程中，仍能達到相互得利的局面。1913 年《時事新報》上的一篇報道中就如此說：「中日資本家之提携，欲使中日兩國從來之感情更為實際上融和，則以經濟上之結合為最直接。而有效即須訪問多數之實業家研究相互之利害，其於雙方認為有利且確實之事業，便當共同投資。」[11] 與此同時，中國各省人士仍持續前往日本進行考察，[12] 如在 1914 年日本舉行大正博覽會。中國政府就曾派員前來視察對於博覽會仔細調查以為參考。[13] 針對此情形，東京商業會議所曾達成協議，希望能設立與中國貿易相關的機關。[14] 類似的提議，一直可以在討論實業問題的報刊上刊載。在這種討論的基礎上，就有了進一步合作的可能。

10　陳慈玉，〈中日實業公司的礦業投資：主要由日本文獻探討近代中日經濟糾葛〉，《國立政治大學歷史學報》，第 44 期（2015 年 11 月），頁 83-112。

11　〈緊要新聞：孫李東行之真相與言論〉，《時事新報》，1913 年 7 月 8 日，第 2 張 2 版。

12　〈支那觀光團日程〉，《都新聞》，大正 3 年 4 月 9 日，頁 2：「目下來朝中の支那實業家觀光團は八日午前より巢鴨なる愛光舍牛奶搾取所を視察し午後二時日本銀行事務取扱方を觀覽し三時過ぎ夫々宿所へ引上げたるが九日は各自自由行動を採り十日は一同王子製紙所を視察する豫定なり尚ほ東京商業會議所は兩三日中觀光團を招待する筈。」

13　〈支那政府と大正博〉，《都新聞》，大正 3 年 3 月 13 日，頁 2。

14　〈對支實業策〉，《都新聞》，大正 3 年 8 月 18 日，頁 2：「東京商業會議所にては十七日役員會を開き中野、馬越、藤山、大村、山科、神田、杉原、角倉の八名出席左記六項を決議せり
　一、支那貿易に從事する商工業者の意見を徵する事
　二、支那に對する交通機關の具備を計る事
　三、此の際我國有力なる商工業者の渡支を促し一層彼國との親善を計る事
　四、此際官民の連絡を計り對支那策の發展を期する事
　五、此の際支那貿易に關する機關を設くる事
　　　但し商業會議所を中心として關係當業者並に關係官憲を以て組織する事
　六、支那貿易に對しては政府は誘導的最善の道を盡す事」

二

其後，隨著日本國內政治環境的變化，日本希望能在滿蒙問題上得到更多權益，激起中國朝野的強烈反應。往後的二十一條簽訂，即在此基礎上進行的。對日本而言，其所提出的「二十一條」的要求與列強在中國的權益並無分別。[15] 而對中國而言，這意味著對中國主權的侵犯。由此之故，中、日兩國之間出現紛爭，並引起中國各界人士對於日本的不滿情緒。由於排日風潮的蔓延，對於在中國經營的日本實業界而言，實造成一定程度的影響。為保持日本在中國的權益，實有必要通過種種手段，以維持日本商界在中國的影響力。

隨著中國國內因二十一條簽訂而引起的排日熱潮，對於日本商品在中國的市場造成影響。[16] 但是，與民間反日的風潮相反，實業界大多對於日本甚有好感，如在市面上出現一些介紹日本實業界狀況的書籍。在1919年出版的《調查日本實業暨經濟情形報告書》，在序言書中即認為：

> 中日資本家之提攜，欲使中日兩國從來之感情更為實際上融和，則以經濟上之結合為最直接而有效，即須訪問多數之實業家，研究相互之利害。其於雙方認為有利，且確實之事業便當共同投資。凡事業之種別、規模之大小，非所介意苟為

---

15 堀川武夫，《極東國際政治史序說：二十一箇條要求的研究》（東京：有斐閣，1958）。

16 〈上海の排日熱〉，《都新聞》，大正4年3月17日，頁2：「上海に於ては日支交涉行惱みに乘じ留日支那學生等率先して流言を放ち本邦商品に對するボイコット其他排日的惡感を激生しつゝあり租界警察の取締あるに拘らず今尚排日的廣告を租界に貼付するもの續々たり少しく場末に至れば白晝公然本邦人に向つて惡罵を放つものあるに至れり而して正金銀行紙幣の如きも之等煽動運動の牲となり尠くも二分多きは一割の割引をなして市場に流通するの現況にして同紙幣の引換へを同銀行に申出づるもの尠らず而して銀は漸次上騰し本月初旬一圓に付き一弗二五仙內外なりしもの最近に於ては一弗一九仙臺となれり」

有希望之事，則無論如何大規模，亦所不辭。蓋如南方之中
日興業公司為供給事業資金者，今則更進一步而自為當事
者，當經費之任要之資金，則由事業之性質雙方協定，非必
豫為確定也。」[17]

從這篇文字之中，可以看到中國實業家與日本實業家的合作，實已
經有所規範。在這篇文字中，同時亦隱含著中日經濟提携的理念。

在主觀條件具備之下，不少日本實業家亦開始前往中國訪問。如在
1914 年 5 月，澀澤榮一（1840-1931）組織視察團前往中國訪問。大倉
喜八郎（1837-1928）亦曾探訪中國多次。[18] 不過，在兩國人士交往的
過程中，亦不免受到政治、外交等因素的影響。直至 1920 年代，隨著
中、日兩國在山東問題等事件上的紛爭，各地的排日風潮愈演愈烈，實
對於日本在各地的商業利益造成打擊。[19] 因此，為維持日本在中國市場
中的位置，必定要建立在中國政商界的人脈。不過，兩國商人的關係在
一定程度上取決於政治上的風向。

自巴黎和會以後，在外交上已經由英國轉向於美國作為秩序中心。
由於在美國所主導的秩序中，重視列強的協調。與此同時，1920 年代
日本開始轉向於中國各地的經濟投資。因此，加強兩國實業界的聯繫，

17 〈序〉，李永振編，《調查日本實業暨經濟情形報告書》（江蘇：編者自印，上海圖
　書館藏書，1919）。
18 〈本埠新聞：日本大倉男爵來滬〉，《新聞報》，1919 年 12 月 4 日，第 3 張 1 版：
　「日本富豪大倉喜八郎男爵遊歷我國在京勾留匝月，近已經天津乘津浦鐵路南
　下，及至甯訪蘇督李純。談話後，前日由滬甯鐵路出發，夜間九時抵滬。同行者
　為河野九太郎、岡田有民二氏，往迎者東亞興業董事白岩龍平氏、宗方小太郎氏
　等數十人，當即赴南京路匯中西旅館歇息。昨日男爵至各處訪問，定於今晨往遊
　杭州，六日返滬，九日乘山城丸東渡歸國。」
19 〈日貨排斥の形勢〉，《都新聞》，大正 11 年 1 月 17 日，頁 3：「日本品ボイコット
　は目下天津を最も劇烈とす次は山東、濟南、河夫から武昌、漢口、南京、上海
　方面である大體舊曆年末で奧地が買はないから商業の不振一方ならず非常の不
　景氣である。」

實有其必要。

三

　　1925年的上海實業團訪問，正好完成了澀澤等人的願望。不過，就民間層面而言，其時的中日關係已不同於清末。此次訪問團的象徵意義如何，實值得深討。尤其是在民間普遍反日的氛圍下，中國實業家們如何完成這次旅程？日方又是如何了解中方實業家們的訴求呢？這些問題目前雖已有一些研究，惟仍站在民族主義的立場去加以申論，忽略了人物的多樣性。隨著個別人物研究的開拓，對於相關問題已有所修正。不過，若站在中日交流的角度而言，實有進一步拓展之空間。

　　在探討上海實業團來訪時，實應了解當時中日兩國所關注的議題。在其當時日本國內的報刊中，都熱衷於討論北京關稅特別會議。[20] 就後人的研究而言，關稅特別會議具有以下的意義：即在一方面提高關稅增強中央政府的財政收入，同時廢止釐金加強商品在國內市場的流通量，亦削弱地方軍閥的財政力量。因此，這在某程度上有助於中國後來的統一。[21] 對於日本而言，外交政策在外相幣原喜重郎（1872-1951）的主導下，在面對國內的壓力下仍要努力維持與中國的友好政策。實業界亦認為要保持中國的穩定，才能保持在中國的利益。因此，他們希望能在一定程度上安撫中國的民族主義思潮，以減輕政府與實業界的壓力。而他們所要針對的目標，則是具有代理人性質的中國實業家。

　　接下來，則是探討實業團成員的構成。若探討實業團成員的名單，則可以看到許多均為上海實業界的知名人物，如袁履登、招商局的謝中

20　〈時事要覽：關稅特別會議と日本〉，《支那時報》，3：4（1925年10月），頁44-48；水野梅曉，〈時評：關稅會議と日本の責任〉，《支那時報》3：5（1925年11月），頁25-27。

21　相關研究可參看：李恩涵，《北伐前後的革命外交（1925-1931）》（臺北：中央研究院近代史研究所，1993）。

笙等人。不過為首的重要人物,則為上海總商會會長虞洽卿與時任上海商業儲蓄銀行董事一職的余日章。

虞洽卿(1867-1945),浙江鎮海人。早年以學徒身分在上海打拚。1903 年組織四明銀行。1908 年創立寧紹輪船公司。1914 年創立三北公司。1923 年當選為上海總商會會長。他在 1945 年病逝於重慶。余日章(1882-1936)是為中國有名教會領袖。他出任中國基督教青年會全國協會總幹事、中國基督教協進會首任會長。因為他基督徒身分的原因得以作為中國代表參與第一次的太平洋會議。[22] 而因為其具有會議代表的身分,他得以在這次行程中成為受注意的人物。

以往對於虞洽卿的研究,多把其視為浙江財閥的重要核心人物。[23] 在 1978 年以後對其生平的評價中,開始把其視為民族資本家。在馮筱才最新有關其生平的研究中,則開始擺脫以往的標籤重新理解虞洽卿與中國政治的關係。馮認為虞洽卿在近代中國扮演著一種過渡性人物的角色。[24] 他亦對於虞洽卿與日本人士的往來進行研究。事實上,虞洽卿與日本商界在 1910 年代就有所接觸。因其曾在南洋勸業會中充當會董,得以為日本實業界所認識。

另外,余日章個人的角色亦為日本方面所看重。若細觀余日章的履歷,他並不是第一次前往日本。在 1948 年出版的《余日章傳》中就有提到:他在 1920 年隨同基督教青年會第一次訪日時,就曾提出中日親善的幾點建議。如他針對西原借款提出建言,認為日本當局應尊重其隣國之民意,速將借款一律停止。[25] 同時,他建議日本方面應經常派遣團體,前往中國視察日本政府與人民在中國之行動。返日後據實報告國人。同時,兩國應盛行交換教授及學生,以互謀東亞思想界之彼此調融

---

22 袁訪賚,《余日章傳》(上海:青年協會書局,1948),頁 95。
23 陳來幸,《虞洽卿について》(京都:京都大学人文科学研究所共同研究報告,1983);王鳳山,《近代名商虞洽卿》(北京:中國社會科學出版社,2010)。
24 馮筱才,《政商中國:虞洽卿與他的時代》(北京:社會科學文獻出版社,2013)。
25 袁訪賚,《余日章傳》,頁 108。

與文化上之提攜共進。[26] 至於 1926 年由其所率領的實業團行程，《余日章傳》把其視為最重要的一次出訪。

　　以現在的中文研究而言，都注意到這次實業團的訪問行程。對於這次實業團的敘述多以正面的評價來看待，認為他們在一定程度上體現出維護國家權益（如余日章的傳記就是一例）。這些研究大多通過同時代的中文報刊雜誌，來進行討論，並沒有參考到日方的材料。所以，本研究從中日方文獻為主要材料，嘗試去重新探討虞洽卿等人在日本活動時的狀況。

　　有研究探討虞洽卿來訪日本所帶來的作用：一方面向中國國民提倡促進國民外交的原則方針，而在另一方面，保留一條與日本政商界人士溝通的管道。[27] 而若重新審視虞洽卿個人的經歷，再回頭審視他率團前往日本參觀的時間點，實有可以進一步探討的地方。

　　正如馮筱才所指出的：自二十一條交涉以後，提供虞洽卿一個有利的平臺使得其成為全國知名的排日領袖。在鼓動風潮的同時，他亦成功把救國與商業聯繫在一起，推動救國儲金運動。[28] 通過這些「愛國」運動，對於虞個人事業有所助益使得其成為全國知名的商界領袖，亦能讓其累積在政治和商業上的本錢。

　　在其訪日的前一年（1925），因為華洋糾紛而造成的五卅運動在上海發生。若爬梳相關史料則可以看到：實際上在上海一地的罷課罷市的行動，就受到虞洽卿的掌握。如他就資助共產黨在上海的罷工活動。[29]

26　袁訪賚，《余日章傳》，頁 109。

27　金子肇，〈1926 年訪日實業視察團與「中日親善」──以虞洽卿的言論為中心〉，收入陳廷湘主編，《「近代中國與日本」學術研討會論文集》（成都：巴蜀書社，2010），頁 75-92。

28　馮筱才，《政商中國：虞洽卿與他的時代》，頁 72。

29　根據李立三的說法：「虞洽卿的捐款我們隨時要，他隨時拿。但到底有多少，我們都不知道。」見〈李立三同志對二月罷工和五卅運動的回憶（訪問記錄）〉，收入上海社會科學院歷史研究所編，《五卅運動史料》（上海：上海人民出版社，1981），第一冊，頁 147。

在虞洽卿與外交部的往來電報中就可以看到虞洽卿對於罷工運動是有著一定程度的控制。他曾謂「德對各方首當其衝，苟能為力，無不效勞。」[30] 在此過程之中，他與日本商人亦有所交涉 [31]「此次日本官商及由日來滬各商會代表，與我方極為融洽，深表感謝。並聲稱中日為兄弟之邦，將來國際上遇事，無不竭誠相助等語。」[32] 從以上的敘述之中，可以看到虞洽卿在罷工期間與政府保持緊密聯繫。正如馮筱才所指出：虞洽卿一直配合段祺瑞政府在進行罷工行動，以此來形成壓力作為段祺瑞政府對日交涉的本錢。[33]

因此之故，日本對其在中國商界的影響力亦甚為關注。田原天南在《清末民初中國官紳人民錄》中對他的介紹就認為他沒有中心信仰，在革命以來，時而迎合民黨，時而攀附袁世凱，而且其組織滙通公司對抗中日實業公司。[34] 在日本實業界而言：虞洽卿一直作為中國政治界的代理人，通過在政界中所累積的威望來作為他經營事業的最大本錢。

從虞洽卿的案例中，可以看到在中國實業界人士的行事作風中，由於其與政治關連甚深，且能從中得到利益。因此，他們的行事往往受政治力量所影響，致使他們在行事上不得不表示出愛國的姿態。但是，在實際上他們仍是根據利益取向去左右他們的言行。因此對日本實業界而言，實有必要這些受政治力量所影響的中國商人建立關係。為了因應新

30　〈報告滬案交涉情形由（2387 號）〉（1925 年 7 月 8 日），中央研究院近代史研究所藏，《北洋政府外交部檔案》，檔號：03-40-022-02-001，「滬案檔：虞和德來電」。

31　「和德為抵制日方，一再開從緩實行，現既不悞，擬即宣在實。各日商聞之，極形恐慌，紛向各日紗廠嚴重交涉。」見〈報告滬案交涉情形由（2464 號）〉（1925 年 7 月 14 日），中央研究院近代史研究所藏，《北洋政府外交部檔案》，檔號：03-40-022-02-003，「滬案檔：虞和德來電」。

32　〈報告滬案交涉情形由（2809 號）〉（1925 年 8 月 21 日），中央研究院近代史研究所藏，《北洋政府外交部檔案》，檔號：03-40-022-02-019，「滬案檔：虞和德來電」。

33　馮筱才，《政商中國：虞洽卿與他的時代》，頁 105-107。

34　田原天南，《清末民初中國官紳人民錄》（臺北：文海出版社，1973），頁 619。

的局勢，日本實業界得要有所因應，於是便有日華實業協會的出現。

　　日華實業協會的成立，與中國的排日風潮有著很大的關係。此協會成立於 1920 年 6 月，[35] 是由一群在中國的日本商業會議所成員號召組成的。[36] 在外務省檔案中亦指出：這是因應中國的排日風潮而出現的。成立之目的為增進兩國親善增進相互經濟發展為目的。總部設於東京，設有會長、副會長、幹事長、幹事、評議員等職位。[37] 從外務省檔案中所附上的會員名單中，可以看到其中的成員大多為東京、大阪等地的實業家，亦有長駐中國的日本商業會議所成員。

35　〈日華實業協會〉，《都新聞》，大正 9 年 6 月 19 日，頁 2：「豫て東京商業會議所並に日支懇和會其中となり心設立計畫中の日華實業協會は十八日午後五時より帝國ホテルに於て創立總會を開き會長澀澤男爵病氣缺席の為め會長の依託に依り藤山雷太氏座長席に就き創立委員杉原榮三郎氏より從來の經過を報告し次で左記副會長以下の役員を指名して茲に成立を遂げそれより一同晚餐を喫し食後藤山雷太近藤廉平兩氏の演說あり八時盛會裡に散會せり。

　　△副會長藤田平太郎、和田豐治△名譽顧問三井八郎右衛門、岩崎平彌太、大倉喜八郎、近藤廉平、古河虎之助、住友吉左衛門、久原房之助、井上準之助△評議員四十八名△幹事長當分の間欠員△幹事十六名」。

36　〈雜報：日華實業協會設立〉，《滿蒙實業彙報》，58（大連，大正 9 年 4 月），頁 251：「日支親善問題に就き全國商業會議所聯合會實行委員は支那關係の二十三會社代表者と協議の上此際徹底的に親善策を講ずる申合を為したる結果先づ其第一着手として在支日本商業會議所並に其他の實業團體代表者を東京に會し協議會を開きたる事に就いては本誌前號に於ても取り敢れず報導し置きたる所なるが該協議には本會議所よりも相生會頭上京出席し庵谷沈（奉天）中野初太郎（安東）石澤民衛，武市俊明（天津）寺尾穗母（營口）鈴木格三郎，小谷節夫（青島）郡島忠次郎，大間知芳之助（濟南）山崎英夫（漢口）の諸氏と會同し東京商業會議所に於て二月十五日以來數日に亘り前記代表者、實行委員としての八會議所及對支貿易に關係ある小樽商業會議所並に懇話會代表者等と連日協議を重れたるが議事の進行を圖るたに京都神戶、東京各一名懇話會一名天津濟南奉天の實業團體各一名宛合せて七名の小委員を舉げ決議文並に日支協會規則の起草を附託し二月十九日之れを本會議に提出して審議決定を見だり（該決議文及規則は前號揭載）其後名稱を日華實業協會と改め其規則も幾分の補正をなし愈々三月十五日を以て該協會の成立を告げたり」。

37　〈日華実業協会〉《在内外協会関係雑件／在内ノ部　第四卷》外務省外交史料館藏（請求番號：1-3-3-1_2_004）。

　　關於日華實業協會的定位，在 1928 年《日支》雜誌的一篇文章中
就有以下的看法：

> 日華實業協會是為與中國有所關係的實業團體。這團體不像
> 同仁會或日華學會那樣從事具體的事業，而是以溝通中日兩
> 國之間經濟議題，以及對於政府當局對中國經濟政策進行種
> 種建議作為目的。[38]

　　從這段敘述之中，可以得見外界對他們的評價，即從實業界的身分
以努力緩和中國的排日情緒。

　　在日華實業協會的首任會長澀澤榮一的傳記資料中，有有關日華實
業協會的相關史料。其中收入許多澀澤榮一的私稿函札以及報刊上的相
關報道。[39] 通過這些資料，能令研究者對對於日華實業協會的活動有著
更多認識。此外，日本的中國問題相關刊物亦值得加以注意。如由水
野梅曉（1877-1949）所創辦的《支那時報》就是一例。[40] 在此份刊物
中，每期都會刊載日華實業協會的會議紀錄。[41] 通過這些記載能讓研究

38　日本實業協會，〈日本の對支事業團體は何をして居る？〉，《日支》，1：6（1928
　　年 11 月），頁 46。
39　渋沢青淵記念財団竜門社編纂，《澁澤栄一傳記資料》（東京：竜門社，1971），55
　　冊。
40　「一，本誌は複雜なる支那の事情を簡明に報道し邦人の支那を理解する唯一の
　　機關たらしめんことを期す。
　　一，本誌は日華兩國々民の真正なる諒解を進むる為め兩國識者の對日對華意見
　　の發表或は交換の機關たらしめんことを期す。
　　一，本誌は之を小にして一事件の顛末より大にして民國史の資料として將來に
　　保存する價值ある記錄たらしめんことを期す。
　　一，本誌は上記の意義を以て産れたる獨立經營機關なれば兩國に關係ある公益
　　團體等の報告は隨時紙面を公開して之が發表の機關たらしめんことを期す」，
　　見〈綱領〉，《支那時報》，1：1（1924 年 10 月），封底。
41　「對支時局に關し引續き關係各方面の情報を集すると共に、各方面の意見を聽
　　取對策に就き審議し機宜に應じ當局に建議を為す等必要の手段を講じ居れる
　　が」見〈日華實業協會關係紀事〉，《支那時報》，3：2（1924 年 8 月），頁 75-76。

者掌握到日華實業協會的狀況以及與中國人士的交流狀況。如上海有名的實業家與佛教徒王一亭就曾接受日華實業協會的接待。[42]他們亦通過幹事會，邀請中國的政府官員與相關人士前往講演中國情況之相關事宜。[43]所以，通過《支那時報》等刊物，實能提供更多資料以為探討當時中日兩國實業界人士所關心的議題。

在日華實業協會成立初期，開展了一些與中國各界人物接觸的活動。如戴季陶訪問日本即受到該協會之款待。[44]不過，他們交流的重點仍是放在實業界之上。若仔細觀察日華實業協會的成員，有不少都有參加過訪問中國的實業團，如白岩龍平就曾參加過近藤廉平與澀澤榮一的實業團。因此，日華實業協會的主要幹部兒玉謙次（1871-1954）在其回憶錄就認為：上海實業團的成行滿足了近藤廉平等人當初的期望。[45]就人脈的角度而言，這確可以視為清末以來兩國實業團交往的延續。

___

42　「王一亭氏招待會：十月六日正午より飛鳥山澀澤子爵邸に於て多年上海にありて總商會董事として又地方有力なる紳商として兩國の為め盡粹されし王一亭氏が支那佛團一行と共に入京せられたるにつき會長澀澤子爵は特に同氏の為めに午餐を供せられ幹事一同、同席招待されたり」，見〈日華實業協會の活動〉，《支那時報》，3：6（1925年12月），頁底。關於王一亭的最新研究可參看康豹，2010年3月，〈一個著名上海商人與慈善家的宗教生活——王一亭〉，巫仁恕、林美莉、康豹編，《從城市看中國的現代性》（臺北：中央研究院近代史研究所，2010），頁275-296，

43　「對支時局に就き引續き各方面の情報を纏め、其の對策を審議すると共に、來るべき對支特別關稅會議に對する審議を進め、以て我對支實業家關係の意見を纏むるに努力しつゝあるが」，見〈日華實業協會紀事〉，《支那時報》，3：3（1925年9月），頁83。

44　〈日華實業協會の活動〉，《支那時報》，3：6（1925年12月），頁底。

45　此為兒玉謙次的觀點：「一九一一年（明治四十四年）の春、故近藤廉平男爵を團長とした實業團の一行が清國を訪れて以來、日支間の實業團の交歡は全く絕えていた。これが復活したのは一九二六年（大正十五年）五月、上海總商會會頭の虞洽鄉【卿】を團長とした總勢五十人以上の支那全土を網羅した實業團の一　行が、わが國商業會議所連合會の招きに應じて來邦したことであった。」見兒玉謙次，《中國回想錄》（東京：日本週報社，1952），頁114。

1926 年 4 月虞洽卿受邀訪問日本，[46] 並在一個月內組成以上海商界人士為主的實業團。[47] 實業團在 1926 年 5 月 20 日自上海出發，5 月 22 日在神戶上岸，順道參觀大阪、奈良、京都、名古屋、東京、橫濱、日光、宮島、八蟠製鐵所等地。6 月 14 日自長崎離開回國。在當初的設定之中，實業團的目的為：一、向日本實業家請求協助修訂「二十一條」；二、為促進中日經濟合作經營的礦山等事業：請求兩國政府訂立特別條例以管理之；三、為解決兩國之間的商業糾紛：爭取在兩國分別設立採用合議審理制的商業審判所：以處理兩國之間的商業糾紛：緩和兩國人民的感情。[48] 實業團每天的行程是在各地參觀實業措施，如在大阪期間視察造幣局、兵工廠及大阪工廠及稻畑染工場等設施。[49] 其次則為拜訪各界人士如吳錦堂（1855-1926）、澀澤榮一等人。

在前面就談到日本言論界對於其主要人物的關注，虞洽卿是為當時上海商界的重要人物對於日商在中國的市場有著一定的影響力。余日章為中國參加太平洋會議的代表之一，以為中國爭取歐戰後的合理待遇與權益。因此之故，日本言論界對於兩人在日本的一言一行都予以關注。如《大阪日日新聞》都以大篇幅報導他們兩人的公開演說。[50] 從這些報導的熱烈程度，可以看到日本言論界對於此次實業團有著很大的關注。

46　〈日商邀虞洽卿等赴日〉，《上海民國日報》，1926 年 4 月 17 日，第 2 張第 1 版。

47　〈本埠新聞：赴日參觀團之預備會〉，《上海民國日報》，1926 年 5 月 15 日，第 2 張第 1 版。

48　〈視察團ノ來朝〉，收入日華實業協會編，《民國實業團來訪紀錄》（東京：編者自印，1926，東洋文庫藏），頁 1。

49　日華實業協會編，《民國實業團來訪紀錄》，頁 3。

50　見：上海總商會長虞洽卿氏，〈支那實業團代表講演：中日親善（上）〉，《大阪日日新聞》，1926 年 5 月 28 日，頁 3；上海總商會長虞洽卿氏，〈支那實業團代表講演：中日親善（下）〉，《大阪日日新聞》，1926 年 5 月 29 日，頁 3；余日章氏，〈支那實業團代表講演：今日の中日兩國民（上）〉，《大阪日日新聞》，1926 年 5 月 30 日，頁 3；余日章氏，〈支那實業團代表講演：今日の中日兩國民（中）〉，《大阪日日新聞》，1926 年 6 月 1 日，頁 3；余日章氏，〈支那實業團代表講演：今日の中日兩國民（下）〉，《大阪日日新聞》，1926 年 6 月 2 日，頁 3。

這些報導亦為中國媒體所注意，並加以摘要為中文，讓中國國內人士得以了解日本言論界的論調。[51] 另外，虞洽卿與余日章等人亦有出席各地的日支問題講演會，與與會的日本各界人士討論中日關係等相關問題。不過，若查看《民國實業團來訪紀錄》的記述，兩國人士基本上並沒法達成共識。例如在 1926 年 6 月 5 日晚上東京銀行俱樂部舉行的會議中，中方代表提出撤廢不平等條約（特別是廿一條的問題）的要求。而日方代表始終堅守國家的立場。[52] 因此，兩方在會議中沒法達成共識。在翌日（6 月 6 日），部分中國代表前往明治大學，與日本學者探討中日關係等問題。會中，余日章提出為撤除二十一條中日兩國得要組成委員會，以為處理相關事宜。[53]

表 1　東京銀行俱樂部兩方出席代表名單

中國代表	虞洽卿、余日章、郭東泉、郭外峰、謝仲笙、袁履登、錢孫卿、顧子檠、潭明卿、陳文生、樂振葆
日本代表	日華實業協會長澀澤榮一、日華實業協會副會長兒玉謙次、三井物產會社安川雄之助、日本郵船會社白仁武、臺灣銀行森廣武、東亞興業會社白岩竜平、三菱合資會社奧村政雄、日清汽船會社森辨次郎、古河電氣工業會社萩野元太郎、日清汽船會社角田隆郎、大倉組河野久太郎、日華實業協會書記長油谷恭一

資料來源：日華實業協會編，《民國實業團來訪紀錄》（1926 年 12 月，東洋文庫藏）。

在訪問日本期間，虞洽卿有著不少言論。從這些言論中，可以得見他如何看待當前的中日關係。在此特別以《上海總商會月報》與《支那時報》為例子來加以說明。在虞洽卿觀察到：

---

51 〈日報對中日親善之別解〉，《上海民國日報》，1926 年 6 月 6 日，第 1 張第 3 版。
52 「當日ノ會合二於テハ支那側ハ豫期ノ如ク京阪二於ケルト同樣依然トッテ不平等條約殊二廿一箇條約撤廢二關スル問題ヲ提起ツ本邦側ハ之ヲ辯駁スルノミニ始終ツ進ソテ實業問題二付意見ヲ交換スルノ餘裕無ク双方トモ頗ル不滿足二散會ツタルカ」見：日華實業協會編，《民國實業團來訪紀錄》，頁 c14-15。
53 日華實業協會編，《民國實業團來訪紀錄》，頁 c17。

日本漸能感覺中日兩國在經濟上有相資相輔之必要。首先贊
成中國關稅自主，以互惠協定為進行辦法。惟過渡附加稅問
題至今尚未解決，默察各國對於中國關稅會議主張態度，則
亦不能謂日本已知世界經濟主義之深趣矣。近者奉軍內訌，
日本出兵奉天，似仍不脫借政治上之勢力，以囊括我國經濟
權利之意。[54]

在總結此次行程與對日本的看法時，虞洽卿首先介紹行程的主要內容：

（一）參觀大阪電氣博覽會——同人在阪時決定全體用半日時光參觀博
覽會，穫益良多。個人復經詳細考察者亦不少，繼抵京都，又參
觀宇治川電廠，規模甚大，貴國電氣事之發達，欽佩無已。

（二）順便考察貴國實業——自神戶抵陸以後，同人等於各處聯合或分
別參觀各種工廠不少，貴國人民融合歐美發揮本能，正如孔子所
謂「釋其善者而從之」。真令人驚嘆不已，貴國今日所出之製造品
較之歐美製品幾無遜色，其價格竟能低減數倍。價廉物美，名不
虛傳。商場競爭，可操左券，佩服之至。

（三）又兼調查研究貴國國民對於中日兩國關係之觀念。

接著他強調「此次來貴國觀光，係完全國民運動，毫無政府關係。
敝團深信貴國方面亦係國民自動。」他深信「此種兩國民之直接交談，
互換意見，必將有大裨益於兩國。」他自稱「對於國際間各問題亦少研
究。外交方面各種之動聽而空洞的辭令非惟不知且深惡之。」只希望彼
此能「相見以誠，披肝瀝膽，盡所欲言，特別注重討論研究。」

再者他談到「『中日親善』四字，十數年來已熟聞之矣。抵貴國
後，每日此四字，幾不離口。此固善矣，敝團同人以為中日親善固須鼓

---

54 〈對於國際經濟競爭之感想〉，《上海總商會月報》，5：12，轉引自：金普森主
編，《虞洽卿研究》（寧波：寧波出版社，1997），頁 355。

吹喚醒兩國人民。使知親善之重要，非徒注重鼓吹，而不於鼓吹之外，
加以實力。俾能及早實現。」他觀察到「在貴國一部分人士之意見，以
為在商言商，只需討論如何增進中日兩國之貿易。不必涉及政治。敝國
人民原來亦有此項主張。然從歷年經驗所得，大有可考慮之處。」他繼
而指出：「中日兩國貿易之發展，應以彼此之好感為基礎。但是「十數
年來，中日兩國非惟無好感，且有惡感。」而惡感因何而起？虞洽卿認
為「自政治方面發生。」所以「貿易與政治二者不能分離。」第二就日
本輿論界「頗有以敝國內亂不已為憂。且忠告敝國人民須及早組織一強
有力之政府，統一全國，進行一切建設事業。」虞指出有兩點阻礙著中
國的統一：「（一）即不平等條約之束縛（如領事裁判權、租界關稅協
定、陸海軍自由上陸等）。凡首先助我成功者，我必親之，善之。（二）
即我國人民千百年來深中『在商言商』四字之毒，完全放棄其在政治上
之義務。以致今日軍閥橫行，秩序擾亂。」[55]

在《支那時報》的訪問中，虞洽卿則提出幾點：1. 中國人民已經開
始覺醒，刻下思想日漸強健，責任觀念日益發達。民間亦開始進行各種
事業之建設，希望日本能本於兄弟國之關係，以助中國一臂之力。2. 日
本對於中國市場存有依賴性，在中國的資源支援下，日本商品才能拓
展歐美市場的銷路。若然失去中國，日本經濟會變得如何，請諸君思
考。3. 其最重視的是為平和與幸福，中、日兩國應保持親善才是東亞之
福。[56]

至於余日章則強調二十一條的存在會傷害到兩國國民之利益，並以
天氣比喻兩國關係，希望兩國之間年輕一代，能通過彼此訪問，以加深
彼此之認識。[57]

55　以上整理自虞洽卿，〈對於中日親善之意見〉，《上海總商會月報》，6：6，收入金
　　普森主編，《虞洽卿研究》，頁 355-358。

56　虞洽卿，〈論叢：中日關係更生の好機〉，《支那時報》5：1（1926 年 7 月），頁
　　2-5。

57　余日章，〈論叢：中國實業團渡日の使命〉，《支那時報》5：1（1926 年 7 月），頁

　　在中國代表團而言，都強調現今中國對日本多持惡感，而惡感的來源多來自於政治上的原因。若然要消除中國民眾對於日本的惡感，則必定要從政治上加以解決。而政治上的根源則來自於二十一條的簽訂，若然能簽訂新的平等條約，則能使得兩國人民感情融洽，進而達至在經濟等方面上的提攜合作。[58]

　　至於日方又是如何回應呢？從《民國實業團來訪紀錄》的〈本邦側應酬要領〉可以看到日方的應對策略為：在安撫中方的要求時，以保障商業團體在中國市場的利益，亦防範著中國的民族主義訴求，以免影響到日本在中國市場的利益。更重要的是要解決五卅運動以後的不協調。[59]

　　不過，從事後的回應看來，日方的如意算盤似無法如意。這可以反應在《上海民國日報》的一篇評論中。在這篇評論之中，對於日本實業界的態度有著如此的評價：

> 綜數年來之經驗，吾人於每度靜聽高呼親善聲中，輒疑及日本朝野之行動，有勾串的唱雙簧之嫌。政府則實事求是，不惜激起華人之反感，而人民則故作親善之高調緩和之，卒使人民之信用亦墮。此數年來有如一轍者。此次親善之呼聲，方欲以經濟為基礎，吾人亦確信商人惟知遂其商業發展為第一宏願。迭次風潮，固未嘗不足以促日本商人之反省。吾人更願假定日商人此次親善之呼聲，實具有誠意；但非日本商人能挾其政府趨於同一之步調，殊無示人以大信。[60]

5-11。

58　〈支那側陳述要領〉，收入日華實業協會編，《民國實業團來訪紀錄》，大正 15 年 11 月，無頁碼。

59　日華實業協會編，《民國實業團來訪紀錄》，頁 c17-c19。

60　〈時論：經濟提攜與經濟侵略〉，《上海民國日報》，1926 年 6 月 17 日，第 1 張第 1 版。

從這段文字之中，實能可以看到中國人士對於日本商界中日親善的看法。而這次出訪，實可以作為 1920 年代中日關係的寫照。

餘論

在中國實業團離開日本以後，《大阪日日新聞》就曾訪問關西實業界的一些人士。主題為訪問他們如何看待這次中國實業團對於中日實業問題能否有所助力。其中，有受訪者就指出這次所談的內容對外宣稱全然不觸及政治問題。他認為這種說法只談經濟問題，是沒法觸及根本。[61] 就此而言，兩國實業界人士雖了解到經濟上的根本矛盾沒法解決。但是，他們仍然可以通過接觸，以增強彼此之聯繫。在參加實業團之後，虞洽卿亦在上海組織對日研究會，以增加中國商界對於日本的認識。值得注意的是：在對日研究會的許多成員，亦有隨同實業團前來參訪。[62] 與此同時，中日兩方亦有意設立協調機關，以負責兩方交流之相關事宜。[63] 就此而言，兩方在一些小問題上有著初步之共識。

不過，通過此次實業團之行，可以注意到日華實業協會在其中所起的促成作用。他們延續了自明治以來日本實業界在中國的人際網絡，並持續維持了這種關係，以為不時之需。而日華實業協會不只接待實業界人士，亦接待政界人士。

---

61 〈日支經濟提携　如何に組織すべきか【關西方面の意向】〉，《大阪日日新聞》，
　　1926 年 6 月 11 日，頁 3。
62 〈本埠新聞二：對日問題研究會之擬議〉，《申報》，1926 年 9 月 6 日，第 15 版：
　　「東南通信社據某日人消息：前總商會長虞洽卿等因謀冷靜研究對日問題，擬約
　　郭東泉、郭外峯、余日章諸氏等組織對日問題研究會。日人廣井柳吉氏亦擬加
　　入，其內容涉及中日經濟問題、勞動問題、不平等條約廢棄問題、商業事項調停
　　等一切中日問題。」
63 〈日支經濟解決の実業家団体組織　渋沢子爵の提議を容れていよいよ具体的協
　　議に入る　昨日の日支事業家協議会〉，《東京朝日新聞》，1926 年 6 月 9 日，第 3
　　版。

　　在虞洽卿訪問之後的一年，蔣介石一度下野。按照蔣介石自云：
「此次余係與宋美齡女士訂婚，並無其他意味。」抵達日本時則向外界
表示「本人擬對日本熟加視察研究，以定將來之計畫，且日本友好頗
多，故乘此就地之機會，以溫故交，並願與日本諸名士訂交，此外並無
任何目的。」在日本期間，他經過觀察認為日本對華政策存在一些謬
誤。10 月 23 日在東京提出〈告日本國民書〉，闡述中、日兩國相處之
道。11 月 5 日會晤首相田中義一，討論中、日關係。11 月 7 日自東京
回國，11 月 10 日回到上海。[64]

　　蔣介石在日本會面之人士，有不少即為孫文在日本之人脈。如新聞
記者秋山定輔（1868-1950）為孫文譽之為日本政治家。蔣介石前往小
田原拜訪與之長談 5 小時。此外蔣介石在東京拜訪頭山滿、萱野長知、
梅屋莊吉等人。這些人都是孫文在日本長期交往之人士。除了接收孫文
在日本的人脈外，蔣介石亦利用外訪之機建立他在日本新的人脈。而澀
澤榮一等人就接見蔣介石，並大談中日兩國如何共存共榮。[65] 這種關係
一直延續至 1937 年兒玉謙次的訪華視察團，仍在持續產生作用。

　　值得一提的是：自大正以後，由於國際局勢的轉變，兩國逐漸走入
近代化的道路上，交往形式開始與國際「接軌」，即通過大規模的實業
團訪問以建立聯繫。這種訪問團的形式亦出現在中美日美等方面的商人
交往上。從這轉變之中，亦可得見中日兩國人在看待彼此關係時的變與
不變。

64　整理自：尤淑君，《論 1927 年蔣介石的訪日問題》，《民國檔案》，2014 年第 3
　　期，頁 108-116。

65　「蔣介石氏は孫文の後繼者として將又支那南方の統率者として重きんなした
　　が、時利あらず遂に我が國に亡命の已むなきに至つた。去月二十六日我が實業
　　界の大御所である澀澤老子爵を飛鳥山邸に訪問して次のやうな談話を交換され
　　た。」見澀澤榮一，〈蔣介石と語る〉，《実業時代》，4（歲晚號）（1927），頁 20-
　　21。

表 2 上海實業團訪問名單

姓名	職稱	出發時的職務
虞冷卿	上海總商會會長（團長）	上海三北輪埠公司總經理
謝中笙	上海總商會會董	上海招商局局長
董杏生	上海總商會會董	上海董杏記號經理
顧子鎣	上海總商會會董	上海大豐棉布號經理
孫梅堂	上海總商會會董	上海美華利鐘表行總理
張涵衷	上海總商會會董	上海恒安輪船公司總經理 上海恒昌祥機器廠廠主
戴耕葆	上海總商會會董	上海泰昌洋貨木番公司總經理
李詠裳	上海總商會會董	上海新記營運公司經理
袁履登	上海總商會會員	上海寧紹商輪公司總經理
郭外峰	上海總商會會員	上海證券物品交易所常務理事
鄭良斌	上海總商會會員	上海恒安輪船公司船務主任
樓恂如	上海總商會議董 上海錢業公會代表	上海中華勸工銀行行長
陳文生	上海總商會會員	上海亨達利鐘表行經理
李鑄成	上海總商會會員	上海李柏記棉布號經理
傅其霖	上海總商會會員	上海華安水火保險公司經理
唐寶昌	上海總商會會員	上海晉益鐵號經理
王輝	上海總商會會員	寧波立興織造廠總理
康鎮奎	上海總商會會員	上海康鎮記
姚慕蓮	上海縣商會會董	上海內地自來水公司總經理
余日章	上海商業儲蓄銀行董事	
郭東泉	上海中遠公司代表 本團秘書長	上海證券物品交易所理事
烏崖琴	上海寧波同鄉會主任	上海商報館經理
陸景文	上海北市米行公會副會長	上海長豐義光行經理
陳松源	上海振萃堂洋布公所代表	上海豐大棉布號經理
施志順	上海振萃堂洋布公所代表	上海施才記棉布號經理
唐榮甫	上海嘉穀堂米業公所會董	上海聚大米廠總理
王雲甫	上海恒利銀公司董事	上海瑞隆顏料號副經理
陶庭耀	上海榮昌火柴有限公司代表	上海正裕木行經理
曹慶華	上海食物公會代表	上海寶昌聯號經理
潘冬林	上海各路商界總聯合會會董	上海振豐五金號經理

姓名	職稱	出發時的職務
薛明劍	無錫申新第三紡織廠總管	農商局諮議實業調查員
錢孫卿	無錫市總董	無錫榮戊私立公益商業中學校校長
崔松谷	蕪湖總商會代表 江浙皖絲廠作業總公所代表	蕪湖三北輪埠有限公司經理
譚明卿	蕪湖總商會代表 蕪湖明遠電燈公司代表	蕪湖皖江日報館經理
麥健之	埠總商會代表	埠耀匯電燈公司總理
謝鑑明	柳江煤礦公司代表	上海招商局職員
陳欽孫	江西安源萍鄉煤礦機械工程師	美國麻省理工大學電氣機械學士
柯義甲	漢口鐵業公會會長	漢口唐晉記鋼鐵號經理
徐榮卿	漢口運輸業代表	
徐世棵	漢口運輸業代表	
邱端浩	北京華北墾牧公司代表	
應舜卿	上海通和建築公司代表	
應民卿	上海通和建築公司代表	
李和卿	上海日本郵船會社副買辦	
盛冠宇	本團秘書	上海中亞貿易公司總經理
鄧崎水	本團秘書	上海總商會月報主任
張振遠	本團秘書	
以下人士在神戶集合		
陸伯鴻	上海總商會董	上海華商電氣公司總理 上海和興鋼 廠總理
朱志堯	上海求新機器董事	上海大通輪船公司經理
朱孔嘉	上海閘北水電廠董事	上海華商電氣公司協理
沈若愚	上海總商會會員	吳淞寶明電燈公司總理
陸訪漁	上海和興鋼 廠主任	上海浦東
朱義生	上海南洋機器廠總工程師	美國譚登大學工程科碩士
朱壽丞	上海振華電氣公司董事	上海閘北水電公司辦事董事
丁極宸	奉天總商會議事	
王筱為	奉天總商會董事	

整理自：日華實業協會編，《民國實業團來訪紀錄》。

日本外交官重光葵眼中的 1920 年代前後之中國

朱紹聖

北京大學歷史學系博士生

前言

1920 年代的中國從各方面而言，可說是處在一轉變的階段。政治上，軍閥混戰、政府更迭頻仍的動盪局勢，在國民革命軍北伐的浪潮下，中國政局走到形式上的統一；又在社會上，歐美的文化思潮與蘇聯的共產革命思想也在此時大量湧入中國，對當時的中國知識人與大眾造成一場劇烈的文化衝擊，同時也促發新文化運動的開展。事實上，不只是中國出現轉變，世界局勢同時也發生變化。世界上首個標榜社會主義治國的政權蘇維埃俄國誕生，及在經歷了長達四年有餘的第一次世界大戰後，第一個國際性組織國際聯盟的成立，似乎都顯示此時的國際秩序已進入重新洗牌的階段。

一次戰後的世界局勢可說是充滿著變動與不安的狀態，這對研究者而言，要理解這個時代的變化也有其複雜性，但正因如此，也展現出這個時代所呈現的獨特魅力，此時的中日關係亦是如此。當時的中國，正處於從北京政府轉換至南京政府，對外方針由「修約外交」轉變到「革命外交」的過渡時期；[1] 而日本同樣也是處在從強調與英、美協商及不

1　修約外交意指 1912 至 1928 年間，北京政府依循法律路線及依據法理，要求與簽訂條約之國家改訂平等條約所進行的交涉過程。1928 年北伐結束後，南京政府以「廢除不平等條約」為目標而推行的革命外交，實質上深受修約外交影響甚深，

干涉中國內政的所謂「幣原外交」之終結，走向軍部干政的轉換階段。

　　在時局轉變的過程中，身在當時的人們究竟如何看待這種局勢的轉變？是筆者相當關注的議題。本文擬從日本外交官重光葵（1887-1957）的角度，就其如何認識 1920 年代前後之中國，以及在實際參與對華交涉的過程中，他的對華認識產生了何種轉變，而藉由對這種轉變過程的研究，筆者相信這樣的討論或許可以作為相關研究的基礎。重光葵自 1912 年首次踏入外交工作以來，他在 1933 年出任外務次官可說是真正踏上日本外交官僚體系的高峰，其後於 1938 年出任駐英大使，[2] 後更於 1943 年擔任東條英機內閣的外相一職，在 1945 年 9 月以日本政府代表的身分參與了戰敗受降的典禮，顯見他在二次大戰結束前的日本外交上占有一定的地位及重要性。

　　本文選擇重光葵為分析的對象，是因為他在 1933 年出任外務次官前的 10 年間，主要從事對華事務的處理及分析，對當時的中國可說是長時間地投以持續的關注，而他所留下來的相關文字資料及外交文書中的記載，筆者相信足以作為理解日本外交官如何理解此時中國局勢變化的明證之一。對此，本文擬從重光葵對華認識的起點、對 1920 年代前後中國局勢的回顧，以及他對中國認識的轉折三方面，對 1920 年代前後重光葵眼中的中國態勢進行討論。

　　王正廷所宣稱的修廢條約諸原則，就是繼續執行北京政府的「到期修約」方針。參照唐啟華，《被「廢除不平等條約」遮蔽的北洋修約史（1912-1928）》（北京：社會科學文獻出版社，2010），頁 1-16；唐啟華，〈北洋外交與「凡爾賽—華盛頓體系」〉，收入金光耀、王建朗主編，《北洋時期的中國外交》（上海：復旦大學出版社，2006），頁 47-80。

2　在當時日本的外交界中，駐英大使被視為是駐外使節的最高代表，重光葵以 52 歲的年紀擔此大位，是當時日本歷任駐英大使中最年輕者。參照城北散史，《重光葵論》（東京：東京情報社，1943），頁 10-11。

一、重光葵對華認識的起點

　　1887 年 7 月 29 日，重光葵出生於西國東郡（屬今日大分縣豐後大
野市）的郡長官舍中，父親直愿此時正是當地的郡長。重光直愿（1849-
1925）生於杵築藩的中平（今大分縣杵築市中平）地區，1865 年 17 歲
的他成為藩內的民政吏員，但由於鼓吹勤王大義，觸怒了屬於德川親藩
的藩主松平親良（1810-1891）而被命閉門思過。[3] 其後，隨著倒幕戰爭
的情勢日趨明朗，直愿得以重新任官，並出任藩校「學習館」的教授，
而又在明治時期陸續在地方的裁判所、庶務課、衛生課等政府機關處
任職，後於 1885 年轉任大野郡長，其後再出任西國東郡長，直到 1894
年辭官返鄉為止，就此結束了長達 30 年的公務生活。[4]

　　重光家在杵築地方是相當具有名望的家族，身為漢學家的重光直愿
將自己無法在政治及社會上施展的抱負書以文字，同時也將自己的想法
傳遞給年紀尚幼的孩子們，這樣的內容可從他所留下的文集《三余隨
筆》一書中探知一二。直愿認為，身為一名政治領導者，必須教導民眾
「厚生利用」之道，且透過「隨時應勢」（洞察且適應時勢之趨向）的政
治手腕，以達成統治者與民眾之間「保合大和」的和諧境界。[5] 基於這
種「隨時應勢」的想法，直愿也時常提醒自己的孩子們：「將來日本非
向世界飛躍不可，不能再像我一樣鑽研漢學，而應當更加努力學習英語
為宜」。認為父親不同於一般的「漢學家」，重光葵覺得活用學問、使
自己能在時運的趨勢中得到善用的直愿更像是一名「經世家」，[6] 而他也
接受了父親這樣的教誨，或許可以被視為是重光葵選擇步上成為官僚之

3　豐田国男、西香山編，《重光向陽小伝》（大分：二豐の文化社，1957），頁 9。

4　杵築市誌編輯委員會，《杵築市誌本編》（大分：杵築市，2005），頁 992。

5　「厚生利用」出自《尚書‧大禹漢》，有富裕民生、物盡其用的意思；「保合大
　　和」則語出《易經‧乾‧象》：「乾道變化，各正性命，保合大和，乃利貞」。
　　武田知己，《重光葵と戰後政治》（東京：吉川弘文館，2002），頁 11。

6　重光葵，《外交回想錄》（東京：日本図書センター，1997），頁 10。

路的原因之一。

　　1911 年自東京帝國大學法科大學畢業前，重光葵便通過了外交官試驗，並在畢業後順利進入日本外務省工作，不僅讓重光葵成功擠進新時代的菁英窄門，同時更減輕了家庭的經濟負擔。根據外務省發給的任命令中，重光在德國首次任官的在勤俸便有三千三百圓整，[7] 對當時「家計宛如黑暗」[8] 的重光家可說是帶來一線光明。

　　在政務局第二課（從事歐美政治相關的工作）經過數個月的見習後，1912 年重光葵就被派至位於柏林的駐德使館，以外交官補的身分，開始了他在日本外務省的第一份工作。孰料就在 1914 年一次世界大戰的爆發，日本對德國宣戰，迫使日本在德國活動的外交人員離開德國，轉往歐洲其他國家任職。在這樣的機遇下，重光被調派至英國倫敦的使館擔任三等書記官，結果反而讓過去接觸德文學習甚久的他感到十分新鮮，一種大開眼界的感覺油然而生。[9]

　　同時，也正是重光葵在倫敦使館任職期間，與參事官本多熊太郎（1874-1948）的會談及中日兩國在二十一條要求上的交涉，促發了他對認識中國問題的強烈動機。本多熊太郎，1874 年生於今日的日本和歌山縣，1895 年進入外務省，曾派駐過中國、比利時等地，於 1901 年出任外相小村壽太郎（1855-1911）的秘書官，並且以隨員的身分參與日俄戰後的樸資茅斯會議。重光回憶道：本多時常將他們這些年輕的外交官集合在一起，「從戰爭情勢與英國國情，談到中國問題與小村外交，他都以絕對的權威深切論辯之。……當本多參事官提到小村大臣是如何拚命開拓日本的未來時，熱淚便從他的眼眶中不斷溢出」。[10] 重光回憶到：「這種激昂的言論對當時像我這樣一無所知的青年外交官留下了深

7　向陽祭記念事業実行委員会編，《重光葵写真集》（大分：向陽祭記念事業実行委員会，1987），頁 19。

8　重光葵，《外交回想録》，頁 11。

9　重光葵，《外交回想録》，頁 39。

10　伊藤隆、渡邊行男編，《重光葵手記》（東京：中央公論社，1986），頁 43-44。

刻的印象，每聽一次便會熱血沸騰」，而也正是「本多參事官對小村外交與中國問題的論點，是促使我決定投入中國問題的最大動機」。[11]

　　此處的小村外交，就是指小村壽太郎在擔任外相期間（1901-1906，1908-1911），藉由 1905 年的《樸資茅斯條約》及 1910 年《日韓合併條約》的簽訂，日本獲得長春以南的中國東北利益並且併吞了朝鮮半島。其中，日本政府對於耗費國力甚鉅、與俄國軍隊大戰後才獲得的中國東北權益更是視為不可失去的禁臠。1909 年，由元老山縣有朋等人提出的《第二對清政策》意見書中，便使用了「二十億之資財與二十餘萬之死傷」的詞彙，形容為取得中國東北利益所付出的代價。這樣的說詞，即使在 22 年後所發生的九一八事變期間，於日本政府的文書與宣傳中仍是屢出不窮。[12] 在前輩本多熊太郎的激昂言詞渲染下，青年重光葵的民族情緒因此激動不已，而此後如何確保日本自日俄戰爭以來所獲取的中國東北利益，也是重光開始關注中國問題的主要動機。

　　再度加深重光葵對認識中國意欲的契機，則是 1915 年發生的中日二十一條交涉問題。時任外務大臣的加藤高明（1860-1926），趁著歐洲列強彼此大戰之際，欲藉由對德作戰獲取德國在山東半島及南洋地區的利益，同時以歸還山東半島作為「交換條件」，與中國政府換取如延長在遼東半島的租借期限等日本在華利益。[13] 1915 年 1 月 18 日，日本駐華公使日置益在得到外務大臣訓令的情形下，向袁世凱提出了二十一條要求並強迫交涉，但袁世凱巧妙地將要求內容洩漏出去，而到一月底為止，從中國的《申報》到英、美兩國的《倫敦時報》、《紐約時報》等各國媒體都對此皆進行了大幅報導。英國外相格雷（Edward Grey，1862-1933）雖曾在 1913 年 1 月便私下向加藤高明表示理解日本延長在

11　重光葵，《外交回想録》，頁 41-42。

12　加藤陽子，《それでも、日本人は「戦争」を選んだ》（東京：新潮文庫，2016），頁 175-176。

13　奈良岡聰智，〈第一次世界大戰初期の日本外交〉，收入山室信一等編，《現代の起点　第一次世界大戰　第 1 卷》（東京：岩波書店，2014），頁 130-131。

中國東北利益租借期限之要求，但當媒體暴露出二十一條中有著日本政府未曾向英國提及的第五號內容時，其中所謂「將湖南、湖北、浙江、江西、福建等各省鐵路之建造權利交與日本」一項對英國在華利益損害最大，使英國轉而對日本採取強硬的態度，最終迫使日本刪去第五號要求，中日雙方就其餘四號要求進行交涉，並於 5 月 25 日簽訂《關於南滿洲及東部內蒙古之條約》、《關于山東之條約》等條約，即所謂的《中日民四條約》。[14]

當時人就處在對英外交第一線上的重光葵清楚地見識到袁世凱運用媒體宣傳所達到的效果。他回憶道：中國政府將宣傳的焦點集中在第五號內容上，直言此舉是要把中國納為日本的屬國，在不清楚交涉全貌的情況下，日本駐英使館對此極力撇清，強調要求僅止於與中國東北及山東相關者而已。[15] 當要求內容被英國媒體全部曝光以後，反倒讓駐英使館陷入了進退兩難的困境之中。重光認為二十一條交涉過程「不只讓日本政府遭到世界輿論的總攻擊，甚至也使同盟國（指英國）對日本的信賴一落千丈」，而這無疑是「日本外交史上的顯著汙點」。[16] 由此可見，重光葵對中國事務產生興趣的起點，出於一顆維護日本在中國東北的利益之心，而中國外交策略的成功，使日本政府在二十一條交涉中遭到英、美列強的責難，更是使其深刻認識到中國議題對日本外交所造成的影響及衝擊。

1920 年重光葵在參與巴黎和會後，結束了駐使歐美的工作並回到外務省本部任職。1921 年 3 月 26 日，在完成視察南洋的工作後，他

14　奈良岡聰智，〈第一次世界大戰初期の日本外交〉，頁 141-143。
15　1915 年 1 月 18 日，在駐華公使日置益向袁世凱提出二十一條要求的同日，加藤高明同時致電日本駐英大使井上勝之助（1861-1929），表示日本將就山東及中國東北問題與中國政府進行交涉，但並未提及第五號內容的存在，駐英使館應不知曉要求內容的全貌，重光葵的回憶當符合事實。外務省編，《日本外交文書　大正四年第三冊上卷》（東京：外務省，1968），頁 537-540；重光葵，《外交回想錄》，頁 45。
16　重光葵，《外交回想錄》，頁 46。

抵達當時屬於日本殖民地的臺灣，於 27 日在臺北完成報告並提交外務省。[17] 然而，他的任務並未就此結束，接下來他便與外務省的同仁轉而搭船，從臺灣直抵廈門，後經汕頭進入香港，開始了他人生首次的中國考察之旅。在戰後撰寫的筆記中，重光葵提到：「此次延長南洋旅行兩個月來走訪中國南北，是為了解開新中國的謎團」，[18] 而所謂的「新中國」，就是指在二十一條交涉及巴黎和會上讓日本外交頻頻受挫的中國政府。

1921 年 4 月初，重光從香港進入了廣州，在藤田榮介總領事的引導下，他見到了廣東省長陳炯明及孫文二人。此時的孫文已在 1919 年 10 月於上海將中華革命黨改組為中國國民黨，並在陳炯明的邀請下於 1920 年 11 月 28 日回到廣州。此時於廣州召開的非常國會取消了軍政府，同時成立了將總裁制改為總統制的廣州中華民國政府，並選出孫文擔任非常大總統一職。[19] 當重光走過省政府的長廊時，他記得從窗戶便可以看到一片廣大的練兵場，且有大批的士兵正在場上訓練著，[20] 這些士兵應當就是歸陳炯明領導的粵軍部隊。

與孫文的會談，並不是一件愉快的回憶。兩人很快地就中日關係進行討論，重光認為，中日關係必須是一種有無相通的親善關係，政治人物也要對於有可能傷害到雙方關係的行為上謹言慎行。孫文對此做出了相當激動的回應，他痛罵日本的軍閥，並認為假使日本不停止對中國的侵略政策且加以反省的話，則不管提再多的中日親善都是無用的，花了幾十分鐘的時間述說這樣的事情。重光對此則加以辯駁，他認為日本政

17　重光葵視察南洋群島的報告題為〈南洋視察ニ関スル報告〉，收錄於 JACAR（アジア歴史資料センター）Ref.B15100706900，帝国一般官制雑件／南洋庁設置ニ伴フ諸法令草案（外務省外交史料館）。參照多仁安代，〈南洋群島日本語教育史の基礎史料〉，《軍事史学》，29：2（1993 年 9 月），頁 67-80。

18　重光葵著，渡邊行男編，〈孫文を偲ぶ〉，《中國研究月報》，42：9（1988 年 9 月），頁 49。

19　冀書鐸主編，《中國近代史（1919-1949）》（北京：中華書局，2010），頁 57。

20　重光葵著，渡邊行男編，〈孫文を偲ぶ〉，頁 48。

府的本意及政策並非同孫文所說，甚至提出「如果能在滿洲問題上有可能妥協的話，則其他問題都可以談」。[21] 而在其日後出版的回憶錄中，卻是完全沒有提過這樣的辯駁內容。

　　在激烈的辯論過後，孫文便回了一句：「如果你覺得我所說有誤的話，你回東京可找田中參謀次長問看看」。[22] 孫文所說的田中參謀次長，就是指時任陸軍大臣的田中義一（1864-1929）。[23] 孫文之所以認為，田中義一必須為破壞中日關係負責的原因，可從他在 1920 年 7 月 9 日發布在上海《民國日報》上的〈孫中山致日本陸相書〉中略知一二。在這封公開信裡頭，孫文痛批過去日本政府援助段祺瑞的政策，藉此打壓中國國民黨的活動，後在護法運動時期，又轉向支持張作霖的勢力發展，田中義一身為陸軍大臣，執掌日本的軍事大權，對此實有應負之責任。所以孫文在文末，便呼籲田中義一「當能鑒於世界之大勢與東亞之安危，一變昔日方針，制止張氏之陰謀，以緩和民國人民對日之積憤，兩國人民國際的感情，或可漸趨融和」。[24]

　　之後，孫文讓妻子宋慶齡從書房裡頭抽出一本英文版的《實業計畫》贈與重光葵，兩人就此結束會談。重光再度啟程，經由海路進入上海，後沿長江而上，考察了杭州、南京、漢口等地，後再北上北京、天津，進入大連，再從朝鮮搭船回到日本，於 5 月 19 日抵達東京，結束了他這一趟兩個月不到的中國考察之旅。[25] 然而，對這一趟旅程的回憶，重光最為印象深刻的，大概就是與孫文的會談了，但對於他在長江沿岸的城市、北京與天津的所見所聞如何，卻是隻字未提，而從這篇戰

21　重光葵著，渡邊行男編，〈孫文を偲ぶ〉，頁 48。
22　重光葵，《外交回想錄》，頁 65。
23　田中義一擔任陸軍參謀次長的時間是 1915 至 1918 年，其後於 1918 年 9 月接任原敬內閣的陸軍大臣一職，而 1921 年 4 月重光拜訪孫文時田中義一已為陸軍大臣的身分，此處當是重光的回想有誤。
24　孫中山，〈致田中義一勸改變日本對華錯誤政策函〉，收入秦孝儀主編，《國父全集（第五冊）》（臺北：近代中國出版社，1989），頁 221。
25　重光葵書簡 606 號，《重光葵関係文書》（東京：国立国会図書館憲政資料室藏）。

後於監獄裡撰寫的隨筆中，似乎也看出重光葵對 1920 年代中國整體情勢的回顧。

在回憶中，重光覺得對當時中國情勢具有巨大影響的因素，莫過於蘇聯對中國革命活動及對「新軍閥」的支持。在重光葵於獄中的回顧裡頭，1920 年代的中國受到一次大戰後民族主義思潮的影響，知識分子與「新時代人」無不謳歌孫文的三民主義，尤其是孫文「於國內革新中國數千年之社會，對國外清算一切不平等關係以一掃外國勢力、推行國家民族之更生」[26] 的決心，會面時孫的氣宇軒昂更是讓重光印象深刻。然而，護法運動的失利以及為了爭取外援，孫文開始認識到「要在中國革命成功，澈底仿效蘇聯革命將是終南捷徑」。[27]

於是 1923 年 1 月 26 日，在與蘇聯代表越飛（Adolf A. Joffe，1883-1927）共同發表的孫越宣言之基礎上，孫文於隔年確立容共政策，在蘇聯指派的軍事顧問加倫（Vasily K. Blyukher，1889-1938）將軍與政治顧問鮑羅廷（Mikhail M. Borodin，1884-1951）的指導下於廣州建立了黃埔軍官學校，「軍隊、黨部、政治全盤以蘇聯方式組織，革命思想、宣傳及方式一切仿效蘇聯」。[28] 但是，重光葵聲稱在 1921 年與孫文會面的當時，「孫便已經決定容共政策，在與革命蘇聯合作的背景下，首先對外廢除不平等條約，並決心以實力在國內完成革命，陸續達成與實踐」。[29] 這樣的說法，並不符合歷史事實，恐是重光在回憶上的時間誤差，但後來事實的發展基本上是符合他腦海中的印象。

重光還注意到，1919 年在列寧領導下的共產國際，開始向中國輸入共產革命，不只是支持位於廣東的革命勢力，對北方的政治局勢發展同時有著相當巨大的影響力。1919 年 7 月 25 日，蘇俄外交事務全權代

26　重光葵著，渡邊行男編，〈孫文を偲ぶ〉，頁 49。

27　重光葵著，渡邊行男編，〈孫文を偲ぶ〉，頁 48-49。

28　重光葵著，渡邊行男編，〈孫文を偲ぶ〉，頁 49。

29　重光葵著，渡邊行男編，〈孫文を偲ぶ〉，頁 48。

表加拉罕（Lev Mikhailovich Karakhan，1889-1937）為拉攏中國，宣布放棄過去沙俄時期與中國簽訂的不平等條約，並將包含中國東北在內的在華特權與利益歸還中國，即著名的第一次《加拉罕宣言》，而這樣的演說讓中國的知識分子們對此激動不已，儼然為中國的革命運動注入了不少能量。不只是對知識分子如此，中國的舊軍閥已逐漸消滅，掌握住「新氣運」的軍閥開始崛起，其中又可以馮玉祥率領的國民軍為代表，重光更直言「比起吳佩孚，馮玉祥的赤色是日益強烈，馮玉祥能據有張家口事實上便是有蘇聯（支持）的背景」。[30] 重光葵認為馮玉祥受蘇聯影響甚深，即使他在戰後撰寫回憶錄時，仍將馮玉祥的力量稱作是「共產軍」。[31]

　　總而言之，在重光葵眼中的 1920 年代中國，地無分南北都受到了第一次世界大戰後新生的民族自決思潮與蘇聯的共產革命思想所刺激，皆渴望新時代的到來，而重光認為，這也正是 1924 年 11 月時孫文為何選擇獨身北上，與北方段祺瑞政府商談共謀統一政府的重要原因與背景。[32] 對蘇聯威脅的考量，及其發展對中國局勢所造成的影響，似乎是當時日本駐華外交官們普遍關注的焦點。尤其是在 1926 年廣東政府開始北伐之後，他們對蘇聯影響中國革命活動的程度是愈發關注，加上當地日僑的不安心理，也讓許多駐華人員開始期待日本政府能夠一改不干涉中國內政的方針，轉而介入中國政局的發展。[33]

　　事實上，不只是駐華外交官如此認為，在當時的日本政壇中，認為蘇聯在中國具有龐大影響力的論者也不在少數。在 1926 年 1 月召開的帝國會議上，日本外務大臣幣原喜重郎發表演說，對於內閣貫徹不干涉中國內政方針，充分確保日本在中國東北的利益一事表示滿意。然而，

30　重光葵著，渡邊行男編，〈孫文を偲ぶ〉，頁 49。
31　重光葵，《外交回想錄》，頁 69-70。
32　重光葵著，渡邊行男編，〈孫文を偲ぶ〉，頁 49。
33　酒井哲哉，〈「英米協調」と「日中提攜」〉，收入近代日本研究會編，《年報近代日本研究 11》（東京：近代日本研究會，1989），頁 72。

身為當時在野黨政友會的眾議院議員小川平吉（1870-1942），對於這樣的說法表達了質疑與批判。小川認為，由於中國政府沒有維持中國東北秩序的能力，所以維持秩序實為日本帝國政府的責任。加上蘇聯在遠東地區的擴張，從控制外蒙古、赤化中國東北的北部地區，到現在掌握住廣東政府的實權、支援馮玉祥的國民軍，以及支援郭松齡對抗張作霖等，對日本在中國東北的利益實為不利的發展。這樣的說法未必符合事實，但將具有侵略性的「紅色俄國」，與中國國民黨、國民軍及郭松齡進行相互連結以渲染蘇聯在東亞的影響力，關靜雄提出：這樣的「四位一體觀」可以說是當時政友會議員們據此批判幣原外交的立論基礎。[34]

二、重光葵在北京關稅會議上的對華態度

在結束中國考察之旅後，1921 年 5 月 19 日重光葵重新回到外務省，接下書記官與條約局第一課長的職務。三個月後，就在同年的 8 月 11 日，美國政府向英國、日本、法國、義大利、荷蘭、比利時、葡萄牙、中國等國發出邀請，在華盛頓召開以解決遠東與太平洋問題及裁軍問題為目標的國際會議，史稱「華盛頓會議」。會議於 11 月 12 日開幕，其下設置「限制軍備委員會」及「太平洋及遠東問題委員會」兩個委員會，分別討論海軍軍備限縮問題與列強在遠東利益的維持問題。

1922 年 2 月 6 日，兩個委員會皆做出決議，分別簽訂《四國公約》、《限制海軍軍備條約》與《九國公約》，其中與中日關係最息息相關者，莫過於《九國公約》與 2 月 4 日由中日雙方所簽訂的《解決山東問題懸案條約》及其附約。《九國公約》的第一條規定，表示尊重中國的主權與獨立、領土與行政完整，建立並維護各國在全中國的商務實業機會均等原則，且不得利用中國的狀況謀取有損於其他國家公民的特

---

34 關靜雄，〈大正外交の基調〉，收入關靜雄編，《「大正」再考——希望と不安の時代》（京都：ミネルヴァ書房，2007），頁 49-52。

權，明文規定列強對華政策的基本原則。[35]

此一變化，使當時人就在條約局工作的重光葵認識到在這樣的架構下，日本不僅必須要歸還以膠州灣為中心的山東省利權給中國，更要參加北洋政府其後在北京召開的關稅會議，就歸還中國關稅自主權與撤廢治外法權的問題進行討論並加以解決，他認為「雖然華盛頓會議是讓日本對外關係步上軌道的重要會議，但事實上也是（美國）對戰爭期間日本對中外交的清算」。[36] 這句話的意思可以解釋為，美國對於日本趁著歐戰期間拓展對華勢力一事感到相當不滿，並藉著華盛頓會議召開之機重新整理在東亞地區之秩序。

所謂《九國公約》及九國間關於中國關稅的條約，各國在 1925 年 7 月才完全批准，並於 8 月 5 日在美國華盛頓舉行存交手續。條約之所以在四年後方能施行的原因，除了簽約各國需要照憲法規定手續批准外，尚有法國政府藉金佛郎案之故延遲了對九國公約之批准。[37] 最終，在 1925 年 4 月 12 日中法雙方交換照會，金佛郎案就此解決，使《九國公約》在 8 月正式生效，北京政府旋即據此照會美、英、法、日等十二國公使，訂於 10 月 26 日在北京召開關稅特別會議。

此時的日本外交也出現新局面。1924 年 6 月加藤高明內閣組成，起用外交官幣原喜重郎出任外務大臣。在此後約莫 5 年期間，除了在田中義一內閣時期未擔任外相一職外，幣原是直到 1931 年辭官後才結束擔任外相的生涯，其任期與政策延續之久，史家也稱此時期的日本外交方針為「幣原外交」。幣原喜重郎強調在國際事務上當與英、美等國進行協商，也在此基礎上遵循美國「門戶開放、機會均等」的對華政策，表示不干預中國內政，並忠實執行《九國公約》的內容，故亦有人稱之

35　吳于廑、齊世榮主編，《世界史現代史編上卷》（北京：高等教育出版社，2011），頁 84-87。

36　重光葵，《外交回想錄》，頁 66。

37　傅啟學編著，《中國外交史上冊》（臺北：臺灣商務印書館，1972），頁 364-365。

為「協調外交」。然而當 1924 年 7 月美國的《移民法案》生效，限制
各國移民數量並設定配額，引發了日本國內輿論界的不滿且稱之為「排
日法案」，更批評對美國亦步亦趨的幣原外交為「軟弱外交」。[38] 加上自
1925 年五卅慘案爆發後，在中國各大城市陸續出現大規模的罷工運動
及反帝國主義的示威遊行，對列強的在華利益造成相當大的影響。

　　正是在這種美國限縮移民、中國民族主義力量增強的背景下，幣原
有意透過此次的北京關稅會議跟中國政府取得友好，同時加強對華貿易
以振興日本國內經濟，進而轉移輿論及攻擊政府者的焦點，故他在帝國
議會上強調：由於中國國民政治上的自覺已經出現，古老的中國已被
新的中國所取代，且國民自覺一旦出現便無法被消滅掉，反而會因為受
到外在的壓迫益發深刻，而面對中國政府及國民對恢復關稅自主權的要
求，日本政府實有必要就這樣的新形勢制定關稅會議的方針。[39] 日本政
府自此將眼光投射到龐大的中國市場上，這也正如重光所言：「日本的
外交重點自華盛頓會議後便從華盛頓移轉到北京了」。[40]

　　1925 年 1 月 27 日，重光被任命為駐華公使館的一等書記官，於 3
月 24 日抵達北京正式就任。10 月 26 日，關稅特別會議在北京召開，
重光葵以代表團隨員的身分出席會議。會議開始時，各國代表公推北
京政府的外交部長沈瑞麟（1874-1945）為會議主席，並由關稅會議的
委員長王正廷（1882-1961）代表中國政府率先宣讀關稅自主提案，辦
法第一條便提出：「與議各國向中國政府正式聲明尊重關稅自主，並
承認解除現行條約中關於關稅之一切束縛」。[41] 其後在美國代表馬克謨
（John V. A. MacMurray，1881-1960）及英國代表馬克類（Sir Ronald
Macleay，1870-1943）的致詞中，雖然二人皆表示願意就中國關稅自主

38　馬場伸也，《滿州事變への道》（東京：中央公論社，1988），頁 169-170。
39　外務省編，《日本外交年表竝主要文書下》（東京：原書房，1978），頁 86。
40　重光葵，《外交回想錄》，頁 67。
41　傅啟學編著，《中國外交史上冊》，頁 371。

問題進行討論，但同時也表示僅就《九國公約》的範圍內加以協商，將焦點放在廢止釐金及 2.5% 附加稅的問題上。[42]

當英、美兩國代表對中國關稅自主的問題已展現拖遲不議的立場時，在日本首席全權代表日置益所發表的演說開頭中，卻展現出大異其趣的態度。他表示，日本也曾經遭受過外國對其施以財政及司法、行政上的束縛，因此對於當前中國國民所提出的正當要求，日本代表團是採取同情與了解的態度，也將以友好的理解處理關稅會議的相關問題。[43] 雖然日本代表團表達了對中國欲恢復關稅自主權的同情與理解，但在演說中卻也同時強調此次會議是以增課 2.5% 附加稅為目的，「如非修改華會條約之規則，否則不能變更」，而關稅自主權問題，中國政府則應該「頒定一公平並適當的國定稅則」，或是由各國設定以 12.5% 為最高範圍的分等稅率後再行討論。[44] 這樣的要求內容與 10 月 13 日在日本政府閣議上所訂出的基本方針並無太大的出入，[45] 且日本代表團對稅率的要求在中國財經專家的眼中，「對於附加稅問題僅限於 2.5% 的程度，且分等稅率對輸出必需品多的日本有利」，而所謂的協定稅率部分，更是一方面允許中國有自主權，卻又從另一方面奪回其自主權，對此紛紛表示悲觀的看法。[46] 但日本代表團於演說開頭時便表示支持恢復中國關稅自主權的態度，無不讓參加會議的西方列強代表們為之驚異不已。

事實上，代表團聲明稿是在會議當日的上午才做出最後定案，且並未經過外務省本部的再次確認。[47] 聲明內容的起草者，是代表團的事務

42　陳昭璇，〈日本與北京關稅特別會議〉，《中央研究院近代史研究所集刊》，第 15 期下冊（1986 年 12 月），頁 260-261。

43　外務省編，《日本外交年表竝主要文書下》，頁 76-77。

44　外務省編，《日本外交年表竝主要文書下》，頁 77-78。

45　馬場伸也，〈北京関税特別会議にのぞむ日本の政策決定過程〉，收入細谷千博、綿貫讓治編，《対外政策決定過程の日米比較》（東京：東京大學出版會，1977），頁 377。

46　陳昭璇，〈日本與北京關稅特別會議〉，頁 261。

47　馬場伸也，〈北京関税特別会議にのぞむ日本の政策決定過程〉，頁 388-389。

總長佐分利貞男及隨員重光葵二人，重光在回憶錄中提到：自詡為「主張轉換對華政策急先鋒」的他，強調自己在代表團內強烈主張此時當承認中國收回關稅自主權，同時也得到了幣原所信任的參事官佐分利貞男的支持。重光葵認為日置益的演說「開出了歸還中國關稅自主權的第一槍」，這句話無疑是誇大了此一聲明的意義，但他也強調：「這只是忠實地執行華盛頓會議上所做出的決定而已」。[48] 重光力主在聲明中加入支持恢復中國關稅自主權的字眼，其根據便是自己在 1921 年對中國的直接觀察與對世界格局的認識，即日本政府如何透過在華盛頓會議後所制定出來的多國協商制度中，去對應中國民族主義運動之浪潮與北京政府的修約要求。

　　然而，重光的回憶或許也放大了自己在聲明起草上的角色。根據重光的兩位後輩日高信六郎（1893-1976）及堀內干城（1889-1951）的回憶，在會議召開之前，中日雙方的代表團成員便已私下達成共識，日本代表團會在會議開始時支持中國恢復關稅自主權的要求，而中國將與日本簽訂「合理的關稅互惠協定」。佐分利也認為，在沒有任何條件的前提下承認中國的關稅自主權，「使中國喜出望外，而由日本主導會議，關稅利率的問題則在之後仔細交涉」。可以看出，在演說中表明支持承認中國關稅自主一事，實由佐分利所主導，重光雖然誇大了自己在起草聲明稿的地位，但他在當時積極參與了撰寫工作，在日高的回憶中卻也是不可磨滅的事實。[49]

　　此一聲明不僅得到外相幣原喜重郎的默認，甚至進而將其定為政府之方針。11 月 5 日，幣原便曾向英國駐日大使儀禮爵士（Sir Charles N. E. Eliot，1862-1931）表示，歸還中國關稅自主權對各國而言是一大讓步（concession），但在當前中國青年普遍高喊恢復關稅自主權的情況下，若未在此次會議上提出相關議題的話，想來段祺瑞政府可能將在中

48　重光葵，《外交回想錄》，頁 69。
49　馬場伸也，〈北京関税特別会議にのぞむ日本の政策決定過程〉，頁 388-389。

國國內輿論的反彈下瞬間倒臺。此次關稅會議應當鄭重考慮中國政情的安定。幣原與英國駐日大使的對談，可說是對全權代表演說內容的支持。無論是他在與英國大使討論中國關稅問題時，亦或是在帝國議會發表演說時，都表示將以支持承認中國關稅自主權為此次談判的方針。[50]

但事實上，這樣的聲明內容只能算是一種口頭的主張，且並未得到其他外務省高層官僚之青睞，反而視如此的對外演說是對段祺瑞政府的過度讓步。1926 年 2 月 12 日，關稅會議仍在進行的期間，時任亞細亞局長的木村銳市便發文告知重光葵，中國政局仍處在軍閥割據的不穩定狀態，在政權更迭無常的情況下，不應該僅將目光放在王正廷及黃郛等人身上，同時也要關注到中國其他各黨派的活動。[51] 同時，隨著會議的進展，日本國內的產業界及輿論界出現了對恢復中國關稅自主權有所疑慮的聲音，日本代表團仍要求附加稅率維持在華盛頓會議時所訂定的2.5%，與主張提高稅率的中國代表團產生了激烈交鋒，這樣的舉措顯然已與會議首日代表團聲明之精神相互矛盾。[52]

幣原雖然默認了對恢復中國關稅自主表達同情的代表團聲明，但並不像重光葵那樣的積極支持。酒井哲哉指出，幣原與重光之間的差異，在於前者雖然對中國民族主義運動做出了讓步，但是盡可能地將影響限縮在不損害日本經濟發展的範圍以內；後者則是政治判斷優先，就算是犧牲部分的日本經濟利益，也不惜藉對中國的讓步來拉攏中國民族主義勢力對日友好。[53] 而事實上，這跟兩者對蘇聯在中國影響力的認知上有著相當大的不同也有所關係。

重光葵依據自己對 1920 年代中國的認識，拉攏中國民族主義勢力的目的，在於使其遠離蘇聯的影響，但在幣原的眼中，蘇聯在中國的影

50　馬場伸也，〈北京関税特別会議にのぞむ日本の政策決定過程〉，頁 390-391。

51　外務省編，《日本外交文書　大正十五年第 2 冊上卷》（東京：外務省，1985），頁30-31。

52　酒井哲哉，〈「英米協調」と「日中提攜」〉，頁 70。

53　酒井哲哉，〈「英米協調」と「日中提攜」〉，頁 70。

響實不足為懼。1931 年 7 月 31 日，幣原在東京與時任廣東政府的外交部長陳友仁展開第二次會談。陳友仁指出，為了壓制蘇聯對中國共產運動的支援，中日兩國應當締結「防守同盟」以因應之。但幣原對此案並不贊成，並提出了他對北伐期間蘇聯在中國影響力的認識與回憶：從蘇聯顧問鮑羅廷在中國鼓動民眾運動的失敗經驗看來，幣原並不認為蘇聯可以那麼容易地對中國造成影響且成為氣候。[54] 若僅從蘇聯對中國民族主義運動的影響程度到如何去拉攏中國民族主義勢力等面向上，便可以看出在日本的外交決策者幣原喜重郎與政策實際執行者重光葵之間，充滿著各種對華認識上的矛盾與差異。

在會議進行期間，北京關稅會議下陸續成立了處理治外法權等問題的委員會，討論中國的債務整理問題與相關議題，但皆曠日廢時，並沒有得到太多的成果。1926 年 4 月，中國的軍閥內戰再次白熱化，在北京近郊有鹿鐘麟與李景林的部隊發生激烈衝突，張作霖以討伐馮玉祥的國民軍為由入關占領北京，段祺瑞政權因而倒臺，北京頓時陷入無政府狀態。在失去交涉對象的情形下，會議因此於 7 月在什麼也無法決定的情況下自然休會，所作出的各種決定因此自然消滅，重光葵等日本代表團成員的工作也在此刻劃下句點。[55]

重光葵的在華工作，於隔年發生了變化。1927 年 4 月，日本若槻禮次郎內閣因臺灣銀行救濟案宣布總辭職，由立憲政友會的總裁、前陸軍大臣田中義一出任首相，同時兼任外務大臣一職，宣告由幣原喜重郎主導的外交政策正式結束。不同於幣原不干涉中國內政的方針，田中在 5 月 28 日宣布出兵山東的政策，不只回應了當時日本國內要求保護在華僑民的輿論聲浪，同時也是田中企圖造成蔣介石與張作霖分治中國南

---

54 外務省編，《日本外交文書　昭和期 I 第 1 部第 5 卷》（東京：外務省，1995），頁 1005。
55 重光葵，《外交回想録》，頁 69。

北格局之展現。[56] 同年 12 月，重光葵奉命回到東京，隨即被派赴到德國柏林擔任當地大使館的參事官，這樣的人事調動，可能與重光在關稅會議時的表現有所關連。重光回憶到時任奉天總領事的同僚吉田茂曾就調職一事向他表示：「此次被派赴德國雖不得已，但也請你考慮到或許不久後便能回來日本的可能性」，[57] 可以看出此次的調職在重光及同僚的眼中是具有針對性的。

三、重光葵與國民政府的交涉

　　1928 年 6 月重光再次來到柏林，但就在同年的 12 月 5 日他收到來自外務次官吉田茂的電報，命他儘速回國。1928 年 5 月爆發了日本軍與北伐軍嚴重衝突的濟南五三慘案，民眾的仇外對象自此從英國轉為日本，[58] 其後 6 月國民革命軍進入了北京城，由凝聚部分中國民族主義力量的國民黨所推動的南北統一大勢已無法抵擋，而日本實有重新調整對華政策之必要，其首要者便是中日雙方就如何處理五三慘案的賠償問題進行交涉。在德述職僅不到半年的時間，重光便又被重新召回的原因，即在於吉田茂意識到外務省將需要更多熟悉中國事務的外交人員來處理當下緊蹦的中日關係，[59] 而在日本外務省中，重光關注中國民族主義運動之發展及主張對華讓步的鮮明立場，顯然較能勝任與國民政府進行外交折衝的工作。

　　1929 年 2 月 7 日，重光葵抵達上海接任總領事的工作，參與了和國民政府就濟南事件等案的賠償交涉事宜。同年 7 月，田中內閣總辭，由立憲民政黨的總裁濱口雄幸（1870-1931）接任首相一職，幣原喜重

56　黃自進，《蔣介石與日本：一部近代中日關係史的縮影》（臺北：中研院近史所，2012），頁 106-109。
57　重光葵，《外交回想錄》，頁 71。
58　黃自進，《蔣介石與日本：一部近代中日關係史的縮影》，頁 123。
59　重光葵，《外交回想錄》，頁 73。

郎時隔二年後再次出任外務大臣。肩負改善中日關係重任的幣原喜重
郎，於 8 月 29 日讓原駐華公使芳澤謙吉轉任駐法國大使，而由在倫敦
大使館擔任參事官的心腹佐分利貞男出任駐華公使一職，同時派出堀內
干城、守屋和郎（1893-1977）與塩崎觀三等人擔任使館的書記官負責
輔佐。由此觀之，此時包含重光在內，眼前這些對華外交的第一線人員
都是 1925 年北京關稅會議召開時共同行動的舊識，可以說是第一次幣
原對華外交團隊的再現。[60] 重光葵認為，從幣原重新出任外相到任命佐
分利為公使，日本新一輪的對華外交團隊帶給國民政府相當程度的好
感，同時也改善了中國的對日氣氛，就連自五三慘案以來在中國風起
雲湧的排日活動也得到降溫。[61] 事實上，根據來自奉天、南京、上海等
地日本領事館的情報可以得知，自 1929 年 7 月中旬起，國民政府一反
過去不對排日運動加以管制的態度，開始訓令如福建、河北等省政府加
強對地方反日運動的取締，同時令北平反日會更名為北平國民廢約促進
會，禁止排日及排日貨的相關情事發生。[62] 在國民政府的特意壓制下，
排日風潮雖已不如過去的聲勢浩大，但從 8 月及 9 月重光的報告中不難
看出，在上海的排日團體或轉向地下化，或改以「排除不平等條約促進
會」的名義持續活動著。[63]

　　曾在北京關稅會議上有過合作經驗的重光葵就今後的對華外交策略
向佐分利提議以「新方針」應對之，即在不牽涉到中國東北議題的前提
下，先解決兩國間的一般問題以改善中日關係，其後再試圖讓國民政府
於中國東北議題上和日本達成妥協，顯見是當時重光葵與佐分利二人的

60　酒井哲哉，〈「英米協調」と「日中提携」〉，頁 75。
61　對於佐分利來華一事，王正廷表示該員擔任過關稅會議成員及其對華友好的
　　態度，蔣介石對此亦表示接受。〈日本駐華使領任免〉，《國民政府／外交／駐
　　華使領館／人員任免》，國史館藏，典藏號：001-061210-0021，入藏登錄號：
　　001000005192A；重光葵，《外交回憶錄》，頁 94。
62　外務省編，《日本外交文書　昭和期 I 第 1 部第 3 卷》（東京：外務省，1993），頁
　　615-617。
63　外務省編，《日本外交文書　昭和期 I 第 1 部第 3 卷》，頁 617-618。

對華談判策略。[64] 而這也正是重光及佐分利兩人曾共同實踐的「在政治判斷為優先的前提下，即使犧牲部分的日本經濟利益，也不惜藉著對中國的讓步，來拉攏中國民族主義勢力對日友好的策略」。[65]

　　10 月 7 日佐分利抵達南京正式就任駐華公使，與國民政府開始就撤廢領事裁判權等議題進行交涉，並在實際前往中國東北視察後，於11 月 20 日返回日本與幣原外相籌商策略。[66] 然而，就在 11 月 29 日，佐分利被人發現死於箱根的旅館房間內。在警察判定為自殺的情況下，重光葵依此認為佐分利出此下策的原因，在於其被夾在中國情勢的激進化及日本政情之間，陷入進退維谷之境，因而一籌莫展、選擇自殺。[67] 此處的日本政情，是指當時的外務省為了集中心力應對即將召開的倫敦裁軍會議，因而減少了對中國問題的關注。[68] 但在上司幣原喜重郎的眼中，根據自己對佐分利的認識，以及案發現場右手持槍的狀況並不符合其身為左撇子的事實下，否定了自殺的可能性。[69] 相較於重光葵的認識，幣原的判斷應當是較為可信的，但無論是他殺或是自殺身亡，佐分利的死不僅震驚了日本外務省，同時也打亂了幣原對華工作的人事佈局。

　　1929 年 12 月，日本政府決定讓時任駐土耳其大使的小幡酉吉（1873-1947）轉任駐華公使。小幡酉吉自 1897 年進入外務省工作以後，於 1905 至 1923 年間兩次在華服勤，從起先的芝罘領事、天津總領事到特命全權公使，他已有將近二十年的駐華經驗，可以說是外務省內相當資深的中國通。[70] 然而，當任命的消息傳到中國時，卻引來了上

64　重光葵，〈佐分利公使の死〉，《中国研究月報》，42：11（1989），頁 40。

65　酒井哲哉，〈「英米協調」と「日中提攜」〉，頁 70。

66　李恩涵，《近代中國外交史事新研》（臺北：臺灣商務印書館，2004），頁 325。

67　伊藤隆、渡辺行男編，《重光葵手記》（東京：中央公論社，1986），頁 96。

68　武田知己，《重光葵と戦後政治》，頁 75。

69　幣原喜重郎，《外交五十年》（東京：日本図書センター，1998），頁 114-115。

70　奈良岡聰智，《対華二十一ヵ条要求とは何だったのか》（名古屋：名古屋大学出版会，2015），頁 82。

海、福建、奉天等地之社會團體及地方黨部的抗議，稱其曾參與 1915
年的二十一條交涉，「為日本對外侵略主義之健者，曩在我國強權要
挾事實顯著」，請求國民政府拒絕這樣的繼任案。[71] 在廣大的抗議聲浪
中，國民政府向日本政府表示拒絕讓小幡酉吉出任駐華公使，而重光曾
就此向國民黨內的留日派如胡漢民、戴季陶等人對談，二人皆表明此一
決定沒有變更的可能，「可見在國民政府的內部對此已經整合意見」。[72]

在經歷了心腹佐分利貞男的離奇死亡及小幡酉吉出任駐華公使遭拒
後，兩件事對上任不到半年的幣原喜重郎而言，無疑是其對華外交的一
大挫折，而由誰來繼任駐華公使著實是一大難題。1930 年 1 月 11 日，
擔任上海總領事同時身兼公使館參事官的重光葵，突然被外務省本部任
命為在華全權代理公使。任命重光為代理公使而非正式公使，此舉在重
光的眼中著實不尋常：「日本首開（世界上的）新例，授予我等同於正
式公使的權限，以代理公使的名義從事與公使同樣的活動」，[73] 而這種奇
異的狀態一直持續到 1931 年 8 月改任重光為全權公使後才結束。以代
理之名行公使之實，恐非重光葵所能料想到的結果，但歷史的洪流已將
其推成為日本對華外交最前線的第一號人物，卻也是不爭的事實。

雖晉升為駐華代理公使，卻仍身兼上海總領事一職的重光葵，在不
停地往返於南京及上海兩地的情況下，他必須獨自面對與國民政府的諸
多交涉。自詡貫徹「新方針」的他，仍希望在不涉及日本於東北權益的
問題上，透過對中國大幅度地讓步，以換取中國民族主義勢力對日本的
青睞。雖然早在 1925 年關稅會議期間便曾有過與王正廷交涉的經驗，
但是此時中國的整體情勢早已發生了重大的轉變。

1926 年 7 月，在國民革命軍宣布發起北伐後，「革命外交」的口號

71　〈日本駐華使領任免〉，《國民政府／外交／駐華使領館／人員任免》，國史館藏，
　　典藏號：001-061210-0021，入藏登錄號：001000005192A。

72　重光葵，〈小幡アグレマン問題〉，《中国研究月報》，42：12（1989），頁 32。

73　重光葵，〈小幡アグレマン問題〉，頁 32-33。

首次被提出，成為當時廣州政府廢除與列強之間所簽訂的不平等條約之重要象徵，而這樣的口號即便是在北伐結束後，仍被南京國民政府外交部持續使用。[74] 1928 年 6 月，原在北京政府擔任外交總長的王正廷轉任南京政府的外交部長，在廢除不平等條約的呼聲之中，訂出廢約的時程表：1928 年內收回關稅自主權；1930 年撤廢治外法權；1931 年收回租界主權與撤銷外國駐軍之期；1932 年收回內河航行權與沿海航行權；1933 年收回各國租借地，恢復中國固有的全部主權。[75]

由於列強皆已和中國簽訂關稅新約並且承認中國的關稅自主權，未和中國簽訂新約的日本因此承受了巨大的輿論壓力，加上中國各地普遍存在的排日氣氛，對日本而言，與中國就關稅問題進行交涉、談判實有其必要。1930 年 1 月 16 日，在帶著外務省訓令的情況下，重光葵開始就關稅自主權與王正廷和時任國民政府財政部長的宋子文（1894-1971）展開交涉。[76]

1930 年 3 月 12 日，在經歷了兩個月不到的談判後，雙方達成共識並簽訂草約，[77] 在經過國民政府立法院及日本樞密院的同意後，中日兩國於同年 5 月 6 日正式簽訂《中日關稅協定》，條文內容大致如下：中日兩國相互承認彼此的關稅自主權；兩國均給予對方最惠國待遇；中國對日主要貨品三年不增稅，其他雜品一年不增稅，並廢除釐金；中國承諾整理對日無擔保或擔保不足之舊債；承諾從關稅中每年提存 500 萬

74　李恩涵，《近代中國外交史事新研》，頁 315-317。

75　重光葵，〈重光駐支公使報告書〉（1931 年 12 月），收入服部龍二編，《滿州事變與重光駐華公使報告書》（東京：日本圖書センター，2002），頁 42；李恩涵，《近代中國外交史事新研》，頁 322。

76　外務省編，《日本外交文書　昭和期 I 第 1 部第 4 卷》（東京：外務省，1994），頁 337-338。

77　早在 3 月 8 日時，宋子文便致電蔣介石，表示與王正廷討論關稅自主條約一事頗有進展，近日將可簽訂草約。〈改革政經（二）〉，《蔣中正總統文物／特交文電／領袖事功／國家建設》，國史館藏，典藏號：002-090102-00011-063，入藏登錄號：002000002082A。

元，以作整理內外債之用。[78] 日本雖然得到了棉織品、海產與漁產品、麵粉等的稅率三年內不予更改的承諾，但此一結果已遠比交涉原案的品目縮水不少；同時，維持部分來自日本進口商品之稅率，看似中國的損失，但透過協定的簽署而恢復了關稅自主權，兩者相較之下，中國得到的成果遠比日本所得到的要多。[79]

在交涉的過程中，重光葵已然意識到南京政府外交部在實際運作上所面臨的困難處。3 月 19 日，重光就交涉過程中所體會到的心得致電幣原外相。他認為，南京政府在對外關係上始終無法展現出緩和態度的原因，在於國民黨標榜中國民族主義的性質，使得在政府及黨部內毫無實力可言的王正廷及外交部必須配合整個輿論潮流推出最激進的政策，但又同時必須從技術官僚的角度關照國家全局後再訂出適當的妥協政策，而這兩種力量已讓國民政府的內部出現疲勞乏力的現象。[80] 同時，重光葵也認識到，本為北京政府外交官僚的王正廷面對以胡漢民為中心的「黨部理論派」的壓迫，他必須要和蔣介石關係密切的宋子文達成聯繫才能維持住現在的地位。基於這樣的觀察，重光葵提出：在此後的交涉策略上，日本政府應暗中與蔣介石及其他實力派進行聯繫，就此對中國外交部加以牽制，同時將交涉導向更為實際的立場，以致力於確保日本政府的在華地位與利益。[81]

由於在條約中明訂了以關稅整理債務的條文，因此在兩國確立《中日關稅協定》的草約後，國民政府也開始就整理雙方債務的問題進行討論。早在 1929 年 1 月 18 日，國民政府便曾向英、美、法、義、日

78　宋智勇、田慶立，《日本近現代對華關係史》（北京：世界知識出版社，2010），頁 106-108；外務省編，《日本外交文書並主要文書（下）》，頁 161-168。

79　久保亨，《走向自立之路：兩次世界大戰之間中國的關稅通貨政策和經濟發展》（北京：中國社會科學出版社，2004），頁 87-89；李恩涵，《近代中國外交史事新研》，頁 268。

80　外務省編，《日本外交文書　昭和期 I 第 1 部第 4 卷》，頁 427-428。

81　外務省編，《日本外交文書　昭和期 I 第 1 部第 4 卷》，頁 428。

等各國駐華公使宣布，將設置委員會以整理中國的外債，但由於中日雙方在西原借款的償還問題上無法達成共識，交涉因此一直拖延而未能進行。[82] 當國民政府再次向日本政府表達整理債務的請求時，備受國內財閥與政治團體施壓的幣原外相，於 1930 年 4 月 9 日訓令重光在交涉中當要求中國將西原借款納入外債整理的議題時，[83] 重光卻在回覆的電文中表示：「不把承認西原借款的問題納入議程，才能實質整理」外債工作。[84] 同時，面對幣原要求將債務的償還年額納入討論時，重光對此也明確地表示：在交涉時先行提出償還年額一事，恐得到反效果，且一般債權人並不需要對支付年額逐步協議。[85] 重光葵批判以國內經濟為考量的幣原的想法，主張當以國民政府財政部所提出的三十年償還提案為基礎，以此積極地推進整理外債的交涉。[86] 甚至於 1931 年 2 月 4 日，在沒有得到外務省中央許可的情況下，重光更自作主張地向宋子文表示：願意考慮主動減少一億兩千萬元以上的西原借款之還款金額。[87]

　　重光之所以敢於獨斷地下決定，可從 2 月 8 日致電幣原的說明中了解他的判斷及思維。重光葵認為，此時國民政府內部以胡漢民為中心的「理想派」，藉由拉抬「維護及收回國權」的要求，對以蔣介石為後盾的「現實派」的宋子文勢力進行鬥爭，「南京政府的弱點，在制度上或是人事上，皆無嚴格統一，人人各行其是，致力於擴張自己的權勢。無論是外交問題或是財政問題，都有著以自身為主的立場」，基於這樣的觀察，「本官主要是在得到現實派工作上的便宜同時，致力於助長他們的穩健政策，另一方面維繫住理想派對我的好感，使他們對我方釋出善

82　服部龍二，〈中国外債整理交涉における幣原外相と重光駐華臨時代理公使〉，日本国際政治学会編，《国際政治》，第 113 号（1996 年 12 月），頁 168-170。
83　外務省編，《日本外交文書　昭和期 I 第 1 部第 4 卷》，頁 503-504。
84　外務省編，《日本外交文書　昭和期 I 第 1 部第 4 卷》，頁 505-506。
85　外務省編，《日本外交文書　昭和期 I 第 1 部第 4 卷》，頁 526-529。
86　服部龍二，〈中国外債整理交涉における幣原外相と重光駐華臨時代理公使〉，頁 171。
87　外務省編，《日本外交文書　昭和期 I 第 1 部第 5 卷》，頁 673-674。

意」。[88] 由此可知，重光企圖藉由對「現實派」率先大幅讓步的手段，進而確立日本政府在談判中的主導權、建立中日合作關係，以此確保日本在華的核心利益。[89] 在重光的主導下，推遲中日雙方就治外法權的交涉，轉而逐步地進行債務整理的問題，[90] 這樣的談判策略確實符合重光葵曾向佐分利貞男建議的對華方針。

四、九一八事變前後重光葵對華認識的轉變

在王正廷所訂出的廢約時程中，本該在 1930 年完成撤廢治外法權、1931 年收回租界主權的進程，由於中國與英、美兩國的談判遲遲未能達成共識，因而在 12 月 1 日王正廷公布立刻廢除治外法權的提案，並於 17 日向英、美、法等駐華使館發出備忘錄，要求在 1931 年 2 月底前達成完全撤廢的目標。[91] 而早在同年的 11 月時，王正廷便曾遞給重光葵一份以致英國公使的八條草案為底、與撤廢治外法權有關的條約草案。[92]

面對國民政府對撤廢治外法權及收回租界主權的要求，1931 年 1 月 15 日，時任外務省亞細亞局長的谷正之就此致信重光，表示為了回應中國政府恢復國權的要求及提高日本的國內建設，具體提出除天津、漢口等地外，逐次歸還如蘇州、杭州、廈門、福州、沙市、重慶等地的日本在華租界，更直言此舉不只在於鼓舞中國國內的穩健分子及緩和恢復國權運動的浪潮，同時也是為抵制該國破壞分子的活動，並為中國

88　外務省編，《日本外交文書　昭和期 I 第 1 部第 5 卷》，頁 676-678。
89　服部龍二，〈中国外債整理交渉における幣原外相と重光駐華臨時代理公使〉，頁 173。
90　西田敏宏，〈ワシントン体制と幣原外交〉，收入川田稔、伊藤之雄編，《二○世紀日米関係と東アジア》（名古屋：風媒社，2002），頁 83。
91　小池聖一，〈満州事変期、日本の対中国外交〉，收入黃自進主編，《蔣中正與近代中日關係 2》（臺北：稻鄉出版社，2006），頁 129。
92　李恩涵，《近代中國外交史事新研》，頁 326。

的安定做出貢獻。[93] 同年 3 月 6 日，重光據此跟王正廷展開交涉的過程中，欲透過歸還若干租界以推遲中國在治外法權上的交涉，並同時強調假使回收租界的問題觸及到日本在中國東北的重要利權時，將會使兩國陷入猶如在油箱上點火般的非常危險之境地。[94]

　　面對重光的威逼利誘，蔣介石曾就此向王正廷表示：「對於中日法權交涉，應保持國體，勿為日代表重光葵所惑」。[95] 此時不難注意到，重光葵本以為能透過對「現實派」宋子文的大幅讓步，藉此影響以蔣介石為首的國民政府能在中日談判上做出妥協、退讓，由此看來是未能達到目的。同時，重光大概也未能認識到蔣介石此時雖然已是宋子文的妹婿，但在政府體制下，身為國民政府主席的蔣介石與財政部長宋子文卻是長官與部屬的關係。且在 1926 年至 1928 年北伐期間，蔣介石便曾因軍費問題而對未能及時撥款的宋子文感到極度不滿，[96] 然由於宋子文在金融和財政領域上的表現不俗，故在北伐結束後宋子文依然得以保住國民政府財政部長的身分，甚至於日後出任行政院長一職。但是，蔣、宋二人間的關係絕非重光葵所想到的那麼單純，而自北伐時期彼此間已然造成的心結，恐怕也是重光未能關注到的事。可能重光至死也未曾發現過，與「現實派」聯繫的管道自始至終對影響國民政府的決策可說是一點效果都沒有的事實。

　　又同年 3 月 18 日在第五次內外債務整理委員會的會議上，委員會在完成有關西原借款的調查報告後，認識到對日債務的複雜性，決定暫時擱置相關議題，並先就英、美、義、法等債權國及債權者的整理方法

93　外務省編，《日本外交文書　昭和期 I 第 1 部第 5 卷》，頁 389。

94　外務省編，《日本外交文書　昭和期 I 第 1 部第 5 卷》，頁 403。

95　〈事略稿本——民國二十年三月〉，《蔣中正總統文物／文物圖書／稿本（一）》，國史館藏，典藏號：002-060100-00034-011，入藏登錄號：002000000514A。

96　吳景平，〈國民革命時期宋子文與孫中山、蔣介石關係之比較研究〉，《近代史研究》，2015 年第 5 期（2015 年 10 月），頁 93。

進行討論。[97] 此一決議無疑打亂了重光葵本想先就一般問題進行交涉的策略，而這也讓重光開始意識到中日兩國勢必將在中國東北的問題上發生衝突。

拉攏現實派對日妥協的策略徹底失敗，加上中日談判勢將開始就東北問題納入討論的階段，在「新方針」毫無繼續施行可能的情況下，對中日關係感到前途黯淡的重光葵於 3 月 23 日致信幣原外相表明：「就我所見，在滿洲問題上中日兩國的關係是無論如何都將走入死胡同中」，而「當此關頭，如何展開對日本有利之事態，圓滿解決此一生死交關的問題，將會是決定日本未來的關鍵點」。面對這樣的態勢，重光進而向幣原建議：「自今日起，就中國政府對滿洲的要求，當將我國立場向世界闡明，並致力於引導輿論，隱忍再隱忍，抓緊主張，且徐徐善用國內之右傾言論，定能掌握住確立我國滿洲政策之機會」。[98] 面對中國情勢的轉變，重光的建言此時顯然與過去對中國讓步的姿態出現了相當大的不同，同時也可說是身體力行了父親直愿對他的教誨：隨時應勢。

3 月 26 日，重光葵前往南京的國民政府外交部，就中日法權問題及廢止中日文化協定與換文案和王正廷進行交涉。[99] 於此次的會談中，王正廷向重光表示，除了將就治外法權的廢除問題進行討論外，中國也正在考慮收回如大連、旅順等日本所謂「關東州」之租借地，甚至包含滿鐵在內的鐵道利權，這樣的要求雖然早在重光葵意料之中，但王正廷的聲明仍對其造成相當大的衝擊。[100] 在重光於 4 月 1 日向幣原發出的電

97 服部龍二，〈中国外債整理交涉における幣原外相と重光駐華臨時代理公使〉，頁173。
98 武田知己，《重光葵と戦後政治》，頁 78。
99 〈事略稿本──民國二十年三月〉，《蔣中正總統文物／文物圖書／稿本（一）》，國史館藏，典藏號：002-060100-00034-026，入藏登錄號：002000000514A。
100 服部龍二，〈中国外債整理交涉における幣原外相と重光駐華臨時代理公使〉，頁173。

文中，他以「箭已離弦」的說法形容與王正廷的會談，[101] 表示對中日關係的未來發展感到絕望。同時，中、英雙方在治外法權問題上的談判順利，一旦簽約勢必將對日本造成巨大的國際壓力，這也使他感到相當不安。[102]

重光葵在回憶錄中提到，王正廷為「左傾軍閥馮玉祥身邊的人，而非蔣介石的自己人」，其所發表的革命外交腹案，「第一期是收回關稅自主權和海關，第二期是收回（治外）法權，第三期是收回租界及租借地，第四及第五期則是收回內河及沿岸航行權、鐵路和其他權利」，他認為這樣的期程「有威脅以滿洲問題為中心的中日關係之可能，遂決定回國向幣原外相陳述意見」。[103] 在面對中方決意就日本在中國東北的租借地及滿鐵問題上進行交涉的情況下，重光葵於 4 月 24 日返回日本，親赴外務省與幣原喜重郎商討對華策略。

回到日本的重光葵再次向本部提案：「先將價值較小的蘇州、杭州等地之租界，從速歸還中國，以表明日本對不平等條約的態度」，但這樣的提議卻遭到了樞密院的批駁。重光葵感慨，自該年 4 月 14 日濱口雄幸首相遭人暗殺以後，日本政界便充斥著國粹主義者與暗殺行為，對於東北問題始終無法提出使日本人民接受的解決方案，繼任的若槻禮次郎內閣則「已經有了末期的徵象，發現他已無意來實行通貫經綸的政策，這使筆者感到非常失望」。[104] 日本國內的政治情況與中國革命外交的推展，讓重光不禁感嘆中日關係已經「完全陷入瓶頸之中」。[105]

事實上，重光葵對中國退讓的態度早在同年 3 月時便發生改變且轉趨強硬，而在 4 月 29 日返回中國後，重光向中方所提出之新的談判條

---

101 外務省編，《日本外交文書　昭和期 I 第 1 部第 5 卷》，頁 425-428；重光葵，《外交回想錄》，頁 104。

102 李恩涵，《近代中國外交史事新研》，頁 330。

103 重光葵，《昭和の動乱上》（東京：中央公論社，1952），頁 54。

104 重光葵，《昭和の動乱上》，頁 58-59；重光葵，《外交回想錄》，頁 106-107。

105 重光葵，《昭和の動乱上》，頁 60；重光葵，《外交回想錄》，頁 108。

件，更是遭到天津《大公報》評論的抨擊，表示這樣的條件排除租界及租借地的撤廢問題，「則十分之九以上日僑皆不受中國管轄」，且「無論何國斷無允許外僑與其本國人民完全享有同等之私權（如購地產、設工廠、開採礦山、買賣股票）者」。[106] 面對日方此一更為嚴苛的交涉要求，王正廷表達拒絕之意，加上國民政府在 5 月 4 日公布《管理在華外人辦法》，規定自民國 21（1932）年 1 月 1 日起，廢除治外法權，所有在華外人均須受中國法律管轄，[107] 又 6 月 5 日中、英兩國草簽了領事裁判權的新約，民事與刑事領裁權確定將同時撤廢一案，更是讓王正廷在對日談判時有了更多後盾的支撐，且相信英、美等國與中國簽約，將可迫使日本就範。因此當重光葵於 7 月提出「東三省在實施撤廢領裁權時應與中國本部分開」之條件時還是未能得到中方的同意，中日談判自此開始進入膠著的狀態。[108]

1931 年 6 月至 7 月間，在東三省陸續發生了中村大尉事件及萬寶山事件，後者更是引發朝鮮人暴動殺害華僑的事件，此一消息再次激起沉寂多時的中國排日風潮。[109] 8 月 4 日，重光就連日來在上海及南京等地發生的排日運動情形致電幣原表示：排日運動的問題在於國民黨的態度，國民政府對於以排日為目的之民間暴力團體毫無發動司法權的跡象，而與國民政府有著緊密關聯的各地黨部出現了支持抵制日貨的狀

---

106 重光葵所提出的條件包括：（一）中國須公布實行各項重要法令，經過相當時期，始承認取消刑事部分之領事裁判權；（二）撤銷民事領事裁判權時，所有租界、租借地、附屬地一律除外；（三）中國法庭須用外國籍推事；（四）視民事方面成績如何，再準備取消刑事部分之領事裁判權；（五）中國須承認日僑在中國全境與華人同樣有購買不動產之私權；（六）享有最惠國待遇。參照李恩涵，《近代中國外交史事新研》，頁 331。
107 李恩涵，《近代中國外交史事新研》，頁 275。
108 李恩涵，《近代中國外交史事新研》，頁 332。
109 朝鮮人殺害華僑的事件透過上海報紙的發布傳入中國，因而引起中國各地排日運動的爆發。參照外務省編，《日本外交文書　昭和期 I 第 1 部第 5 卷》，頁 723-724。

況，國民政府等同於與人民合為一體，有組織性地抵制日貨。[110]

　　雖然已經認定中國的排日運動與國府及國民黨有著緊密的關係，但重光葵同時也再次見到了緩和中日關係、推遲東北問題交涉的機會。8月 25 日，此時已是駐華特命全權公使的重光再次致電，向幣原表示：「最近兩國的感情因滿洲問題日益惡化。因此，我決定延緩解決根本問題的時機，僅就枝微末節的問題改善兩國關係及氛圍」，[111] 此處的滿洲問題，意指中村大尉事件、萬寶山事件及因此發生的朝鮮人暴動殺害華僑事件；又所謂的根本問題，則是指日本在東三省的治外法權及租界、租借地等利權。在與滿鐵總裁內田康哉取得聯繫後，重光葵預訂於 9月 20 日與宋子文一同從上海搭乘輪船前往大連，親赴中國東北實地考察，雙方並就東北問題展開交涉。[112]

　　就在出發的前兩天，日本關東軍誣指柳條湖鐵路段遭炸一事為東北軍所為，藉此對瀋陽北大營發動進攻，造成了歷史上知名的「九一八事變」。事變隔日，王正廷向重光葵嚴重抗議日本的侵略行為，宋子文則於同日提出由中日兩國共組委員會處理此一事變，但卻在 22 日撤回提案，重光葵所得到的理由是宋子文對當時的日本若槻內閣能否控制陸軍行動表示懷疑。[113] 但事實上，在國際聯盟衛生局長拉西曼（Ludwik Rajchman，1881-1965）[114] 的建議下及與黨政中樞討論過後，時任國民政

---

110 外務省編，《日本外交文書　昭和期 I 第 1 部第 5 卷》，頁 742-744。

111 外務省編，《日本外交文書　昭和期 I 第 1 部第 5 卷》，頁 123。

112 重光葵，《外交回想錄》，頁 120。

113 外務省編，《日本外交文書竝主要文書（下）》，頁 60；小池聖一，〈滿州事變期、日本の對中國外交〉，頁 122。

114 1925 年冬，拉西曼以國聯秘書處衛生股股長的身分率團訪日，並在結束行程後訪問北京政府，就衛生方面的技術合作事宜進行商談。1929 年 1 月 31 日國民政府衛生部正式函聘拉西曼擔任國際三人委員會委員，拉西曼則自同年 11 月起到 1933 年間陸續來華進行考察工作、推動衛生技術合作之進程，而 1931 年九一八事變爆發當時人正好就待在中國。張力，〈一九三〇年代中國與國聯的技術合作〉，《中央研究院近代史研究所集刊》，第 15 期下冊（1986 年 12 月），頁 285-290。

府主席的蔣介石決定將九一八事變的處置「訴諸國聯」，而非透過中日兩國的直接交涉進行解決，在中央談判方針已定的情況下，宋子文才決定撤案。[115] 小池聖一指出，重光葵與宋子文的聯繫管道自此中斷，而透過宋與蔣介石所建立的關係也因此結束，[116] 但正如前面所言，重光從來未能透過與宋的聯繫去影響蔣介石的決策，甚至可以說這種與「現實派」的溝通管道並無法改變國民政府在東北問題上的主張，而只能說這樣的構想全是重光葵自己的一廂情願。

事變爆發之初，若槻內閣本做出「不准擴大爭端」的決議意圖抑止關東軍在東三省的發展，但隨著發現西方列強無意制衡日本，且關東軍有效控制中國東北的情況下，黃自進指出，「期待藉由關東軍的部署有成，能一勞永逸解決中日兩國在東北地區的各種懸案，將東北納入日本的勢力範圍，遂成為 11 月以後幣原的新對策」。[117] 在中國東北儼然已被日本以武力納入勢力範圍的情況下，中日雙方在中國東北的問題上已然失去了直接交涉的機會，在報告書中稱自己為「公平又帶有同情的局外觀察者」的重光葵，此時便表現出對華強硬的態度，而他對中國的觀察報告也成為日本對華政策的基礎。11 月 6 日，重光葵致電幣原表示：「九一八事變的根本原因，在於中華民國否認條約及反日活動、經濟絕交的問題上，日本政府當以強硬的態度應對之，同時推進世界對滿洲問題及民國事態上的理解，進而增強我方立場」。[118] 這樣的說詞，無疑是將九一八事變之所以爆發的責任全部推給國民政府來承擔。

---

115 吳景平，〈論宋子文的對日強硬態度（1931-1933 年）〉，《抗日戰爭研究》，1992 年第 2 期（北京，1992 年 6 月），頁 56；黃自進，〈訴諸國際公論：國際聯盟對「九一八事變」的討論（1931-1933）〉，《中央研究院近代史研究所集刊》，第 70 期（2010 年 12 月），頁 148-149。
116 小池聖一，〈滿州事変期、日本の対中国外交〉，頁 136-137。
117 黃自進，〈訴諸國際公論：國際聯盟對「九一八事變」的討論（1931-1933）〉，頁 150。
118 外務省編，《日本外交文書　滿州事変第 1 卷第二冊》（東京：外務省，1977），頁 376。

　　又在 11 月 17 日向幣原發送的電文中，重光葵認為：國民政府在
1931 年 5 月分裂為廣州政府及南京政府，這種中國內部「穩健的實際
派」（以蔣、宋為代表的浙江派）與「極端的理想派」（如胡漢民等廣東
派）出現分裂，「不過就是支那式的個人勢力之爭，也就是支那人無法
拋棄個人的情感與利害關係並立足於國家大體之上。換言之，即便如蔣
介石這樣的人物也無法改變時局，可以說是支那太過廣大，而支那人又
有其複雜的社會層次所致」。[119] 此時重光對中國政局的認識，已從原本
對中國民族主義力量的同情與理解，轉為全盤蔑視的態度。諷刺的是如
此輕視中國的見解，與他在戰後隨筆中批判右派及軍部的所謂「支那就
是支那」、中國永遠不可能改變的認識，可說是如出一轍。[120]

　　在外務省 12 月編整完成的報告書中，重光葵對於中國政局的發展
也是如此論述。他首先批判國民政府的革命外交政策踐踏了各國在華的
條約權益，而日本政府基於 1921 年華盛頓會議之精神，力主承認中國
的關稅自主權，同時細數日本政府有條約根據的在華權益，特別提出其
在東三省與山東半島上的權益問題，及國民政府成立後對這些權益的侵
害。[121] 這份報告書後來也成為了日本政府呈遞給李頓調查團的眾多參考
資料之一，更令人值得玩味的地方在於，此一報告書的內容無論是在重
光葵戰後所出版的回憶錄及著作之中都未曾提及過，相反的，他在回憶
錄中反而將九一八事變的發生完全歸咎於是關東軍違抗中央政府的命令
而導致，[122] 對其後幣原喜重郎及自己個人曾參與過的日本對華政策之轉
變卻是隻字未提。

　　1933 年 4 月 6 日，因上海虹口公園爆炸案返鄉休養後的重光葵重
回東京，在東京車站的月臺上擠滿了群眾歡迎他的到來。[123] 遭到炸彈攻

---

119 外務省編，《日本外交文書　昭和期 I 第 1 部第 5 卷》，頁 968-969。
120 重光葵著，渡邊行男編，〈孫文を偲ぶ〉，頁 49。
121 服部龍二編，《滿州事変と重光駐華公使報告書》，頁 6-18。
122 重光葵，《外交回想録》，頁 121-129。
123 豊田国男、西香山編，《重光向陽小伝》，頁 1。

擊卻未被炸死，因而被群眾視為是「凱旋公使」的他，當日便觀見了昭
和天皇，隔月甚至得到外務大臣內田康哉的提拔使其出任外務次官。[124]
此時年屆 46 歲的他，可以說是正式踏上了日本外交界的高峰。二十餘
年的外交官資歷，卻因為一場爆炸案斷失右腿後晉升高位，想來也是對
重光葵的一種諷刺。

結語

　　舊有秩序的崩解，使士族及其後代必須要尋求生存延續的途徑。而
積極仿效西方的明治政府，其所建立出來的近代化官僚體系及與教育制
度的連結，為這些沒落的士族後代提供了一條「出世」之道。選擇成為
外交官一途，或許只是出自於重光葵對未來的一種想像，更多也可能只
是出於一顆改善家計之心，甚或是受到父親直願所謂「隨時應勢」教誨
的影響。但是無論如何，這批受過近代式教育的青年外交官們在歐洲大
地上受到了強烈衝擊後，深感日本外交的落後，憤而激起了省內的改革
之風，促成了 1920 年代初期外務省內部的組織改造，卻也是不爭的事
實。

　　從與本多熊太郎的會談中激發起對華事務的興趣，到中日二十一條
交涉時袁世凱政府的談判表現，讓重光葵開始意識到此刻的「新中國」
已不同於過去，因而在 1921 年結束巡視南洋群島的任務後，隨即從臺
灣轉入廣州，展開了一場由南至北考察中國將近兩個月時間的旅程。在
這段旅程中，重光葵認識到在蘇聯的支援下，無論是南方以孫文為代表
的革命力量，亦或是北方以馮玉祥為主的「新軍閥」之出現，1920 年
代的中國隨時都有可能走向左傾的道路上，而這樣的趨勢對維護日本在
中國東北的利益上顯然是充滿危機的。但是孫文在中國東北問題上願意

124　武田知己，《重光葵と戰後政治》，頁 87。

與日本妥協的態度，也讓他意識到此時的日本政府與國民黨之間仍有著合作的可能性存在。

　　拉攏中國民族主義力量倒向日本、遠離蘇聯，顯然是重光葵在處理中國事務上的主要方針，故在 1925 年北京關稅會議召開期間，於代表團內部討論時主張在會議開始的演講中，向與會的各國代表們表達支持恢復中國的關稅自主權。這樣的宣示內容不僅符合《九國公約》中尊重中國主權與獨立的條文，以及威爾遜十四點原則中尊重民族自決的說法，同時也可望藉此提高北京政府對日本的好感，進而在交涉中能夠與日本達成一定的妥協。然而這樣的策略並未奏效，且談判因為各國始終無法達成共識而陷入膠著，會議最終在段祺瑞政府倒臺的情勢下草草收場，但是重光葵強調對華讓步的主張在此時顯然已是省內皆知。所以在 1927 年田中義一組成內閣以後，日本政府連續出兵山東三次，對華政策從幣原堅持的不干涉中國內政方針轉為積極干預，而重光葵也從駐華使館被改派至德國柏林的公使館任職，這樣的調職顯然是具有針對性的。而 1928 年在北伐結束之後，中國情勢的改變迫使日本必須重新調整其對華政策，在駐華期間表現良好的重光葵再度被派赴中國，顯見此時的重光在省內已被視為是處理對華事務的重要人選之一。

　　1929 年重光葵再度回到中國，以上海總領事的身分協助駐華公使芳澤謙吉在修復中日國交上的工作。田中內閣總辭職後，幣原喜重郎再次出任外相，並派遣心腹佐分利貞男為駐華公使，中日關係雖一度因此轉好，卻在之後陸續發生了佐分利「自殺」的事件以及小幡西吉出任公使遭拒案。在怪事連續發生的情形下，本為上海總領事的重光葵突然接任代理公使的職位，一時之間成為日本對華外交第一線的總指揮，直接與國民政府的外交部長王正廷和財政部長宋子文進行交涉。「在不牽涉到中國東北議題的前提下，先解決兩國間的一般問題以改善中日關係，其後再試圖讓國民政府在中國東北議題上和日本達成妥協」，重光葵以這樣的談判「新方針」，開始就關稅自主權及債務整理等議題與國民政府談判，並且於 1930 年簽訂了《中日關稅協定》，期待透過率先向所

謂「現實派」的大幅讓步，藉此影響以蔣介石為首的政府中樞對日妥協，同時優先就整理外債進行交涉，來延遲中日兩國在恢復治外法權上的談判時程。

　　但就在 1931 年 3 月，隨著債務整理委員會表示將暫時擱置日本的債務問題，以及在蔣介石的直接命令下，王正廷向重光葵傳達了將就中國東北問題進行談判的要求後，重光意圖拉攏現實派、拖遲治外法權交涉時程的對華談判策略可謂全盤失敗，而他也就此意識到中日兩國必將在中國東北問題上發生衝突。身為日本外交官的他，對華態度開始轉趨強硬，以更為嚴苛的要求與國民政府進行談判，兩國的交涉開始陷入膠著。其後九一八事變的爆發，國民政府決議將事變的處置「訴諸國聯」，重光葵與宋子文的溝通管道就此斷絕，中日兩國的關係開始進入緊繃的局勢。此時的重光一改過去對華讓步的姿態，將九一八事變的責任全部推卸給中國政府，並以蔑視的態度觀察中國局勢的發展，終究與同時在日本國內高漲的民族主義浪潮同流，身體力行了父親「隨時應勢」的教誨。重光葵對華認識的轉變過程，著實也反映出 1920 年代中日關係的變化，而這也成為吾人理解同時代中國局勢變遷的一面鏡子。

許繼祥捍衛南海主權的努力（1920-1928）[*]

許峰源
國家發展委員會檔案管理局應用服務組研究員
天主教輔仁大學全人教育中心兼任助理教授

一、前言

　　近年來，南海主權爭議引起國際關切，隨著不同研究取向的投入，累積多元成果，投射南海歷史文化、海洋資源、國際法事務等發展。以歷史層面而言，目前臺海兩岸承繼清末以降至 1949 年中國經營南海主權的脈絡，至 1949 年情勢變動，中華人民共和國（以下簡作中共）在北京建國，宣稱以中國之姿承繼南海主權，退至臺灣的中華民國與中共對峙，撤離南沙群島駐軍至臺灣防衛，亦未放棄南海主權。1950 年，韓戰爆發與隨之而起亞洲冷戰格局，兩岸文攻武嚇，在國際上競奪南海主權。

　　自清末以降，中國歷經北京政府、國民政府皆致力維護南海主權，成為當前兩岸各自宣稱承繼南海主權的歷史條件。換言之，兩岸奠基相同的歷史基礎，強調擁有南海主權。考察 20 世紀上半葉中國鞏固南海主權事蹟，多著重清末中日東沙島之爭、[1]1930 年代國民政府與日本、

---

* 本文初稿發表於國立政治大學歷史系主辦，「百變民國：1920 年代之中國」青年學者論壇，臺北：政治大學社資中心，2017 年 2 月 11 日至 12 日，感謝評論人蕭道中教授及匿名審查人提出諸多寶貴意見，謹此特致謝忱。

1 關於清末中日東沙島之爭，不乏研究指出清政府獲悉日本商人西澤吉次（Zishizawa Yoshiz，1872-1933）在 20 世紀初率領工人、漁民佔領東沙島，開發海洋資源，拓殖島嶼產業後，隨即派員收回島嶼主權。在雙方交涉過程，兩廣總

法國爭奪南海島嶼主權，[2] 以及 1945 年中華民國在對日抗戰勝利後，國軍進駐西南沙群島並收回南海主權、固守南海疆域等論述。[3]

　　至於 1920 年代北京政府與南海議題研究，未如前述各階段已累積

督張人駿（1846-1927）出示中國歷史典籍與國際航線地圖，確立東沙島為中國所屬，最終補償西澤建設款項，便派員收回島嶼，著手擘劃建設藍圖。張人駿與日方交涉之際，為防堵日方漁民、工人被驅離後轉往西沙群島，派水師前往勘查、掌握島嶼分布位置，透過立碑、鳴炮方式確立西沙群島主權屬於中國。相關研究，可參考許峰源，〈晚清張人駿捍衛南海主權的努力〉，發表於國立中興大學歷史系主辦「近代歷史的人事物學術研討會」（臺中：國立中興大學圖書館，2017 年 11 月 17 日）。楊麗祝，〈領土主權及其開發經營──以中日東沙交涉為例（1907-1937）〉，《高市文獻》，第 6 卷第 1-2 期（1993 年 10 月），頁 49-86。湯熙勇，〈論 1907-09 年中國與日本對東沙島主權歸屬之交涉〉，《海洋文化學刊》，第 12 期（2012 年 6 月），頁 85-120。呂一燃，〈日商西澤吉次強占東沙群島與中日交涉〉，收於呂一燃主編，《南海諸島：地理、歷史、主權》（哈爾濱：黑龍江教育出版社，2012），頁 249-266。郭淵，《晚清時期中國南海疆域研究》（哈爾濱：黑龍江教育出版社，2010），頁 113-159。

2　1930 年代，國民政府經營南海島嶼實務，賡續面臨日方挑戰，亦與法國掀起主權爭論。1928 年，國民政府統一中國，致力開發南海諸島產業之際，常與逕行前往東沙島、西沙群島作業的日本屬民爆發衝突。國民政府向日本政府提出嚴厲抗議，聲明不應侵奪中國主權。然而，隨著中日在華軍事衝突與日俱增，雙方亦在南海短兵相接。國民政府阻遏日本在南海勢力之餘，又面臨法國聲稱擁有南海主權，縱使接二連三斡旋終難弭平爭議。國民政府與日本、法國爭論南海主權歸屬激烈，至 1937 年 7 月中日戰爭爆發，日本迅雷不及掩耳進佔東沙島、西沙群島，1939 年佔領南海全境，開發島嶼資源，充作軍事擴張的補給。許峰源，〈南海氣象建設與主權爭議（1928-1937）〉，發表於中央研究院人文社會科學研究中心亞太區域研究中心主辦，「南海諸島之歷史與主權爭議」學術研討會，臺北：中央研究院人文社會科學研究中心，2015 年 12 月 10-11 日。

3　1945 年，國民政府在八年對日抗戰勝利之際，準備收復被日軍侵佔的土地，南海島嶼的接管亦為重要工作事項。只是，中國內部意見尚未統一，部分認為應先展開島嶼調查，再依結果評估是否進一步開發；另一部分認為可直接派軍隊接收、駐防以固守疆域。值此之際，菲律賓鑒於國民政府將接管南海諸島，希冀掌控南沙群島部分島嶼。國民政府主席蔣中正（1887-1975）觀察菲律賓的動態，決定畢其功於一役，命令各單位同時完成西南沙群島調查、接管與國軍進駐作業。1946 年 11 月至 12 月間，國防部派軍艦運載各方人員進駐西南沙群島，確立行政管轄權歸屬廣東省，由廣東規劃島嶼開發事務。參見許峰源，〈蔣中正捍衛南海諸島主權的努力（1945-1956）〉，《海洋文化學刊》，第 22 期（2017 年 6 月），頁 23-56。

豐富成果。清末，中國收回東沙島並確立西沙群島主權，不久之後辛亥革命爆發，中斷南海島嶼開發與建設。民國初始，東沙島、西沙群島歸廣東省管轄，各地商人必須向廣東省申請方能開發南海產業。有研究聚焦華商爭奪西沙群島資源開發權，爭論何瑞年勾結日商開採磷礦，以及中日爭奪資源等衝突。[4] 值得注意的是，近一、兩年有許多學者不約而同討論北京政府經營東沙島氣象臺，從新視角觀察海洋實務。例如，曾世傑盤整東沙島無線電氣象臺從建置到完工期間，北京政府面臨諸多島嶼主權爭議。郭淵認為建置東沙島氣象臺，象徵中國實踐國家領土主權，[5] 但過程中也反應北京政府對海洋事務經略不足，海洋意識薄弱。[6] 許峰源考察北京政府建置東沙島無線電氣象臺始末，梳理工程期間面臨的技術挑戰，待落成後與國內各氣象單位互通訊息，成為中國氣候研究的元素，與此同時亦與周邊國家交流訊息，奠定國際氣象合作的基礎。[7]

　　總體而言，東沙島無線電氣象臺的建置，見證北京政府先見之明，成為今日中華民國捍衛東沙島主權，以及展現國際氣象合作的根基。該建設緣起於香港、英國建議北京政府在東沙島設燈塔、氣象臺，北京政府審慎評估，廣徵意見決定興建，委交海道測量局局長許繼祥（1872-1942）辦理。有趣的是，清末中國海權意識微弱，北京政府強化東沙島海洋事務建設，象徵海洋意識的提升。究竟受到那些影響，又是否設立專責機構管理？再者，許繼祥向外國採購機具與設備，招攬工人前往東

4　呂一燃，〈近代中國政府和人民維護南海諸島主權概論〉，收於呂一燃主編，《南海諸島：地理、歷史、主權》，頁 249-266。

5　曾世傑，〈東沙島無線電觀象臺建臺 90 週年回顧〉，《海軍學術雙月刊》，第 50 卷第 5 期（2016 年 10 月），頁 133-147。郭淵，〈東沙觀象臺的建立及對海洋權利的維護〉，《國家航海》，第 9 輯（2014 年 11 月），頁 12-35。

6　郭淵，〈論東沙觀象臺的建設與運行〉，《軍事歷史研究》，第 29 卷（總第 119 期）（2015 年 12 月），頁 73-81。

7　許峰源，〈東沙島氣象臺建置與南海主權的維護（1907-1928）〉，收於王文隆等著，《近代中國外交的大歷史與小歷史》（臺北：政大出版社，2016），頁 179-205。

沙島搭建。惟北京政府財政艱困，中國技術落後，許氏如何運籌帷幄完
成作業？東沙島孤懸海外、氣候惡劣，當年前往作業工人死傷慘重，使
許繼祥長久以降遭各界責難背負罵名，因而未能注意其慎謀能斷，克服
大小障礙，完成東沙島海事建設及影響。職是之故，本文利用國家發展
委員會檔案管理局（以下簡作檔案管理局）典藏《國防部史政編譯局
檔案》、中央研究院近代史研究所檔案館（以下簡作中研院近史所檔案
館）典藏《外交部檔案》，以及相關南海檔案彙編與報刊資料，將許繼
祥作為考察的軸線，探索北京政府時期中國落實東沙島海事建設、強化
海權，以及維繫南海島嶼主權之努力與遭遇的挑戰。

二、倡議鞏固海洋主權

　　北京政府投注東沙島建設，捍衛南海島嶼主權，與許繼祥有密切關
係。根據陳禎祥〈許繼祥與中國海政事務之經營（1921-1927）〉一文，
許繼祥致力振興中國海軍與海洋事務，參與海界委員會，擔任首任全國
海道測量局局長、全國海岸巡防處處長，與北京政府時期中國新式海事
機構之設立密不可分，從而規劃新機構執掌，提升中國海權意識。許繼
祥在國民政府時期甫升任海軍部海政司司長，繼續維護中國領海主權，
完善中國海軍事務，對中國海洋事務建樹與影響至深且遠。[8] 從清末至
北京政府時期，中國對海洋主權的見解與經營究竟有何轉變，值得討
論。

　　清末，中國對外衝突頻仍，中外簽訂的條約多牽繫疆域變動，同
時也攸關海洋實務管理。隨著西方國際法引入，對各個層面影響日漸
深遠，各界呼喊清政府應該早日勘定海洋界線，避免喪失中國權益。
只是，清政府長年陷於內憂外患瓶頸，又苦無專責海洋事務機構劃定

8　陳禎祥，〈許繼祥與中國海政事務之經營（1921-1927）〉，《政大史粹》，第 31 期
　　（2017 年 3 月），頁 3。

海界，遂接連發生 1907 年中葡澳門領海權之爭、1908 年中日二辰丸事件，以及 1909 年中日東沙島交涉，最終只能委由地方交涉。地方官員參考國際法與國際慣例，努力捍衛中國主權，獲得實質成效。[9] 民國成立後，1916 年爆發中日山東漁界事件、中俄廟街航道事件，都涉及中國領海界線問題，牽涉船隻領海捕魚與航道糾紛，不僅攸關著各省漁民生計，更牽動中國領海主權，迫使北京政府注意。

至第一次世界大戰結束，北京政府派員參加巴黎和會（Paris Peace Conference），未破除民四條約窠臼，期間簽訂《國際航空條約》（Convention for the Regulation of Aerial Navigation），規定會員國可禁止其他國家航空器進入軍事防衛區域。海軍部立即以中國尚未明確劃定領海界線，呈請北京政府辦理，經大總統徐世昌（1855-1939）批准，準備召開海界委員會研商中國海界議題，由涉外經驗豐富、擁有法學素養的總統府代表倪文德、國務院代表林布隨、外交部代表沈成鵠、稅務處代表黃厚誠、海軍部代表許繼祥等人與會。[10]

1921 年 7 月 20 日，海界委員會召開首次會議，與會代表審查海界測量方法，和領海內中國管轄權。有關領海界線的討論，5 位代表先後提出建設性的意見，許繼祥主張領海權應猶如一國領土主權，鑒於中國尚未劃定領海界線，與各國之間海權爭議、漁權紛爭此起彼伏，建議在最短時間內擬定妥適辦法，作為日後參考規範，避免中外爭端再起。在此之後，與會代表參照國際法與各國先前慣例，議定中國領海範圍由沿岸低潮地點向外展延 3 哩，中國海灣內部水域亦屬領海範疇，而在島嶼

9　許峰源，〈中日二辰丸案爭議始末〉，《東吳歷史學報》，第 22 期（2009 年 12 月），頁 131-167。許峰源，〈晚清張人駿捍衛南海主權的努力〉，國立中興大學歷史系主辦，「近代歷史的人事物學術研討會」（臺中：國立中興大學，2017 年 11 月 17 日）。劉利民，《不平等條約與中國近代領水權問題研究》（長沙：湖南人民出版社，2010），頁 277-279。徐素琴，《晚清中葡澳門水界爭端探微》（長沙：岳麓書屋，2013），頁 218-226。劉永連，〈地方與外交──從東沙島問題看廣東地方政府在主權交涉的作用〉，《國家航海》，第 7 輯（2014 年 5 月），頁 72-92。

10　陸燁，〈海界委員會與民初海權意識〉，《史林》，2014 年第 6 期（2014），頁 142。

劃界也以環繞島嶼 3 哩為領海海域。與此同時，委員會因中國以往制定的海圖，大部分是由諸多外國人員代為測量，採用標準不一，不宜充作劃界基礎，建議北京政府應設置全國海道測量局專責測量作業，統一刊定與公布海圖，作為各界參考標準。[11]

除了前揭問題，許繼祥對領海內部引水、燈塔也提供諸多建議，認為這些事務攸關中國海軍與海洋事務發展，必須議定規範。在引水方面，海界委員會從制度、人才培育等交換並彙整意見後，上呈北京政府應盡快擬定引水規章，汰除不合時宜方法，委由海軍部籌辦引水機構，培育華籍引水人才，逐步收回各國長期在華掌控的引水權。燈塔長久為中國海關管轄，許繼祥認為海關洋員平日受雇中國，代為管理燈塔及各項標誌，但當遇中外戰爭爆發，是否能夠繼續與中方並肩作戰以抵禦母國攻擊，實甚有疑慮，建議北京政府面臨中外緊張情勢，在準備宣布對外作戰或表明中立立場之際，可轉由中國海軍直接管控燈塔，杜絕不必要的產權爭議。許繼祥提出各項建議，屢經委員會討論與交換意見，都獲得委員們首肯，彙整上呈北京政府亦獲得通過。最後，北京政府令海軍部與中國海關商洽戰時接管方法，防止爭議。[12]

許繼祥代表海軍部參與海界委員會，對中國領海的劃分與管轄權，以及中國海軍、海洋事務均有深刻認識，成為後來接掌海道測量局的不二人選。海界委員會歷經 7 個月會議討論後閉幕，海軍部草擬〈海道測量局條例〉，送交國務會議審查，1922 年 2 月 25 日通過條例。海軍部受命添設海道測量局，原本派軍務司司長陳恩燾兼任局長職務，在海軍部內附設辦公處所。隨著測量業務日漸龐雜，海軍部遂於 1923 年 2 月釐訂海道測量局的編制，此中國新式海洋事務機構即由許繼祥擔任首位局長，將該局從北京移往上海辦公。許繼祥接任海道測量局局長，立即

11　陳禎祥，〈許繼祥與中國海政事務之經營（1921-1927）〉，頁 13。
12　陸燁，〈海界委員會與民初海權意識〉，頁 148。陳禎祥，〈許繼祥與中國海政事務之經營（1921-1927）〉，頁 14。

強化引水與燈塔管控作業，著手測繪海圖以掌握中國海岸形勢、領海範圍，添設燈塔、浮椿與羅經臺等導航設施，俾利船隻辨別方向。[13]

　　1923 年，許繼祥以中國海岸線綿長，周邊島嶼林立，尚未設置氣象臺、無線電臺傳播氣象或警報，使船隻經常在沿海航行觸礁或是遭遇颱風襲擊，鑒於各國在領海內都設置無線電臺與氣象臺，呈請海軍部效仿他國管理方式，儘快建置無線電設施，以及強化氣象臺建設，前者可提供船隻與無線電臺之聯繫，一旦遇有海上大霧或是緊急狀況，透過無線電裝置船隻辨識正確方位。後者，可以提供精確氣象預報資訊，尤其颱風來襲之前透過無線電系統的傳遞，讓船隻掌握消息預先防範，將災害損失降至最低。[14] 這些作業緊密船隻之間的聯繫，亦攸關中國領海範圍內船隻安全秩序、防護與救助事務，因此許繼祥呈請海軍部籌設新機構海岸巡防處辦理。1924 年 6 月，海軍部擬定海岸巡防處成立計畫，呈請大總統決議，再經國務會議討論通過。7 月 2 日，海岸巡防處正式成立，由許繼祥兼任全國海岸巡防處處長，準備強化電報系統和設置氣象臺，同時添購軍艦加強領海內部防衛工作，甚至編組巡防艦在中國沿海展開海盜驅離，以保護漁民作業。[15]

13　陳禎祥，〈許繼祥與中國海政事務之經營（1921-1927）〉，頁 15。有關海道測量局成立及其作業，可參考陳禎祥，〈海道測量局的成立及其初期發展（1921-1929）〉，《政大史粹》，第 29 期（2016 年 3 月），頁 73-124、金智，《青天白日旗下民國海軍的波濤起伏（1912-1945）》（臺北：獨立作家出版社，2015），頁 42-43。

14　「海軍部收海道測量局局長許繼祥文」（1924 年 3 月 14 日），〈領海界線劃定案〉，《國防部史政編譯局檔案》，檔案管理局藏，檔號：0010/621/8138。金智，《青天白日旗下民國海軍的波濤起伏（1912-1945）》，頁 43。

15　「函送海岸巡防處第一二屆報告書」（1926 年 3 月 3 日），〈海道測量〉，《外交部檔案》，中央研究院近代史研究所檔案館藏，檔號：03-06-047-02-028。陳冠任，《萌動、遞嬗與突破：中華民國漁權發展史（1912-1982）》（臺北：政大歷史系，2013），頁 40-44。

三、設無線電氣象臺以固東沙島主權

海道測量局、海岸巡防處設立後，北京政府海軍部強化中國沿海島嶼勘查作業，希冀在此基礎上擴展中國海洋實務建設。海岸巡防處成立要旨之一，就是投注各地區無線電臺與氣象臺建置工程，從而強化中國領海管轄。這些實務工作也影響島嶼建設，延伸北京政府對東沙島無線電氣象臺的建置，管控南海島嶼主權。

如前所述及的，清末中日雙方從歷史典籍、屬民活動，以及各式地圖紀錄論證東沙島主權的歸屬，經兩廣總督張人駿證實東沙島為中國所屬，再由新任兩廣總督袁樹勳（1847-1915）與日方簽訂〈交還東沙島條款〉，驅離日本工人與漁民，設立「管理東沙島委員會」，調查島嶼產業。廣東以東沙島位處偏僻，缺乏糧食補給，調派船艦執行例行性運輸與補給作業，兼具巡視中國海疆與捍衛島嶼主權之效。[16]

清末中國經營東沙島，除計畫開發島嶼磷質礦產，亦已投注無線電臺與氣象臺建置工程。1868 年，中國海關籌劃在許多地方搭建燈塔，指引船隻安全航行，在此期間也規劃在東沙島興建燈塔，透過照明引領船隻航行安全，最終因故付諸流水。1909 年 5 月，英屬香港政府以清政府已收回東沙島主權，建議在島嶼建置無線電臺與氣象臺，順此將勘測氣象資料透過電報對外傳輸，確保航行海域船隻之安全，亦讓香港在夏、秋兩季能夠早一步掌握颱風動態，預先做好災害防範工作，將損失降至最低程度。[17]清政府認為鞏固東沙島主權的方式之一，即實際的經營活動，令廣東省著手在東沙島架設無線電臺，再與海南島、廣東省電報系統連結，完全掌控島嶼動態；與此同時，也要求廣東省規劃架設氣象臺，對外提供氣象預報資料，符合香港與各界需求。無線電臺與氣象

---

16 呂一燃主編，《中國近代邊界史》，下冊（成都：四川人民出版社，2007），頁 1073。

17 〈英人請在東沙島設無線電〉，《申報》，1909 年 5 月 23 日，第 11 版。

臺等設備必須仰賴國外進口，廣東省請郵傳部協助查明各式設備價格，
但無線電機具、氣象臺設備價格高昂，致使東沙島海事建設被迫停滯。
在此之後，香港政府再請英國向清政府說明維繫南海航運安全的重要
性，希冀儘快啟動無線電臺和氣象臺建置作業。隨著辛亥革命爆發，中
國社會陷入動盪不安之勢，東沙島無線電氣象臺建置計畫終止，有關島
嶼海洋事務建設漸乏人問津。[18]

　　民國初始，中國軍閥割據，歐洲戰雲密布，各方無暇投注東沙島海
洋事務。第一次世界大戰結束後，中國以戰勝國之姿參加巴黎和會，卻
未如願解決中日山東爭議，遠東呈現緊張形勢。1921 年 11 月至 1922
年 2 月，美國號召各國召開華盛頓會議，確立中國門戶開放，暫緩中日
爭端，遠東局勢趨於平穩。1923 年 6 月底，英國駐華公使館受香港總
商會請託，重新關注東沙島無線電臺與氣象臺的建置，聯繫中國稅務處
表示南海直撲而來的颱風，香港經常首當其衝，為防範災難與減少財產
損失，願意捐款協助北京政府搭建無線電臺、氣象臺，透過國際氣象合
作，由東沙島經無線電報傳輸氣象資料，提供香港精確資訊，確保船隻
航行安全，減少颱風災難損失。[19]

　　建設東沙島無線電氣象臺攸關中國海洋事務，北京政府立刻請海軍
部評估。海軍部以海道測量局成立，島嶼勘定屬其辦理，請許繼祥審慎
評估。許繼祥認為中國應致力建設東沙島無線電臺、氣象臺，但不該與
英國或香港合作，強調儘管國家財政艱困，北京政府仍必須獨力完成建
設以固主權。許繼祥強調若無線電臺與氣象臺是由外國提供資金搭建，
日後遇有戰爭，無線電臺與氣象臺擁有權勢必引發軒然大波。若無線電
臺、氣象臺因外資而淪為列強操控，不僅阻礙中國行使領海主權，也將

---

18 〈東沙島設立無線電之催迫〉，《申報》，1911 年 2 月 5 日，第 11 版。〈東沙島擬設
　　無線電之陳請〉，《申報》，1909 年 12 月 7 日，第 11 版。
19 「海軍部收稅務處函」（1923 年 6 月 30 日），〈東西沙群島開發案（一）〉，《國防部
　　史政編譯局檔案》，檔案管理局藏，檔號：0012/944/5090/1。

嚴重危及戰時權益。[20] 北京政府採納許繼祥建言，決定不假外資而獨力興建，待海岸巡防處成立後，立即負責東沙島無線電臺、氣象臺搭建工程。[21] 由此足見，許繼祥在北京政府決定是否興建氣象臺，以及引用外國資本等問題都扮演舉足輕重的角色，搭建工程也落在許氏肩上。

北京政府決定在東沙島興建無線電臺與氣象臺，將此事交海軍部及海岸巡防處辦理。海軍部為撙節經費，探查交通部庫存一批無線電機具，決定與交通部聯繫後徵用。只是，東沙島孤懸海外，距離廣東有數百海浬之遙，交通部庫存的電報機具傳輸電力太小，無法將東沙島訊息傳至廣東。海軍部只好放棄徵用交通部無線電報器械，令海道測量局局長兼任海岸巡防處處長許繼祥設法從外國添購傳輸電力較大的器械，以應實際需求，同時也請許繼祥進行東沙島勘查與工程測量作業，盡快讓無線電臺搭建工程付諸實現。許繼祥先根據前清遺留的資料，掌握東沙島島上汙水混濁，嚴重缺乏潔淨飲用水，且遍地砂石含有劇毒，衛生環境條件差，不適合人群居住，派員前往島嶼採集砂石，送往上海化學所化驗，證實鳥糞等有毒物質隱含其中。許繼祥除了派員觀察東沙島的自然條件與生態環境，也找尋適合建設無線電臺與氣象臺地點。

器械方面，許繼祥向各國洋行探求各式無線電傳輸器，希望添購最適宜機具。英國與各國獲知北京政府欲建購東沙島無線電氣象臺事，極力爭取商機。英國首先釋出善意，表示願意派員協助中國至東沙島進行勘查作業，選定無線電臺和氣象臺建置地點。東沙島無線電氣象臺設置在於測量南海海域氣象變化，提供各方準確氣象預報資料，保障往來海域商輪、貨船航行安全，與廣東、福建、香港、菲律賓與臺灣等地交換氣象訊息屬次要目的。許繼祥以該項原則審核機具，經比較與評估後，

20　「海軍部收海道測量局呈文：籌備建臺事」（1925 年 4 月 28 日），〈東沙群島無線電觀象臺籌建案（一）〉，《國防部史政編譯局檔案》，檔案管理局藏，檔號：0013/927/5090/1。
21　金智，《青天白日旗下民國海軍的波濤起伏（1912-1945）》，頁 44。

最後擇選德國電器公司德律風根（Telefunken）火花式，該器械價廉質優，且海軍船艦多使用德國無線電系統，容易互通聯絡。1924 年 11 月 21 日，許繼祥與上海西門子洋行訂定合約，購買總價 12,500 元半啟羅華特（Kilowatt）傳輸器，功率 1/2 千瓦。除了無線電報機具，許繼祥也負責採購氣象臺設備，準備完成各式機件購買作業後，透過海運方式送往東沙島搭設。許繼祥根據各項數據顯示每年 9 月至翌年 2 月，強勁東北季風嚴重威脅船隻航往東沙島，海面風大浪高不利載運機具，決定延期至 1925 年 3 月至 4 月間，屆時視風力減弱情形，再將設備運往東沙島。[22] 許繼祥原本預定的工程建設計畫，後來因故出現變化。

　　如前所述，東沙島無線電臺、氣象臺之建置，在於傳遞氣象資料以掌握南海氣象瞬息變化，提供香港精確氣象資料，使其迅速掌握颱風動向而減少災害損失，這些氣象資料亦可提供南海作業船隻參考，減少海難事件。當上海徐家匯天文臺、青島氣象臺獲知東沙島將興建無線電氣象臺消息後，強調東沙島應提供每日氣象資料，作為各地氣象單位研究中國氣候變遷之參考資料。在各氣象單位殷切期盼下，東沙島氣象臺觀測數據必須仰賴無線電傳輸，許繼祥為滿足各界需求，向各國尋求解決方法，決定將火花機改為真空管式器械，並添加求向器，[23] 試圖將東沙島觀測氣象資訊透過無線電系統傳播至上海、青島等地。

　　徐家匯天文臺臺長勞積勛爭取東沙島提供氣象資訊，亦認為西沙群島位於船隻往來南海航線要衝，每當風浪驟起，島嶼若隱若現、形勢險峻，許多船艦因之遭遇海難，建議海軍部、海道測量局選擇適當地點，搭建燈塔指引船隻航行，建設無線電氣象臺預報氣象，減少海難事件。勞積勛強調西沙群島無線電臺的電力毋須過大，只要能夠將訊息傳送東沙島，就可以透過其無線電系統轉送海南島、廣東省等地。許繼祥觀察

22　許峰源，〈東沙島氣象臺建置與南海主權的維護（1907-1928）〉，頁 189-190。

23　「修正東沙島觀象臺開辦預算書」，〈東沙群島無線電觀象臺籌建案（一）〉，《國防部史政編譯局檔案》，檔案管理局藏，檔號：0013/927/5090/1。

西沙群島所屬海域乃英國、美國、法國船艦航往東亞必經孔道,若能夠擇選適當島嶼搭建燈塔、無線電臺、氣象臺,可促進國際航運安全,掌握各國船隻動態,藉此向國際宣示北京政府擁有西沙群島主權,杜絕列強覬覦。勞積勛的意見,許繼祥經過評估後,認為建造東沙島、西沙群島無線電氣象臺既可滿足各方需求,更能穩固島嶼主權,實屬海岸巡防處的工作範疇,經海軍部呈報是項建設攸關島嶼主權維繫,北京政府決定於東沙島、西沙群島動土興建燈塔、無線電臺、氣象臺,掌握各國往來船隻行蹤,以此維繫南海島嶼主權。[24]

　　1925 年 5 月 14 日,許繼祥為兼顧東沙島、西沙群島海事建設設備需求,向西門子公司再購買一副二啟羅劃脫真空管機,準備運往東沙島架設,原先購買火花機移至西沙群島搭建,這些機具與建築費用總計288,000 元,由財政部分期撥款支付。[25]10 月,東沙島完成無線電臺、氣象臺建置工作,提供香港與往來船隻氣象預報,讓香港與船隻得以躲避颱風襲擊。1926 年 6 月,東沙島燈塔落成,隔月許繼祥為加強無線電氣象臺與上海、青島等氣象機構合作,請海軍部調派海容艦,由第一艦隊司令陳計良帶領送各機關人員前往東沙島考察,也邀請對東沙島有興趣的外國人士一同前往參觀,透過國際宣傳東沙島建設無線電臺、氣象臺、燈塔的成果,展現中國捍衛島嶼主權的努力。[26]

　　1926 年 4 月至 1928 年 12 月,東沙島氣象臺在 33 個月觀測 25 次

24 「海軍部議案:東西沙兩島建築無線電臺估計經費請公決」,〈東沙群島無線電觀象臺籌建案(一)〉,《國防部史政編譯渠檔案》,檔案管理局藏,檔號:0013/927/5090/1。

25 「海軍部收臨時執政府秘書廳公函」(1925 年 7 月 4 日),〈東沙群島無線電觀象臺籌建案(一)〉,《國防部史政編譯局檔案》,檔案管理局藏,檔號:0013/927/5090/1。另外,有關許繼祥、財政部與外國洋行關於島嶼建施引發爭議,請參見許峰源,〈東沙島氣象臺建置與南海主權的維護〉,頁 195-198。

26 「海軍部收陳司令呈:呈報驗收東沙島電臺各項造冊備案」(1926 年 8 月 9 日),〈東沙群島無線電觀象臺籌建案(四)〉,《國防部史政編譯局檔案》,檔案管理局藏,檔號:0013/927/5090/4。

颱風侵襲太平洋與南海紀錄。當颱風來襲前，東沙島氣象臺警示香港與航行船隻預先防範，減輕災害損失。東沙島氣象臺每天提供上海徐家匯天文臺、青島氣象臺氣象資訊，作為中國氣候研究基礎，也與菲律賓呂宋島氣象臺定期交換氣象資訊，強化國際氣象合作實務，精確掌握南海氣象。許繼祥為讓海岸巡防處亦能掌握日本氣象資訊，試圖尋求合作，1926 年 5 月聯繫日本駐上海領事矢田七太郎，希望與臺灣氣象臺互換資料，建立合作平臺。外務省以此事牽連中美日三方無線電權利，婉拒中日氣象合作。6 月，許繼祥再度聯繫矢田七太郎，欲強化東沙島與日本神戶海岸氣象臺合作，但日方以兩地距離遙遠、雙方電臺電力小，各項技術條件尚待克服而再次婉拒。12 月，許繼祥再向日方表示希望收取臺灣最南端鵝鑾鼻氣象臺傳遞的訊息，搭配菲律賓氣象資料，精確掌握氣象變化，最後又遭日方拒絕。[27] 由上述可見，許繼祥兼任海岸巡防處處長職務，不僅強化中國沿海與島嶼氣象建設，亦試圖與周邊國家強化國際氣象合作。然而，尋求與日本交換氣象資訊，以及傳輸電報訊息事務都未能突破，見證中日關係僵化，無法汲取國際氣象合作的共識，甚至兩者更因東沙島產業利益頻起衝突。

四、驅離日人非法活動以捍衛漁權

東沙島無線電氣象臺的建置作業，關乎北京政府內政與財政事務，卻因日本漁民頻繁在該島漁獵、捕撈，又牽動中日南海主權衝突。如前所述，1923 年北京政府按許繼祥提議，不假外資而直接從國庫撥款建造東沙島無線電氣象臺。1924 年 9 月，海軍部籌劃建設東沙島無線電氣象臺，令海道測量局兼全國海岸巡防處長許繼祥派員勘查島嶼及周邊海域環境，添購設備運往東沙島，擇選適當地點搭建。許繼祥為節省時

27　許峰源，〈東沙島氣象臺建置與南海主權的維護（1907-1928）〉，頁 200-202。

間，根據前清政府勘查資料，紀錄中顯示東沙島飲水混濁，島上沙石含劇毒，衛生環境惡劣，不適合人群居住，為探明島嶼實際情況，派員前往島嶼勘查，採集島上砂石化驗。當工作人員抵達東沙島，立刻發現島嶼岸邊停泊一艘日本漁船，有 30 餘名日本與臺灣漁民進行漁獵與打撈海產活動。經工作人員盤查，日本漁民陳述其來自於臺灣，經常居住在東沙島捕撈漁產、曬製漁獲，直至隔年 6 月至 7 月再將滿載漁貨船隻駛回臺灣。這項消息傳回國內，許繼祥強調清末廣東省與日方交涉，確認東沙島是中國領土，不能放任外人擅自在島上活動，請海軍部設法驅逐，捍衛中國所屬漁權。海軍部經許繼祥提示，確認東沙島已由清政府備款購回，中國為島嶼擁有者，嚴禁外國人士私自前往該島及附近海域從事非法活動，請外交部聯繫日本駐華使館，儘快撤離日方漁民。10 月 3 日，外交部照會日本駐華使館，請日本政府迅速撤離在東沙島活動的漁民，飭告臺灣官廳應嚴格禁止漁民越界捕魚，避免侵犯中國漁權。[28]

　　1925 年 4 月，海軍部認為東沙島將建置電力較強大的無線電臺，擴大電報傳輸範圍，與上海、青島交換資訊，再請許繼祥規劃。當時，英國爭取北京政府購買該國電報機，海道測量局已向英國購買甘露艦用以巡視遠洋海域，許繼祥遂派江寶容等人前往香港接管甘露艦，再偕同英方人員前往東沙島海域勘察。5 月 24 日，甘露艦抵達東沙島海域測量，江寶容甫任艦長，發現碼頭停泊 3 艘百尺長汽船，與海岸巡防處及英方人員登上島嶼，發現日本漁民在島上曬製螺肉、採集海人草，捕撈魚貝、玳瑁以及綑裝各類海產。這些漁民由 56 名日本人、10 名臺灣人組成，每年 2 月至 6 月在東沙島從事捕撈作業，待 6 月風向轉變後，再

---

28 「外交部致海軍部咨：東沙島事日人越界捕魚已向日使催詢由」（1925 年 5 月 27 日），〈禁止日人在東西沙島測驗捕魚並採集鳥糞案〉，《外交部檔案》，中央研究院近代史研究所檔案館藏，檔號：03/33/075/05/003。〈1924-1925 年，外交部與海軍部關於東沙島盜採海產事的往來公文〉，收於韓振華主編，《我國南海諸島史料彙編》（北京：東方出版社，1988），頁 272-273。

將曬製品、漁貨運回基隆加工、販售。根據調查，這些漁民由臺灣高雄港町二一五番地所屬高雄海港商會招睞，從 1918 年（大正七年）起已接續 8 年往返東沙島，在島嶼北方臨海處搭建數幢木屋，作為儲備糧食與居住處所，往南約半里有口方井，是島上唯一可飲用的水源，足可供應百餘人飲用。25 日，江寶容出示北京政府即將搭建無線電臺、氣象臺的佈告，表示奉命勘查島嶼後將展開工程，請日方人員在 4 月底前撤離，勿再逗留。日方人員表示將與負責人石丸莊助聯繫，但全員撤離大約得至 6 月底。江寶容觀察日方人員並無久據島嶼之意，但 6 月底離去乃是風向改變而暫將船隻駛離，難保之後不再重返。汪寶容認為東沙島擁有豐富天然海產資源，卻因孤懸海外而乏人聞問，使得日方人員長久佔據，雖可加派軍艦駐防威嚇日人，但島嶼周邊遍布珊瑚礁並不適合軍艦停靠。許繼祥獲悉消息後，加速無線電臺與氣象臺機具添購作業，並請海軍部聯繫外交部向日方申明中國擁有東沙島主權、漁權，嚴禁日方漁民非法開採。海軍部承辦東沙島氣象臺建置事宜，深懼日人阻礙工程進度，再請外交部聯繫日本駐華使館，強調日後無論任何國家人士，若未經過北京政府允許，不得貿然前往東沙島，以免侵犯中國主權及所屬漁權。[29] 5 月 27 日，外交部照會日本駐華使館，重申 1924 年 10 月照會內容，並舉江寶容勘測東沙島實際情形，陳明近 70 名非法日本漁民在島嶼活動，嚴重損害中國權益，應設法撤離漁民，再次強調北京政府擁有島嶼主權，各國人士倘若未經許可，不得擅自前往活動，要求日本政府飭令臺灣官員勿再放任漁民任意前往，嚴禁日後再發生越界捕魚情事，避免侵害中國漁權而發生糾葛。[30] 日本駐華使館請外務省密切注

---

29 「外交部收海軍部咨：東沙島遣離日人一事請轉達日使以保主權」（1925 年 5 月 21 日），〈禁止日人在東西沙島測驗捕魚並採集集鳥糞案〉，《外交部檔案》，中研院近史所檔案館藏，檔號：03/33/075/05/001。

30 「外交部照會日本公使館：東沙島日人越界居留請轉飭嚴禁由」（1925 年 5 月 27 日），〈禁止日人在東西沙島測驗捕魚並採集集鳥糞案〉，《外交部檔案》，中研院近史所檔案館藏，檔號：03/33/075/05/002。

意，轉告日本政府，飭令臺灣地方官員與業者，禁止再前往東沙島捕撈漁產，避免北京政府抗議。日本與臺灣漁民在東沙島活動已久，無視官方禁令，依然冒險前往開採資源以汲取利益。[31]

6 月底，許繼祥向西門子公司購置各項器械後，由江寶容率領江平號，運載外國技師、中國工人與各項設施至東沙島，見日人並未離開東沙島，立刻進行驅離。[32] 之後，東沙島無線電臺與氣象臺進行搭置工程，監督許慶文發現日本漁民仍有百餘人經常群聚島上攫取海洋資源，請示處理方法。許繼祥認為東沙島乃中國所屬島嶼，為中國領土，並非通商口岸，各國船隻若在附近海域遭遇風浪，可暫時駛入港口避難，平時各國人士欲前往東沙島，必須先獲得北京政府核准，建議海軍部採行國際通例，在該島查獲不明船隻立即扣押並沒收船貨。[33] 國務院認為先前日本漁民擅自在東沙島活動，經外交部多次聯繫禁止類似情形，強調南海島群屬於中國領土，若有外人隨意侵入即按照許繼祥提議，嚴格取締。[34]

12 月，許慶文以日人翎地方祥率領漁民搭乘生島丸至東沙島，準備開採漁獲、海產，嚴重侵害中國所屬的漁權，請示海軍部是否取締。海軍部命令許氏依照〈海軍軍用區域適用修正軍艦職員勤務〉第 16

---

31 「海軍部收外交部公函：東沙島事准日使覆稱已轉知禁止」（1925 年 6 月 13 日）、「海軍部致海道測量局訓令：東沙島事准日使覆稱已轉知禁止」（1925 年 6 月 20 日），〈東沙島日人遣離案〉，《國防部史政編譯局檔案》，檔案管理局藏，檔號：0014/545.6/5090/1。

32 王琦，〈北洋政府時期日人對東沙島海人草的盜採活動──以石丸莊助為中心的考察（1917-1928）〉，《齊齊哈爾大學學報（哲學社會科學版）》，第 9 期（2016 年 9 月），頁 99。

33 「海軍部致海岸巡防處指令：關於東西沙兩島對外辦法請提議等因經咨請照會再有侵入可依國際通例辦理」（1925 年 9 月 15 日），〈東沙群島無線電觀象臺籌建案（二）〉，《國防部史政編譯局檔案》，檔案管理局藏，檔號：0013/927/5090/2。

34 「海軍部收外交部公函：東沙島事已得日使復照請轉行艦隊隨時查報」（1925 年 9 月 23 日），〈東沙島日人遣離案〉，《國防部史政編譯局檔案》，檔案管理局藏，檔號：0014/545.6/5090/1。

條，扣押船隻、充公漁貨，援引處置條例開罰船長松丸坂太郎、翎地方祥各 250 銀元。北京政府扣押日方違法船隻，沒收漁貨，課以重罰，以維護中國的漁權。根據漁民供詞，其特別喜歡東沙島質量俱佳的螺、貝、海人草，待繳納罰金後，被迫將船隻駛離東沙島。[35]

北京政府取締日方人員非法行徑，不僅發生在東沙島，西沙群島亦有所見，其強調東沙島、西沙群島為中國領土，若有外人隨意入侵情形，一律按照規定取締辦理。[36] 由此可見，隨著東沙島海事建設完成後北京政府實際管控島嶼主權，除了加強國際氣象合作實務，亦取締日人非法活動，捍衛所屬權利。

五、結論

東沙島無線電氣象臺自建設之際，就面臨經費不足的困境，在許繼祥維護島嶼主權的堅持及多方奔走後，爭取財政部撥款興建。只是，建設款項甚難籌措，許繼祥將財政部提供款項多用於設施的購買，但也拖欠承包商諸多款項，甚至使東沙島勞工慘烈犧牲，引起社會震撼。這項勞資糾紛纏訟至 1929 年 3 月，國民政府下令許繼祥必須賠償，而此時距離東沙島海事建設完成已過 4 年。[37] 此事經各報刊大篇幅報導後，使

---

35 「海軍部收海岸巡防處代電：報明日人入侵東沙島偷攫海產並辦理情形」（1925 年 12 月 4 日）、「海軍部收海道測量局呈：東沙島日船侵漁案經訊結路」（1925 年 12 月 26 日），「東沙島日人遣離案」，《國防部史政編譯局檔案》，檔案管理局藏，檔號：0014/545.6/5090/1。

36 「海軍部收外交部公函：東沙島事已得日使復照請轉行艦隊隨時查報」（1925 年 9 月 23 日），〈東沙島日人遣離案〉，《國防部史政編譯局檔案》，檔案管理局藏，檔號：0014/545.6/5090/1。

37 郭淵、王靜，〈東沙島觀象臺的建築工程及勞工慘案〉，《武警學院學報》，第 33 卷第 5 期（2017 年 5 月），頁 5-11。溫小平，〈民國時期東沙島勞工慘案的來龍去脈——以《申報》為考察中心〉，《南海學刊》，第 3 卷第 2 期（2017 年 6 月），頁 43-51。

往後有關許繼祥的研究大都投注東沙島建設工程之勞務糾紛。儘管許繼祥有這些缺失，但經由本文的討論，仍不應抹滅其鞏固南海主權的努力。

本文綜理許繼祥在北京政府時期擔任海道測量局局長兼任全國海岸巡防處處長之際，肩負新式海洋事務機構的成立，及對於中國領海主權之維繫。當年，英國與香港政府承諾願意經費協助北京政府建置東沙島無線電氣象臺，許繼祥在關鍵時刻優先以維繫中國島嶼主權為考量，使北京政府決定不假外資而獨力完成是項工程，這項決定對於財政艱困的北京政府與許繼祥而言都是不容易的。也唯有許繼祥清楚觀察國際局勢並曉以大義，方能讓北京政府堅決不與英國、香港資金合流，杜絕日後島嶼主權再生波折。

自清末以降，廣東省收回東沙島主權，負責實際經營與管理島嶼實務。民國初始，中國內部軍閥割據，東沙島、西沙群島長久淪為南方軍閥管控，北京政府尚無法將勢力延展至南海。直至海道測量局為鞏固中國領海主權，派軍艦測量南海海域，以及海岸巡防處在東沙島架設無線電氣象臺，北京政府方將管轄權延展至南海。隨著北京政府管控領海權力延伸，不斷強化所屬南海主權，透過海洋事務建設對外宣揚其對南海之管控。這些重大成效的背後，多少都必須歸功於許繼祥的建樹。

自清末以降，東沙島與西沙群島長年為廣東省管轄，日商違法勾結華商開採磷礦之例屢見不鮮，諸多爭議頻起。1925 年 12 月，海岸巡防處在無線電氣象臺工程完竣後，許繼祥鑒於島嶼行政管轄權歸屬廣東，但無當地民眾在島上居住，提議將島嶼劃歸海軍部管轄。1926 年 5 月，國務院決議東沙島歸由海軍部管轄，派海軍人員進駐。[38] 之後，

38　「海軍部收海道測量局呈：東沙島關係國際，現已設立觀象臺，應將該島隸屬
　　海軍軍事區域，由海軍管轄」（1925 年 12 月 7 日）、「海軍部收海道測量局呈：
　　西沙島應援東沙島成案劃作海軍軍事區域」（1926 年 5 月 5 日）、〈東沙群島無
　　線電觀象臺籌建案（二）〉，《國防部史政編譯局檔案》，檔案管理局藏，檔號：
　　0013/927/5090/2。

國務院再以海軍部正籌劃西沙群島建設事宜，西沙群島與東沙島同屬南海區域，出於國防安全、節省經費開支等考量，亦劃歸海軍部管理。[39] 海軍部經營東沙島與西沙群島事務後，採取相對嚴格方式取締日方非法行徑，鞏固中國島嶼主權。

燈塔、無線電與氣象臺是南海島嶼重要的海洋事務建設。鄭資約在第二次世界大戰結束後，參與我國進駐、考察與接管南海諸島時就強調：「一、建強光度之燈塔以資瞭望，可以解除惡劣天氣時之障礙，克服種種障礙。二、建氣象臺，以預測氣候。三、置無線電臺，以利情報，則風濤危險，自可加以預防。」自清末以降，中國歷經北京政府、國民政府，賡續關注三大海事建設，致力建設工程，提供相關服務，彰顯國際合作精神，以此捍衛島嶼主權。許繼祥在東沙島完成氣象臺、無線電臺與燈塔之建置，燈塔指引航行該海域船隻正確航道，氣象臺與無線電臺傳輸氣象資訊，讓船隻提早躲避風浪，降低海難事件。其致力東沙島海事建設，著手西沙群島燈塔、無線電與氣象臺之建置，最終卻苦於國家財政困乏，無法落實是項計畫。然而，必須再強調的是許繼祥落實東沙島燈塔與無線電氣象臺建設，以及擘劃西沙群島海洋事務建設藍圖，後來也成為國民政府經營東沙島海事設施，與開展西沙群島無線電氣象臺建設的根基。

---

39 「海軍部收國務院咨呈：西沙島請援東沙島成案作為海軍軍事區域」（1926 年 6 月 21 日），〈東沙群島無線電觀象臺籌建案（二）〉，《國防部史政編譯局檔案》，檔案管理局藏，檔號：0013/927/5090/2。

1920年代的社會群體與觀察

廖仲愷對中國社會改造的看法（1919-1925）

施純純

中央研究院人文社會科學研究中心博士後研究

一、前言

本文主要討論廖仲愷 1919-1925 年對於中國社會改造的看法。基本上，廖仲愷對於中國社會的觀察並非來自他實際調查中國社會的記錄，而更多源自於他對於西方社會的理解，並運用這些理解來思考資本主義與中國社會的關係，以及分析中國社會的變遷和現況。而廖仲愷對於西方代議政治的批評、對於國民黨的改組等議題，乍看之下是政治問題的討論，但其實內含著社會變遷、階級分析，以及如何回應資本主義對中國社會的影響等議題。

在《民報》時期，廖仲愷翻譯許多社會主義、無政府主義的作品，但他本身的著述卻多在五四之後發表。因而，探究廖仲愷本身的思想，從五四時期開始應是一個恰當的時間點。關注馬列主義和中共發展過程的學者，多側重國民黨內介紹唯物史觀，並運用唯物史觀分析中國歷史與社會的戴季陶、胡漢民等人，將戴、胡視為五四時期國民黨理解馬克思主義或社會主義的代表人物。[1] 相較於戴、胡二人，五四時期廖仲愷

---

[1] 例如石川禎浩、史華慈等人。參見石川禎浩著、袁廣泉譯，《中國共產黨成立史》（北京：中國社會科學出版社，2006），頁 22-31；Benjamin I. Schwartz, *Chinese communism and the Rise of Mao* (Cambridge: Harvard University Press, 1951), pp. 32-33.

的論著既未專門討論唯物史觀，也未具體描述中國內部苦難的情況，而是介紹、闡釋「全民政治」之直接民權、側重「平均地權」的民生主義，以及錢幣革命的說明，因而亦被研究者認為未提及或運用馬克思主義與共產主義的理論。[2] 也因為如此，五四時期廖仲愷思想與中國社會改造之關聯性，受到較少關注。五四時期廖仲愷如何觀察中國社會？如何改造中國社會？而他所著力的直接民權、民生主義，與中國社會又有何關係？是本文首要關注的問題。

隨著孫中山與陳炯明衝突並遭受挫折，孫中山加速與俄國革命政府靠攏。國民黨接受了蘇聯的援助，也接受了一定程度的改組與改造。[3] 關於孫中山聯俄容共的決定，當時的國民黨員有不同的反應。五四時期最關注馬克思主義的戴季陶表示反對；[4] 而胡漢民的回憶中，他自己的態度介於汪精衛的反對與廖仲愷的贊同之間，廖仲愷最為贊成的理由，是「世界各國和中國都不能聯絡，我們在國際上正缺少朋友，現在俄國既誠心和我們聯絡，我們便不應該拒絕它的黨徒」。[5] 五四時期並未熱烈投入研究馬克思主義、關注勞工運動的廖仲愷，相對於戴季陶和胡漢民，卻從務實的角度最支持孫中山的聯俄容共策略，並在其中承擔推動農工運動的重要角色。廖仲愷對於聯俄容共或農工運動的支持，與當時他對於中國社會改造的看法有何關聯性？是本文所欲探究的另一個問題。

廖仲愷早年譯介社會主義和無政府主義，實踐孫中山的土地方案，

2　林玲玲，《廖仲愷與廣東革命政府（1911-1925）》（臺北：中國國民黨中央黨史委員會，1995），頁 146。

3　關於聯俄政策形成過程中之孫中山的主動性，參見克思明，《早期國共關係新論——從俄聯、聯共到三大政策的辯證》（臺北：臺灣學生書局，2005），頁 60-61。

4　陳天錫，《戴季陶先生的生平》（臺北：臺灣商務印書館，1968），頁 197-198。

5　胡漢民，〈革命與反革命最顯著的一幕〉，《中央半月刊》，第 2 卷第 10 期（1929），頁 11。林玲玲認為，廖仲愷之所以熱心於聯俄，主要基於廣州局勢嚴峻，孫中山無論在軍事與財政上都陷入困難的情況。林玲玲，《廖仲愷與廣東革命政府（1911-1925）》，頁 217-222。

在五四時期翻譯〈全民政治論〉並討論直接民權，強調民生主義中的平均地權，更在聯俄容共時期公開著述反對帝國主義、提倡農民運動。基於廖仲愷思想的諸多面向，學者多以政治、社會、經濟等主題來區分，討論廖仲愷在這些不同議題上的觀點和特色。[6] 就廖仲愷的社會思想（或社會主義思想）來看，研究者多注意到廖仲愷支持聯俄容共政策和維護農工權益的政治立場。大陸學者雖指出廖仲愷思想與中共不盡相同之處，但強調廖仲愷的社會主義思想與馬列主義「逐步接近」的過程，例如五四時期對於階級語言的運用，或聯俄容共時期批判帝國主義對中國的負面影響、軍閥作為帝國主義工具等。[7] 臺灣學者林玲玲則批評廖仲愷處理農工事件，均是站在工人、農民立場，立場既為偏頗，也忽略中共黨員在其中運動的問題。[8] 晚近的研究者，則較重視廖仲愷思想的獨特之處，例如李志毓將廖仲愷的思想置於國民黨左派的脈絡中，探究國民黨左派內部的思想差異，並以此凸顯廖仲愷思想的特點。[9]

其中，關於廖仲愷是否贊同階級鬥爭的問題，研究者尤有著不同看法。大陸學者李堅指出，廖仲愷分析西方資本主義時，認為「階級之爭鬥，到底是免不了的」，並認為廖仲愷在 1925 年時已經放棄用社會改良政策謀階級調和。[10] 然而，林玲玲認為，在從事工農運動方法上，廖仲愷反對階級鬥爭，而是注重彼此間團結的力量，李志毓也認為廖仲愷

6　參見張磊等編，《廖仲愷研究：廖仲愷國際學術研討會論文集》（廣州：廣東人民出版社，1989）；成曉軍主編，《悠悠鄉國思：紀念廖仲愷先生逝世 85 周年全國學術研討會論文集》（廣州：暨南大學出版社，2010）。

7　李堅，〈論孫中山廖仲愷的社會主義觀〉、宋士堂，〈試論「五四」後廖仲愷的社會主義思想與實踐〉，上述文章均收入張磊等編，《廖仲愷研究：廖仲愷國際學術研討會論文集》，頁 406-424、439-452。

8　林玲玲，《廖仲愷與廣東革命政府（1911-1925）》，頁 340-341。

9　李志毓，〈廖仲愷與國民黨左派的社會思想〉，《廣東社會科學》，2016 年第 3 期（2016 年 5 月），頁 124-130。

10　李堅，〈論孫中山廖仲愷的社會主義觀〉，頁 420。

從未信奉和宣傳過階級鬥爭理論。[11] 廖仲愷是否贊同階級鬥爭，關係到廖在支持聯俄容共政策之餘，有多大程度接受中共與共產國際的中國革命方式。

　　相較於上述研究，本文聚焦於廖仲愷對於改造中國社會的看法，並且從他對不同議題的探討，例如直接民權、民眾動員、國民黨改造、農民運動的進行、中國經濟發展等，說明廖仲愷如何連結政治與社會，如何回應西方資本主義給中國社會的影響。本文所運用的資料主要是國民黨黨史會 1983 年出版的《廖仲愷文集》、以及尚明軒等人重新蒐整新編的《雙清文集》等。透過廖仲愷對於中國社會的觀察，期望能夠在廖仲愷的政治立場之外，進一步呈現其思想的複雜性。

二、西方代議政治與階級鬥爭

　　1919 年 7 月的〈三大民權〉一文中，廖仲愷對於「社會」的看法是，「無論那一個社會，那一個國家，對於他組織的分子，總要有一個制裁，有一個約束力」，若失了制裁和約束力，「那社會就越散漫，那社會裡的惡就越增長。國家失了他的約束力，那國家的狀態，就是無政府的狀態了」；中國「國家權力失了他原本的位置」，是中國政治的大問題。[12] 廖仲愷認為，「要把民眾的力弄成一個具體的民權」，應該透過創制、複決、罷官三種民權，使民眾掌握中華民國的主權。[13] 廖仲愷所理解的「社會」，與「國家」並不能分離，需要「制裁」、「約束力」以凝

11　F. Gilbert Chan 甚至認為廖仲愷堅定地反對階級鬥爭。F. Gilbert Chan，〈Liao Chung-K'ai and the Labor Movement in Kwangtung, 1924-1925〉，《近代史研究所集刊》，第 10 期（1981 年 7 月），頁 438；林玲玲，《廖仲愷與廣東革命政府（1911-1925）》，頁 321；李志毓，〈廖仲愷與國民黨左派的社會思想〉，頁 127。

12　廖仲愷，〈三大民權〉（1919 年 7 月 13 日），收入尚明軒、余炎光編，《雙清文集》，上卷（北京：人民出版社，1985），頁 128。

13　廖仲愷，〈三大民權〉（1919 年 7 月 13 日），頁 129、130。

聚社會並維持秩序；而民眾透過三權掌握「民國的主權」，既是重建中國社會約束力的方式，也是該約束力建立的正當性來源。

　　而創制、複決、罷官三種民權，除了實踐人民主權的用意之外，根據廖仲愷的解釋，更針對著西方代議政治的經驗與弊端，加以修正得來。廖仲愷認為，英國政治的發展，雖由貴族及於平民、由少數及於多數，但「所謂實際政治，全在政黨之操縱民意」。[14] 廖仲愷描述英國各政黨為得選民同情，於講壇、報紙等極力鼓吹其政治宗旨，內容無不以選民利益為前提；然而，選舉揭曉之後，「昨之所謂人民之友者，今則傲然國會議員；前之以選民之利益為詞者，茲則以代表者非為一部，而為全體之辯」，「於是國會諸法案，凡有利益於民而不利益於黨，或為利公眾而不利私人者，皆難通過」。[15] 不僅英國如此，美國承襲英國的「民族根性」，代議政治的弊端更甚；至於中國，廖仲愷認為，國家之權力中心旁落散失，「私人黨派間之竊得一份者，各因其勢，互為牽制，互相抵銷，於是轉機無或得動」；為解決這一問題，一方面要主權回歸四萬萬人之手，但事實上又無法使四萬萬人直接參與政策制定，因而創制、複決、罷官三權的補充，實為必要。[16]

　　從廖仲愷對於西方代議政治與政黨政治的看法可知，他對於西方政治最大的批評，在於實際運作代議政治之政黨政治，充斥著黨派私利的折衝牽制，未能反映公共或人民真正的利益。而何謂公共利益，廖仲愷首先強調國民集合體的重要性：

> 一國無論有什麼貴賤貧富的階級，東西南北的土著，在國家
> 的眼睛裡，只有一個集合體的國民。所以階級的、地方的利
> 益，必定要對於全國民、權國家的利益讓步，才能夠適合近

14　廖仲愷，〈《全民政治論》譯序〉（1919 年 8 月），收入尚明軒、余炎光編，《雙清文集》，上卷，頁 136-139。

15　廖仲愷，〈《全民政治論》譯序〉（1919 年 8 月），頁 140-141。

16　廖仲愷，〈《全民政治論》譯序〉（1919 年 8 月），頁 141-143。

代國家生存發達的需要。[17]

而在〈革命繼續的工夫〉一文中，廖仲愷以「將國家當作普通一個人」來描述中華民國自辛亥革命（1911）誕生至 1919 五四時期「成長到 8 歲」的艱辛歷程，以「有機體」的變動——例如朝向進步、更新、革命的趨勢，若停止「就會生出麻木、腐敗、分解、死滅」——來說明革命除舊布新的作用；而人的呼吸、進食、發汗、排泄的生命過程，亦被廖仲愷用以比喻「一個國家也是這樣的，革命就是他求活的路子」。[18]

對於廖仲愷而言，國家、社會發展如同有機體的發展一般，其生命有更新、求活的趨向，「民權、民生兩個主義，就是要來填這革命後的空子，生布『新』的功用」的。[19] 而英國政黨政治呈現的各種黨派私利競爭，在廖仲愷看來，違背了國民與國家一體的原則，所導致的結果就是「少數政客利用政黨的力量，假託平民政治的招牌，來行富人政治特權政治之實。選舉完全歸少數政客和有利益關係的人把持，弄到自好的人不願當議員，而當議員的人差不多拿政治來做買賣」。[20] 西方政治以人民為名，實際上只是「富人政治特權政治」，僅反映了社會的部分利益，而非整體之公共利益。

廖仲愷進一步從西方社會經濟的發展來解釋「富人政治特權政治」的出現原因和後果：

> 太古時代，人少地多，自家出產東西供養自家，工也不分，交易也未有，無所謂雇主、工人、地主、資本家的分別。在這個人自足經濟的時候，各人勞動多一點，所得的結果就多

17　廖仲愷，〈立法部之兩院制國民全體議決制及財政監督〉（1919 年 10 月），收入尚明軒、余炎光編，《雙清文集》，上卷，頁 334。
18　廖仲愷，〈革命繼續的工夫〉（1919 年 10 月 10 日），收入尚明軒、余炎光編，《雙清文集》，上卷，頁 320-322。
19　廖仲愷，〈革命繼續的工夫〉（1919 年 10 月 10 日），頁 322。
20　廖仲愷，〈立法部之兩院制國民全體議決制及財政監督〉（1919 年 10 月），頁 336。

一點，勞動少一點，結果就少一點；清清楚楚的自作自受。
所以只有個人經濟問題，沒有社會經濟問題。後來人口漸
多，分工漸趨漸細，交易越弄越發達，經濟組織也由簡單變
做複雜。因地位職業及經濟的條件這一群人和那一群人不
同，社會就分成幾種階級。其中一個階級，拿他所占得的便
宜，不絕的欺騙搶奪別個階級勞動的成果。而當時之法律制
度，都是由特權階級為特權階級定的，承認這種欺騙搶奪的
行為做當然的權利。所以有整天勞動求不得一個溫飽的，有
獨占社會經濟的利益坐享其成，不勞而得的。被欺的階級，
漸漸地不服，常要奮起來抵抗。這就是階級戰爭的起點，也
就是社會經濟問題的起點。大概經濟越發達，這階級戰爭越
激烈，社會問題越難解決。21

從上述引文可知，廖仲愷將「階級」的形成歸因於人口和分工，而界定
「階級」的標準，在於「地位職業及經濟的條件」。廖仲愷並未說明特
權階級如何「占其他階級的便宜」，又如何掌握制定法律制度的權力。
但他在文中清楚指出，特權階級運用法律，將其「欺騙搶奪」別的階級
勞動成果的行為，予以合理化。換言之，特權階級首先在經濟上掌握優
勢，因而能夠運用政治上的權力，維護其「不勞而得」的經濟地位。而
特權階級掌握政治的結果，按上述引文來看，不僅使社會的階級分化更
為牢固，也因為限制了被壓迫階級改善的機會，使得階級鬥爭難以避
免。22

　　雖然特權階級主要的權力基礎是其經濟力量，並藉此掌握政治、法
律，進一步維護其階級利益，但廖仲愷並不認為政治、法律必然屬於特

21　廖仲愷，〈革命繼續的工夫〉（1919 年 10 月 10 日），頁 326。
22　學者宋士堂認為，上述廖仲愷的引文，反映了他受到馬克思主義影響的痕跡。宋
　　士堂，〈試論「五四」後廖仲愷的社會主義思想和實踐〉，頁 442。

權階級所有。廖仲愷進一步論述，法律、政治權力對於加強或消弭階級
鬥爭的作用：

> 若是人民未有立法上絲毫的權力，只靠這班議員，而運動得
> 議員的人，從他們的性質環境趨向來看，附和有利益關係的
> 總是多數，同情於一般人民的總是少數。到社會政策的立法
> 立不出來，或立出來而不能滿人民希望的時候，社會階級的
> 戰爭，就愈激愈烈。若是未有一個法律上平和的方法來救
> 濟，必定有暴動革命的事情鬧出來，這就不是定國家百年大
> 計的人能夠輕輕放過的。現在歐洲國際的戰爭已經完了，而
> 各國階級的戰爭，越鬧越凶，就是因為那些國的統治階級，
> 還是守著十九世紀的舊制度不知應變的緣故。我們中華民國
> 的新制度上，要有民權最後的保障，行使民權的利器，緩和
> 暴動的機械，不能不採用「創制權」、「複決權」、「罷官權」
> 這三件物事的內容作用。[23]

在廖仲愷的想法中，雖然隨著分工與經濟的發展，階級的分化有其必然
性，但若在政策、法律制定上予以補救，因階級矛盾產生的鬥爭未必無
法避免。[24]

　　從廖仲愷的角度來看，西方國家的階級鬥爭如此激烈，關鍵在於西
方代議政治由特權階級掌握政治權力，未能在法律上、政策上反映人民
希望，也未能提供平和的救濟方法。值得注意的是，廖仲愷認為，這是
西方統治階級「守著舊制度而不知變通」所導致。換言之，若西方統
治階級能夠主動在政治、政策上調整，讓民眾掌握政治權力、制定符合
民意的政策而「緩和暴動」，階級分化所造成的社會矛盾應該是能夠控

23　廖仲愷，〈革命繼續的工夫〉（1919 年 10 月 10 日），頁 325。

24　姜義華，〈「五四」運動與廖仲愷的直接民權思想〉，收入張磊等編，《廖仲愷研
　　究：廖仲愷國際學術研討會論文集》，頁 367。

制的。如此一來，在廖仲愷的思想中，即使階級分化基於經濟因素，但經濟因素並未能完全決定政治的走向；相反地，政治具有消弭或加強階級鬥爭的影響力和能動性，並不必然是經濟發展的被動反映。由廖仲愷對於西方代議政治的分析可得知，他認為運用政治力的不同方式，將會帶來不同的社會後果。因此，若中國能夠記取西方代議政治的缺陷與教訓，透過三權使人民真正掌握政治權力，使政策真正反映民意，中國社會朝向西方工業化而轉變時，將可不必重蹈西方各國階級戰爭的覆轍，而能避免階級鬥爭的發生。

除了避免階級鬥爭之外，為了促進工業生產，掌握政治力以制定有效的政策，亦是運用政治力量的經濟發展功能。在對於中國社會問題的分析中，廖仲愷否定了人口眾多導致中國貧窮的推論。他認為，科學發達會增加土地利用的效率，人口增加也有自然的限度，但中國貧窮卻是事實，關鍵在於中國交通不便，使各地分成無數自足經濟的小團體而無資源與分工的協調，亦阻礙思想傳播的效力，限制了國家、社會的進步。[25] 然而，這些妨礙中國工業化的因素始終未能改進，廖仲愷認為，那是國民只知「自利的小利」，不知「共利的大利」，明知關稅、釐金、交通、治安等政治問題阻礙生產，但「要除去這些政治上的障礙，就要和政治上有權力的人硬拚，又恐怕自己吃虧」，結果「國民勞力的結果，大半分配入外國資本家的腰包裡」。[26] 因而，掌握政治權力而制定對中國經濟發展有利的政策，才是廖仲愷認為求經濟、商業進步的當務之急。[27]

另一個運用政治力量處理中國隨著經濟發展而來的社會後果，是中國的土地問題。廖仲愷指出，土地利益的占有是隨著經濟發展和人口增

25　廖仲愷，〈中國人民和領土在新國家建設上之關係〉（1919 年 8、9 月），收入尚明軒、余炎光編，《雙清文集》，上卷，頁 285-292。

26　廖仲愷，〈國民的努力〉（1920 年 1 月），收入尚明軒、余炎光編，《雙清文集》，上卷，頁 348-349。

27　廖仲愷，〈國民的努力〉（1920 年 1 月），頁 349。

多而來,「人口越發達,社會的建設越宏大,國民經濟越進步,大地主不勞而得的利益越占得多」;英國受此害最深,而俄國直到 1917 年革命,才把土地完全收歸國有;至於中國,廖仲愷認為,「我們中國交通不便,大地主未有發生,商埠之外,百分之九十九的地價,差不多是原始價格,小地主不勞而得的地租很有限。到交通設備好,大地主一定發生」,所以應該將「建築新都市和鐵路、運河所經經濟上有重大價值的地方,收歸國有,或歸地方公有。其他土地,經過測量報價值後,通行土地增價稅」。[28]

就上述廖仲愷對於中國經濟發展和土地問題的分析來看,廖仲愷基本上認為中國未能工業化的原因仍在於中國內部問題,而非外國勢力的壓迫。在廖仲愷看來,經濟發展與大地主的產生,是不分國家都會面臨的經濟發展必然代價。從這個角度看,英國、俄國、中國的大地主形成原因並無不同,但如何處理這一問題,每個國家採取了不同的方式。俄國在革命之後將土地收歸國有,而中國透過政治力量將重要交通線的土地收歸國有以及徵收土地增加稅,都能解決因經濟發展產生的大地主。由此可知,在廖仲愷眼中,中國社會與其他社會並沒有本質上的分別,僅有經濟發展程度的差異;但透過政治力量的不同運用,經濟發展導致的後果會受到不同的處理,並將有不同的結果。如此一來,基於中國社會與西方社會的同質性,西方政治制度的缺失與教訓,將成為中國解決自身經濟發展與社會矛盾的最佳借鏡。因而,如何運用政治權力制定合宜的政治制度,是五四時期廖仲愷改造中國社會的方式。但政治權力的來源為何?廖仲愷指出,政治力量的形成有賴於群眾,「國家建設的事業是要靠著很大群眾的力量來行的」。[29] 但如何將群眾力量引進政治當中,則是五四時期廖仲愷尚未解決的問題。

---

28 廖仲愷,〈革命繼續的工夫〉(1919 年 10 月 10 日),頁 328。
29 廖仲愷,〈中國和世界〉(1920 年 1 月 1 日),收入尚明軒、余炎光編,《雙清文集》,上卷,頁 352。

三、民眾動員與黨的作用

在 1920 年，廖仲愷除了持續在《建設》等雜誌上發表文章之外，另奉孫中山之命往返漳州與上海，肩負為粵軍籌款的重責。[30]1920 年 12 月，廖仲愷任廣東省財政廳長，應上海《民國日報》記者訪問時，發表〈整理廣東省財政的計畫〉。[31] 廖仲愷痛斥地方軍閥，指出廣東幾項重要收入，例如菸酒稅、南番兩縣田賦、以及各項公產等，均已被抵押借款；廖仲愷不僅每隔幾日就要面對銀行前來索債，而各縣租稅、釐金，也多被軍隊截留，廣東省政府收入絕少，導致外債既無法清償，軍餉更難應付。[32]1921 年 1 月，在回答廣州英文《時報》記者的詢問時，廖仲愷再度譴責莫榮新等人抵押各產業。[33] 1921 年 4 月，廣州非常國會取消軍政府，通過中華民國政府組織大綱，孫中山就任大總統，廖仲愷擔任財政部長；然而，廖仲愷與陳炯明爭奪廣中財政支配權，陳炯明又因聯省自治、北伐等問題，與孫中山不合，釀成 1922 年 6 月的公開衝突；而廖仲愷介入調停，以及廖仲愷和陳炯明對廣東財政的爭奪，更導致了廖仲愷遭陳炯明監禁。[34]

1922 年 6 月陳炯明與孫中山的公開武力衝突，顯示國民黨在財政與軍事方面均無法駕馭地方軍閥。1922 年 8 月廖仲愷被陳炯明釋放，立即與何香凝趕往上海。孫中山在與陳炯明的衝突之後，確定了國民黨尋求俄國援助的政策。[35] 早在五四時期，孫中山研究俄國革命時，曾計

30　陳福霖、余炎光著，《廖仲愷年譜》（長沙：湖南出版社，1991），頁 137-145。

31　陳福霖、余炎光著，《廖仲愷年譜》，頁 145。

32　廖仲愷，〈整理廣東財政的計畫〉（1920 年 12 月 24 日），收入尚明軒、余炎光編，《雙清文集》，上卷，頁 380。

33　廖仲愷，〈答廣州《時報》記者問〉（1921 年 1 月 15 日），收入尚明軒、余炎光編，《雙清文集》，上卷，頁 385。

34　林玲玲，《廖仲愷與廣東革命政府（1911-1925）》，頁 192-203。

35　李玉貞，《國民黨與共產國際，1919-1927》（北京：人民出版社，2012），頁 108-110。

畫派廖仲愷留學俄國;而俄國代表馬林來訪時,廖仲愷也曾與其會面交談,廖仲愷甚至參與孫越聯合宣言的細節討論;1923 年廖仲愷與越飛一行人在日本熱海的會談,更使廖仲愷成為國民黨內主張聯俄容共最力之人。[36]

　　在聯俄容共政策實施之前,國民黨嘗試建立一新的政治制度與統治方式,但沒有明顯的成果。1924 年 2 月,鮑羅廷與廖仲愷、胡漢民等人討論是否應提出建立國民政府的口號時,廖仲愷對於國民黨過去一年在廣東的治理提出負面的評價,認為「我們在廣東做了快一年的工作,不僅沒向人民證明我們的主義好,而且相反,由於賦稅政策、財政措施、軍事行動,以及軍官們的跋扈等等,這一切不僅沒有提高我們的威望,而且從根本上動搖了人民對我們的信任」。[37] 在廣東各個地方軍閥之間周旋的國民黨,既沒有穩固的政治地位,也缺乏民眾的擁護。除此之外,廖仲愷認為國民黨的另一缺點在於組織。廖仲愷在一次演講中提及,國民黨今日的革命成功,「實以外洋支部為原動力」,「彼外洋支部所以得而援助者,以有較完備之組織耳」,因而「吾人既知組織之未完(備),當思有以改善,務使以前黨員活動由上而下的形式,一反為由下而上」。[38] 此外,從孫中山在廣州就任大元帥至陳炯明叛變以來的一連串挫折,廖仲愷認為這是由於「軍人持權,黨員無力,故黨之主張無

36　李雲漢亦指出,1923 年 3 月,廖仲愷自熱海歸國後,即成為聯俄容共政策的熱心推動者。林玲玲,《廖仲愷與廣東革命政府(1911-1925)》,頁 211-212;李雲漢,《從容共到清黨》(臺北:李雲漢,1987),頁 115、377;〔日〕山田辰雄,〈關於廖仲愷 1922 年和 1923 年的兩次訪日〉,收入張磊等編,《廖仲愷研究:廖仲愷國際學術研討會論文集》,頁 229-235。

37　〈鮑羅廷筆記和報告紀錄摘要〉(不早於 1924 年 2 月 16 日,廣州),收入李玉貞譯,《聯共、共產國際與中國(1920-1925)》(臺北:東大圖書股份有限公司,1997),頁 388。

38　廖仲愷,〈在國民黨廣州市黨員大會上的演說〉(1923 年 11 月 11 日),收入尚明軒、余炎光編,《雙清文集》,上卷,頁 579-580。

力」。[39]

若要解決上述問題，使國民黨成為具有實力、抗衡軍閥的政黨，廖仲愷認為必須將民眾力量引入政黨之內：

> 黨員本在民眾之內，果有多數黨員，庶足制伏軍隊。因為徒恃軍隊，必至為兵所制，不能制兵也。因為做事不能不賴力，一方雖賴軍力，然一方不可不有一種力量，能制伏軍隊之力量，即黨是也。[40]

廖仲愷解釋，「倘非從下層多做工夫，而徒拘泥於上層之幹部，必不足以負此偉大責任」，「因為專靠上層，必致如廣州今日情形；徒賴軍隊，不過終為軍隊所用而已，遑能改造國家哉！」[41] 與廣東境內地方軍閥交手的經驗，使廖仲愷得出只有力量能制衡力量的結論。若能引入民眾之力於黨內，打造一個人數眾多的國民黨，國民黨即可藉由民眾力量與軍閥抗衡。[42] 因而，廖仲愷在聯俄容共過程中所做的諸多工作，都圍繞在動員民眾參與革命、加入國民黨，將社會中的人力資源轉變為為國民黨的實質力量。

其中，教育作為重要的動員工具。1924 年 3 月，在石井兵工廠青年工人學校的演說中，廖仲愷對青年工人描述了中國面臨的帝國主義侵略，以及青年工人在革命中位居重要角色。廖仲愷指出，若中國要對抗「列強帝國資本主義侵略」，就要先解決「識字問題」；原因在於，

39　廖仲愷，〈在國民黨中央幹部會議第十次會議上的報告〉（1923 年 12 月 9 日），收入尚明軒、余炎光編，《雙清文集》，上卷，頁 583。

40　廖仲愷，〈在國民黨中央幹部會議第十次會議上的報告〉（1923 年 12 月 9 日），頁 584。

41　廖仲愷，〈在國民黨中央幹部會議第十次會議上的報告〉（1923 年 12 月 9 日），頁 584。

42　尚明軒指出，廖仲愷從多次的革命失敗經驗體會到，若要打倒帝國主義和軍閥，必須要廣大民眾（尤其是農民）參與與積極行動。尚明軒，《廖仲愷傳》（北京：北京出版社，1982），頁 136-137。

「一個人能夠識字，就有遠大的眼光，不像『近視眼者』只能見近不能見遠」。[43] 廖仲愷認為，青年工人透過識字、受教育，自然能理解中國面臨的處境和對抗帝國主義的必要性。廖仲愷接著告訴青年工人，許多人之所以「無飯食，無書讀」的原因，在於「社會的制度不平等，遭軍閥的壓迫，想做生意又不得到安靜的地方，想找工來做又沒有」，而這是中國必須革命的緣故；更有甚者，帝國主義用經濟侵略的手段侵略中國，「我們想得到飯食，得到安樂，一定要打倒列強帝國主義的侵略」，「能識字，就能睇新聞紙，知道中國被人家搞亂和侵略。這樣才能夠打倒利用軍閥侵略中國的列強，這樣才可以打倒勾結列強來壓人民的軍閥」。[44]

相較於五四時期將中國衰弱的原因歸諸於中國內部因素，此時的廖仲愷，認為軍閥與帝國主義是主要的革命敵人。[45] 而鼓勵青年工人識字、接受教育，是為了讓他們更深刻地理解、接受國民黨的革命目標，更積極地參與革命。而且，工人農民參與革命的方式，是服從主義和黨的領導。廖仲愷指出，「中國目前頂大的缺點，不是沒有人才，實在是沒有統一的組織，沒有統一的意志，沒有統一的精神」；而俄國自「有組織、有計畫的共產黨握了政權以後，國家改造的一切事業，都能夠表現出有統一的組織，統一的意志和統一的精神來，所以成為蘇維埃共和國的新生命」，因而，若想救中國，廖仲愷強調只有三件事，就是「統一的組織，統一的意志，統一的精神」，並且需求國民黨做起，尤其從黃埔軍校做起。[46]

由廖仲愷的演講以及對於俄國革命的解釋可知，廖仲愷將國民黨視

43　廖仲愷，〈在石井兵工廠青年工人學校的演說〉（1924 年 3 月），收入尚明軒、余炎光編，《雙清文集》，上卷，頁 628。
44　廖仲愷，〈在石井兵工廠青年工人學校的演說〉（1924 年 3 月），頁 630-631。
45　李堅，〈論孫中山廖仲愷的社會主義觀〉，頁 419。
46　廖仲愷，〈救國的三要件〉（1924 年 5 月 11 日），收入尚明軒、余炎光編，《雙清文集》，上卷，頁 640-641。

為改造中國社會之重要的政治工具，首先必須聚焦於擴大國民黨的人數、組織，並且以主義統一民眾和黨員的思想，將社會中的民眾轉變為政黨的力量，做為改造中國的核心。在方法上，除了工人識字、使其理解國民革命目標之外，廖仲愷在一次黃埔軍校的演說中，向學生提出改造個人之習性以改造社會的觀點。他向學生表示，學生們都是從舊社會裡進入軍官學校，「並將舊社會裡面之好的和不好的，都帶進校裡來，所以本校為社會的縮影。不但為社會的縮影，且是中國的縮影」；中國的舊社會習慣，是「起居飲食沒有秩序，時間尤不經濟，所以一進到有秩序有紀律的地方，總覺得有點不舒服的」；但這樣的散漫能夠被訓練，廖仲愷鼓勵學生，「要有決心而要有永久的恆心。此種決心及恆心的養成，要以吾黨總理為效法」。[47]

廖仲愷甚至進一步將個人習慣、道德視為革命是否能夠成功的原因。廖仲愷認為，辛亥革命之所以失敗，「就是一班同志，只顧自己，不顧國家，與私人沒有利益的，便不去做」；而從前中國之所以失敗，「是由於大家拿刀槍殺自己，不是去殺反革命派」。[48] 換言之，只要革命者不自私、停止內鬥、認清革命目標而勇於付出，辛亥革命和過去的改革其實能夠有不同的結果。廖仲愷因而期許軍校學生「從此以後，便把以前所有的惡習徹底改良，要以國家的利益為前提，不要學從前那樣自私自利，以至害國殃民」；而俄國革命再次成為中國革命的模範，對比中國社會中自私自利的風氣和習性，「俄代表講俄國的革命軍，並沒有薪金可言，兩天才有一磅麵包，衣也沒有穿，他們只顧熱心革命。我們要做革命黨的人，目前的私心是不能不放棄的」。[49]

廖仲愷認為，中國「社會階級」中的「後知後覺」者，是中國革命

47　廖仲愷，〈做事須有恆心〉（1924 年 5 月 15 日），收入尚明軒、余炎光編，《雙清文集》，上卷，頁 642。

48　廖仲愷，〈革命黨應有的精神〉（1924 年 6 月 24 日），收入尚明軒、余炎光編，《雙清文集》，上卷，頁 653。

49　廖仲愷，〈革命黨應有的精神〉（1924 年 6 月 24 日），頁 653。

最重要的承擔者：

> 我們若把社會分為幾個階級，我們可以分為三層：一為先知
> 先覺，二為後知後覺，三為不知不覺。先知先覺之人，乃不
> 世出之奇才。不知不覺的人，亦在民族中占很少的數量，故
> 國家不靠這兩種人。……國家所依靠的，乃靠著第二流後知
> 後覺之徒。先知先覺為開山祖，開始發難。繼續做去，實在
> 靠後知後覺之人。[50]

在廖仲愷來看，一個國家大部分為「後知後覺」之人，因而「後知後覺」者實為革命的主幹力量，他們本身並不負擔革命目標的界定、革命過程的規劃，因為那是「先知先覺」者的工作。對於「後知後覺」者而言，他們的作用在於接受「先知先覺」者的帶領，理解並投身於先知先覺者規劃的革命的實踐和執行。

　　而「後知後覺」者在個人習性、道德方面的改變，以及對於革命目標的認知，僅僅是起點而已。對黃埔軍校第三期入伍生的演說中，廖仲愷尋求各社會團體聯合的方式以增加革命的力量，指出革命的理想需要「強力」得以實現，而「以理想來結合群眾──工農商學階級──使他們自家去武裝起來掃清障礙，這就叫做國民革命」，「我們所謂的理想即主義」，「以主義為主幹的軍隊，就是我們實現理想的力量──強力」。[51] 廖仲愷再度以俄國革命的範例，說明俄國革命之所以成功，「完全賴以主義為主幹的軍隊──紅軍」，此外，即使俄國的黨員只有二三十萬，少於國民黨的黨員，但「他們能夠成功，完全在他們的二三十萬黨員能夠個個奮鬥、個個負責」。[52]

50　廖仲愷，〈在廣州嶺南大學史堅如石像開幕紀念會上的演說〉（1924 年 4 月 3
　　日），收入尚明軒、余炎光編，《雙清文集》，上卷，頁 636。
51　廖仲愷，〈對黃埔軍校第三期入伍生的演說〉（1925 年 3 月下旬），收入尚明軒、
　　余炎光編，《雙清文集》，上卷，頁 749。
52　廖仲愷，〈對黃埔軍校第三期入伍生的演說〉（1925 年 3 月下旬），頁 750。

如同廖仲愷在 1923 年國民黨中央幹部會議第十次會議上的報告中，強調國民黨廣納民眾之力以對抗軍隊之力；[53] 在上述演說的內容中，廖仲愷指出中國革命必須依靠各階級民眾武裝與軍隊作為革命的「強力」。軍隊、民眾武裝、有組織的民眾等實質力量，才是革命最重要的載體。因而，工人的識字、黃埔學生和幹部的教育、中國人習性與道德的改變，都是為了讓個人能夠更好地構成革命力量的一部分，並讓這力量依循著主義以實踐革命的目標。

1925 年 5 月，孫中山過世之後，廖仲愷在上海《民國日報》刊載一篇〈革命派與反革命派〉，開宗明義指出，「在殖民地半殖民地的國民革命運動，對內要打倒官僚軍閥及一切反動力量，對外要抵抗帝國主義者的重重壓迫」，而所謂的「反革命者」，是「一面利用現成的惡勢力以遂其分贓的陰謀；一面利用人民脆弱的心理以穩健自稱，以維持現狀來相號召」，甚至「自詡為老革命黨，擺出革命的老招牌」；然而，界定革命與反革命的通則標準，廖仲愷強調「那一派代表較多數人民利益，便為革命派」，既然軍閥和帝國主義壓迫全國人民，「那一派人代表民眾來打銷這兩種力量變是革命派」，且占中國人口多數為農工階級，因而「替農工階級打銷壓迫他們的力量，便是革命派」。[54]

學者李雲漢指出，廖仲愷不滿於一部分堅持反共而不惜與北方接近的老同志，但指責國民黨中「所有反革命者皆自詡為老革命黨」，一方面對老黨員刺激太深，另一方面則為中共「反共產即反革命」作為註腳，最終引來殺身之禍。[55] 然而，在區別同志之間是否革命之外，廖仲愷所關心的，是國民黨必須盡可能掌握中國最大武裝實質力量、動員最大多數人以對抗軍閥官僚與帝國主義，而最大多數即是農工階級。值得

53　廖仲愷，〈在國民黨中央幹部會議第十次會議上的報告〉（1923 年 12 月 9 日），頁584。

54　廖仲愷，〈革命派與反革命派〉（1925 年 5 月），收入尚明軒、余炎光編，《雙清文集》，上卷，頁 757-760。

55　李雲漢，《從容共到清黨》，頁 381-382。

注意的是，以維護農工階級利益與否來界定革命與反革命，並不意味著敵視商人。尤其 1925 年中廣州國民政府成立之後，廖仲愷肩負著統一財政的重責大任，致力招商承稅、為蔣中正籌措軍餉和黃埔軍校的經費，都需要商人的協助與合作；[56] 與此同時，省港罷工的策略，也指向廣州國民政府必須爭取商人對罷工的支持。[57] 因而，在廖仲愷遇刺前不久，他於省港罷工委員會招待各界會上的演說中，即呼籲「我們此次運動，工商各界能夠同心合力去奮鬥，以達到取消不平等的條約，然後士農工商才有充量發展的餘地」。[58]

　　如此，廖仲愷以各階級聯合的軍隊、民眾武裝和組織力量反對帝國主義和官僚軍閥、廢除不平等條約，主要用意是移除中國生產力發展的障礙，使中國生產力得以發展。而廖仲愷致力於動員最大多數的工農群眾，則是為了給國民黨和國民革命提供更龐大的實質力量來源。基於此，廖仲愷致力動員農民工人、維護農工利益，卻未賦予農民工人自行界定革命目標的權力和能力。[59] 廖仲愷農民工人將視為「後知後覺」之人，必須跟隨著「先知先覺」的革命主張，成為統一組織、意志和精神的革命整體力量的一部分。而接下來的問題是，廖仲愷對於農民工人的動員和對於農民工人利益的維護，是否等同於打倒地主、改變中國社會結構的策略？換言之，廖仲愷認為中國革命應反帝反軍閥的同時，是否也需要在中國農村掀起階級鬥爭？

56　張曉輝，〈廖仲愷與南方政府財政〉，收入成曉軍主編，《悠悠鄉國思：紀念廖仲愷先生逝世 85 周年全國學術研討會論文集》，頁 112-113。

57　李達嘉，《商人與共產革命，1919-1927》（臺北：中央研究院近代史研究所，2015），頁 306-316。

58　廖仲愷，〈在省港罷工委員會招待各界會上的演說〉（1925 年 8 月 14 日），收入尚明軒、余炎光編，《雙清文集》，上卷，頁 907。

59　魯振祥認為，廖仲愷對於「先知先覺」、「後知後覺」的劃分，呈現國民黨的「扶助」工農政策，並不是真正視工農大眾為革命的主動者和主體。參見魯振祥，〈廖仲愷與「扶助農工」〉，收入張磊等編，《廖仲愷研究：廖仲愷國際學術研討會論文集》，頁 69。

四、政府與社會階級的關係

就廖仲愷對於中西社會的觀察，嚴重的階級分化和階級鬥爭僅出現於工業革命之後的社會。廖仲愷描述西方社會變遷的過程：

> 余前已述及在產業革命未發生以前之社會，為互相調和的、安定的。故每一社會中，其農工商之分配，必無顯著的衝突。……殆至十九世紀，火汽力機器發明，生產方法大變，產物日增。機器生產有二要件：一為生產量要多；二為販賣路要廣。由是遂不得不極力打破地方的、局部的生產制度，一變而為世界的生產。然一方生產則進步，他方社會財產制度絕不進步。於是有機器以生產之資本家，則日富一日，一般手工業勞動者則由失業而日貧一日。階級懸殊，已漸漸形成。彼擁有機器以事生產之大資本家，為謀其自身之利益計，每當生產量過多，求其免除所出貨在本國過多價跌時，彼將不顧本國人民之生活如何，強向其他積弱之農業國找銷路以為彼之銷貨場。……殆鴉片一役，遂伸其勢力於我國。……英之侵略印度，以其地大物博，足供其多量之原料；以其人口眾多，足為其最大之銷場。今日印人所產之大宗棉花，已非印人所有；今日印人所穿之衣服，已非印人自織矣。吾人如欲避免此壓迫、此痛苦，非先收回海關不可。要收回海關，非先打倒國內軍閥，喚起國民革命不可。國民革命不成功，則實業之發展絕無希望。[60]

由上述引文可知，產業革命發生的前後，社會的型態、人民的生活均有不同，顯示廖仲愷認為社會的變遷源自生產技術的發明所帶來的一連串

---

[60] 廖仲愷，〈農民運動所當注意之要點〉（1924 年 7、8 月間），收入尚明軒、余炎光編，《雙清文集》，上卷，頁 700-702。

變化；此外，「階級懸殊」既然只出現在產業革命後的社會，階級鬥爭因而僅發生於特定的時間與社會型態，並不是如同馬列主義者所主張的，是人類社會變遷過程中的動力所在。[61]

廖仲愷進一步說明，中國在海禁未開之前，「人民生活除受水旱疫癘或每代帝王興替之戰爭影響外，絕少畸形的變化與衝突，是為安定的生活」，雖然自井田制度轉變為土地私有制度，社會經濟也產生變化，但「自封建制度崩壞，秦朝統一之結果，生活依然安定，依然是自足經濟」，「人民安常習故，生活安定則心境安定，樂也隨之」；直到帝國資本主義侵略中國之後，使「今日生活不大如昔」，且「今日之僕僕道途，人人有朝不保夕之痛苦」。[62] 顯示廖仲愷認為中西方社會在產業革命之前，都是經濟上相對和諧、安定的生活；而中國經濟型態、人心生活的混亂，是源自於工業革命後西方產生的帝國資本主義。

然而，若嚴重的階級分化主要出現於產業革命後的社會，受到資本帝國主義侵略卻未充分工業化的中國，是否也複製了如同西方一般的階級分化？而中國社會轉變導致的階級分化，是否亦是中國革命者在對抗帝國資本主義的同時，也必須解決的問題？廖仲愷認為：

> 吾人期不欲解決無人之痛苦及謀國家人民之豐富則已，否則必須與帝國資本主義者戰！吾人其不欲打退帝國資本主義者則已，否則必先與國內軍閥戰！吾人其不欲打倒國內軍閥則已，否則必先喚起全國國民，共圖國民革命！吾人其不欲國民革命成功則已，否則必先去幹農民運動！故今日之農民運

61　例如陳獨秀在 1922 年 7 月發表的〈馬克斯學說〉中即指出，他根據唯物史觀來說明階級鬥爭，「一切過去社會底歷史都是階級鬥爭底歷史。例如在古代有貴族與平民，自由民與奴隸；在中世紀有封建領主與農奴，行東與傭工；這些壓制階級與被壓制階級，自來都是站在反對的地位，不斷的明爭暗鬥。封建廢了，又發生了近代有產者與無產者這兩個階級新的對抗，新的爭鬥」。陳獨秀著，任建樹等編，《陳獨秀著作選》，第 2 卷（上海：人民出版社，1993），頁 356。

62　廖仲愷，〈農民運動所當注意之要點〉（1924 年 7、8 月間），頁 699-700。

動，其根本原因為國際問題，國民革命問題，非只為對付地
主之內部問題。願諸君此後再三注意！ 63

在上述引文中，廖仲愷指出，中國最大的敵人是軍閥和帝國主義，但他
同時指出，「故今日之農民運動，其根本原因為國際問題，國民革命問
題，非只對付地主之內部問題」。換言之，廖仲愷並不否認中國內部的
「階級分化」以及「對付地主」的必要性，只是相較於中國內部階級壓
迫的程度，廖仲愷認為，團結農民以從事國民革命、對抗帝國主義才是
當務之急，「對付地主」則是較為次要的了。

　　接下來的問題是，廖仲愷所謂的「對付地主」，僅指涉農民抵抗地
主的過度壓迫？或主張農民必須進行奪取地主土地、進而改變農村的
階級結構的階級鬥爭呢？在 1924 年 8 月，在香山縣農民代表會議的演
說中，廖仲愷提及農民受到紳士壓迫的處境，並告訴農民，政府雖有軍
隊在香山保護農民，但地多人少，無法完全依靠政府的解救，而是必
須「你們自己有了力量，政府來幫助你們才可以易於成功。現在還沒有
組織的，只是你們農民，所以你們最沒有力量，最痛苦，最受人家壓
迫」，「舊農會本來是有的，但這是同你們農民無關的，是一班紳士學者
組織的。你們要自己起來組織一個真正的農民協會」，「有了這個農會，
那就你們一切痛苦都可以拿團體的力量直接去同縣長、省長、大元帥交
涉了，解決了，不必間接幾十重，受人家欺騙愚弄了」。64

　　在上述引文中，廖仲愷清楚地指出，農民受到的壓迫，一方面源自
於農民自身缺乏組織，更重要的是農民與政府之間還夾著其他階層，使
農民「間接幾十重，受人家欺騙愚弄」。因而農民協會的重要性是讓農
民自身組織起來，直接與縣長等政府官員交涉，使政府能夠真正協助農

63　廖仲愷，〈農民運動所當注意之要點〉（1924 年 7、8 月間），頁 703。
64　廖仲愷，〈農民解放的方法〉（1924 年 8 月），收入尚明軒、余炎光編，《雙清文
　　集》，上卷，頁 704-706。

民。換言之，廖仲愷承認農民受到紳士壓迫的處境，但解決此一問題的
方法，並非組織農民以打倒紳士、改變農村社會結構，而是組織農民以
建立和政府溝通的直接管道，改變過往農民無法與政府聯繫、下情無法
上達的情況。因而，政府是解決農村內部階級壓迫的力量和仲裁者，透
過政府與各社會團體之聯繫溝通，廖仲愷無須改變各階級在社會結構中
的位置，即可改善農民的生活，並使各階級並存於農村當中。

早在 1922 年 3 月，廖仲愷於廣東第二次農產品展覽會上的演說，
即說明了農會作為農民與政府之間中介之關係：

> 惟人民之思想，存於人之心中，苟無聯絡之法，固不能使人
> 人自向政府而表白之，即政府亦無能容納此雜亂無章之各個
> 單一意思，以為施政之準據。故必先使人民自結各種團體，
> 集眾見以成公論，建白於政府，而後政府乃行其所當行。……
> 農會及其他農業團體，亦應由各地農民自動結合組織，以為
> 介於政府與農民間之傳導機關，政府與人民，恰如隔地談話
> 之兩人，而農會恰如電話之導線，必有此傳導之線為媒介，
> 而後得使兩人意思通達，行事敏活。[65]

值得注意的是，廖仲愷雖然認為人民應自動結合為團體，作為人民與政
府之間的「傳導機關」，但隨著商團事件的發生，廖仲愷亦強調農民協
會等社會團體必須受到政府的監督。廖仲愷在 1924 年 8 月〈禁止成立
商團聯防總部布告〉指出：

> 查東西各國，對於地方自衛之義勇軍團，均有一定之法規，

65　廖仲愷演講〈〈農政與農業團體之相互作用〉〉之全文，登載於 1922 年 11 月廣東
　　地方農林試驗場編印的《廣東第二次農品展覽會報告書》中，收入於段雲章、倪
　　俊明，〈廖仲愷佚文〈農政與農業團體之相互作用〉介紹〉一文。參見段雲章、
　　倪俊明，〈廖仲愷佚文〈農政與農業團體之相互作用〉介紹〉，張磊等編，《廖仲
　　愷研究：廖仲愷國際學術研討會論文集》，頁 503。

無論市鎮鄉村各種團隊，莫不依法編制，受政府之指揮監督。誠以有武器、有組織之公共團體，恆視為國家機體之一部，必有劃一制度以為之基礎，上以紓政府之內顧，下以維社會之安寧。苟使任情組設，統系不明，微特治體所無，抑亦流弊不可勝道，若更為狡黠者所主持，以行其操縱把持，顛倒愚弄，其禍尤不堪設想。各國政制雖殊，其政府之於各種自治團軍，系統未嘗稍紊，中國今日擾攘已極，不能不思患預防，免滋糾紛。66

此外，凡社會團體，「著手之初，對於機關之組織，議案之執行，選舉之手續，職員之支配，必先詳定章程，呈奉政府批准，然後有所根據」，廖仲愷強調，「此為一定不易之辦法」。67

上述引文的內容源自廖仲愷禁止成立商團聯防總部所提出的佈告。這一佈告雖針對著廣東商團與政府之間的衝突，但實際上明白昭示政府與社會團體之間的關係。廖仲愷清楚地說明，有武器、有組織的公共團體，其功能是「上以紓政府之內顧，下以維社會之安寧」。相較於過去中國社會以士紳階層作為政府與人民之中介，廖仲愷企圖將這些公共團體作為政府的臂膀與延伸，使其在程序、法規、人事上受政府監督支配，並防止讓「狡黠者」操縱其間，妨礙政府對於社會的掌握。此外，既然公共團體均是「國家機體之一部」，意味著沒有一個社會團體能夠凌駕於其他社會團體之上，所有社會團體都必須受到政府的指揮監督，配合政府的政策。理論上，商人、工人、農民的組織都在政府轄下，雖然各階級都能夠透過公共團體爭取自身的利益，但利益的限度、範圍，仍必須在政府控制之中。因此，即使廖仲愷鼓勵農民加入農民協會的目

---

66 廖仲愷，〈禁止成立商團聯防總部布告〉（1924 年 8 月上旬），收入尚明軒、余炎光編，《雙清文集》，上卷，頁 673。
67 廖仲愷，〈禁止成立商團聯防總部布告〉（1924 年 8 月上旬），頁 674。

的之一是對抗劣紳的壓迫，但在這一問題上，農民協會的主要工作僅是組織和集體交涉。至於是否直接對抗地主、以何種方式抵抗地主的壓迫，仍必須尋求政府的支持和同意。

　　而根據孫中山與廖仲愷對於農民組織情況的判斷，當時的中國農村遠不能夠進行直接對抗大地主的激進行動。1924 年 8 月，一次與鮑羅廷的談話中，孫中山和廖仲愷同意中國民族革命運動、擺脫帝國主義壓迫應該「靠廣大人民群眾去進行，首先是依靠農民」。[68] 然而，關於實踐的策略，孫中山認為應優先建立農民組織，在廣東建立農會，「待農民武裝起來的時候，才能實行解決土地問題的激進措施」，「在目前農會的組織狀況下，進行任何反對地主的鼓動都是策略上的錯誤，否則地主會先於農民組織起來」。[69] 廖仲愷接著解釋道，他們在廣寧地區組織的一些農會幾乎就緒了，但發生了幾次軍事衝突，豪紳爭取到部分農民，區長也和豪紳站在一起，政府必須派兵鎮壓地主，才把情勢穩定下來；廖仲愷分析中國農村，指出「中國農村情況非常特殊，宗法關係還沒有打破，地主、豪紳和農民都沾親帶故，姓同一個姓。由於農村結構的宗法性遠強于封建性，所以階級矛盾相當和緩，地主與農民的矛盾更像是叔姪間的矛盾，而不像敵我那樣，不共戴天。」[70]

　　根據上述孫中山和廖仲愷對於中國農村的看法，兩人都不否認中國農村存在著階級壓迫，基本上贊同鮑羅廷以工農為基礎反抗帝國主義、並且將土地交給農民的革命目標，但卻反對立即鬥爭地主的土地革命。[71] 而在上述與鮑羅廷和廖仲愷的討論中，孫中山反對立即鬥爭地主

68 〈孫中山、廖仲愷、鮑羅廷就中國農民問題的談話（1924 年 8 月 10 日，廣州）〉，收入李玉貞譯，《聯共、共產國際與中國（1920-1925）》，頁 423。
69 〈孫中山、廖仲愷、鮑羅廷就中國農民問題的談話（1924 年 8 月 10 日，廣州）〉，頁 423。
70 〈孫中山、廖仲愷、鮑羅廷就中國農民問題的談話（1924 年 8 月 10 日，廣州）〉，頁 424。
71 早在 1923 年底，孫中山即反對鮑羅廷立即進行土地革命的策略。〔法〕白吉爾（Marie-Claire Bergère）著，溫洽溢譯，《孫逸仙》（臺北：時報文化出版社，

的說法，與其說是反對鬥爭地主的激進措施，不如說是農民組織尚未完成，鬥爭地主勝算很小。至於廖仲愷，則以實例說明政府出兵鎮壓地主、維持農村秩序的行動，顯示政府維護農民利益的能力和立場。但廖仲愷同時也說明農村中宗法關係緩和階級矛盾的情況，指出階級矛盾並未如同鮑羅廷想像中嚴重。因而，鮑羅廷欲動員農民直接動員進行土地革命的策略，在孫中山眼中，是過早進行的過激策略，在廖仲愷眼中，則是忽略了中國農村大量的前資本主義特性以及非經濟因素的力量，使得階級鬥爭的前提條件——階級矛盾的程度——並不充分。

　　整體而言，廖仲愷認為中國農村確實存在著壓迫，但中國農村的前資本主義性質（宗法關係強大），使階級矛盾未如資本主義社會般激烈，因而階級鬥爭策略並不適用。既然不打倒紳士地主，廖仲愷解決農村壓迫的方法是組織農民與政府直接溝通，透過聯繫管道的建立，使政府力量與農民合作，幫助農民維護自身的利益。而幫助農民抵抗紳士壓迫、維護自身利益，並不等同於消滅紳士地主階級，也不等同於剝奪紳士地主的財產。廖仲愷基本上仍維持著農村社會的階級關係和財產關係，運用公共團體連接各階級與政府，使政府監督、掌控著農民、商人等各階級。在此一架構下，即使階級壓迫確實存在，廖仲愷也欲維護農民的利益，但無須透過一個階級打倒另一階級的階級鬥爭；不同階級透過不同社會團體將其要求反映於政府，政府則衡量不同情況而協調各階級之間的衝突，以維繫整體「國家機體」的運作和整體利益。

五、結論

　　無論在五四時期或聯俄容共期間，廖仲愷均相信社會中的階級分化乃至於階級鬥爭，均源自產業革命後的社會。中國遭遇帝國主義侵略的

現實，以及尚未完全工業化的處境，使得中國有餘裕借鑑西方資本主義
國家的經驗，也使得「中國革命是否需要階級鬥爭」成為爭議的問題。
在五四時期，廖仲愷主張以直接民權修正西方代議制度的缺失，從政治
上的改善避免西方階級鬥爭在中國的重演。在聯俄容共期間，廖仲愷主
張各階級聯合以進行反帝反軍閥的國民革命，轉而加強黨的組織力量、
民眾動員以及黨軍的訓練，發展革命的「強力」，並以公共團體與政府
的聯繫，處理階級之間的衝突。因而，廖仲愷的社會改造需要民眾參
與，但相較於五四時期訴諸民眾直接掌握政治權力以影響政策，聯俄容
共期間的民眾參與，更多使民眾服從黨和政府的領導，執行黨和政府的
決策。

　　廖仲愷曾提倡消費合作社，認為在中國政治革命尚未成功、充斥著
腐敗勢力、人民未能在政治制度上有效監督政府營運的情況下，以消費
者團結自助的合作運動，要比公營政策來得可行，並在回應資本主義的
同時，構成「產業的民主之基礎」。[72] 學者姜義華認為，廖仲愷看清政黨
政治無法真正避免維護特殊利益、很難防止權力被過度使用或濫用時，
轉而希望透過工人、農民結合成自己能夠直接參與、直接管理、直接監

72　廖仲愷這篇〈消費合作社概論〉，無論在 1928 年《廖仲愷全集》、1982 年中華書
　　局出版的《廖仲愷集》、1983 年國民黨黨史會出版的《廖仲愷先生文集》，抑或
　　1985 年出版的《雙清文集》，都未註明寫作和出版的日期。呂芳上根據戴季陶、
　　廖仲愷等人在五四時期關注合作社運動的情況，認為這篇文章應是廖仲愷在五四
　　時期的作品。然而，廖仲愷並不僅在五四時期關注合作運動。根據陳福霖等所著
　　之《廖仲愷年譜》，1924 年 6 月 10 日，廖仲愷以國民黨中央執行委員會合作委
　　員會委員長身分，發起組織一消費合作社，是日召開籌備會，並「對合作社性質
　　及好處逐一解釋」。因而關於〈消費合作社概論〉的確切寫作時間仍難以判斷。
　　廖仲愷著，《廖仲愷全集》（上海：上海書店，1990）（據 1928 年上海三民公司版
　　影印），頁 107-118；廣東省社會科學院歷史研究室編，《廖仲愷集》（北京：中華
　　書局，1983），頁 281-288；廖仲愷著，中國國民黨中央委員會黨史委員會編輯，
　　《廖仲愷先生文集》（臺北：中國國民黨中央委員會黨史委員會，1983），頁 269-
　　278；廖仲愷、何香凝著，尚明軒、余炎光編，《雙清文集》，上卷，頁 927-935；
　　呂芳上，《革命之再起：中國國民黨改組前對新思潮的回應（1914-1924）》（臺
　　北：中央研究院近代史研究所，1989），頁 209。

督的政治和經濟共同體，構成廖仲愷所追求的「民主」的重要基礎。[73]

然而，在建構直接民權、消費合作社等「民主」基礎之外，廖仲愷亦試圖動員農民、工人做為對抗帝國主義和軍閥的革命力量，使其服從主義而凝聚成「一個組織、一個意志和一個精神」的「國家機體」。在這部分的架構中，工人、農民雖直接參與政治，但他們作為「後知後覺」者，並不能自行規畫革命的目標和進程，僅能服從主義與黨，執行「先知先覺」者的革命擘劃，成為總體革命力量的一部分。工人、農民的能力雖因革命得以發揮，但必須在國民黨主導的範圍之內，不違背革命政府的主張和政策。

如此一來，工人農民直接參與、管理的政治和經濟共同體，與身為革命執行者對黨和主義的服從，構成了廖仲愷動員民眾的兩個不同側面。前者指向民眾直接掌握權力、直接參與管理並主導政策的可能性，後者則呈現民眾作為革命載體，其意志、精神都必須與黨的革命主張一致的嚴密紀律。而就 1920 年代實際革命的邏輯而言，民眾直接掌握權力、直接參與的共同體若要成功建立，首先必須突破當前的困境，即帝國主義侵略的事實與軍閥在中國內部造成的亂象。而無論蔣中正之東征、省港罷工或地方軍閥對廖仲愷統一財政的掣肘，均顯示革命需加速進行的迫切性。因而，工人農民作為革命載體的身分，必須優先於政治經濟共同體的成員。

廖仲愷連結民眾與黨、社會團體與政府，雖試圖兼顧民眾利益與革命需要，然而，仍是黨與政府主導民眾的命運和未來，以及掌握社會團體的動向和組織。民眾作為革命載體的優先性，呈現了廖仲愷既想要讓民眾掌握權力、又必須使其服從主義、參與革命的兩難處境，亦反映了革命者處於中國 1920 年代的政治、經濟困境和國際壓力之中，欲改造社會的限制與困難。

---

73 姜義華，〈為建立「一個正式的民主國家」務實基礎——國民黨改組時期廖仲愷民主思想的新發展〉，《社會科學》，2008 年第 11 期（2008 年 11 月），頁 167。

中共早期黨團研究（1921-1927）

馬思宇

北京大學馬克思主義學院博士後研究

　　中共早期是一個沒有武力，沒有地盤，純粹以組織宣傳和動員群眾為中心的革命黨。在 1921-1927 這短短的 6 年時間裡，中共成長為一個擁有約 5.8 萬黨員、3.7 萬團員的組織，還有在其領導下的 290 餘萬工會會員、900 餘萬農會會員和 15 萬童子團，其組織觸角與影響力輻射到全國相當廣泛的範圍和階層民眾；[1] 其崛起的速度與運動群眾的能力在 1920 年代的國際共產主義運動中是首屈一指的（蘇俄之外），一度受到共產國際的高度肯定。正是在這一時期，中共初步奠定了其組織宣傳與群眾運動的基本模式與路徑，積累了豐富的策略、經驗與技巧。然而，早期的中共究竟通過何種機制滲透乃至控制各群眾組織，並對其加以改造？彼時尚處於祕密狀態的中共，如何影響人數百倍於己的社會群體，將自己的主義與策略轉化為有形的社會力量？其次，這一時期正值第一次國共合作時期，而此次國共合作的形式很獨特：一方面，中共黨員以個人身分加入國民黨，形成一種「黨內合作」關係；與此同時，中共又在國民黨之外獨立存在，因而又具有「黨外合作」的性質。從黨員的角度言，加入國民黨的中共黨員不僅具有雙重黨籍，而且必須同時接受兩黨的指令。當兩黨利益訴求發生衝突時，這些跨黨黨員如何自處？

1　王奇生，《革命的底層動員：中共早期農民運動的動員、參與機制》，收入王奇生主編，《新史學》，第 7 卷（20 世紀中國革命的再闡釋）（北京：中華書局，2013），頁 62。

中共又是通過何種組織機制來指揮和控制這些跨黨黨員按黨的指示行事，實現本黨的政治目標的？本文所要考察的黨團，是中共早期逐步摸索出來的一套系統完整、運作綿密的組織機制。正是這一黨團機制在中共早期發動群眾運動以及處理與其他黨派團體關係的過程中，發揮了至關重要的作用。本文擬從宏觀角度梳理中共早期黨團機制的演變，並以五卅運動前後各地黨團活動為切入點，具體分析中共黨團機制與群眾組織、群眾運動的互動關係。[2]

一、早期黨團的發展脈絡

黨團本是指中共在一切黨外組織與群眾組織中進行組織活動的祕密機關，圍繞它而衍生出一整套滲透、整合、領導群眾組織乃至群眾運動的組織機制和行動規則，是為黨團機制。該機制可追溯至 19 世紀上半葉的英國議會黨團。議會黨團由同一個政黨或幾個政黨中政治傾向相同的議員所組成，是政黨在議會中進行活動的載體。列寧將這一制度移植到蘇俄布爾什維克，並將其活動範圍擴大到蘇維埃及一切社會團體，藉此擴大黨的影響，確保黨在政治上的領導地位，[3]成為列寧主義政黨的一種獨特機制。

---

[2]　由於黨團祕密運作、行事詭譎，加之黨團材料數量較少且分佈零散，因而學界並無專門的黨團研究成果，更多是探討中共組織結構時稍作涉及，且研究時段大多為 30 年代以後，以黨組為核心考察對象。從研究方法上來看，主要是從文本規定出發，主要關切中央的組織設計及調整，較為忽視黨團與當時歷史情境的互動關係，且對各地黨團發展的具體情形語焉不詳，難見黨團全貌，本文即為解決以上問題的嘗試。參見胡德平，《中國共產黨黨組政治研究》（上海：復旦大學 2014 年博士論文）；王亞紅，〈中共黨組的制度淵源探析——中共黨組產生以前的黨團制度考察〉，《學理論》，2013 年第 36 期，頁 112-116。李里峰，《革命政黨與鄉村社會——抗戰時期中國共產黨的組織形態研究》（南京：江蘇人民出版社，2011）。

[3]　王亞紅，〈中共黨組制的制度淵源探析——中共黨組制產生以前的黨團制度考察〉。

　　早在建黨之初，中共對黨團的探索已有跡可循。中共「一大」首個綱領的英文稿中規定，各地在黨員增加的情況下，應根據職業的不同，利用工人、農民、士兵和學生組織進行黨外活動。[4] 這一規定，可視為中共設立黨團的先聲。1922 年，「二大」專門通過《關於議會行動的決議案》，仿照俄國布爾什維克議會黨團的做法，規定中共的議員須受各級黨委的監督和指揮，一切不得自主；[5] 同時還在工會運動的決議案中，明確規定在一切的勞動團體，如工會、行會、俱樂部、工人學校之中，組織強有力的小團體。[6] 所謂「小團體」，正是黨團組織。很快，在 1922 至 1923 年的京漢鐵路大罷工中，就有了中共黨團的身影。據羅章龍回憶，京漢鐵路總工會內即建立了中共黨團，並成立了黨團辦事處，羅章龍為書記，王仲一、史文彬、許白昊、林育南等為黨團成員。另外，中共在隴海鐵路、正太鐵路工會中亦設有黨團。黨團負責領導全局，常在工人運動發生前，討論應對政策，確定運動手段和步驟。[7]

　　基層黨員起初多對黨團制度感到陌生，不識黨團為何物，混淆黨團與支部的差別。在中共的組織設計中，黨團與支部有明確分工。一般而言，支部重發展，黨團偏行動；支部負責吸收黨員，黨團則不負此責任。支部還擔負教育黨員、督率黨員的工作，黨團則決定非黨的團體組織中一切鬥爭的方針政策與策略，指導非黨團體中的黨員一致行動，貫徹黨的政策。1925 年 8 月 31 日，中共中央發出通告，對黨團的組織和任務加以明確。1926 年 1 月，中共又在對工人運動的指示中，進一步

4　《中國共產黨第一個綱領》，中共中央組織部等編，《中國共產黨組織史資料》，第 8 卷，文獻選編（上）（北京：中共黨史出版社，2000），頁 2 注釋①。
5　中央檔案館編，《關於議會行動的決議案》，《中共中央檔案選集》，第 1 冊（北京：中共中央黨校出版社，1989），頁 74、75。
6　中央檔案館編，《關於「工會運動與共產黨」的議決案》，《中共中央檔案選集》，第 1 冊，頁 80、81。
7　羅章龍回憶的黨團，未見中共檔加以佐證，究竟是當時黨員已有明確的黨團訓練，還是羅章龍事後加以修飾，猶有疑問。羅章龍，《椿園載記》（北京：三聯書店，1984），頁 232、243。

規範黨團和支部：支部和黨團均須對內統一思想，對外宣傳黨的政策；支部為固定機關中的基礎組織，黨團為臨時會議或聯合機關中的機動組織；單一的工會或學校設支部，不設黨團，有特別會議發生時，由支部書記臨時組織黨團。但有時在工會或學生會中，亦有黨團。[8] 黨團中的每個分子，既要堅決執行黨對黨團的決議，也須執行黨團自己的決議。[9] 如在工會中負責人為非同志時，「應由相近的同志包圍他」，使他「無形中」執行黨團決定之政策。[10] 在投票表決時，黨團成員要表達一致意見；在群眾運動中，黨團成員要展示一致力量。

在中共組織系統中，黨團不是獨立單位，也不能自成系統。[11] 如全國或地方的總工會最高黨團，只能宏觀指導下級黨團。為貫徹某種政策及避免各地衝突起見，黨團須呈報中央及區黨部或直接通知各地黨部，對該項政策加以說明。[12] 國民黨全國代表大會中的中共黨團，由中共中央指揮，向中央負責；國民黨地方黨部中的中共黨團，由中共區委或地委指揮，向區委或地委負責。上級黨團不能任意指揮下級黨團，須徵求區委或地委的同意。而黨團如需調用支部力量，也須經支部上級地委許可。[13] 下級黨團受同級區委、地委和上級黨團的雙重領導。

8　中共中央組織部等編，《中央通告第五十三號——介紹新黨員之變通辦法，各團體中黨團的組織與任務》，《中國共產黨組織史資料》，第8卷，文獻選編（上），頁65。

9　中共中央組織部等編，《組織問題議決案》，《中國共產黨組織史資料》，第8卷，文獻選編（上），頁86。

10　中共中央組織部等編，《職工運動中黨的發展及其關係議決案》，《中國共產黨組織史資料》，第8卷，文獻選編（上），頁79。

11　中共中央組織部等編，《組織問題議決案》，《中國共產黨組織史資料》，第8卷，文獻選編（上），頁86。

12　中共中央組織部等編，《職工運動中黨的發展及其關係議決案》，《中國共產黨組織史資料》，第8卷，文獻選編（上），頁79。

13　中共中央組織部等編，《中央通告第五十三號——介紹新黨員之變通辦法，各團體中黨團的組織與任務》，《中國共產黨組織史資料》，第8卷，文獻選編（上），頁65。

　　黨團雖早有實踐，卻很晚才出現在中共黨章之中，甚至晚於國民黨。中共黨章與國民黨改組後的黨章均取法於蘇俄，然所借鑒之藍本有所差異。1924 年國民黨「一大」制訂的《中國國民黨總章》係借鑒 1919 年 12 月俄共（布）第八次全國代表會議通過的《俄國共產黨（布爾什維克）章程》。[14] 而 1927 年修訂的中共黨章，則更近似 1922 年俄共（布）第十二次代表大會修訂的黨章。[15] 而兩者關於黨團的規定幾乎一致，均擺脫了早期議會黨團痕跡，僅在黨團書記的選任方式上有所不同。[16] 1927 年 6 月 1 日，中共中央政治局會議通過的《中國共產黨第三次修正章程決議案》中，第一次在黨章中明確規定了黨團的性質、作用以及黨團的組織方法、隸屬關係、活動規範以及紀律懲處等。[17]

　　與共產黨相似，青年團 [18] 亦有類似黨團的機關，名為團組。該機關的產生和發展，亦經歷一探索過程。1922 年社會主義青年團第一次代

14　王奇生，《黨員、黨權與黨爭——1924-1949 年中國國民黨的組織形態》（北京：華文出版社，2010），頁 14。俄共（布）黨團脫胎於俄國社會民主黨早期議會鬥爭時期的議會黨團，在 1919 年黨章中尚有指導議會鬥爭條款。國民黨黨章照搬了這些條款，如「國議會內之黨團受中央執行委員會之指揮及管轄」、「省議會內之黨團受該省黨部執行委員會之指揮及管轄」、「如與黨之紀律大有違反時，其辭職書即在黨報上發表，並且須本人脫離該議會」。榮孟源主編，《中國國民黨歷次代表大會及中央全會資料》，上冊（北京：光明日報出版社，1985），頁 32-34。

15　胡德平細緻比較了 1927 年修訂的中共黨章與 1919 年《俄國共產黨（布爾什維克）章程》的差別，認為中共在「拿來」俄共經驗的基礎上作出一定本土化的調整。筆者基本同意其觀點，但也認為 1927 年修訂的中共黨章與 1922 年的俄共（布）修訂版的歷史淵源更深，更具比較價值。胡德平，《中國共產黨黨組政治研究》（上海：復旦大學 2014 年博士論文）。

16　俄共（布）要求黨團內部選舉產生，而中共則由黨委指定。中共中央馬恩列斯著作編譯局譯，《蘇聯共產黨代表大會、代表會議和中央全會決議彙編》，第 2 分冊（北京：人民出版社，1964），頁 228、229。

17　中央檔案館編，《中國共產黨第三次修正章程決案》，《中共中央檔案選集》，第 3 冊，頁 153、154。

18　中國共產主義青年團在 1922 年成立之初，名為中國社會主義青年團，1925 年 1 月，在團的第三次全國代表大會上，決定將中國社會主義青年團改名為中國共產主義青年團。為行文方便，本文中統稱青年團。

表大會通過的章程中，並無規定團員應如何在黨外團體中活動。但《中國社會主義青年團與中國各團體的關係之議決案》中，已指示青年團與其他團體有三種關係模式：一是團員加入其中，「造成中堅勢力」；二是團員在運動中與之聯絡進行，以達目的；三是「無顧惜的披露其罪惡」，使青年不致受其迷蒙，並以實力推翻之。[19] 滲透、聯絡與破壞，是團對其他黨派團體的三種基本活動方式。雖無黨團之形，實已得其神。

　　1924 年 3 月 22 日，青年團中央第二屆執行委員會第二次擴大會議通過的《學生運動決議案》中，指出應當在各地學生會中「設立團的小組」。1925 年 1 月 30 日，共產主義青年團召開第三次代表大會。在大會修訂的章程中，首次出現關於組織團組的明確規定。[20] 大會通過的《一般被壓迫青年運動的決議案》中，還對團組在學生組織中的定位和活動還作了詳細規定，如青年團團組應設立在學生會之中，使學生會成為學生運動的「總機關」與「領袖」；在學生會會議未討論各種問題之前，團組應先討論；在學生運動發動前，團組應有一預估，「非有勝利希望時，不必發起學潮」；而對於已經發生的學潮，團組應引導學生會參加。[21] 1928 年 7 月，中國共產主義青年團第五次代表大會通過的章程中，對團組的性質與活動方式作了明確規定：團組是青年團在其他組織中實行團的政策，加強團的影響，並監督團員工作的組織。[22]

　　大革命時期，中共與青年團的關係，大體處於並駕齊驅的狀態，甚

19　共青團中央青運史檔案館編，《中國社會主義青年團與中國各團體的關係之議決案》，《中國共青團歷次全國代表大會概覽》（北京：中國青年出版社，2012），頁 14。

20　共青團中央青運史檔案館編，《中國共產主義青年團第二次修正章程》，《中國共青團歷次全國代表大會概覽》，頁 84。

21　共青團中央青運史檔案館編，《一般被壓迫青年運動的決議案》，《中國共青團歷次全國代表大會概覽》，頁 71。

22　共青團中央青運史檔案館編，《中國共產主義青年團章程》，《中國共青團歷次全國代表大會概覽》，頁 167。

至出現「團先黨後」的現象。初期青年團人數多於中共，且團員多為知
識青年，文化程度大多高於黨員，因而承擔更多實際工作。[23] 共青團儼
然有「第二黨」傾向，[24] 自認與中共比肩而立，黨為兄，團為弟。[25] 尤其
在學生運動中，共青團員數量較多，團組頗為活躍。這個時期，青年團
不僅「包辦」學生運動，甚至代替黨組織工人運動、農民運動，「與共
產黨沒有一點分別」。[26] 如在湖北各地，一切國民運動、農民運動、青
年運動等工作都歸青年團領導。[27]

　　五卅後，各地黨與青年團組織，均有相當發展，但部分地區黨的支
部幾乎沒有黨員，甚至出現上層黨領導團，下層團取代黨的現象。黨和
團的勢力難以截然分開。省港罷工中黨員與團員混合組成黨團。中共廣
東區委屢次想將兩者分開，卻發現罷工黨團依照罷工團體而設，並無工
人組織與青年工人組織之分，如分開則指揮不便。[28] 同理，上海總工會
和學生聯合會內的團組已被取消，併入黨團。[29] 可以說，早期的中共和

23　1925 年 1 月，中共黨員共有 994 人，而團員有 2191 人，1925 年 9 月，中共黨員
　　有 3164 人，而團員則近 9000 餘人。參見黃金鳳，〈從「第二黨」到後備軍：共
　　產黨與青年團早期關係的演變〉，《近代史研究》，2011 年第 3 期，頁 123-138。

24　中央檔案館編，《對於青年運動之議決案》（1925 年 1 月），《中共中央檔案選
　　集》，第 1 冊，頁 298。

25　光亮，《本團與中國共產黨之關係──政策、工作、組織》（1923 年 7 月），
　　中國新民主主義青年團中央委員會辦公廳編，《中國青年運動歷史資料（1915-
　　1924）》，第 1 冊（編者自印，1957），頁 325、329。

26　中央檔案館編，《對於青年運動之議決案》（1925 年 1 月），《中共中央檔案選
　　集》，第 1 冊，頁 298。

27　中央檔案館、湖北省檔案館編，《團武漢地委關於湖北各地團組織活動情況的報
　　告》，《湖北革命歷史檔案彙編（群團檔）》（1925-1926）（編者自印，1983），頁
　　294。

28　中央檔案館、廣東省檔案館編，《團汕頭地委給團中央的報告──召開第二次團
　　員大會的經過》，《廣東革命歷史檔案彙集（群團檔）》（1925 年）第 2 冊（編者自
　　印，1982），頁 188。

29　中央檔案館、上海市檔案館編，《上海區委召開聯席會會議記錄──關於總工會
　　與學生會的黨團問題》，《上海革命歷史檔案彙集（上海區委會議記錄）》（1923 年
　　7 月 -1926 年 3 月）（編者自印，1986），頁 135。

青年團合組黨團相當普遍。[30]

二、黨團運作下的國共關係

　　中共黨團機制的活動對象和範圍十分廣泛，既包括群眾組織，也包括其他政黨。中國國民黨在 1924 年仿照列寧主義政黨體制進行了改組，但改組並不徹底，改組後仍以三民主義為「體」，僅以俄共組織為「用」，只學到半套表面功夫，黨的組織渙散如故。亦因為此，跨黨的中共黨員和團員在國民黨內有相當寬鬆的活動空間。如眾所知，第一次國共合作的形式非常獨特：一方面，中共黨員和團員以個人身分加入國民黨，具有雙重黨籍，形成一種「跨黨合作」關係；與此同時，中共作為一個政黨在國民黨之外仍然獨立存在，兩黨關係又是一種「黨際合作」關係。從國民黨的立場看，既是「容共」，又是「聯共」。「容共」是「容納共產分子」；「聯共」是「聯合共產黨」。單獨稱「容共」，或單獨稱「聯共」均難以完整表述第一次國共合作的這種兩重性。[31] 在中共眼中，國民黨並非一嚴格意義上的列寧主義革命政黨，組織鬆散，成員複雜，地位更接近群眾團體。

　　從第一次國共合作建立伊始，中共即試圖在國民黨內建立黨團，通過黨團影響乃至控制國民黨。1924 年 1 月國民黨「一大」召開期間，中共首次在國民黨內明確建立黨團。現有材料中，中共最早的黨團會議記錄，見於蘇俄政治顧問鮑羅廷的箚記。1924 年 1 月 18 日，國民黨「一大」召開前夕，出席國民黨大會的 20 名中共代表與鮑羅廷召開黨團會議，共同討論在國民黨「一大」上中共黨團如何運作的問題。毛澤

30　即便黨團、團組分立，由於當時黨、團不分，黨、團並進的實際狀況，黨團成員與團組成員的活動對象、活動方式也無明顯差別，黨團與團組的功能與角色往往混同，二者分享著相同的組織機制和行動規則，故而本文將兩者背後的黨團機制視作統一的考察對象，後文中無論黨團亦或團組，均以黨團指代。

31　王奇生，《黨員、黨權與黨爭──1924-1949 年中國國民黨的組織形態》，頁 56。

東主張，中共代表在國民黨「一大」上應分成若干小組祕密進行，不宜集中公開活動，以免引起其他團體反對。鮑羅廷則認為中共代表無妨公開活動。最後決定與會的 20 名中共代表成立一個委員會以及各代表團代表的聯席會議，以利相互聯絡與共同行動。[32] 自此之後，以個人身分加入國民黨的中共黨員和青年團員，主要以黨團的形式在國民黨內祕密活動，形成「黨內有黨」的局面。事實證明，毛澤東等中共黨員顯然比蘇俄顧問鮑羅廷更熟稔中國的政治生態和組織邏輯。中共黨團在國民黨內的祕密運作，更利於工作開展。

　　由於中共組織嚴密，國民黨組織鬆散，理想信仰方面，中共黨、團員也比國民黨員表現堅定，加入國民黨的中共黨、團員很快呈現反客為主的態勢。中共黨員譚平山被孫中山任命為國民黨中央組織部長，自然有利於中共黨、團員在國民黨內施展手腳。據他的說法，在 1926 年 1 月國民黨「二大」召開前後，大約 90% 的國民黨地方組織處於共產黨員和國民黨左派的領導之下。[33] 1926 年 2 月，維經斯基在給共產國際執委會的報告中也談到：「共產黨實際上領導著國民黨。小小的共產黨處於國民黨的機構之中，在組織和發展國民黨」。[34] 同年 8 月，國民黨左派顧孟餘在與維經斯基的一次談話中提到，在國民黨省一級的地方黨部，以及大量基層組織中，共產黨人均占多數，而在另外一些地方，共產黨人即使處於少數，也能通過黨團來領導國民黨。[35] 同年 11 月陳獨

32　中共中央黨史研究室第一研究部編，《鮑羅廷的箚記和通報》，《聯共（布）、共產國際與中國國民革命（1920-1925）》（北京：北京圖書館出版社，1997），頁 453-455。

33　譚平山，《中國革命黨宣言草案》，引自傑柳辛、科斯佳耶娃，〈大革命時期的中國共產黨與國民黨〉，《國外中國近代史研究》，第 16 期（北京：中國社會科學出版社，1990），頁 214。

34　《共產國際執行委員會主席團會議討論中國問題的速記記錄》（1926 年 2 月 10 日），中共中央黨史研究室第一研究部編，《聯共（布）、共產國際與中國國民革命運動（1926-1927）》（上），（北京：北京圖書館出版社，1998），頁 44、60。

35　中共中央黨史研究室第一研究部編，《維經斯基同顧孟餘談話記錄》（1926 年 8 月

秀更自豪地聲稱，廣東、上海、北京、湖南等幾個重要地區的國民黨組織都處於共產黨「包辦」之下。[36] 在「包辦」國民黨的過程中，中共黨團機制發揮了至關重要的作用。很大程度上，共產黨黨團實際成為國民黨「機關」中的「機關」。

相對於國民黨中央，中共黨團在國民黨地方黨部中的運作更為成功。團武昌地委報告，團員在國民黨省委和各區委中「均負主持之責」。[37] 團北京地委在北京國民黨中居於「大哥地位」，國民黨內其他團體均無力與其較量。[38] 中共天津地委在國民黨中也安插黨團，確保共產黨的主張在國民黨地方黨部貫徹。[39] 在上海「一般民眾的心目中，上海特別市黨部等於 C. P.。」[40] 中共黨團過於強勢，以至於成員不經過國民黨的組織程式，直接執行中共的行動策略，引起國民黨黨員的反感。[41]

這一時期，共產黨和青年團通過黨團控制國民黨，再以國民黨的名義組織各項運動。五卅運動中，上海學生聯合會居於領導地位，在學生中頗有威望。在學聯中起決定作用的是國民黨黨團，而該黨團的實際指

---

31 日），《聯共（布）、共產國際與中國國民革命運動》（1926-1927）（上），頁 422-423。

36　中央統戰部、中央檔案館編，《陳獨秀關於國民黨問題報告》（1926 年 11 月 4 日），《中共中央第一次國內革命戰爭時期統一戰線檔選編》（北京：檔案出版社，1990），頁 291-292。

37　中央檔案館、湖北省檔案館編，《團武昌地委報告（第一號）——關於地委改選及教育、訓練工作情況》，《湖北革命歷史檔案彙編（群團檔）》（1925-1926），頁 31。

38　中央檔案館、北京市檔案館編，《團北京地委關於中俄交涉破裂發起視為運動的情況報告》，《北京革命歷史檔案彙集》（1922-1926）（編者自印，1991），頁 78。

39　中央檔案館、河北省檔案館編，《李志新關於組織與天津學聯情況致鐘英的信》，《河北革命歷史檔案彙集》，甲第 1 冊（編者自印，1997），頁 292。

40　《中央擴大會議關於上海工作計畫決議案》（1926 年 7 月），《上海革命歷史檔案彙集（中共上海區委檔）》（1925 年 -1926 年）（編者自印，1986），頁 306。

41　1926 年 12 月 9 日《上海區委通告樞字第九十四號——民校工作及應注意各點》，中央檔案館、上海市檔案館編，《上海革命歷史檔案彙集（中共上海區委檔）》（1926 年 -1927 年）（編者自印，1986），頁 90-92。

揮者，又是中共和青年團合組的黨團。[42] 1926 年底，國民黨寧波市黨部整頓後，共產黨將「一切群眾運動的領導地位轉移至它（國民黨市黨部，引者注）身上」，再以國民黨黨員的身分領導運動。[43] 青年團武昌地委組織的農民運動，也都是透過國民黨的組織來進行。[44] 國民黨的軍事行動，中共黨團亦有介入。中共廣東區委在出征江西的北伐軍中，組織了一個負責軍事的黨團，規定軍事黨團只管軍事，不能干涉地方黨務。[45] 在中共眼中，國民黨只是一個軀殼，是國民運動的組織載體，與農民團體、青年團體、婦女團體作用相近。[46]

　　中共借助國民黨的軀殼，有其自身考慮。國民黨有歷史、有地盤、有影響，此為早期中共所不及。在相當一部分民眾眼中，國民黨的形象比謠傳「共產共妻」的共產黨溫和。因而共產黨假借國民黨的名義，易於在民眾中開展活動。其次，借重國民黨之聲望，中共易於吸納有志青年。國民黨在河北張家口頗有聲望，「學生腦海中亦有國民黨三字之印象」。青年團因利乘便，先介紹學生加入國民黨，再將國民黨內優秀分子介紹進青年團。[47] 此外，中共和青年團經費緊張，而利用國民黨的地

---

42 《團上海地委學生部工作報告—關於一九二五年三月至九月的學生運動情況》，《上海革命歷史檔案彙集（青年團上海地委檔）》（1922 年 2 月 -1927 年 1 月），頁 134。

43 中央檔案館、上海市檔案館編，《寧波地委組織部十一月份工作報告——關於政治狀況、黨的工作、群眾工作等問題》，《上海革命歷史檔案彙集（寧波地委檔）》（1925 年 -1927 年）（編者自印，1988），頁 385。

44 中央檔案館、湖北省檔案館編，《團武昌地委致團中央信——關於組織整頓、宣傳等工作情況》，《湖北革命歷史檔案彙編（群團檔）》（1925-1926），頁 89。

45 中央檔案館、廣東省檔案館編，1926 年 10 月 21 日《中共廣東區委致黨中央信——答復中央十月四日來信》，《廣東革命歷史檔案彙集（中共廣東區委檔）》（1921 年 -1926 年），頁 390。

46 中央檔案館、湖北省檔案館編，《求實致鄂弟信——關於湖北團組織、宣傳、學生運動、經濟鬥爭、青年團體等工作的意見》，《湖北革命歷史檔案彙編（群團檔）》（1925-1926），頁 270。

47 中央檔案館、河北省檔案館編，《大奎關於宣傳部工作報告及今後工作意見》，《河北革命歷史檔案彙集》，甲第 1 冊，頁 421。

方組織可以向國民黨中央申請經費，擴大運動。[48]

　　中共黨團在國民黨內的祕密運作，一直令國民黨人深懷戒懼，痛感「國民黨黨務，共產黨員可以操縱，而共產黨黨務，國民黨員絕對不能參加。」[49] 國民黨人認為，中共黨員既以個人身分加入國民黨，則不應在國民黨內進行祕密黨團活動。而中共方面則反駁說，「既准跨黨，便不能無黨團之嫌疑。國民黨外既然有一共產黨存在，則國民黨內便不能使共產派無一致之行動。況既謂之派，思想言論必有相類之處，既有黨外之黨，則其一致行動更無可疑。」[50]

　　國民黨以中共黨團為洪水猛獸，中共則辯稱黨團為挽救國民黨之良方。1924 年 6 月 18 日，張繼等國民黨元老以中共黨團活動為罪證，提出彈劾案，認為共產黨不忠於國民黨。6 月 25 日，謝持、張繼前往東山鮑羅廷寓所，質問鮑羅廷，「君以共產黨加入國民黨，而在黨內作黨團活動，認為合理乎？」鮑羅廷回答，「國民黨已死，國民黨已不成黨，只可說有國民黨員，不可說有國民黨，加入新分子，如共產黨者，組織黨團，可引起舊黨員之競爭心，則黨可復活。」鮑羅廷進而補充，凡黨必有派，中共黨團，無異於國民黨的一派。國共關係本是「互相利用」，國民黨從中共黨團中也能獲益。[51] 雙方交鋒關鍵在於國民黨的組織性質。鮑羅廷認為國民黨組織鬆散，黨不成黨，有其他政黨加入無可

48　武漢國民黨員有百餘人，也是由青年團領導。中央檔案館、湖北省檔案館編，《團武昌地委致團中央信——一關於政治狀況、組織工作及學潮等情況》，《湖北革命歷史檔案彙編（群團檔）》（1925-1926），頁 142。中央檔案館、湖北省檔案館編，《團武漢地委關於湖北各地團組織活動情況的報告》，《湖北革命歷史檔案彙編（群團檔）》（1925-1926），頁 285。

49　李焰生，〈「容共」政策與「聯共」政策〉，《現代青年》，第 73 期（1927 年 4 月 9日）。

50　瞿秋白對於三監察委員彈劾案答辯詞，見李雲漢，《從容共到清黨》（臺北：及人書局，1987），頁 326-327。

51　中共中央黨史研究室第一研究部編，《謝張兩監察委員與鮑羅廷問答紀要》，《共產國際、聯共（布）與中國革命文獻資料選輯（1917-1925）》（北京：北京圖書館出版社，1997），頁 578-580。

厚非。而張繼等人意見正相反，認為「黨內有黨」，必不相安。張繼等人的擔憂，不無道理。黨團機制是國共衝突的內在根源之一，從共產黨加入國民黨的決策伊始，矛盾隱患即已埋下。

國共「跨黨」紛爭，不在於共產黨員的雙重身分，而在於中共黨團活動方式隱祕。換言之，跨黨之糾葛，癥結在黨團之運作。1924 年 8 月 21 日，為解決黨團問題，國民黨中央執行委員會發佈訓令，禁止黨團之存在：

今中國共產黨與本黨同為革命組織，對於現時中國之政見又盡相同，故決不能發生黨團作用。而加入本黨之共產派，既服從本黨之主義，更不致有黨團作用。其所以有黨團作用之嫌疑者，由於此等印刷品，其性質非屬於公開，而屬於祕密。既屬於祕密，則無論其對於本黨懷有善意抑懷有惡意，而常易被認為惡意。同志平日相與戮力，其精神之浹洽，不外於理智之互浚與感情之相孚，而此等之祕密行為實足為感情隔膜之導因。中國共產黨關於黨務之祕密，本黨固無須過問，然其活動之有關於國民革命者，本黨則欲知之，以期對於國民革命得齊其趨向與步驟。至於中國共產黨對於其黨員之加入本黨者施以指導，俾知對於本黨應如何盡力，此在中國共產黨為當然之事；而本黨則認為，此於本黨之黨務進行及黨員紀律有直接間接之關係。倘使中國共產黨關於此等之討論及決議，使本黨得以與聞，則本黨敢信黨內共產派所被黨團作用之嫌疑無從發生。[52]

國民黨要求中共黨團成員公開身分，決策透明，設立國際聯絡處，瞭解中共活動及與國民黨關係，均被中共拒絕。1926 年 5 月，蔣介石提出《整理黨務案》，要求中共將黨員名冊提交給國民黨中央。如此，中共黨團組織將全部暴露，中共自然未允其提議。蔣介石感歎，「究竟

---

52 《中國國民黨中央執行委員會第二次全體會議關於黨內共產派問題之訓令》，據《國民黨中央執行委員會全體會議對於全體黨員之訓令》，黃彥編注，《論改組國民黨與召開「一大」》（廣州：廣東人民出版社，2008），頁 199、200。

哪個是真正的黨員，哪個是跨黨的黨員，究竟哪個是忠實的中央執行委員，哪個是跨黨的中央執行委員，不說各位同志不明白，要懷疑，就是我做主席的，也弄不明白。」[53]

中共黨團問題，始終是困擾國民黨的心結。國民黨也曾經嘗試以黨團對黨團，向中共反擊。據鄒魯回憶，在他擔任國民黨中央青年部長期間，曾在廣東各校組織國民黨黨團，對付共產黨；同時也派人加入共產黨，去偵察對方的情形。但其黨團僅祕密滲透一項，稍似中共，在其內部並不能形成勢力，影響決策。[54] 國民黨始終未能有效反制中共黨團，最後不得不訴諸武力清共。

總之，黨團是中共與國民黨第一次合作的主要組織媒介，也是中共在國民黨內活動的主要運作方式。中共在國民黨內的迅速發展壯大，以及對國民黨的影響乃至操控，在很大程度上得力於黨團的成功運作；但國共合作的破裂，也與黨團運作所導致的矛盾激化有一定關係。[55]

三、黨團與群眾組織、群眾運動

群眾組織是中共動員群眾的媒介，而黨團則是中共引導和控制群眾組織的媒介。截至 1927 年 6 月，中共已有中華全國總工會黨團幹事會、全國農民協會臨時黨團、中華全國學生總會黨團、中華全國濟難總會黨團、中華全國鐵路總工會黨團等眾多全國性團體組織的黨團。[56] 可見，中共意在通過黨團，掌控和統攝全國各類型的群眾團體。

53　蔣介石，《南昌總部第 14 次紀念周演講詞》（1927 年 2 月 21 日），《蔣介石言論集》，第 4 集，頁 136。轉引自王奇生，《黨員、黨權與黨爭—— 1924-1949 年中國國民黨的組織形態》，頁 89。

54　鄒魯，《鄒魯回憶錄》（北京：東方出版社，2010），頁 117、160。

55　王奇生，《黨員、黨權與黨爭—— 1924-1949 年中國國民黨的組織形態》，頁 89-90。

56　中共中央組織部等編，《中國共產黨組織史資料》，第 1 卷，頁 47。

　　除這些常規組織外，中共在臨時性的群眾組織中，亦設有黨團，較為著名的有省港大罷工運動中的省港罷工委員會。該委員會的核心人物，如蘇兆征、鄧中夏等均為黨團成員。他們通常晚上參加黨團會議，由成員先行彙報各自部門工作情況和問題，然後討論作出決定，第二天貫徹執行。另有一小規模、高級別的黨團會議，僅少數成員參加，以蘇俄顧問鮑羅廷為核心。曾參與領導省港罷工的黃平回憶，「省港大罷工的重要決策無一不是同鮑顧問商量過的，多數是他提出來的」。[57]

　　各地農民協會中也有中共黨團的身影。中共寧波地委發展 11 個區，每區均有農民協會，總人數近千人，協會由黨團負責指揮。[58] 1926 年，廣東各縣紛紛成立農民協會，各協會中黨團組織活躍，幾乎取代黨支部地位，成為鄉村黨組織的核心。[59]

　　在眾多群眾團體中，黨團與學生聯合會的關聯尤為複雜，也尤為重要。在五四之後的群眾運動中，學生群體均是先導者和風向標。時在北京地委工作的李渤海觀察，「北京惟一的群眾是學生」，[60] 全國各地也有類似情況。學生組織歷史悠久，自有統系，且對政治極其敏感。全國學生聯合會與京滬等地學生聯合會，聲氣相通，互相倚重，構成龐大的學生組織網路。故中共對學生團體組織極為重視。學生團體自然也成為黨團力圖介入的重要目標。

　　學生運動的中心組織是學生聯合會。中共和青年團也認識到學聯是

57　中央檔案館、廣東省檔案館編，《中共廣東區委關於省港罷工情況的報告》，《廣東革命歷史檔案彙集（中共廣東區委檔）》（1921 年 -1926 年）（編者自印，1982），頁 31。黃平，《往事回憶》，（北京：人民出版社，1981），頁 25、26。

58　1926 年 12 月《寧波地委農民運動委員會農民運動報告——自「五卅」運動至北伐軍進浙江省前》，中央檔案館、上海市檔案館編，《上海革命歷史檔案彙集（寧波地委檔）》（1925 年 -1927 年），頁 443。

59　中央檔案館、廣東省檔案館編，《中央第二次擴大會議對於廣東農民運動決議》，《廣東革命歷史檔案彙集（中共廣東區委檔）》（1921 年 -1926 年），頁 301、302。

60　中央檔案館、北京市檔案館編，《李渤海關於北京學生運動的報告》，《北京革命歷史檔案彙集》（1922-1926），210 頁 210。

宣傳主義的「最好場合」。[61] 中共北京地委要求，鑒於學聯貼近群眾，可統一指揮，因而應重點活動。在 1922 年建立之初，青年團中央即明確指示團員應打入各地學聯內部，「不停的以活動在其中造成中堅勢力」，在愛國運動中設法取得指導地位。[62] 1924 年 6 月 4 日，青年團中央發出通告，要求各地應設法恢復或成立學聯，以求全國學生組織的穩固和擴大。[63]

　　然而，學生聯合會本屬學生自由結合，設立情況依當地學生運動水準而定。部分地區的學生聯合會有名無實，甚至沒有學生聯合會，發展極不平衡。以學生運動策源地北京而言，五四時期，各校均有學生會或自治會，[64] 至 1924 年則多已零落。[65] 1925 年 4 月，北京學生聯合會聯絡學校約七十餘所，其中一半以上的學校或沒有學生會，或有學生會而無人出席，[66] 不符合中共黨、團聯合學生的條件。因此發動學聯多從組織各校學生會做起。

　　組織學生會，有組織滲透和組織重組二途。青年團鼓勵團員加入各校學生會，並佔據有利位置。團濟南地委指出，組織學生運動，首在建

61　共青團中央青運史檔案館編，《中國社會主義青年團與中國各團體的關係之議決案》，《中國共青團歷次全國代表大會概覽》，頁 15。
62　共青團中央青運史檔案館編，《中國社會主義青年團與中國各團體的關係之議決案》，《中國共青團歷次全國代表大會概覽》，頁 15。
63　趙樸，《團二次擴大會至三次大會》，《青運史研究》，1981 年第 12 期，頁 114。
64　國立或少數私立學校多使用學生會之名，而自治會多為教會學校所沿用。
65　即便有學生會，亦多以解決校內實際問題為主，對政治和社會問題少有過問。中央檔案館、北京市檔案館編，《團北京地委關於北京學生狀況的報告》，《北京革命歷史檔案彙集》（1922-1926），頁 68-70。
66　26 所學校有俄專、平大、通財商業專門、師範大學、朝陽大學、美術專門、鬱文大學、華北大學、蒙藏專門、中法大學、民國大學、北京大學、工業大學、中國大學、法政大學、宏達學院、交通大學、溫泉女子中學、第四中學、高師附中、農業大學、崇德學校、四存中學、清明中學、大同中學、警官學校。團地委在各校發展狀況，參見各校黨團組織及學生運動狀況表，《伯莊善南關於北京青年團學聯學生會等組織狀況的報告》，中央檔案館、北京市檔案館編，《北京革命歷史檔案彙集》（1922-1926），頁 268-270。

立學生及各縣的青年團體組織，然後統一組成山東學生總會。[67] 團北京
地委為實現對各校學生會的控制，對學生政治派別進行了細緻的調查，
注意拉攏國民黨左派和無黨派學生，孤立國民黨右派——民治派，從
而擴大在學生會中的勢力。[68] 團青州特支報告，本地學生團員雖僅有 11
人，但在各學生會中佔據總務股和宣傳股的重要位置。在團員的主持
下，學生會統一喊出「打倒軍閥」、「打倒資本帝國主義」口號。[69] 組織
滲透和組織重組，只是手段，取得主導地位，得以領導宣傳和活動，獲
得代表名義，方為目的。

　　學聯建立，雖已有組織基礎，仍須師出有名，受社會認可。1924
年 12 月，團中央通告各地，借國民會議促成會運動之機改組學聯，結
果反響平平。反倒是半年後的「五卅」慘案，成為學聯發展的契機。
1925 年的五卅運動，是中共黨團和團組活動大規模開展並取得成效的
關鍵時期。鑒於當時革命潮流高漲，各地區、各階層、各類別的群眾組
織層出不窮，群眾聯合迫在眉睫，中共認識到此刻的重點是「在群眾中
鞏固我們黨的勢力」；若要證明在群眾之中「真有勢力，真能指導」，
必須利用革命潮流，在「一切工人組織、農民協會及革命的智識階級
團體」裡，組織支部和黨團。[70] 這對中共的黨團工作既是機遇，也是挑

67　山東省檔案館、山東社會科學院歷史研究所編，《團濟南地委關於半年來工作概
　　況的報告》，《山東革命歷史檔案資料選編》，第 1 輯（濟南：山東人民出版社，
　　1981），頁 14。

68　中央檔案館、北京市檔案館編，《伯莊善南關於北京青年團學聯學生會等組織狀
　　況的報告》，《北京革命歷史檔案彙集》（1922-1926），頁 272；中央檔案館、北
　　京市檔案館編，《李渤海關於北京學生運動的報告》，《北京革命歷史檔案彙集》
　　（1922-1926），頁 213。

69　山東省檔案館，山東社會科學院歷史研究所編，《團青州支部關於學生運動情況
　　的報告》，《山東革命歷史檔案資料選編》，第 1 輯，頁 68、70。武昌地區情況也
　　是如此。中央檔案館、湖北省檔案館編，《團武昌地委給團中央的報告——關於
　　組織、宣傳、經濟情況》，《湖北革命歷史檔案彙編（群團檔）》（1925-1926），頁
　　2。

70　中共中央組織部等編，《組織問題議決案》，《中國共產黨組織史資料》，第 8 卷，

戰。

　　「五卅」前，濟南青年團雖有活動，但規模甚小。慘案發生後，濟南地區的中共與青年團合作，成立濟南學生聯合會，逾半數中等以上學校參與，青年團活動頓顯生機。[71] 團寧波地委也借「五卅」之機，改組學生聯合會。當地公立、私立、教會學校基本全部加入學聯，「無形中已受本校（團寧波地委，引者注）之指揮」。[72] 團武昌地委在 1925 年 5 月之初，僅能通過學聯召集七八所學校開會，而湖北的其他地區，尚不如武昌。「五卅」運動之後，湖北地區的學聯已粗具規模，下轄學生約有一萬四千餘人，僅武昌一地就有九千五百人，[73] 足見學聯組織擴張之速。

　　宣傳和組織，是黨團在學聯中的主攻領域，在五卅運動中作用尤為關鍵。團員加入學聯後，積極佔據總務、宣傳、組織機關，從而掌握組織、宣傳以及對外聯絡的主動。武昌學聯改組後，總務，宣傳、農工三股主任，均係團員；組織股主任，也是國民黨左傾學生。[74] 團青州支部報告，團員在學聯中「地位很好」，重要職務如總務、編輯，宣傳等，都由團員擔任。[75] 團員佔據學聯重要崗位後，受黨團支配的學聯成為青

　　　文獻選編（上），頁 66、67。

71　《團濟南地委報告第十五號》，《山東革命歷史檔案資料選編》，甲 1，頁 452。

72　中央檔案館、浙江省檔案館編，《寧波分校報告十二——半年來寧波學生運動概況》，《浙江革命歷史檔案彙編（群團檔）》（1922-1926）（編者自印，1985），頁 152。山西亦有類似情況，中共在山西省學生聯合會中本無勢力，但利用五卅運動之機，成功改組學生聯合會，由共產黨員王瀛擔任主席。編寫組編，《彭真傳》，《彭真年譜：1902-1948》，第 1 卷（北京：中央文獻出版社，2012），頁 25。

73　中央檔案館、湖北省檔案館編，《團武昌地委報告（第七號）——四月份組宣、工農學運方面之工作概況》，《湖北革命歷史檔案彙編（群團檔）》（1925-1926），頁 56；中央檔案館、湖北省檔案館編，《團武漢地方報告——團內外組織和活動情況》，《湖北革命歷史檔案彙編（群團檔）》（1925-1926），頁 355、356。

74　《團武昌地委半年來的工作報告——關於組織、宣教、工農、學生工作情形》，中央檔案館、湖北省檔案館編，《湖北革命歷史檔案彙編（群團檔）》（1925-1926），頁 56。

75　山東省檔案館、山東社會科學院歷史研究所編，《團青州支部關於學生運動情況

年團宣傳政策的機關。團武昌地委報告稱，學聯「在吾人之手」，快郵代電、宣言傳單內容均由團員決定。[76] 1925 年 11 月中旬，團天津地委，號召學生「向革命的路上走」，即是利用天津學聯臨時執行委員會的名義。[77] 在黨團的主持下，團的宣傳口號，即成為學聯的口號。

　　上海為中共黨、團中央之所在。中共和青年團在上海成員眾多，根基最固。「五卅」能由一個「慘案」發展成為一場全國規模的反帝運動，與中共在上海的勢力最為發達有關。中共和青年團通過黨團控制上海學聯的過程，頗具典型意義。黨團在五卅運動爆發之前，已成功改組了上海學聯，為學生運動奠定了組織基礎。[78] 五卅慘案發生後，本持觀望態度的復旦、聖約翰、東吳法科等校，也紛紛加入上海學聯。學聯成員達九十餘校，職員超過百人。學聯一躍而為上海的重要團體，為社會上所注目。與此同時，中共和青年團也在各校拓殖勢力，一方面吸收黨員、團員，建立支部，另一方面，通過黨團加強對學生組織的控制，獲得該校的代表名額，以便出席各種會議及聯合會。青年團不僅清楚掌握各校國民黨、學生會以及其他學生團體的成員分佈，更深刻分析了黨團對學生組織的控制狀況，依控制程度由弱到強，大致分為「參與」、「活動」、「支配」。如此綿密細緻的前期工作，既是對黨團工作的督促，督促黨、團員佔據支配地位，同時，也利於活動時因「校」制宜，靈活應

　　的報告》，《山東革命歷史檔案資料選編》，第 1 輯，頁 70。

76　中央檔案館、湖北省檔案館編，《團武昌地委報告（第七號）——四月份組宣、工農學運方面之工作概況》，《湖北革命歷史檔案彙編（群團檔）》（1925-1926），頁 56。

77　12 月學聯被青年團改組後，又發宣言雲，學生已不能安心讀書，只有過問政治。中央檔案館、河北省檔案館編，《天津十一月份學生運動工作報告》，《河北革命歷史檔案彙集》，甲第 1 冊，頁 380、381。

78　1924 年秋，由上海團地委策動暨南大學、大夏大學、上海大學等校學生會召集各校代表大會，否認之前的學生會，代表大會執行委員會的重要席位「悉為我們同志抓到」。《團上海地委學生部工作報告一關於一九二五年三月至九月的學生運動情況》，《上海革命歷史檔案彙集（青年團上海地委檔）》（1922 年 2 月 -1927 年 1 月），頁 131。

變。[79]

　　中共認識到，掌握學聯，便能掌握當地學生運動，進而掌握整個社會運動的主導權。在與各界互動的過程中，學生歷來佔據主動。中共黨團通過學生會發動學生，再由學生發動商人和市民參與。學生聯合會在五卅運動中的作用之重要，借用惲代英的說法，「假使沒有學生的聯合會，就不能號召民眾，五卅運動就無從產生」，「學生會在那時很有權威」。[80] 當時的社會差序，工人對商人懷有信仰，而商人又對學生有所敬畏。據李立三回憶，他們最初先動員工人總罷工，但未能罷下來，等商人總罷市以後，工人總罷工才實現。[81]

　　商人如此，底層的工人農民對學生更是信仰有加。上海黨組織的報告中專門提到「工人崇拜學生」的現象。[82] 學生受重視，既有「士大夫」的傳統餘蔭，更有五四運動的精神遺產。五四之後，羅家倫注意到學生界流行「學生萬能」的觀念，學生自以為什麼事都可以辦，什麼事都要過問。[83] 五四之後學生的「神聖化」與組織化，被中共充分運用於自身

79　《團上海地委學生部工作報告──關於一九二五年三月至九月的學生運動情況》，
　　《上海革命歷史檔案彙集（青年團上海地委檔）》（1922 年 2 月 -1927 年 1 月），頁
　　126-131。

80　惲代英，《五卅運動》，上海社會科學院歷史研究所編，《五卅運動史料》，第 1 卷
　　（上海：上海人民出版社，1981），頁 8、10。

81　上海社會科學院歷史研究所編，《李立三同志對二月罷工和五卅運動的回憶》，
　　《五卅運動史料》，第 1 卷，頁 144-145。工人一般跟在商人後面行動。而商人之
　　所以罷市，又主要是為了聲援學生而非工人。當時鄧中夏說過這樣一段話：「在
　　資產階級眼中，學生是被他們所比較重視的，此次南京路的屠殺，假使是工人而
　　不是學生，資產階級一定是漠不關心，一屁不放（譬如資產階級對顧正紅案的冷
　　淡，便是眼前的證據）。惟其是因為屠殺學生，他們方慢條斯理的討論他們對慘
　　案的態度。所以此次學生運動有很大的作用。」鄧中夏，《五卅運動》，上海社會
　　科學院歷史研究所編，《五卅運動史料》，第 1 卷，頁 43。

82　中央檔案館、上海市檔案館編，《上海區委召開各部委書記會議記錄》（1926 年 5
　　月 15 日），《上海革命歷史檔案彙集（上海區委會議記錄）》（1926 年 4 月 -1926
　　年 6 月），頁 121。

83　羅家倫，《一年來我們學生運動底成功失敗和將來應取的方針》，《晨報》，1920 年
　　5 月 4 日，第 2 版。

組織建設與實際的政治運動中。寧波學聯發起工會促成會，聯絡成立機器工人聯合會、渡船工人聯合會，並通過黨團加以領導。[84] 團寧波地委主持寧波學聯，號召各界組成寧波外交後援會。無論演講、募捐，還是調查，學生均是其中主力。[85] 各地學聯在組織各界聯合組織時，往往充當先鋒的角色。

從當時報導來看，各地五卅後援會建立的組織流程大致相似，往往以當地學生聯合會及各校學生會號召罷課為先導，繼而學生上街遊行，分隊演講，向民眾報告，造成聲勢，最後聯合各社會團體，在大會上成立各界聯合會。1925 年 6 月 5 日，在團開封支部的策劃下，河南全省學生會議決各校一律罷課，由各校組織講演團，聯絡各界組織五卅後援會。[86] 團大連特支接團中央運動指示，依靠學界，組織滬案後援會，安排學生罷課，工人罷工，市民遊行，[87] 獲大連各界群起回應 [88] 黨員和團員加入後援會，旨在加強組織力量，左右決策，貫徹中央主張。安慶於 6 月 2 日舉行群眾大會，會上通過三項決議，通電聲援運動、組織團體募捐、與英日兩國經濟絕交。三項提案均為共產黨員徐夢秋、薛卓漢等所提。[89] 團南昌地委成員加入當地後援會文書部，牢牢把控後援會的宣

84 中央檔案館、浙江省檔案館編，《寧波分校報告十二——半年來寧波學生運動概況》，《浙江革命歷史檔案彙編（群團檔）》（1922 年 -1926 年），頁 153。
85 中央檔案館、浙江省檔案館編，《寧波分校報告十二——半年來寧波學生運動概況》，《浙江革命歷史檔案彙編（群團檔）》（1922 年 -1926 年），頁 152。
86 《宏遠給弼時的信——關於援助滬案的情況》，《河南革命歷史檔案彙編（群團檔）》（1923 年 -1926 年）（編者自印，1984），頁 20；《學、工界開展反帝活動》，《民國日報》，1925 年 6 月 13 日。
87 大連市史志辦公室編，《楊志雲、傅景陽給團中央的信》，《中共大連地方組織文獻選編（1926-1949）》（大連：中共黨史出版社，2009），頁 14。大連市史志辦公室編，《團大連特支關於成立滬案後援會及工作進行情況給團中央的信》，《中共大連地方組織文獻選編（1926-1949）》，頁 16。
88 一微，《大連華人之援滬運動》，《申報》，1925 年 7 月 13 日，第 7 版。
89 《各界組織五卅慘素安徽後援會》，《時報》，1925 年 6 月 11 日，《五卅運動史料》，第 3 卷，頁 250。

傳方向。[90] 各界大會的組織流程，為各界所熟悉，中共和青年團的黨團並未別出心裁，而是加以沿用，並巧妙地事先設計好大會決議和口號，舊瓶裝新酒，利於各界群眾接受。

　　後援會組織成員的廣泛性，既是其力量之所在，也是其內部分歧之所由。各地商界、學界精英並不完全認同中共政策，更不願被年輕的黨團成員所操控，致使後援會內部頻有衝突。寧波五卅運動在中共黨團推動下，深入廣大縣鄉，為一時之盛，但也受到外交後援會中紳士、商人的質疑。討論遊行口號時，學聯提議用「打倒帝國主義，取消一切不平等條約，民族解放萬歲」等較為激進的口號，而紳士提議用「愛用國貨，取消不平等條約，中華民國萬歲」等溫和口號。學聯堅持主張，加之此時又發生群眾打砸外人住宅事件，引起紳士的恐慌。紳士認為都是「學生鬧的亂子」，聯名辭去後援會職務，後因各公團會議通過箝制學聯的議案，才勉強複職。[91] 目標的一致性，並不意味著立場的一致性。當後援會的黨團成員觸及紳、商、學各界利益之時，隱藏的矛盾便會顯露。

　　中共和青年團努力掌握各界聯合組織，以便掌握群眾運動的走向。其時，各方勢力競相爭奪各界聯合組織的領導權，或演至組織對抗。五卅運動時期，北京即存在兩大聯合組織並立的局面，一為中共和青年團黨團主導的滬案雪恥會，一為北京各界聯席會議。後者以各校滬案後援會、北京各校教職員滬案後援會、教會學校為主體，主張單獨對英，不用「打倒帝國主義」口號，與中共主導的雪恥會針鋒相對。1925 年 6月 14 日，由「北京各校教職員滬案後援會」發起召開「北京各界聯席會議」。6 月 16 日、18 日，北京各界聯席會兩次召開會議，準備於 25

90　中央檔案館，江西省檔案館編，《團南昌地委學生部報告（第七號）——關於南昌援助「滬案」情況和九江日清工人罷工緣因》，《江西革命歷史檔案彙編》（1923年 -1926 年）（1）（編者自印，1986），頁 171、172。

91　中央檔案館、浙江省檔案館編，《寧波分校報告十二——半年來寧波學生運動概況》，《浙江革命歷史檔案彙編（群團檔）》（1922 年 -1926 年），頁 152。

日總示威。雪恥會鑒於形勢不利，只得順勢參與。雙方在群眾大會上就主席、口號、指揮等事項相互爭奪，後援會本計畫在天安門開會，未得政府批准，於是僅在天安門略事追悼，即移烈士靈位至中央公園。雪恥會乘此機會，攻擊其擅移靈位之舉，帶領群眾再回天安門，奪得主席臺重開大會，將中共事先準備的口號和提案一併通過。而後，雪恥會一方面組織對後援會「拆臺」，吸引對方學校加入己方。後援會在激進的氛圍中，難以自立，瀕於解體，雪恥會反愈顯活力。[92] 地方精英並不任由革命政黨掌控群眾團體和群眾運動，有時會動用組織、金錢等資源加以抵制和競爭。但中共因黨團的策略和方法得當，在群眾大會上屢占上風，在競爭中往往更勝對手一籌。

四、黨團的有限張力

五卅運動成功之要決，在於中共群眾運動的成功策略，其中黨團機制自內而外的張力，將黨的影響拓展至社會各界，功勞不小。然而這種張力並非無窮無限。五卅運動後期，黨團活動開始顯現出受制於主客觀條件的局限性，就主觀而言，大抵可總結為三點：一為行動個人化，二為組織上層化，三為宣傳激進化。

黨團機制以寡禦眾，四兩撥千斤，運用之妙，自不待言。但黨員和團員本身數量較少，人才匱乏，這也是不得不爾的苦衷。1925 年 1 月中共黨員人數僅 994 人，經歷五卅運動後，1925 年 9 月，中共黨員達到 3164 人，1926 年 3 月黨員人數也僅有 8000 人左右。[93] 團員數量較同時期黨員為多，1924 年 10 月，青年團中央統計團員數量為 2546 人，

92 中央檔案館、北京市檔案館編《伯莊關於團北京地委工作的綜合報告》，《北京革命歷史檔案彙集》(1922-1926)，頁 344-346。
93 中共中央組織部等編，《1921 年 7 月至 1927 年 5 月中共黨員數量統計表》，《中國共產黨組織史資料》，第 1 卷，頁 39。

主要集中於北京、上海、長沙、廣州等地，其他各地團員數量，少則幾人，多則幾十人。[94] 依靠數量優勢駕馭成千上萬人的團體，幾乎不可能。自身條件和設計目標之間的巨大鴻溝，只能靠組織技術和個人活動加以彌補。久之，個人活動被等同於團體活動。1925 年 3 月，時任團武昌地委書記的林育南向團中央報告武昌地委組織及學生運動情形時指出：

> 學聯會改選，事前未報告團體，僅由同志個人之決定，雖同志占主要職員，然而他們不能做事，並且因代表促成會而北上，亦無人代替，學聯會可說是完全無人負責。我們的同志，可說全不知紀律為何物，團體行動為何物，完全是個人的行動。幹與不幹，來往去就，全是由個人的意思。他既不報告團體，請示於團體，而以前的地委對此事亦不聞不問。[95]

只見個人，不見團體，在革命政黨草創之初，此種現象頗為普遍。個人處事靈活，決策迅速，可以彌補人才短缺之弊。[96] 但此非長久之計，工作因人而動，缺乏連續性，組織也不能發揮統籌作用。團漢口地委反思漢口學聯，只見兩個負責人的努力，不見整個青年團的行動，「致常有顧此失彼情形」。學聯也徒有其表，各校代表提議與議決案，均是個人想法，各校代表回校後，也未將會議情形報告全體學生，以致學生群眾與學聯關係不緊密，運動學生時頗感困難。[97] 五卅運動後期，

94　趙樸，《青年團組織史資料之二》，中國社會科學院青少年研究所、青運史研究室編，《青運史資料與研究》，第 2 集，1981 年第 12 期，頁 80、81。

95　中央檔案館、湖北省檔案館編，《林根致團中央信——關於組織、教宣、青工‧學運等工作情況》，《湖北革命歷史檔案彙編（群團檔）》（1925 年 -1926 年），頁 22。

96　個人活動的另外一個弊端，就是黨團成員素質不一，惲代英就曾批評上海學聯中的黨團成員愛出風頭，愛與女學生交際，坐汽車，爭位置，引起外界反感。《惲代英講述：五卅運動》，《五卅運動》，第 1 輯，頁 248。

97　中央檔案館、湖北省檔案館編，《團漢口部委半年來工作報告——關於漢口政治

各地組織普遍遭遇人手短缺的危機。團上海地委中，「老是這幾個持掌著」，忽略培養新學生領袖，[98] 致使「同志太少，活動殊多困難」[99] 共產黨寧波地委的發展，也是如此。黨員在數量上雖已有相當發展，但仍感人手短缺，致使五卅後期運動呈現竭蹶狀況。過往的組織經驗，已無法適應五卅運動的形勢。個人活動雖可支撐一時，但不能持久。所以正如寧波地委所言，上海及周邊地區的運動，為時短暫，如曇花一現，五卅運動過後，即歸於消沉。[100] 這其中有多重原因。首先，政治環境與五卅時期，不可同日而語。中共力量壯大，引起軍閥當局警惕，唯恐運動複萌。但組織因素，亦不可忽視。

　　為造成更廣大的群眾參與，黨團必須佔領群眾組織的機關，但卻造成有上層而無下層，有領導而無群眾的現象。黨團雖能組織各校學生會，但因乏人回應，而無實際效用。1926 年 5 月，中共反思，「在工會、學生會、農會及其他臨時集會各團體內，只圖一時工作便利，佔據機關，多占職員，「顯出一種包辦的形式」，反使群眾脫離團體，甚至使團體分裂。[101] 1926 年 7 月，青年團上海地委統計，可供指揮的青年團體，共有 51 個，包含研究會、同鄉會、濟難會等。這些團體雖有 3000 餘市民參與其中，但未能「群眾化」，完全由團員一手包辦，結果

―――――

　　及團的工作概況》，《湖北革命歷史檔案彙編（群團檔）》（1925-1926），頁 441、447。

98　中央檔案館、上海市檔案館編，《團上海地委關於青年運動與今後團的工作方針》，《上海革命歷史檔案彙集（青年團上海地委檔）》（1922 年 2 月 -1927 年 1 月），頁 405。

99　中央檔案館、上海市檔案館編，《團上海地委通告第八號――關於學生運動》，《上海革命歷史檔案彙集（青年團上海地委檔）》（1922 年 2 月 -1927 年 1 月），頁 202。

100 中央檔案館、上海市檔案館編《寧波地委工作報告――關於社會情況、黨的工作及群運工作等情況》，《上海革命歷史檔案彙集（寧波地委檔）》（1925 年 -1927 年），頁 217。

101 中央檔案館編，《我們今後應當怎樣工作》，《中共中央檔案選集》，第 2 冊，頁 113。

是「包而不辦」。[102] 黨團成員在學生運動中雖勢力龐大,但僅限於佔領機關,而未能深入群眾,取得群眾。工人運動中也有相似情況。廣東 15 萬工人中,僅有 300 名黨員,第一次工人代表大會由 1400 名代表,而黨員人數不足百人。黨團成員儘管控制了工會的機關,卻失去與工人接觸的機會,一旦遭遇政局變動,就會馬上解散。[103]

黨團成員雖在學聯組織擔任領導,但並無群眾基礎,缺乏底層回應,容易暴露身分,惹人疑懼。團天津地委反思學生運動時,談及學生聯合會雖在掌握之中,但無學生群眾,「不過有兩個圖章」,必要時可資借用而已。[104] 團濟南地委亦反思,只有少數學生在群眾中領導,難以起到領導作用。雖費心指導,卻仍陷於「很困難的境地」。[105] 在上海大同大學和南方大學的學潮中,黨團成員均處於指揮位置,但因缺乏群眾作後盾,歸於失敗。[106] 北京團組織也意識到脫離群眾的危險性,反復告誡不要取得指導的地位,即與群眾相隔絕。[107] 然而,從結果看來,團員仍汲汲於取得學聯代表資格,很少替群眾謀利益,所以北京學聯群眾基礎

102《團上海地方工作的總現象》,《上海革命歷史檔案彙集(青年團上海地委檔)》(1922 年 2 月 -1927 年 1 月),頁 263。

103 中央檔案館、廣東省檔案館編,《廣州工會運動的報告——關於廣州工會各派的演變,對待各派的策略》,《廣東革命歷史檔案彙集(中共廣東區委檔)》(1921 年 -1926 年),頁 346。

104 中央檔案館、河北省檔案館編,《田錦報告(特別的)——政治民眾團的教育和組織發展等情況》,《河北革命歷史檔案彙集》,甲第 1 冊,頁 439。中央檔案館、河北省檔案館編,《天津學生運動之報告》,《河北革命歷史檔案彙集》,甲第 1 冊,頁 414。

105 山東省檔案館,山東社會科學院歷史研究所編,《團濟南地委關於半年來工作概況的報告》,《山東革命歷史檔案資料選編》,第 1 輯,頁 144。

106 中央檔案館、上海市檔案館編,《團上海地委學生部工作報告一關於一九二五年三月至九月的學生運動情況》,《上海革命歷史檔案彙集(青年團上海地委檔)》(1922 年 2 月 -1927 年 1 月),頁 137。

107 中央檔案館、北京市檔案館編,《北京地方團宣傳問題決議案》,《北京革命歷史檔案彙集》(1922-1926),頁 185。

頗顯匱乏。[108]

　　這種做法的後遺症，在五卅過後，逐漸顯現。1925 年下半年的上海學生聯合會改組即是一例。上海學聯在五卅時期的壯大，多賴民氣高昂，形勢逼人。然而隨著運動落潮，潛藏的矛盾逐漸暴露。秋季再行組織時，青年團發現運動形勢已大不相同。國家主義派與研究系的學生勢力，與青年團形成對立和競爭，且在學生中多有附和聲音。團上海地委判斷學聯「無完全操縱之可能」，決定和國民黨左派合作，讓出虛銜，而取實職，如組織部、宣傳部和工人股。[109] 儘管如此，地委仍不滿意，認為學聯是「空中樓閣之機關」，黨團成員把持機關，對學生態度不佳，「前途實有無限之危險」。[110] 因此，地委決定在國民黨內召集黨團會議，研究改組學聯。[111] 然而此舉效果不佳，1927 年 1 月，團上海地委仍感慨學聯頭重腳輕，雖社會地位崇隆，但下轄群眾數量不增反減。[112]

　　另一方面，黨團越活躍，宣傳越明確，顏色越明顯，反對的勢力反而越有力，群眾運動的阻力也越大。五卅時期，在中共領導下，各群眾團體大肆宣傳反帝話語，打倒帝國主義之口號，婦孺皆知。然而，五卅以後，中共主導的組織並未隨著口號的流行，受到社會歡迎，反在多地遭遇反赤浪潮。濟南學生就因赤色宣傳，盲目仇視青年團。[113] 上海及周

108　中央檔案館、北京市檔案館編，《團北京地方組織及訓練的報告》，《北京革命歷史檔案彙集》（1922-1926），頁 246、247。

109　中央檔案館、上海市檔案館編，《團上海地委學生部工作報告—關於一九二五年三月至九月的學生運動情況》，《上海革命歷史檔案彙集（青年團上海地委檔）》（1922 年 2 月 -1927 年 1 月），頁 136。

110　《團上海地委通告第八號——關於學生運動》，《上海革命歷史檔案彙集（青年團上海地委檔）》（1922 年 2 月 -1927 年 1 月），頁 204。

111　《團上海地委學生部工作報告—關於一九二五年三月至九月的學生運動情況》，《上海革命歷史檔案彙集（青年團上海地委檔）》（1922 年 2 月 -1927 年 1 月），頁 136、137。

112　《團上海地委關於青年運動與今後團的工作方針》，《上海革命歷史檔案彙集（青年團上海地委檔）》（1922 年 2 月 -1927 年 1 月），頁 401。

113　山東省檔案館，山東社會科學院歷史研究所編，《團濟南地委關於半年來工作

邊的學聯，因赤色太濃，使學生群眾不敢接近。[114] 連思想進步的學生都深恐赤色，普通民眾自不待言。北京學聯因代表中團員占大半，旗幟過於鮮明，學生群眾「常生反動」。[115] 團上海地委也承認，自己領導的學生運動，「有些紅的色彩」，[116] 語言太過政治化，不夠淺顯易懂，宣傳未能深入群眾。[117]「階級鬥爭」、「國際聯合」的口號令人困惑，也令人生疑。反觀國家主義派、國民黨右派的理論都非常簡單，僅用「反共產」的簡單口號，即可號召群眾，令中共深感壓力。[118] 色彩濃厚，主張激進，使中共和青年團在群眾中反響平平，反而樹敵頗多。

　　反赤大潮背後的政黨競爭，正為中共和青年團所忌。國家主義派和國民黨右派齊將矛頭指向中共在群眾團體與群眾運動中的黨團運作，給中共和青年團造成不小的麻煩。國家主義派指責中共利用黨團控制全國學生聯合會，盡據要津，「一躍而得學生總會之全權」。他們還批評黨團的活動方式，對於各團體不操縱即破壞，「非橫亂地拿在紅色的旗幟下任其化分不可」。[119] 國家主義派提議分三步肅清中共影響，第一步改組共產黨控制的各校學生會，第二步改組各地學生聯合會，第三步改組

概況的報告》，《山東革命歷史檔案資料選編》，第 1 輯，頁 144。

114 中央檔案館、上海市檔案館編，《寧波地委工作報告——關於社會情況、黨的工作及群運工作等情況》，《上海革命歷史檔案彙集（寧波地委檔）》（1925 年 -1927 年），頁 236、237。

115 中央檔案館、北京市檔案館編，《團北京地委關於中俄交涉破裂發起視為運動的情況報告》，《北京革命歷史檔案彙集》（1922-1926），頁 77。

116 中央檔案館、上海市檔案館編，《團上海地委關於青年運動與今後團的工作方針》，《上海革命歷史檔案彙集（青年團上海地委檔）》（1922 年 2 月 -1927 年 1 月），頁 400。

117 中央檔案館、上海市檔案館編，《團上海地委工作進行計畫》，《上海革命歷史檔案彙集（青年團上海地委檔）》（1922 年 2 月 -1927 年 1 月），頁 212。

118 中央檔案館、上海市檔案館編，《團上海地委通告第八號——關於學生運動》，《上海革命歷史檔案彙集（青年團上海地委檔）》（1922 年 2 月 -1927 年 1 月），頁 204。

119 《共產黨把持下的全國學生總會》，《醒獅週報》，1926 年第 84 號，第 4 版。

全國學生總會，[120] 恰與中共控制學生組織的步驟一致。國民黨右派的孫
文主義學會、國家主義派的青年團，江蘇省教育會以及各大學同志會，
則以抹黑中共、拉攏學生代表等手法，削弱上海學聯的群眾基礎。[121] 中
共和青年團批評國民黨右派和國家主義派成事雖不足，敗事則有餘。[122]
上海各派反共力量相互聯合，形成反共聯盟，孫文主義學會、國家主義
派、基督教研究系、新社會民主黨等，到各校宣傳共產黨把持學聯，使
學聯黨團日益孤立。[123]

另外，黨團活動很大程度上受制於社會環境，可順勢而起，卻不能
逆勢而為。1925 年 8 月以後，各地局面趨於「反動」，[124] 群眾反帝熱情
漸減，上海、湖北、湖南、天津、山東等多地軍閥當局控制乃至鎮壓運
動，使群眾運動陷於困頓，中共和青年團雖欲有所作為，亦無能為力。
湖南民眾在軍閥趙恒惕的高壓之下，鮮有大規模運動，但「五卅」運動
以來，湖南地區的群眾運動蓬勃發展，長沙、衡陽、南縣等地黨團隨之
活躍起來，掌握的群眾組織成為五卅運動的主力，並有反對軍閥統治的
趨向。趙恒惕一改平昔敷衍之態度，大肆逮捕學生，封閉工會，查辦學
生會，群眾運動頓顯萎靡。黨團也無法活動，黨團成員四散。[125] 此後，

120《共產黨把持全國學生總會的又一證據》，《醒獅週報》1926 年第 81 號，第 6 版。
121 中央檔案館、上海市檔案館編，《團上海地委通告第八號——關於學生運動》，
　　《上海革命歷史檔案彙集（青年團上海地委檔）》（1922 年 2 月 -1927 年 1 月），頁
　　202。
122 中央檔案館、北京市檔案館編，《團北京地委關於北京學生狀況的報告》，《北京
　　革命歷史檔案彙集》（1922-1926），頁 71。
123 中央檔案館、上海市檔案館編，《半年來上海學生運動報告》，《上海革命歷史檔
　　案彙集（青年團上海地委檔）》（1922 年 2 月 -1927 年 1 月），頁 363。
124 中央檔案館、上海市檔案館編，《上海區委主席團會議記錄——報告三‧一八慘
　　案、中國政治狀況及黨的責任》，《上海革命歷史檔案彙集（上海區委會議記錄）》
　　（1923 年 7 月 -1926 年 3 月），頁 271。
125 中央檔案館、湖南省檔案館編，《團湖南區委十一月份政治報告——湖南軍閥內
　　部派系衝突及民眾運動》，《湖南革命歷史檔案彙編（群團檔）》（1925 年甲），頁
　　419、420。

中共和青年團的運動工作再難獲得教育界、商界同情，無明顯發展。[126]
1926 年 3 月，唐生智起兵倒趙，湖南政局突變，「人心浮動」。中共和
青年團得以公開活動，借此機會發動群眾集會，遊街示威，文字宣傳
等，成績「較往昔特多」。[127] 孰料 5 月初，唐生智退走衡陽，葉開鑫部
進駐長沙，黨和團對外活動的機會，又「減去許多」。[128] 正如中共事後
總結，運動吸引學生群眾盲目加入，雖可蓬勃一時，然而一遇事變，即
有竭蹶之虞。[129]

　　上海也有類似情形，五卅運動後期，奉系和孫傳芳的勢力對群眾運
動百般壓制，工人群眾革命意志消沉，[130] 黨團成員也無力改變局面，自
感力量微弱，未能「打入群眾」。[131] 而 1926 年下半年開始的北伐，扭轉
了革命局勢，社會氣氛開始左傾，工人、學生組織再度活躍，[132] 黨員感
歎，「革命的群眾運動受革命的軍事運動所限制」，群眾組織的發展，得

---

126 長沙市博物館，中共湘區委員會舊址陳列館編，《團湖南區委工作報告（選）（10
　　月 25 日至 11 月 30 日）——區委組織及工作，全區團的組織與群眾組織狀況，
　　宣傳工作與學生運動》，《中國共產黨湘區執行委員會史料彙編》，湖南出版社
　　1993 年版，頁 84。

127 中央檔案館、湖南省檔案館編，《團湖南區委學生運動報告（三月份）——省
　　學聯和各地學運情形等》，《湖南革命歷史檔案彙編（群團檔）》（1926 年甲），頁
　　198。

128 中央檔案館、湖南省檔案館編，《團湖南區委報告——七個月工作概況》，《湖南
　　革命歷史檔案彙編（群團檔）》（1925 年甲），頁 324。

129 《湖南全省學生聯合會關於組織工、學聯合會及湖南學生聲援安礦工人，參加收
　　回大金碼頭等情況的報告》，《嚮導週報》，第 140 期。

130 中央檔案館、上海市檔案館編，《上海區委主席團會議記錄——報告三・一八慘
　　案、中國政治狀況及黨的責任》，《上海革命歷史檔案彙集（上海區委會議記錄）》
　　（1923 年 7 月 -1926 年 3 月），頁 271。

131 中央檔案館、上海市檔案館編，《區委召開各部委書記會議記錄——各部委彙報
　　工作和區委書記報告》，《上海革命歷史檔案彙集（上海區委會議記錄）》（1923 年
　　7 月 -1926 年 3 月），頁 232。

132 中央檔案館、上海市檔案館編，《上海區委通告樞字第九十七號——我們對市民
　　公會的策略》，《上海革命歷史檔案彙集（中共上海區委檔）》（1926 年 -1927 年），
　　頁 118。

益於革命潮流，「真正由我們工作能力上去發展者則很少」。[133] 可見，黨團活動的成效，受政治局勢，社會環境，群眾心理等多方面影響，隨當地時局優劣而波動起伏，這種情形一直存在，直至大革命失敗。

當然，也應關注到，黨團在起伏聚散的過程中，有一潛滋暗長的發展趨勢。中共黨和青年團總結教訓，提出「群眾化」和「布爾塞維克化」的口號。[134] 組織上，健全支部、吸收黨員。中共壓抑黨團自行其是，成為「第二組織」的傾向，強調發揮支部的核心作用，[135] 以黨自身的發展帶動黨團發展，而非相反。行動上，嚴守紀律、聽從指揮。各地反思以往紀律鬆懈，囿於書生氣，純以感情結合的「無政府」狀態，在黨團活動時尤為突出。[136] 其他地區如上海、天津等地也反思黨員浪漫虛

---

133 中央檔案館、上海市檔案館編，《上海總工會陳之一對於滬區職工運動的意見》，《上海革命歷史檔案彙集（上海各群眾團體檔）》（1924 年 -1927 年）（編者自印，1989），頁 219。

134 1926 年 5 月，中共中央在要求全黨同志閱讀的小冊子中提出，「五卅」以來，黨的錯誤在於未能深入群眾，有時甚至故意離開群眾，說他們都是「反動派」「反革命」。應使自身「群眾化」，獲得群眾信仰，以便領導群眾。《我們今後應當怎樣工作》，中央檔案館編，《中共中央檔案選集》，第 2 冊，頁 111、114。1926 年 7 月召開的中國共產黨中央擴大委員會會議上提出「布爾塞維克化」，即要能做到從小團體變為群眾的黨，從思想的團體變為行動的團體。中央檔案館，《組織問題決議案》，《中共中央檔案選集》，第 2 冊，頁 180。

135 中央檔案館編，《組織問題決議案》，《中共中央檔案選集》，第 2 冊，頁 185。另外，各地組織部還要求發展黨員，上海區委規定每名黨員必須「於最短期內」介紹五名以上的工人，或二名以上的「智識分子」，北京、廣州、青島、青州等地也要求擴征黨員，以期組織能隨運動而漸次擴大。《團青島地委關於加強組織工作的通告》，山東省檔案館，山東社會科學院歷史研究所，《山東革命歷史檔案資料選編》，第 1 輯，頁 67。《團青州支部關於群運情況的報告》，《濟南革命歷史檔案資料選編》，第 1 輯，頁 230。中央檔案館、廣東省檔案館編，《中共廣東區委關於省港罷工情況的報告》，《廣東革命歷史檔案彙集（廣東區委檔）》（1921-1926），頁 90。

136 1926 年 7 月 15 日《各地工作的缺點和教訓》，中央檔案館、浙江省檔案館編，《浙江革命歷史檔案彙編（省委檔）》（1926-1927 年），頁 10、11。《團上海地委工作進行計畫》，中央檔案館、上海市檔案館編，《上海革命歷史檔案彙集（青年團上海地委檔）》（1922 年 2 月 -1927 年 1 月），頁 210、265。

榮，缺乏訓練，不懂紀律，以致不聽指揮，盲目運動。[137] 因此必須嚴守紀律，強調群眾組織中應只見黨團，不見個人。思想上，統一認識，加強宣傳。鑒於五卅運動後期，口號過於激進、深奧，未起宣傳效果，反使黨團成員陷於孤立，各地要求黨團活動政治宣傳簡單易懂，口號切合實際，態度貼近群眾。[138] 可見，無論在組織、行動亦或宣傳方面，中共黨團機制均在不斷修正、完善。

五、結論

1921-1927 年，是中共從研究小團體向群眾性政黨跨越的關鍵時期，而連接中共與群眾的黨團機制正是其中的關鍵環節。黨團機制對應著中共與黨外團體之間的差序格局。在這一格局中，中共居於核心地位，而國民黨、工會、農會、學生會以及各界聯合組織，按照階級劃分，親緣性和重要性向外依層遞減，形成一張環環相扣，層層深入的蛛網結構。而黨團恰是中心射向四方的蛛絲，勾連革命政黨與群眾團體。中共既可派人滲透到各群眾團體，貫徹黨的政策，以有形化無形；也可

---

137 中央檔案館、河北省檔案館編，《志新關於組織狀況致總校的信》，《河北革命歷史檔案彙集》，甲第 1 冊，頁 266。中央檔案館、北京市檔案館編，《團北京地委工作情況綜合報告》，《北京革命歷史檔案彙集》（1922-1926），頁 387。

138 浙江、上海、北京、湖北等地均對宣傳問題作出相似反省，解決方法亦大體一致。中央檔案館、浙江省檔案館編，《各地工作的缺點和教訓》，《浙江革命歷史檔案彙編（省委檔）》（1926 年 -1927 年），頁 13。中央檔案館、上海市檔案館編，《團上海地委通告第八號——關於學生運動》，《上海革命歷史檔案彙集（青年團上海地委檔）》（1922 年 2 月 -1927 年 1 月），頁 204。《團上海地委工作進行計畫》，《上海革命歷史檔案彙集（青年團上海地委檔）》（1922 年 2 月 -1927 年 1 月），頁 215。1926 年 1 月 6 日，中央檔案館、北京市檔案館編，《團北京地委學委關於學生運動的報告》，《北京革命歷史檔案彙集》（1922-1926），頁 439。中央檔案館、湖北省檔案館編，《求實致鄂弟信——關於湖北團組織、宣傳、學生運動、經濟鬥爭、青年團體等工作的意見》，《湖北革命歷史檔案彙編（群團檔）》（1925-1926），頁 266。

利用黨團運作，造成群眾團體自下而上回應，化無形為有形。黨團隱於群眾團體之中，又超乎團體之外。黨團通過對群眾團體中組織、宣傳、外聯等環節的細緻掌控，從而掌握群眾團體乃至群眾運動的主動。中共和青年團共同推動學生組織的政治改造，使其成為政黨運動的一部分。而藉由以學生聯合會為代表的各群眾團體合力推動，中共和青年團得以在各界聯合會中遍設黨團，掌握主動，從而獲得了群眾運動的領導權。

但隨著運動深入，行動個人化，組織上層化，宣傳激進化成為群眾運動的頑疾。中共亦有所反思，三令五申之下，卻效果不彰。這說明除卻地方執行不力的實際因素外，中共的群眾運動存在結構性的弊端。黨團機制在其中也扮演著不可忽視的角色。在五卅運動前，中共和青年團仍是小黨、弱團，人手短缺，經驗有限，因緣際會，有機會參與領導五卅運動這樣規模宏大的社會運動。然而自身條件局限與宏大目標之間，存在巨大差距，中共巧妙利用黨團機制這一杠杆，加以彌合。在運動初期，黨團運作成效卓著，不但使中共、青年團在群眾團體中站穩腳跟，更是將運動導向革命方向。然而，也正是這樣的舉措，使黨團運作執迷於佔領上層，不顧忌實際情況，盲目制定口號，並招致其他政治勢力的反制，因而遭遇發展瓶頸。客觀環境對於黨團的影響亦甚是明顯。五卅以後，運動浪潮，隨政局好壞而幾番起伏跌宕，直至大革命失敗，黨團活動進入下一階段。

中共和青年團幾經輝煌和頓挫，不斷總結經驗教訓，在組織、行動、宣傳等方面均有修正，為以後中共在根據地和國統區開展群眾運動奠定了基礎。黨團機制亦得以逐漸發展、完善，而成為中共政治體系中獨特且重要的一環——黨組制度。

近代中國農業高等教育與農業化學知識的發展

侯嘉星

國立中興大學歷史學系助理教授

一、前言

　　20 世紀以來中國的農業現代化，以農藥利用、肥料推廣、品種改良及機械化發展為最主要的方式，可說是以技術突破為核心，這種技術論的觀點，在農業史研究向來十分受到重視。[1] 在這些技術變革中最受人矚目者，首推近代化學的發展，不僅對農業部門，也對工業部門帶來深刻影響。而在現代農業中廣泛使用的化學農藥與化學肥料，其濫觴正始於 20 世紀初期。

　　隨著工業革命、新式科學推動經濟發展，農業與工商業之間相互配合日益重要。以農業機器為例，從江南地區的案例可知，由於農村市場的擴大，使工業化推展到鄉村地區，也改變都市中機器工廠的生產型態。不僅能看到農工並進的發展經驗；也能看到政府與農民在時代浪潮中求新圖變的努力。[2] 與此類似地，同樣在 20 世紀初期近中國的農業化學事業，也表現出農業現代轉型的關鍵作用。農業化學具體的利用，可分為化學肥料與農藥兩大方向，前者意味著增加產量，後者代表了減少

1　Daniel Little, *Understanding Peasant China: Case Studies in the Philosophy of Social Science* (New Haven, Conn.: Yale University Press, 1989), pp. 145-186.

2　侯嘉星，〈近代中國農業機器產業之研究〉（臺北：國立政治大學歷史學系博士論文，2016）。

損失，其知識和生產流通等，在近代農業發展中具有重要意義。

　　然而目前學界有關近代中國農業化學利用的討論並不多見，過去農業史研究中雖注意到這個時期的農業轉型，但對大多直接關注 1950 年代以後，對於國民政府時期農業化學的發展常常簡略帶過，甚至付諸闕如。[3] 農業科學背景出身的研究者，對 20 世紀初期農業化學事業有較多著墨。例如關於近代農藥利用的研究，1959 年中國科學院生物所曾出版《中國土農藥誌》，蒐集當時使用的各種藥劑，對於各種農藥的用途、製法及性狀有初步總結，可一窺 20 世紀以來中國農藥運用的情況。[4] 晚近學人中，潘承湘、趙艷萍等也注意到蟲災防治工作與社會關係，對農業科學知識有較多討論，但是他們關心的是蝗災等預防與昆蟲學知識，並非農業化學事業的課題。[5] 另外呂紹理針對臺灣農業化學的討論中，注意到日本近代化學工業的進展、於殖民地進行調查及建立農用藥劑知識體系的考察，從而認為臺灣農藥利用展現相當程度的殖民地特性，主要為了出口日本的農產品而產生，[6] 這也顯示與農業化學相伴隨的現代性與殖民性特點。

　　另一方面，有關於肥料利用，復旦大學王建革從環境變遷的觀點，強調生態變化，導致三料（肥料、飼料、燃料）缺乏的問題，是 20 世紀華北農業經濟困局的基本因素。[7] 但解決肥料問題的方法之一，是提

3　如 Dwight H. Perkins, *Agricultural Development in China, 1368-1968* (Chicago: Aldine Publishing, 1969), pp. 55-78; 天野元之助，《中国農業史研究》（東京：御茶の水書房，1979），頁 424-468 等。

4　《中國土農藥誌》（北京：中國科學院，1959）。

5　Pan Chengxiang, "The Development of Integrated Pest Control in China," *Agricultural History*, Vol. 62, No. 1 (Winter, 1988), pp. 1-12; 趙艷萍，《民國時期蝗災與社會應對——以 1928-1937 年南京國民政府轄區為中心考察》（廣州：世界圖書出版公司，2010）。

6　呂紹理，〈從螟蛉到螟害——近代臺灣的農業蟲害及其防治〉，《臺大歷史學報》，第 56 期（2015 年 12 月），頁 133-188。

7　王建革，《傳統社會末期華北的生態與社會》（北京：三聯書店，2009），頁 238-258。

倡化學肥料的利用，最早是農業學者曹隆功注意到民國以來的化肥引進與技術變化，近年來南京農業大學的過慈明、富惠平等人也注意到化肥利用的時代意義。[8] 但這些研究多半著重於農業生產方面，對於農業化學與政治、社會經濟等時代背景討論較少。關於農業化學知識如何為國人所接受，其傳播的途徑為何？特別是日本農業科學在其間的影響，以及新式高等教育中農業化學知識的傳授等，都是這一知識進入中國的關鍵，也關係到嗣後中國農業化學產業之發展。

　　基於此，本文利用民國時期相關大專院校的學報論文、一般雜誌文獻等，嘗試從農業化學知識之引介與應用出發，探討 19 世紀末此一新概念傳入至 1920 年代間，在高等農學教育、政府角色，藉此作為近代中國農業改良中，農業化學認識與應用的先行研究。以下即分別從近代以來的知識傳入、高等教育機構的設置、課程與科學研究等方面，討論農業化學在近代中國的發展。

二、近代農業化學知識的傳入

　　近代中國農業化學知識體系的建立，其背景是 19 世紀中葉以來西學傳播之一環，頗受時人重視。細究其原因，農業乃傳統中國最重要的經濟活動，自古以來深受士人關心，陸續有《齊民要術》、《農政全書》等農學著作問世，這些著作也保存許多珍貴的農業知識。洋務運動以後，科學化的農業傳入中國，同樣引起知識分子注目、翻譯引介這些新知，而後透過新式高等教育及政府機構推行，使中國新式農業進一步發展。[9]

8　曹隆功，〈我國化肥施用與研究簡史〉，《中國農史》，1989 年第 4 期，頁 54-58；過慈明，〈近代江南地區肥料史研究〉（南京：南京農業大學博士論文，2013）；過慈明、富惠平，〈20 世紀前中期江南地區化肥使用狀況之考察〉，《安徽史學》，2014 年第 1 期，頁 47-53。

9　關於農學知識轉型，可參考馮志傑，〈晚清農學書刊出版研究〉，《中國農史》，

農民利用化學作用改善農業生產的作法，早已有相當歷史。南宋
陳旉（1076-1156）在《農書》中已有「將欲播種，撒石灰渥漉泥中，
以去蟲螟之害」（耕耨之宜篇第三）、「雜以石灰，蟲不能蝕」（六種之宜
篇第五）的說法，利用石灰防治稻螟蟲；明末清初張履祥（1611-1674）
輯成的《補農書・下卷》中，也提到「桑蟲捉不盡，恐因捉損桑，則
用爆仗藥線入蛀穴，以火燒之，蟲聞即死」這是利用火藥燃燒產生的氣
體來除蟲。這些紀錄顯示，中國傳統農業中已注意到利用各種簡單的藥
物防除蟲害，但僅止於小規模使用。至於利用石灰改良土壤，更是傳統
農業中極為普遍作法。這種利用化學改良農業生產的方式不獨東方有
之，西方亦然，同樣利用石灰等物改良土地，這種近代以前的個別利用
案例，民初的農業化學家已有相當認識。[10]

真正使農業化學邁入新階段的，是 19 世紀中葉德國化學家李比希
（Justus von Liebig，1803-1873），由他開始奠定現代農業科學的基礎，
展開一系列化學農藥與生物學實驗。19 世紀下半葉後美國在現代農業
科學方面也急起直追，此後歐美新農業的發展，與化學、生物學等科學
有密切關係，大幅改變歐美農業面貌，從而有「第一次綠色革命」之
稱。[11] 此一農學新發展浪潮，稍後也波及東亞，中國與日本都成為歐美
農業科學大展拳腳的新場域。[12]

第 25 卷第 4 期（2006 年 11 月），頁 24-30；王思明，〈中華農學會與中國近代農
業〉，《中國農史》，第 26 卷第 4 期（2007 年 11 月），頁 3-7。至於晚清新式農業
知識與傳統農學的延續與斷裂，筆者希望將來另文討論。

10　鄧植儀，〈化學與農業〉，《農聲》，第 139 期（1930 年 11 月），頁 1-4。

11　J. L. van Zanden, "The First Green Revolution: The Growth of Production and
Productivity in EuropeanAgriculture, 1870-1914," *The Economic History Review*, Vol.
44, No. 2 (May, 1991), pp. 215-239.

12　以日本的經驗為例，如 19 世紀末德國人 Oskar Kellner、Max Fesca 建立東京的
駒場農學校，美國人 Horace Capron、William Clark 、David Penhallow 開發北
海道農業等。見ユネスコ東アジア文化研究センター，《資料御雇外国人》（東
京：小學館，1975），頁 272、369；Robert S. Schwantes, "Foreign Employees in the
Development of Japan," in Ardath W. Burks ed., *The Modernizers: Overseas Students,*

　　至遲到 19 世紀末，中國知識分子對於農業化學已有初步認識。
1892 年盛康（？-1902）編輯的《皇朝經世文續編》中，收有曾任上海
江南製造局翻譯的趙元益（1840-1902）之〈備荒說〉，談到學習西方農
學教育，運用化學知識改良農業。[13] 1897 年羅振玉（1866-1940）在上
海主持農學會，積極翻譯新式農業科學書籍，梁啟超（1873-1929）在
農學會的機關報《農會報》題序中，也提倡「興荒漲之墾利、抉種產之
所宜、肄化學以糞土疆、置機器以代勞力」。[14] 19 世紀末歐美各國在農
業化學方面已頗為重視，設有專門機構發展農業化學、農業機器等新式
農業科學的發展，從孫文在 1891 年前後發表〈農功〉一文也能清楚看
到時人對此的呼籲：

> 用考農功與化學諸家詳察地利，各隨土性種其所宜……至牲
> 畜受病若何施治、穀螽木蠹若何豫防……先考土性原質，次
> 辨物產所宜，徐及澆溉、糞壅諸法，務欲各盡地利、各極人
> 工，所以物產贏餘，昔獲其一，今且倍蓰十百而未已也。西
> 人考察植物所必需者，曰燐、曰鈣、曰鉀，燐為陰火出於骨
> 殖之內，而鳥糞所含尤多；鈣則石灰是已，如螺蚌之坑，及
> 數種土石均能化合；而鉀則水草所生，如稻、藁、茶、蓼之
> 屬，考驗精密而糞壅之法無微不至、無物不生……其尤妙
> 者，農部有專官、農功有專學，朝得一法暮已徧行於民間，
> 何國有良規則互相仿效。[15]

Foreign Employees, and Meiji Japan (Boulder and London: Westview Press, 1985), pp. 207-218.
13　趙元益，〈備荒說〉，收入盛康編，《皇朝經世文續編》，第 44 卷，戶政 16 荒政上，頁 42-43。
14　梁啟超，〈農會報敘〉，《時務報》，第 23 期（1897 年 4 月 12 日），頁 4-7。
15　孫文，〈農功〉，收入《國父全集》（臺北：中央文物供應社，1957），第 2 冊，頁 189-191。

從其中說明來看，對於歐美國家利用農業化學調查土壤性質、發展肥料及農藥等現代農業科學，已有相當認識。更重要的是，歐洲各國通過高等教育及研究機構，使最新的農業化學知識得以快速應用，這也是晚清知識分子所欽羨的。所以大概可以知道在 1890 年代左右，新式農業伴隨著現代化、富國強兵等思想的蓬勃，已經獲得相當程度的重視。

　　除了在各類刊物上對新式農業科學的引介外，19 世紀末農學會，也陸續譯介出版了日本翻譯的《戎氏農業化學》、《農場化學》、《小學農用化學》、《農用分析表》、《農產物分析表》等刊物，更進一步向中國人介紹甚麼是農業化學。利用這些材料，我們得以分析甫傳入之際，時人認知中的農業化學，其中康有為（1858-1927）在《日本書目志》大力稱讚《戎氏農業化學》可視為是典型例子，具有強調與中國傳統農學經驗結合的特徵。康氏認為：

> 《周禮》草人掌土化之法，以化學為農業本，吾中土學也，惜不傳矣。泰西窮極物理，皆可以化學分合變移之。造物者之神靈，亦不過造化而已。今泰西於製冰、製電，皆以人力代化工。化之為學，大矣哉！今泰西化學要書，日本皆已譯之，戎氏農學尤其精絕，亦中國宜亟亟也。[16]

這本受到康氏盛譽的《戎氏農業化學》，是英國化學家戎斯頓（James F. W. Johnston，1776-1855）於 1852 年出版的 *Catechism of Agricultural Chemistry* 一書，在歐洲造成極大影響。書之序言即明白指出，過去農業不為實業者們重視，但隨著其他科學的進展，化學、地質學的運用，藉由科學的輔助使農業提高到和其他實業相同地位。英國化學家卡麥隆（Charles A. Cameron，1830-1921）於 1877 年增補地質學章節後，1884 年由日本農商務省官員片山遠平（1843-1900）翻譯為日文。[17]

16　康有為，《日本書目志》（上海：大同譯書局，1897），卷七農業門。
17　戎斯頓著，片山遠平譯，《戎氏農業化學》（東京：文部省編輯局，1884），序。

接著再以《戎氏農業化學》來觀察 19 世紀末東亞世界所認識的農業化學知識，該書分為四十五章，依次介紹農學概念、化學知識、動植物學、地質學、植物生產要素、土壤改良要素等，尤其對於各種肥料有詳細討論；書末也介紹了畜牧知識與化學的關係。從其章節內容，大致能看到利用化學元素分析植物生長，此即現代農業化學的最重要核心。進一步舉例來說，第十六章特別說明「石灰並其農業上使用方法」，提到這種自古以來的農田改良利器，詳細分析石灰的性狀、作用，列舉各種來源地拾回其成分和功效的差異。更重要的是，書中說明理想石灰的配方製法，以及合理的施用劑量，是 19 世紀末農業化學知識的基本型態。此外《戎氏農業化學》也提及化學在原料加工上的作用，可說是開啟 19 世紀中葉以後，農業與工業透過化學加以結合的發展趨勢。[18]

化學方法在農業科學中的地位，1893 年《萬國公報》談到歐美新農法便清楚指出：「新法中之可法者甚多，其他亦不必論，論化學之關乎農學者，蓋西人於近年來專講化學，遂於農學全書外而別開門徑，名曰農學新法，又稱為農學化學之法」，[19] 因此在時人眼中，新式的農業科學意即農業化學。1902 年的《皇朝經世文新編續集》中收錄有〈農學論〉，便言明化學是現代農業的根本：

> 農務至要之事，以明農學為第一義。蓋植物所含各種原質為何類所成？何物能養之？各種土性所供植物之質，何法能化分之？倘若該土無養此植物之質，則須用何等糞料、何法能比例之？此等事非學不明。若祇就田面循例造工，則地力必不能盡、物產必不能豐盛，如此不得謂曉農務，縱老於農

18　戎斯頓著，片山遠平譯，《戎氏農業化學》，頁 314-343；鄧植儀，〈化學與農業〉，《農聲》，第 139 期（1930 年 11 月），頁 1-4。

19　貝德禮著，李提摩太譯，〈農學新法〉，《萬國公報》，第 5 卷第 52 期（1893 年 5 月），頁 10b-14a。

事，亦不過一幫助粗工之農工而已。[20]

換言之，新農業就在於應用農業化學用來分析土壤、肥料及各種影響作物生長的元素，藉此促進農業生產，這種作法與莊士頓所揭櫫的精神一脈相承。

從這些介紹來看，在 1890 年代左右，中國的知識分子是通過來自傳教士或日本的翻譯書籍，對以現代農業化學知識為代表的農業科學已有認識。但此時翻譯名曾尚未完全統一，有稱農藝化學、農業化學及農學化學之別，但是內容大致上已明確指向應用化學元素分析農業生產要素。而除了這些學術團體翻譯書籍外，真正在促使農業化學有系統地發展，是新式教育中農業科學相關學校的興起。

三、大專院校中的農業化學系設置

近代中國農業化學事業的發展，受到日本影響甚深，因此談及中國大專院校中農業化學系的設置，不能不先回顧日本引進新式農業科學的歷程及其實際教學內容。明治初年日本政府積極引進歐美式的現代農業科學，1874 年日本政府在東京新宿設立農事修學場，1878 年遷移至駒場，改稱駒場農學校。該校創立時設有農學、獸醫學及化學等科目，聘請德國化學家 Oskar Kellner（1851-1911）及 Max Fesca（1846-1917）等赴日授課。[21] 1886 年駒場農學校與東京山林學校合併為東京農林學校，至 1890 年再併入東京帝國大學內。[22]

駒場農學校修業年限為 5 年，前 2 年為預科，後 3 年為專業科，

20　〈農學論〉，韓甘編，《皇朝經世文新編續集》，卷七農政上。

21　《駒場農學校一覽》（東京：農商務省農務局，1884），頁 1；櫻井武雄，《農業史：近代日本農業の步み》（東京：新評論社，1956），頁 101-104；松山良三，《日本の農業史》（東京：新風社，2004），頁 288-290。

22　《東京高等農林学校沿革略》（東京：駒場刊行会，1940），頁 31、55。

分成農學科、獸醫學科及農藝化學科三項，根據校方對農藝化學的定義，其教育包括三個層次：（一）植物營養論、土壤論、諸肥料論及植物成分論；（二）家畜生育及飼養論；（三）農產物製造論。具體科目包括了化學原理、地質學、土壤學、動植物生理學、肥料與農藝化學實驗等。[23] 這些內容可說與後來近代中國各大學中農業化學教育的內容一致。

　　再從表 1 的教學科目及時數來觀察，可以發現駒場農學校農藝化學科的課程設計，大致上第一年以基礎化學課程主，第二年以後實驗課越來越重要。相較於農學科的內容，化學科明顯更增加肥料、農產製造的課程。相較之下，農學科則比較偏向農場經營管理，這種現象也與前述《萬國公報》等談到新式農業科學，咸以農業化學為主，由此一課程可以清楚看到農業科學有關技術方面的肥料、育種、農產加工等知識，都是放在農藝化學科當中教授。畢業於東京帝大農藝化學科的馮子章，歸國後任教於民國時期農業化學重要基地之一的中山大學農林化學系，他曾回憶 1920 年代在東京求學期間，每天上午 8 點至 12 點、下午 1 點至 5 點間，除了講義課程的時間外，其餘都是化學實驗，第一年是定量分析，第二年是土壤、肥料、飼料及食品等普通農藝化學實驗，第三年則是元素、氣體及油脂等化學實驗，以此作為畢業論文之基礎。[24] 稍後從 1920 年代中國高等院校中農業化學的課程設計，也能看到類似的情況。

23　《駒場農学校一覧》，頁 52；《東京帝国大学五十年史》（東京：東京帝国大学五十年史，1932），上冊，頁 1386-1387、1390。

24　馮子章，〈農業化學之重要及述日本東京帝大農業化學科之內容〉，《農聲》，第113 期（1928 年 9 月），頁 8-10。馮子章（1902- ？），廣東省南海人，1927 年東京帝國大學農業化學科畢業，歸國後任教於中山大學農林化學系。見《日本留學支那要人錄》（東京：興亞院政務部，1942），頁 186。

表1　1884年駒場農學校農學科及農藝化學科授課科目時數表

預科時數			
科目名稱	第一年週時數	第二年週時數	備註
物理學	3	5	
無機化學	3	4	
動物學	2	4	
植物學	2	4	
代數學	2	2	
幾何學	2		
書學	3		
漢文學	3	6	
英語學	5	10	
圖學		6	
農學		6	農學與農藝化學科
骨學		3	獸醫學科
有機化學		3	
羅甸學		3	
步兵操練		6	

農學科時數			
科目名稱	第一年週時數	第二年週時數	第三年週時數
農學並實習	8	8	6
有機化學	4		
定性分析	6		
氣象學	1		
理財學	2	2	
重學大意	1		
三角法測量及製圖	3	3	
農用部記法	2		
植物組織學		3	
昆蟲學		3	
獸醫學大意		3	
農產管理法			12
家畜繁殖法及管理法			12
步兵操練	3	3	3

農藝化學科時數			
科目名稱	第一年週時數	第二年週時數	第三年週時數
農藝化學	4	4	4
有機化學	4		
定性分析	6		
定量分析	12-18	12-18	20-26
氣象學	1		
植物組織學		3	
農產物製造法並實習		無定時	無定時
栽培學		2	無定時
化學的肥料試驗		無定時	無定時
家畜養肥法實習			無定時
植物水養法實習			無定時
步兵操練	3	3	3

資料來源:《駒場農学校一覽》(東京:農商務省農務局,1884),頁 64-68。

　　前述 1890 年代羅振玉、康有為、梁啟超等知識分子注意到農業科
學的重要性,部分政府官員同樣積極推動新式農業科學教育。1898 年
兩江總督劉坤一奏請成立農務學堂,「擬在江寧地方先設農務學堂一
所,選派府屬紳商之有產業者經理其事,聘明於種植物學、農藝化學人
員為之教習,以講求物植土性所宜、糞灌溉壅殖之法。酌撥地畝,俾試
種以辨肥磽;略購機器,俾課功以判巧拙。樹藝、畜牧次第推行,農
氓目覩成規,自必樂於從事」,[25] 在他的構想中,農務學堂以農業化學為
主要授課項目,且兼具農事示範的功能。庚子事變後,清廷大力推行新
政,也十分重視農業專科教育。為了建立農業化學知識,自 1902 年京
師大學堂成立起,其農科之下已設有農學門及農藝化學門,為當時國內

25　劉坤一,〈擬設農工商礦學堂片〉,光緒 24 年 7 月 29 日,見《近代中國對西方及
　　列強認識資料彙編》,第 4 輯(臺北:中央研究院近代史研究所,1988)第一分
　　冊,頁 190-191;〈山西農林學堂公牘〉,《大公報》,1905 年 6 月 6 日,第 1 版。

首創之農業化學教育。[26] 1905 年中國已有三所農務學堂，分別位於湖北、山西、直隸等三處，林學堂則有湖北及山西二所。其中山西農林學堂系延聘日籍農學士岡田真一郎及林學士三戶章造任教，不過實際任職期間並不長，可能僅有 3 年左右，其教學影響有限。[27] 此外隨著新政的推展，清政府在各地成立農林試驗場，附設有農林講習班等，這些機構不少在民國以後發展成為農林專門學校，成為新式農業科學教育的重要基地。

辛亥革命以後，北洋政府頒布命令，將農林學堂一律改稱農業專門學校。[28] 清末各省成立的農務學堂，陸續轉型。至 1920 年代，公立農業專門學校已有北京國立農業專門學校（1914 年由北京大學農科改制而來，1923 年升格為農業大學）、直隸公立農業專門學校（1923 併入河北大學）、河南公立農業專門學校（1912 年成立）、山東公立農業專門學校（1926 年併入山東大學）、山西公立農業專門學校、江西公立農業專門學校、四川公立農業專門學校（1924 年停辦）、浙江公立農業專門學校（1924 年成立）等多所學校。[29] 這些學校教授的課程，多以植物學、園藝學、病蟲原理及農政學等為主，雖然從前述新式農業科學的發展中，化學知識在農藥、肥料、育種及農產製造等方面，已受到各界重視，但這些農業專門學校辦學較不穩定，化學教育的師資及課程資訊不足，難以考察其知識引介的具體成效。

事實上，自清末以來致力於新式農業科學教育，引進農業化學課程的，是北京大學農學院、南京的東南大學（中央大學）與金陵大學等大

---

26 〈京師大學堂章程〉，《申報》，1902 年 10 月 7 日，第 2 版；〈北京農大籌備之經過〉，《申報》，1923 年 3 月 12 日，第 7 版；〈國立北平大學農學院農業化學系一覽〉，《中華農學會報》，第 85 期（1931），頁 8-21。

27 〈農林學堂〉，《浙江新政交儆報》，壬寅春季任集（1902.3），頁 12；〈山西農林學堂公牘〉，《大公報》，1905 年 6 月 6 日，第 1 版。

28 〈專門學校令出現〉，《大公報》，1912 年 10 月 23 日，第 5 版。

29 〈教育部公布農業專門學校規程〉、〈民國初年農業專門學校一覽表〉，《中國近代教育史資料彙編 • 高等教育》（上海：上海教育出版社，2007），頁 558-563。

專院校，他們具有較佳的教學環境及學術資源，延聘留學海外的農學專家，因此在新式農業科學發展中十分重要。高等農業教育中成立最早的是北京大學農學院，即原先京師大學堂農科，設有農學、林學及農業化學三系。自北洋至國民政府時期，北京大學幾經變動，但農學院一直未被裁撤，由此亦可見農業高等教育的重要性。[30]

　　南京的金陵大學，發展自 1888 年美以美會傳教士傅羅（C. H. Fowler，1837-1908）所創立的匯文書院，1909 年合併南京的教會學校基督書院與益智書院，成立金陵大學堂，翌年改稱金陵大學，設有文科。[31] 至於金大農學院，則成立於 1914 年，肇端於裴義理（Joseph Bailie，1860-1935）的義農會，當時裴氏在華北以工代賑，有感於農民生活之困苦與農林事業亟待振興，因此有創立農科之議。1915 年增設林科，翌年兩科合併正式成立農學院。1921 年改為文理科，至 1930 年依國民政府法令正式改為文理農三學院，有學生六百餘人。[32] 自 1918 年起金大農學院大學部已畢業 214 人、鄉村師範科畢業 71 人，合計畢業生 285 人，多人任職於政府部門及教育機構，對農業推廣、鄉村建設有很大貢獻。[33] 金大在植物系當中設有植物病理學組及細菌學組，從事植物病變與動植物疾病防治的教學與研究，也在金大農業試驗場進行肥料與農藥試驗，並設有推廣中心。[34] 此外，金陵大學理學院化學、物

30　李文褀、武田熙編，《北京文化學術機關綜覽》（北京：新民印書館，1940），頁111。

31　〈私立金陵大學要覽〉（1941 年），中國第二歷史檔案館藏《私立金陵大學檔案》，檔號 649-83；張憲文主編，《金陵大學史》（南京：南京大學出版社，2002），頁11、15-17。

32　〈私立金陵大學要覽〉，中國第二歷史檔案館藏《私立金陵大學檔案》，檔號 649-83。

33　「畢業同學錄」（1931 年 4 月），〈金陵大學農學院組織概況〉，中國第二歷史檔案館藏《私立金陵大學檔案》，檔號 649-1771。

34　《金陵大學農學院概況》（南京：金陵大學，1933），頁 57-64。

理、生物學等科目特別注意與農學的結合。[35]

　　另一處農業高等教育的重鎮中央大學，其前身為 1903 年由兩江總督張之洞所創立的三江師範學堂，清末後停辦，1915 年在原址上重建南京高等師範學校，1921 年北京政府教育部在南京高師的基礎上建立國立東南大學。東南大成立時分設文科 6 系、理科 4 系、教育科 4 系、工科 3 系、商科 7 系以及農科 7 系，其中農科包含植物系、動物系、園藝系、農藝系、畜牧系、桑蠶系及病蟲系等；嗣於 1928 年改名為中央大學。[36]中央大學的農學院繼承自兩江師範學堂農學博物科、[37]江蘇省立第一農業學校等傳統，1921 年東南大學成立後即聘請農業化學專家、美國康乃爾大學農學博士鄒秉文（1893-1985）擔任科主任，足見該校對農業化學的重視。[38]

　　位於粵地的中山大學，也是近代農業科學教育的重要基地。1909年廣州成立廣東農林試驗場，其內附設農業講習所及林業講習所，至1917 年擴展成為廣東省立農業專門學校。1924 年廣東大學成立，農業專門學校改組為農學院，嗣後在 1926 年更名為國立中山大學。中山大學農學院成立之初即設有化學系，但規模不詳；1928 年將原本屬農學系的土壤肥料研究，及屬於林學系的林產加工等科目集中至化學系，改稱農林化學系，並分為土壤肥料門及農產化學門兩類，由此可見此時對

35 「各項統計表與教育部的往來文書」（1930 年），〈金陵大學文學院、理學院、農學院概況〉，中國第二歷史檔案館藏《私立金陵大學檔案》，檔號 649-74。
36 朱斐主編，《東南大學史》（南京：東南大學出版社，2012），頁 8、25-26、77-81、153。
37 兩江師範係 1903 年由張之洞奏請成立，初名三江師範，由張氏聘請日人菊池謙二郎擔任總教習，其餘 11 位教師皆為日本人，其博物科聘有日本理學氏及農學士擔任。〈兩江師範學堂續聘東教習〉，《時報》，1906 年 5 月 16 日，第 5 版。
38 鄒秉文（1893-1985），江蘇吳縣人，畢業於美國康乃爾大學，1916 年歸國任教於金陵大學農林科，教授植物學與植物病理學，1917 年改任教於南京高等師範學校。1931 年出任國民政府中央農業改進所籌備委員、實業部技正，實業部商品檢驗局局長等職。見 Who's Who in China: Biographies of Chinese Leaders (Shanghai: The China weekly review, 1936), p. 58。

化學在農林上應用的重視。從農林化學系的分門亦可發現，此時農業化學知識最主要應用的方向，就是肥料研究製造與農產加工方面。[39]

　　整體而言，至 1920 年代中期左右，除了各地成立的農林專門學校外，中國高等學校自北而南包括北京大學、中央大學、金陵大學及中山大學等校，都陸續在農學院中設立化學相關科系，致力於農業化學知識的研究及教學。尤其中大及金大在 1930 年代發揮重大作用，可說執農業高等教育之牛耳，從近代中國農業科學家的傳記分析，這兩所學校培養了近半民國時期農業技術人才。[40] 農業高等教育的蓬勃發展，也意味著農業化學的利用，已獲得各界廣泛的重視，因此接著進一步分析這些學校實際教授的科目及研究內容。

四、課程與研究工作

　　自清末起，中國知識分子已認識到農業化學的應用廣泛，舉凡作物栽植、土壤改良、農藥與肥料製造，以及食品加工等無所不包。從 19 世紀末日本對農業化學的認識，也能發現大體上區分為農作物栽培（肥料）、牲畜養殖，以及農產加工等方面。經歷晚清至民初的發展，農業化學知識已長足有進，中央大學農業化學系教授、留學東京帝國大學農藝化學系的王兆澄指出，農業化學有三方面，其一是生產面，包括土壤學等；其二是變形方面，包括農產製造；其三是屬於利用層面，包括營養學、食品學等，鼎足而三缺一不可，[41] 此一特點也能在農業化學系的

39　〈農林化學系工作報告〉，《農聲》，第 139 期（1930 年 11 月），頁 61-73。

40　張劍，〈中國近代農學的發展——科學家集體傳記角度的分析〉，《中國科技史雜誌》，2006 年第 1 期，頁 1-18。

41　王兆澄，〈農業化學之使命〉，《中華農學會報》，期 146/147（1936 年 4 月），頁 1-2。王兆澄（1896- ？）安徽省天長人，1926 年東京帝國大學農藝化學科畢業，曾任上海中華工業研究所研究員、南通學校農科教授、中央大學農業化學系教授等職。見《日本留學支那要人錄》，頁 10。

課程中找到線索。

　　1928 年北京大學農學院教師成立了中國農業化學會，以推廣農業化學利用為目的，1930 年該學會對社會大眾的演講中即指出，農業化學的應用，可以「（1）把未開墾的不毛之地變成膏腴沃壤；（2）使已耕的地每畝產量增加；（3）把農場上無用的廢物變成食料或用品；（4）防除病蟲害使作物不受損失；（5）保存已經收穫的產品或製成食物使之不腐壞」，[42] 從其內容已充分指出農業化學運用至農藥、肥料、食品加工等範圍。而大專院校的農業化學課程，同樣能看到對這些應用層面的重視。相較於 19 世紀末的認識，20 世紀初期農業化學應用，在化學農藥上發至展最快，也最值得注意。

　　另一方面，農業化學教育廣為各界重視，係受到 20 世紀初期中國農業化學應用突飛猛進的影響。其中之一是化學肥料的引進，中國進口化學肥料（硫酸錏）始於 1904 年，初期進口量不大 1925 年消費量約為 2 萬噸，隨後逐年遞增，至 1930 年達到高峰 18.5 萬噸，至 1932 年雖稍有下降，但仍有 14 萬噸的規模。[43] 隨著市場擴大，政府及民間業者注意到農業化學相關應用的市場前景，故而反映在農業化學系的課程設計中。

　　具體的課程安排，根據北京農業大學的課程內容，四年之間除了基本化學通論，以及有機化學化學外，還包括土壤分析、食品分析、飲料分析、釀造、製糖、罐頭、病蟲害藥劑學、肥料製造等課程。1920 年代該系講授農藥、肥料等農化應用課程的是系主任劉拓，為美國俄亥俄州大學農業化學博士；另外有教授趙學海是美國威斯康辛大學化學碩士、講師楊塤是美國密西根大學化學碩士，以及教授虞宏正畢業於北京

42　《中華農業化學會演講錄》（上海：中華農業化學會，1931），頁 104-106、120-121、127-128。

43　原頌周，〈中國化學肥料問題〉，《農報》，第 4 卷第 2 期（1937 年 1 月），頁 10-18。

大學化學系。有趣的是，講授釀造與罐頭製造的講師邢大安，畢業自日本大阪高工，是北京丙寅罐頭廠的負責人。[44] 就北大農學院實際的研究內容來看，他們最關心的還是食品加工方面的化學應用。

表2   1931 年北京大學農業化學系課表

科目名稱	每週時數		教師	備考
	每週講授時數	每週實習時數		
化學通論	2	3	虞宏正	高中必修
化學通論	3	-	虞宏正	預二必修
農業化學通論	2	3	趙學海	各系一年必修
有機化學	3	3	汪泰基	化一必修
定性分析	1	6	楊塤	化一必修
定量分析	1	3	虞宏正	化二必修
理論化學	4	-	趙學海	化二必修
林產製造	2	3	趙學海	二三年級選修
土壤肥料分析	-	3	虞宏正	化三必修
植物化學	2		趙學海	三四年級選修
釀造	2	3	邢大安	化三必修
釀造實習	-	3	邢大安	化四必修
罐頭	-	3	邢大安	三四年級選修
動物營養	2	3	陳宰均	三四年級選修
食品分析	1	3	吳竹修	化四必修
病蟲害藥劑	2	2	劉拓	化四必修
肥料製造	2	-	劉拓	化四選修
農業化學研究	1	3-9	劉拓	化四必修

資料來源：〈國立北平大學農學院農業化學系一覽〉，《中華農學會報》，期 85（1931 年 2 月），頁 17-18。

從表 2 北京大學農業化學系的科目表來看，其的課程大概可分為兩

---

[44] 〈國立北平大學農學院農業化學系一覽〉，《中華農學會報》，第 85 期（1931 年 2 月），頁 19。

類，分別是基礎知識課程及應用課程。基礎知識課程包括化學分析、化學通論等，均為必修課，大約在大一大二階段完成；應用課程包括土壤肥料、釀造、食品加工等各類，有選修也有必修課，但多半在高年級階段才開設，這種課程設計十分符合現代科學教育的型態。此外值得注意的是，該系課程十分重視實習，甚至在應用課程方面，也因此實驗室、實驗農場等，在農業化學教育中十分重要。

相似的課程安排也可以從以中山大學農林化學系中看到，1933 年該系包含專科生、本科生共約二百餘人。必修課目有定量分析、定性分析、有機化學、無機化學及土壤實習等，選修科目有土壤細菌、土壤物理、發酵化學、農品分析及農產製造等課程，科目設計與北京大學相似。實際上參與實習的學生，以必修課居多，包含定量分析、土壤實習等都有近 50 名學生參加，選修課則大致參與實習的學生都在 10 人以下。[45]

中央大學也在農業應用方面十分重視，如 1928 年農藝系農藝化學組致力於肥料研究，先在實驗室內試驗 20 種肥料，又在實驗農場測試各種肥料組合近五百區配合栽培、在南京大勝關實驗農場實施玉米、豌豆、棉花、小麥等輪作肥料的試驗。[46] 值得一提的是，農產加工的相關研究乃為此時農業化學系重要業務。根據中央大學農學院參加江蘇省特產展覽會的報導，農業化學科中共有調味部、釀造部、香料部及藥用部參展。調味部研究各種製造醬油的方法及製成；釀造部生產高梁酒、紹興酒等；香料部則分析天然香料粹取、人工香料製造技術；至於藥用部，則主要研究各種化學製品對不同種類昆蟲的殺傷效果。[47] 這些工作顯示，農業化學技術在農產加工上發揮關鍵作用，此類輕工業又是 20

45　彭家元，〈農林化學系報告〉，《國立中山大學廿一年報》（廣州：中山大學，1933），頁 63-65。

46　〈農藝化學組消息〉，《國立中央大學農學院旬刊》，第 1 期（1928 年 9 月），頁 8。

47　〈本院參加江蘇特產展覽會陳列品簡略說明〉，《國立中央大學農學院旬刊》，第 73 期（1931），頁 4-8。

世紀初期中國工業化發展的主力，農業化學的重要意義不言而喻了。

　　另一處農業化學教育重鎮金大，則是在大一及大二基礎課程中安排定性分析的課程，農藝系必須修習土壤學、肥料學，強調土壤成分分析及施肥方法、養分鑑定等；植物系則需學習植物病蟲害防除課程，特別是化學藥劑使用等內容。[48] 相較於北大及中山大學的課程，金大在教學與研究方面更重視實際的農業應用，而較少涉及農產加工的部分。綜合北京大學、中山大學、中央大學及金陵大學的課程，可以發現在課程名稱及設計上，與日本農業化學教育頗有類似之處，許多科目名稱甚至頗為一致。課程安排也十分重視實習課，但不同的是中國課程更多聚焦於實際的生產應用上。這種側重肥料、農藥及農產加工的現象，或許也呼應了王兆澄所批評，近代中國農業化學課程過於偏重應用面的弊端。[49] 這種偏重應用層面的教學策略，或許與當時中國急於發展農業的國情有關，未來值得進一步探究。

　　得利於農業化學應用日廣，政府當局也謀求運用農藥與肥料增加農產。肥料生產主要是通過民間廠家進行，公營的硫酸錏廠遲至戰前才投產。相較之下，化學藥劑防範病蟲害的工作，則與高等教育有密切關係，充分顯示官、學界之間的合作。關於農藥事業推廣的具體作法案例，是江蘇省政府委託東南大學代辦的江蘇省昆蟲局工作。1922 年與東南大學農學院合辦的蘇省昆蟲局成立，聘請美國加州大學昆蟲系教授吳偉士（C. W. Woodworth）來華主持，吳氏也成為中國病蟲害研究的重要先驅。[50] 江蘇省昆蟲局最初經費為 2 萬元，由蘇省政府與銀行團分擔；1923 年後改由江蘇省政府全額支付 3 萬元經費，但隨後因政局阢隉，幾乎由東南大學獨自支付相關研究、行政費用，直到國府成立後才

48　《金陵大學農學院概況》，頁 57-64。
49　王兆澄，〈農業化學之使命〉，頁 2。
50　"A mosquito Campaign," *The North China Herald*, 1922.06.03, p. 17.

有所改善。[51]

　　江蘇省昆蟲局雖然看似行政機構，但實際的運作由東南大學負責，具有高度的研究、推廣性質。其組織分為蝗蟲股、稻蟲股、棉蟲股及標本股四部，蝗蟲股規模最大，在蘇南蘇北各地設有捕蝗分所，負責監控與消滅蝗蟲；稻蟲股主要防制螟蟲，在蘇南各地鄉村推廣除螟知識，棉蟲股則主要對付南通等地的紅鈴蟲、金剛鑽蟲等。標本股蒐集有全國昆蟲共計 3,782 種、二十餘萬份標本，並與國內農學院合作交換，及與國外研究機構交流。[52]

　　大體而言，從江蘇省昆蟲局的工作，可以看到當局對農業改良十分重視，以研究機構為主導，一方面引進國外知識，另方面也積極從事生物調查、化學試驗等，可說與 20 世紀初期中國科學知識發展的趨勢若合符節。值得注意的是，江蘇省並非唯一注意到農業轉型與化學知識的地方，浙江、廣東等地也陸續成立農業化學部門，推廣省內農業改良工作。[53] 所以至少到了 1920 年代，國內主要大學已有不少農業化學系成立，這些科系在教學設計上大體都能分為基礎化學課程，以及實際應用課程兩類；從課程設計上，可以看到受到日本的影響。然而，中國大學的農業化學系，十分注意農業化學應用的研究，均設有實驗室參與農產加工、農藥及肥料利用。不只江蘇省昆蟲局與東南大學合作，浙江省也成立昆蟲局，先後延聘張巨伯、吳福禎等重要農業化學學者擔任局長，[54] 是現代化事業中高等教育與行政推廣結合的典型。

51　《國立東南大學農科概況》（南京：東南大學，1926），頁 36。

52　《國立東南大學農科概況》，頁 38-39。

53　〈浙政府積極建設〉，《申報》，1927 年 8 月 12 日，第 10 版；〈農林局增設農業化學股協助各股進行〉，《農聲》，第 136 期（1930 年 9 月），頁 66。

54　張巨伯（1892-1951）字歸農，廣東鶴山人，美國俄亥俄州立大學農學碩士，任教於嶺南大學、中山大學及金陵大學，並曾擔任江蘇省昆蟲局、浙江省昆蟲局長。吳福禎（1898- ？）別號雨公，江蘇武進人，畢業於江蘇第一農校、南京高等師範學校農科；1927 年取得美國伊利諾大學科學碩士。回國後先擔任江蘇省昆蟲局主任技師、金陵大學教授，中農所成立後擔任病蟲害系主任、江蘇省立教育學院

五、結論

　　19世紀末西學傳入後，新式農業科學也隨即受到重視。此時正值歐洲農業化學蓬勃發展，歐美農業化學家也在遠東大展身手，將這些新知識帶到日本及中國。晚清知識分子藉由日本或西方傳教士翻譯的相關書籍，認識農業化學的重要性，也積極鼓吹新式農業，將之與化學發展緊密結合。有別於過去側重於美國新式農業科學對中國的影響，[55] 藉由本文的觀察，在農業化學的引介方面，來自「東學」的脈絡亦十分值得注意。從知識引介、生產銷售以及農業推廣等各層面加以考察，不難發現1920年代農業化學知識已受到社會各界重視，被視為是農業現代化的一環，從而使得政府與民間積極參與。

　　庚子後新政開始，各省陸續建立農林學校，這些學校在民國以後發展成為新式農業科學教育的基地。本文從北京大學、中央大學、金陵大學及中山大學農學院農業化學課程加以考察，注意到這些學校大抵於1920年代前後建立相關科系，講授的課程也可分為基礎化學知識，與進階化學應用兩方面。與此同時，政府當局及民間業者也紛紛意識到農業市場對化學品的渴求，其龐大商機吸引資本家投入。農業作為近代中國經濟的主要部門，在20世紀東亞諸國的經濟轉型中具有重要地位。此一階段現代部門對農業的影響，以及農業市場支持工商製造的作用，都值得研究者給予更多注意。

　　農業化學作為現代部門參與農業生產的線索，並不僅是對農民帶來生產工序上的變革，同時帶來的是新式知識、產銷配售關係、生產組織以及政府角色等種種改變，皆使得現代部門得以更深刻地影響農村。過

農教育科主任，1936年兼任浙江大學農學院院長。見橋川時雄編，《中國文化界人物總鑑》（新京：滿洲行政學會，1940），頁143、399。

55　如沈志忠，〈近代美國農業科技的引進及其影響評述〉，《安徽史學》，2003年第3期，頁78-80；傅瓊，〈美國與近代中國高等農業教育〉，《中國農史》，2007年第1期，頁33-41等。

去一般認為農業在鄉村、工業在都市，但通過前述農業化學的影響，新式知識勢必進入鄉間，農村的需求也影響當局政策及業者生產方針，所以在此觀點下，能更全面地觀察現代化之際，農工業乃至社會經濟變革的種種課題。對於農業化學跨越城鄉空間的作用，本文受限於篇幅未能深入討論，期待將來能針對農業試驗場發揮之知識從試驗室到田間實作的角色，以及農藥及化肥工廠扮演的從實驗室到生產線之變化，有進一步的研究。

　　總而言之，農業化學是現代工業、製造業之一環，卻關係著傳統農業部門的轉型與成長。在現代部門發展之際，也影響了傳統部門的變革。藉由農業化學發展可以發現知識傳播、產業建立與政策影響等多重力量。這些過程與今日中國經濟轉型也有異曲同工之處，所以探討近現代中國的農業化學，實際上也是試圖回應如何理解型塑今日中國社會樣貌的種種趨力。

1920年代的性別與身體

革命、政治與愛情：以陳璧君及汪精衛為中心之探討（1908-1925）

趙席夐

國立政治大學歷史學系博士生

一、華僑驕女，投身革命（1908-1912）

陳璧君（1891-1959）字冰如，她祖籍是廣東新會人士，因其父陳耕全在南洋經商，於是出生在當時仍是英屬的馬來西亞檳榔嶼喬治城（George Town，今之檳城），她的母親衛月朗是廣東番禺人，與陳耕全育有 3 子 1 女，唯存於世者僅 2 人，兄弟陳繼祖，留英並返回馬來西亞任律師；她自幼就是母親極為疼愛之對象，由小開始她就受到良好西式教育的啟迪，但因她父親之要求，子女皆需受中國傳統教育，還特別自廣東聘來中文教席為兒女講授傳統中國典籍與書法等，務使子女不忘所出之根本，這讓陳璧君得以打下中文基礎。[1] 她念中學時代就常去黃金

---

[1] 有關陳璧君之身世與成長背景，參閱其自述之手稿〈我的母親〉一文，有一說此文實是汪精衛捉刀之作。陳璧君，〈我的母親〉，「陳氏家譜」，《汪精衛》，http://wangjingwei.org/wp-content/uploads/2014/11/wjw-wei-yuelang-bio.pdf。（檢閱時間：2017 年 1 月 19 日）；蘇慶華，《中山先生與檳榔嶼》（臺北：獨立作家，2015），頁 71-72、150-152；張靜星，《從革命女志士到頭號女漢奸──陳璧君傳記》（上海：學林出版社，1994）；王光遠、姜中秋，《汪精衛與陳璧君》（北京：中國青年出版社，1992）；程舒偉、鄭瑞峰，《汪精衛與陳璧君》（北京：團結出版社，2004）。蔡德金、王升，《汪精衛生平紀事》（北京：中國文史出版社，1993）。趙志邦，〈汪偽第一夫人陳璧君〉，《傳記文學》，第 52 卷第 5 期（1988），頁 24-28。以下有關陳璧君與汪精衛之間 1920 年代前的事，也大都參考上述資料來源，就不再一一標註頁碼。

基開設的維新書屋購買革命報刊《民報》、《革命先鋒》閱讀，[2] 是頗富新思想的女學生。

當孫中山 1908 年帶著汪精衛（1883-1944）、[3] 胡漢民（1879-1936）前往南洋宣傳革命與募款，汪在當地新加坡華僑張永福（1872-1957）、陳楚楠的協助下，在南洋各地成立同盟會分會。16 歲的陳璧君初識汪精衛於苾蘭園，同盟會檳榔嶼分會會長吳世榮（1875-1944）的家中。[4] 擅於演說的汪精衛，據胡漢民之說「余前此未嘗聞精衛演說，在星洲始知其有演說天才，出詞氣動從貌。聽者任其擒縱，余二十年未見有工演說過於精衛者」，[5] 汪的語詞動人，又風度翩翩，宛若玉樹臨風之儀，碧玉年華的陳璧君，情竇初開，愛慕之情油然而生，「此時陳璧君女史，亦為先生的熱忱聽眾之一。後來璧君女史常至同盟會員吳也〔世〕榮家中，而先生亦常至吳家，因此相識」。[6] 兩人傾談之後，陳受其理念

2　趙志邦，〈汪偽第一夫人陳璧君〉，《傳記文學》，頁 24。

3　汪精衛在 1904 年獲廣東官費留學資格，與胡漢民（1879-1936）、朱執信（1885-1920）、古應芬（1873-1931）等五十人一起赴日留學，並在途中剪去髮辮，以示對舊體制的反抗。 在東京時期，汪本要拜會梁啟超卻未遇，後來孫中山來到東京，他不但得以拜見孫，且由傾慕立憲派轉向革命陣營，自此成為留學生中活躍於革命黨的積極分子。當 1905 年同盟會成立，他不但協助起草同盟會章程，同時還身兼其機關報《民報》的主要撰稿人之一。在 1905-1907 年《民報》與《新民叢報》的論戰，他與梁啟超爭鋒相對煙硝味十足的筆戰，可說是中國近代史上很重要的一場論戰，他也是這場論戰中發表文章最多的作者。據統計在論戰的《民報》作者群中，汪精衛以筆名「精衛」就有 15 篇之多，比之胡漢民、章太炎都多。這場論戰的作者與篇目可參考，梁啟超、汪精衛等著、林志宏導讀，《革命的抉擇和挑戰：《民報》、《新民叢報》論戰選編》（臺北：文景書局，2015），收入黃克武、潘光哲主編，「十種影響中華民國建立的書刊」。關於汪精衛的革命時期與政治活動，中、英、日文研究的成果甚豐，較新的專著以汪一生政治生涯為主的是李志毓，《驚弦：汪精衛的政治生涯》（香港：牛津中文大學，2014）。

4　陳璧君，〈我的母親〉，「陳氏家譜」，《汪精衛》，http://wangjingwei.org/wp-content/uploads/2014/11/wjw-wei-yuelang-bio.pdf。（檢閱時間：2017 年 1 月 19 日），頁 1-2。

5　胡漢民，《胡漢民自傳》（臺北：傳記文學雜誌社，1969），頁 33。

6　書中之吳也榮即吳世榮。雷鳴，《汪精衛先生傳》（南京：政治月刊社，1944），收入《民國叢書》（上海：上海書店，1989），第一編，歷史‧地理類，88，頁 45。

吸引「數往還，談革命」，[7] 令陳璧君愛慕之餘更添敬重之心意。且相較於有些革命黨人的私生活的浪漫行逕，汪自律甚嚴，過著如同清教徒的生活，[8] 更讓陳璧君心儀，期盼著「由革命而結為終身伴侶。實由此時始」。[9] 1907 年《中興日報》（1907-1910）在新加坡成立。[10] 陳璧君在《中興日報》招股時就已加入，她透過新加坡同盟會的會長張永福認股，時間是 1908 年的 6 月 5 日，[11] 購入百圓股十股，其收據是

> 久字第三十四經代
> 南洋中興報社有限公司收到

7　陳璧君，〈我的母親〉，「陳氏家譜」，《汪精衛》，http://wangjingwei.org/wp-content/uploads/2014/11/wjw-wei-yuelang-bio.pdf。（檢閱時間：2017 年 1 月 19 日），頁 1。

8　汪參加革命後，怕連累家人，就與家中斷絕關係，也退了原來與劉氏的訂婚之約。光緒 32 年（1906）年，「報載精衛起意，為革命之舉，來函自絕於家庭，並與已聘劉氏退婚」。鄧駿捷、陳業東編校，〈微尚老人自訂年譜〉，《汪兆銘詩詞集》（廣州：廣東人民出版社，2012），頁 166。另見登於《東方雜誌》的汪精衛自述文章。「與劉氏女曾有婚約，但罪人既與家庭斷絕，則此關係亦當隨以斷絕，請自今日始解除婚約。長兄得此信後便將驅逐逆弟永離家門，具秉番禺縣存案，復和劉子蕃先生商量，將兩家聘物交還，婚約焚燒作為了事。後來聞得劉氏女反對他們這種作法，直至民國元年，我已娶了，回到廣州，重見家門，聞得她尚未嫁，我覺得正如古人所言：『我雖不殺伯仁，伯仁由我而死』。未免耿耿於心，及至聞得他和一位陳先生結婚了，方縷寧帖」。汪精衛，〈自述〉，《東方雜誌》，第 31 卷第 1 號（1934），頁 2。

9　雷鳴，《汪精衛先生傳》，頁 45。

10　羅家倫主編、黃季陸、秦孝儀、李雲漢增訂、中國國民黨中央委員會黨史委員會編，《國父年譜》（臺北：中國國民黨中央委員會黨史委員會，1994），1907 年 7 月 12 日，頁 329。陳楚楠、張永福、林義順集資於 1907 年 8 月成立《中興日報》與立憲派的《南洋總匯報》，這兩個報紙在 1907 年後接續日本的革命黨報《民報》與立憲派《新民叢報》之論戰，在新加坡繼續開火，自孫中山以降，汪精衛、胡漢民等都轉移至此與梁啟超的大弟子徐勤、伍憲子等續延戰火，至 1910 方結束。相關研究可參尹瑤，〈復制抑或再造：《南洋總匯新報》和《中興日報》論戰新探〉〉，《華僑華人歷史研究》，第 1 期（2016 年 3 月），頁 83-90；賈明慧，〈新加坡華僑革命報紙與新亥革命研究——以《中興日報》為中心〉（吉林：東北師範大學碩士論文，2010）。

11　此處的年分既是戊申年，則其對應的是光緒 34 年。引自雷鳴，《汪精衛先生傳》，頁 43-45。

> 陳璧君先生附入壹拾股，交到全期股本通用銀圓銀壹百大圓整
>
> 理合給回收單為據，候公司開辦通知，請攜此單向
>
> 本公司換正股票可也　　付此收執存據
>
> 所有本公司事宜均照英國有限公司辦理
>
> 戊申年六月初五日經理人。

1908 年汪又往新加坡為《中興日報》撰稿，並與保皇派報紙筆戰。她與母親在新加坡拜見孫中山後雙雙加入革命黨。原本陳耕全有意送她去英國念書，但陳璧君拒絕此一安排，並且決定追隨汪的蹤跡前往日本加入革命隊伍。還與本來訂有婚約的表哥梁宇皋（1888-1963）[12] 解除婚約後奔赴日本。由於她是會眾中年紀最小一員，孫中山委託當時同盟會實行部長方君瑛（1884-1923）與曾醒（1882-1954）對她多加照顧，她因而與年長七歲的方君瑛、及大她九歲之曾醒建立宛如異姓姐妹之情誼，「對君瑛極為敬佩。曾醒則賦性忠厚，平時沉默寡言，璧君對之也異常親愛」。[13] 另方面，她和汪精衛的交往也更趨密切，感情日增，據金雄白的描述「最初君瑛、曾醒姑嫂與璧君住在一起，以後為彼此商量黨事便利之故，另賃了一棟較大的房屋，汪精衛、黎仲實也遷住到那裡」。[14] 當 1909-1910 年之間，正是同盟會的一段低潮期，自鎮南關之役後數次起義行動都慘淡落敗，許多同志犧牲，使得不少同志意氣漸趨消沉。為了替革命「添薪加火」，[15] 汪決定做番轟轟烈烈能激勵革命士氣

12　梁宇皋也是早年在新加坡加入了同盟會的革命黨人。他與陳璧君有表親關係，幼年時與陳璧君有婚約。後負笈英國入牛津大學習法律，學成歸返馬來西亞為律師。1934 年在汪的行政院內擔任參事、僑務委員會常務委員。抗戰爆發前曾任中緬邊界踏勘團的團長。抗戰期間未追隨汪離開重慶，投入汪政權，而是在雲南。抗戰勝利後重回馬來西亞，曾經出任麻六甲州州長，後又擔任司法部部長。李樸生，〈踏勘中緬邊界的梁宇皋先生〉，《傳記文學》，第 2 卷第 5 期（1963 年 5 月），頁 25-26。

13　金雄白，《汪政權的開場與收場》（臺北：李敖出版社，1988），下，頁 927-928。

14　金雄白，《汪政權的開場與收場》，頁 928。

15　胡漢民，〈胡漢民手撰自傳稿〉，收入中華民國史料研究中心編，《胡漢民先生

的事，於是決定組織暗殺團去刺殺滿清高官皇室。此乃極危險行動，汪本無意讓陳璧君加入，但陳璧君堅持參與，於是汪與陳璧君、喻培倫（雲紀）（1887-1911）、黃復生（1883-1948）、黎仲實（1886-1919）、曾醒（1882-1954）、方君瑛（1884-1923）等七人組成暗殺小組，「這五人實同預其謀，運送的炸藥，也是五人合力為之」。[16] 炸彈的主要製造者是喻培倫，他在日本時即研習化學。而陳璧君不但積極參與並力求表現其行動能力，一度拜在孫中山友人宮崎滔天門下學習日本柔道，可那個時代尚無場所給女子習柔道，宮崎只好將她轉給其義弟前田九二四郎[17] 習劍術。[18] 之後他們以端方為目標來到武漢，預備在漢口車站炸死端方，可是因端方臨時改行水路而致行動未果。[19] 1911 年武昌起義所用之火藥，就有部分是汪等人所留下。炸不成端方，於是他們決定取道去北京，這段期間，陳璧君返檳城家中籌款，原本衛月朗一聽陳璧君等人要去進行暗殺活動，極力勸阻，後經陳璧君之勸服，反而傾其私蓄並典當細軟首飾衣物含淚支助。[20] 在這段期間，汪精衛回東京編最後兩

遺稿》（臺北：中華書局，1978），頁 416。關於汪精衛對胡漢民說明的釜薪之比喻，相關之想法與研究，可參見邵銘煌，〈為薪？為釜？：汪精衛的生死抉擇〉，《民國人物與檔案》（臺北：政大出版社，2015），頁 129-160；王光遠、姜中秋，《汪精衛與陳璧君》，頁 10。

16　胡漢民，〈胡漢民手撰自傳稿〉，頁 416；金雄白，《汪政權的開場與收場》，頁 928。

17　前田卓之弟，宮崎寅藏之義弟，也是孫中山日本友人之一，曾參與丁未汕尾之役、協運軍械。張家鳳，《中山先生與國際人士》（臺北：秀威資訊，2010），頁 30-61。

18　王光遠、姜中秋，《汪精衛與陳璧君》，頁 10。

19　黃以鏞以親身經歷者描寫當初謀炸端方的全部經過，該手稿原件保留在國民黨黨史館內。黃以鏞，〈黃但喻陳諸同志謀炸端方之經過〉，《一般檔案》，臺北：黨史館，檔號：一般 354/13.1。另據胡漢民的回憶，汪精衛臨行前，曾留一手書給胡漢民，是以指血寫成，僅八字，「我今為薪，兄當為釜」。胡漢民，《胡漢民自傳》，頁 34。

20　雷鳴，《汪精衛先生傳》，頁 81。陳璧君，〈我的母親〉，收入「汪精衛網站」，http://wangjingwei.org/wp-content/uploads/2014/11/wjw-wei-yuelang-bio.pdf。（檢閱時間：2017 年 1 月 30 日），頁 1-2。

期之《民報》，並作了〈革命之造勢〉、〈革命之決心〉兩篇，他將《民報》與他自己宣揚革命的文章縫進衣縫內。暗殺小組成員於是分道北上，方君瑛與曾醒留東京，陳、黎、黃、喻四人先入北京準備；汪精衛取道東北大連，經山海關入京。黃復生在民國之後回憶當時經過，記載如下：「己酉年，秋九月，黃復生偕但懋辛赴北京，經營暗殺，冬十二月，汪精衛偕陳璧君黎仲實入都，[21] 喻雲紀亦同時購照相器具，設照館於琉璃廠，名之曰守真，以為避人耳目之計，以庚戌年元旦日開幕，此固在東京預定計畫也」，[22] 嗣機執行其暗殺計畫。據金雄白描述，汪與陳在入北京前二日定下名義婚約，「兩人自相識而成為同志，雖情愛日篤，各以禮自持，始終未敢存白頭之願。直至此時相偕同赴燕京，只要行刺事件一旦實行，勢將同歸於盡。汪氏認為對此深情厚愛而又同生共死之人，不能不於臨死之前有所表示，而陳璧君亦望早定名分，胥可以告慰老母，因此於宣統二年庚戌二月既望，即預定行刺載灃之前兩日，毅然定情，先為名義上的結婚。而汪氏行刺之謀，事前先被發覺，汪氏與黃復生先後被逮，而陳璧君則以不住於用為掩護的守真相館，得邀倖免」。[23] 一開始的暗殺對像是赴歐洲考察海軍歸來的載洵、載濤兩貝勒，可惜汪精衛與黃復生趕到車站時太晚，加上車站人太多，怕誤傷無辜，以致於無功而返。之後暗殺對象也由慶親王奕劻變成攝政王載灃，「時清慶王最專橫，同仁等僉欲炸之，因不容間，嗣乃決計擒賊擒王，始以攝政王載灃為目的物」。[24] 謀炸載灃用的是電氣地雷，而刺殺的路

21　黃復生此處記載似與後來汪精衛回憶的經過略有出入，據汪回憶，他是單獨自東京經東北大連後由山海關入北京，並不是與陳璧君、黎仲實一起入京。黃以鏞，〈汪精衛黃復生喻雲紀陳璧君謀詐載灃事略〉，《一般檔案》，臺北：黨史館，檔號：一般 354/13.2。

22　黃以鏞，〈汪精衛黃復生喻雲紀陳璧君謀詐載灃事略〉，《一般檔案》，臺北：黨史館，檔號：一般 354/13.2。

23　金雄白，《汪政權的開場與收場》，頁 929。

24　黃以鏞，〈汪精衛黃復生喻雲紀陳璧君謀詐載灃事略〉，《一般檔案》，臺北：黨史館，檔號：一般 354/13.2。

線與計畫也幾經改變，「時攝政王上朝，由鼓樓大街，前有一短牆，伺其通過時，將鋅罐由短牆擲下，彼可悉數炸斃，詎計甫定，而鼓樓大街改築馬路矣，又調查其路線，必取道煙袋斜街，……最後始於什剎海旁有一小橋名甘水橋，[25] 距攝政王府最近，為出入必由之地也，橋之北有陰溝一道，可將鋅罈罐埋於橋下，人則藏於陰溝內，用電氣發火，伺其過橋時，則按機關，電流一通，則電氣雷管遂起作用，而使炸藥爆發也」。[26] 這是較易下手地方與機會，暗殺團分配任務是陳璧君負往來聯絡之務，喻培倫與黃復生負責埋炸藥、汪精衛引爆。然當他們於夜間埋炸藥時引起犬吠聲四起致無法竣工，然後隔一晚再去，又因炸藥引線不夠長，相差甚多隔日再去購買，晚上過十二點後又去埋設，黃復生、喻培倫又繼續埋線，當電線已定後，此時喻培倫抬頭望向橋上，竟見有一人蹲於橋上，喻、黃二人遂以日語計議，這人可能已看到他們的行動，為保險計通知汪不要回去，兩人分頭繞路回歸後再看究竟。等日後黃復生被捉入獄，才知當晚所看到橋上蹲著的人，是個趕車的車夫，因他的妻子離家三天未回，使他看到橋下有兩人時，就懷疑那是他的逃妻與姦夫，之後引人持燈籠探照後，再度招來警察與憲兵，在憲警三人來前，黃復生本想將炸藥與電線移走，旋因炸藥罐太沉，一人無力搬移，只能將電線捆綁，不及帶出就聽到不遠處步履急促聲，只能以沙土掩埋

---

25 據張江裁（1909-1968）編著之書，透過熟悉北京地理典故的劉振卿之考證，攝政王上朝路線與實地情況，推翻了銀錠橋之說，至於黃復生所說之甘水橋，似有疑問，應該是鴉兒胡同西口外有一無名小橋，俗稱「甘水橋小橋」，橋下即為埋炸彈之所，這或可解釋何以埋炸彈的黃復生會在民國後記述為甘水橋。抗戰期間這段考證有崇璋，〈甘水橋炸彈案〉一文在《中華週報》，第 1 卷第 10 期（1944），頁 14-15，未引注意。這篇文章之崇璋似乎不是劉振卿，後來張江裁將他與劉振卿之往來書信編成書。氏編著，〈北京庚戌橋史考〉，收入《叢書集成續編》（上海：上海書店，1994），第 25 冊，頁 899-901。張江裁，〈銀錠橋話往圖記〉，《古今》，第 4 期（1931 年 6 月），收入蔡登山主編重印，《古今》（臺北：威秀經典，2016），第一冊，頁 208。

26 黃以鏞，〈汪精衛黃復生喻雲紀陳璧君謀詐載灃事略〉，《一般檔案》，臺北：黨史館，檔號：一般 354/13.2。

電線。黃復生匿於樹上見事跡敗露，連夜奔回，召開緊急會議，「與會者復生精衛喻雲紀黎仲實陳璧君也，當經決議，雲紀赴東京，重購炸藥，仲實璧君赴南洋籌款，復生精衛留守，待炸藥至，繼續進行」。[27]隔天陳璧君還突發奇想的主張那炸藥罐甚重，可能還在原地，若還在就可搬走再用，她堅持要喻培倫、黃復生等回去探看，當然這種天真太過的不成熟想法，在黃復生與喻培倫冒險分頭前去後，只見什刹海近甘水橋附近有警察駐守其上，整個氛圍大異前幾日，黃、喻自然不敢靠近又折返。多年後黃復生憶及當時情景「見一人乘人力車，似睡熟者，偏偏倒倒，通過，而三警察骨極注意其人，蓋即雲紀也，復生恐有偵者尾其行，遂未與語，而逡巡反東北園，雲紀早已歸矣」，[28]回來後跟陳璧君說了街景情況，她才不再堅持。再一天，她與黎仲實、喻培倫分別出發，這也是汪、黃今生與喻培倫最後一會，之後喻就在辛亥年三月廣州之役殉難，成了埋骨黃花崗的烈士。

當炸藥遭發現後，汪、黃身分實已逐漸被掌握，據汪回憶是在三月七日被警察與密探分別捕獲，被捕後兩人被隔離，無法見面，同時被補的還有在守真相館中的同志羅世勛（1883-1943）。汪精衛在被補之後就真實供出自己姓名，毫不隱諱。後來分次由層級較高之審訊者審理，並搜出縫在衣縫內文章數篇，始確信他們真捉到在當時已頗負盛名的革命黨人汪精衛。陳璧君離開不到半個月，自北京回到日本，正要準備返北京就聽到汪與黃被清廷捕獲，陳璧君獲知消息後急得痛哭失聲，竟要立即北返與清廷拚生死，就算以身同殉亦在所不惜。[29]同盟會方面對汪

---

27 黃以鏞，〈汪精衛黃復生喻雲紀陳璧君謀詐載灃事略〉，《一般檔案》，臺北：黨史館，檔號：一般 354/13.2。張江裁纂，〈汪精衛先生庚戌蒙難實錄〉，收入張江裁纂，《汪精衛先生行實 9304》（1943），頁 6。

28 黃以鏞，〈汪精衛黃復生喻雲紀陳璧君謀詐載灃事略〉，《一般檔案》，臺北：黨史館，檔號：一般 354/13.2。

29 如據吳玉章的回憶，當陳璧君得知汪精衛被補，竟大罵喻培倫，「陳璧君看到汪精衛被捕的消息，簡直跟發了瘋一般，竟無理辱罵喻雲紀怕死。喻雲紀見他已失去理智，不願在她悲痛中和她爭吵，只得把無窮的委屈壓在心底。一天他對

被捕之事的反應，是要亟力營救，此事似由黃興主導，「日本東京來一
函，促民黨同志繼續作第二步進行計畫。函中無名字，但署一黃字，或
曰是黃興也」。[30] 唯因清廷當時正在準備立憲，以肅親王為首的開明派
主張下，汪、黃皆逃過問斬死罪而被判終身監禁，羅世勳判監禁十年。
胡漢民、喻培倫在打探到此消息後，陸續來到香港，「時璧君、仲實、
喻培倫、李佩書[31] 等賃屋於九龍城外」，[32] 這個位於今九龍尖沙咀的機關
就是專為營救汪精衛等人設置，新加入的除李佩書，還有黎德榮，皆女
性同志。募款是分頭行動，黎仲實則自吳玉章那裡得到 3000 元，胡漢
民與陳璧君則分別來庇能與星加坡勸募，會合黎仲實再回香港。一開始
胡漢民要與陳、黎等入京救汪，後經陳璧君、黎仲實等勸阻而作罷。[33]
據胡漢民所述，謀救汪精衛的行動經過，當中倍嚐世情冷暖，

> 既而余入庇能，璧君、仲實亦至，乃知精衛與理君俱未死，
> 而同下獄，為永遠監禁之刑。時伯先見在星洲籌款無效，一
> 再與華僑同志張永福等晤對，亟厭之，謂此事非所長，遂返

我說，『她同我一起回來，卻說我怕死，……唉，誰怕死，將來的事實是會證明
的』。言罷不勝欷噓。從這時起，他便已下了必死的決心」。吳玉章，《吳玉章回
憶錄》（北京：中國青年出版社，1978），頁 56。

30 張江裁纂，《汪精衛先生行實錄》（南京：中華民國史料編刊會，1943），頁 22。

31 李佩書，徐慕蘭之小姑。徐慕蘭與徐宗漢，即後來黃興夫人，徐氏姐妹與小姑李
佩書等一家均是同盟會員，積極參與革命。徐氏姐妹是廣東珠海人氏，乃近代著
明實業家徐潤之姪女。她們姐妹、姑嫂在廣州起義等行動都積極參與，或從事聯
絡，或是協助聯繫、籌餉、搬運火藥等。參見鄧媛雯、朱希，〈辛亥革命中的珠
海女傑〉，「中國新聞網」，http://dailynews.sina.com/bg/chn/chnoverseamedia/chinese
daily/20110914/05182766437.htm。（檢閱時間：2017 年 12 月 2 日）李佩書在民國
建立後受執信學校籌委會（胡漢民、孫科、廖仲愷）指派前往海外替籌建中的執
信學校募款，募得五十六萬元。林村，〈記執信中學〉，「廣州文史」，http://www.
gzzxws.gov.cn/gzws/gzws/sqfl/dgmsq/200809/t20080917_9058.htm。（檢閱時間：
2017 年 12 月 2 日）

32 胡漢民，〈胡漢民手撰自傳稿〉，頁 420。

33 蔣永敬，《胡漢民先生年譜》（臺北：中國國民黨中央委員會黨史委員會，1978），
頁 110。

香港，克強亦返東京。余既見璧君、仲實，則屏去他事，日
以營救精衛為第一任務。某夜召集庇能分部開會於璧君家
園，余為此事提議，企眾贊助，眾頗冷漠。……乃恍惚夢精
衛已被清廷宣告死刑，乃大哭。哭聲驚鄰室，仲實、璧君皆
起，黃金慶、陳新政等詢知故，自省其涼薄之非是也，慚怍
引去。余復與衛五姑（璧君之母）、仲實、璧君、吳世榮出星
加坡，乃稍稍有傾注者。衛五姑更罄其私蓄，仲實、璧君遂
先返香港，派人北行探視。[34]

救人之費靡高，恐需萬金以上方能救人，大家咸感手中所募經費不足以
營救，陳璧君想到聽說有人在賭場致富之說，於是提出以小搏大之方
法，藉賭在短期內快速籌得鉅金，「璧君偶言：『無鉅金則所事更難，
近來籌措無術，聞人有以博勝致富者，我等盍不為孤注一擲，為精衛
兄，當亦無所惜』。余大然其說，即偕璧君、佩書往澳門博場」。陳璧
君當時剪短髮著男裝，與李佩書扮成青年夫婦去賭場，其實澳門賭場背
後皆有黑道勢力控制，又豈是陳璧君等人所想像的如此簡單，結果當然
是鉅金成泡影，還痛失原本募來之百金，狼狽歸來，胡漢民嘆「以所攜
百金作孤注一擲，不中，踉蹌俱返，真所謂愚不可及矣」。[35]陳璧君再
得庶母支持，「璧君之生母，已於去年盡變其首飾，以與精衛等為行事
之費，今則並罄其第三庶母之私產矣。然此項僅可得三四千金，且須一
月餘，始能交價。弟觀璧君一家之行事，不禁敬佩」。[36]胡漢民與陳璧

34　胡漢民，〈胡漢民手撰自傳稿〉，頁419-420。
35　胡漢民，〈胡漢民手撰自傳稿〉，頁420；胡漢民，《胡漢民自傳》，頁38-39。張
　　靜星，《從革命女志士到頭號女漢奸──陳璧君傳記》，頁33；王光遠、姜中秋，
　　《汪精衛與陳璧君》，頁16。
36　此據胡漢民寫給鄧澤如信上說是她的第三庶母，即陳耕全的第三如夫人之私產。
　　此信最早被抄錄在1943年張江裁寫的，〈汪精衛先生庚戌蒙難實錄〉，收錄氏著
　　之《汪精衛先生行實錄》，頁31。雷鳴，《汪精衛先生傳》，頁81，應該是同一資
　　料。

君在新加坡所募得一些款項，本欲一起去北京救人，胡漢民認為此舉不妥，他們二人已是涉案人，恐有不便，正好鄒魯（1885-1954）獲直隸州判之位要去北京銓敘，就請鄒魯負責打探，鄒又邀在瀋陽的張煊與廣州的郭守發一起行動，不料鄒魯至上海後大病一場，幸好張煊在北京有同鄉在法部當差，就順利打探到汪被囚禁之處並設法建立了聯絡。陳璧君按捺不住仍要趕去北京，「璧君、仲實旋入京。余送其行、執手言別，余誦葉清臣賀聖朝詞云：『不知來歲牡丹時，再相逢何處？』皆泣下」[37] 當時革命黨人悲情甚深，胡漢民所頌贈之臨行詩句可見一般。陳璧君、黎仲實自香港趕來京師，並以重金買通獄卒，送入一籃子雞蛋，陳璧君的信就藏在內，暗中告知汪大家都在設法救他，汪收到信後很是高興感動，就以血書告以「信到平安」，還將平日與陳璧君一起朗誦之顧梁汾詞〈金縷曲〉改寫，一面訴其心事與衷腸「眼底心頭如昨日，訴心期，夜夜常攜手。一腔血，為君剖」，更是擔心她安危要她速速離去，不宜「留京賈禍」。至於陳璧君的手書，棄之不忍，留之又不可，於是竟「咽而下之」。[38] 陳璧君為救汪，甚至亟力主張要挖地道至牢房將汪救出，只是這工程浩大，加之汪已是朝廷要犯，根本是幻想且不可行。這段期間同盟會策劃的革命起義行動並未停歇，孫中山認為「我意再起革命軍，即所以救精衛也」，[39] 之後黃興嚴令在京諸人速至香港集合，陳璧君在無奈之下，淚望刑部大牢又大哭一場，隨眾同志一起南下。據方君璧告知金雄白「宣統二年，方家都住在漢口，暗中推動革命，陳璧君在營救汪氏時，也曾去過那裡，並且還在方家住過一個時期。到第二年的辛亥三月，他們陸續都去了香港，密謀在廣州起義」。[40]

37　胡漢民，〈胡漢民手撰自傳稿〉，頁 420-421；胡漢民，《胡漢民自傳》，頁 38。
38　汪精衛，〈金縷曲〉，《雙照樓詩詞藁》（香港：天地圖書公司，2012），頁 158-159。
39　胡漢民，〈胡漢民手撰自傳稿〉，頁 421。
40　金雄白，《汪政權的開場與收場》，頁 929。

　　1911 年 3 月（宣統 3 年）的廣州之役又是未竟之功，但此次的慘烈犧牲震驚中外，在獄中的汪精衛也自獄卒處得到消息，還聽說胡漢民殉難，悲痛萬分，賦詩寄懷，其中「最是月明隣笛起，伶俜吟影淡於秋」、「鵑魂若化知何處，馬革能酬愧不如」既悼亡友也書己懷。[41] 而陳璧君、胡漢民等人在當晚到廣州，[42] 革命起事行動已失敗，但他們的船不能在碼頭停泊，胡漢民等人猜測狀況不妙，但尚不知在廣州城內的機關如何，且那時全城已戒嚴，他們的行李都被海關打開細查，由於行李箱中都是膠底鞋與手電筒，一位檢查的海關人員連忙蓋上並畫上已查驗的標記，並小聲告知他們同伴已敗，千萬小心，並要他們速速上岸離去，這時已是三十日早晨。此時的胡漢民偽裝成病人，由女扮男裝的陳璧君與另位女同志伴扮成夫妻一起扶持離去。之後入住一旅店，曾醒等此時來會，於是先派黎仲實返家探消息，不久黎之姑母來告廣州起義失敗，清廷正大肆蒐捕黨人，[43] 大家依胡漢民之議，派人混入城內打探未被破獲之機關，陳璧君自告奮勇，同黎仲實姑母一同前去，曾醒亦到海關熟人處探消息。陳璧君到總督衙門附近探查，看到屍橫處處，當她在查看一薄布覆蓋之屍體時，其腳上赫然穿著膠底布鞋，此時一名老者上前用力將她拉入屋內，並勸告她勿多事快些離去，還雇了轎子代付轎資，她心中對此素昧平生老者的關懷備受感動。由於城門已閉不准入城，大家只好另想他法，方君瑛提議她的一位魏姓親戚住於城外，不妨先去投奔該處，到了方家的親戚住處，全家早已避難離去，僅留老僕婦看家，陳璧君遂主張先做飯吃，填飽肚子後再想其他辦法，眼下形勢廣

41　汪精衛，〈金縷曲〉，《雙照樓詩詞薰》，頁 29-30。

42　蔣永敬，《胡漢民先生年譜》，頁 117。

43　據胡漢民回憶，「時余與仲實、璧君、君瑛、佩書同船，以假辮繫帽中，檢查員並持有余等照相，乃熟視若無覩。旋登岸，亦有警察盤詰，余以普通話答之，乃不疑，遂共入海珠酒店。仲實先返其家，旋使其姑母來，具言：『黨人圍攻督署已失敗，死者甚多，現時緹騎四出，旅館已布偵探，君等宜急避入鄉間，繞道往港。』佩書聞言，失聲大哭，璧君急止之。」胡漢民，〈胡漢民手撰自傳稿〉，頁 423；《胡漢民自傳》，頁 42。

州不宜久留，大家決議先離開廣州再赴香港陳璧君九龍住處。[44] 此次廣州之役革命黨雖遭慘敗，卻也重擊清廷。半年後，武漢的華中同盟會再策動起事，聯合共進會與文學社準備起義，旋因共進會領導人之一的孫武（1879-1939）在租界試炸藥受傷致驚動清廷，名冊等都被搜獲，多名黨人被抓獲，彭楚藩（1887-1911）、劉復基（1885-1911）與楊宏勝（1875-1911）三人被捕殺頭，[45] 整個武昌城進入戒嚴狀態。不得已於 10 月 10 日晚間倉促起事，而這次的起義行動竟意外獲得成功，此即「武昌起義」，之後有十多省紛紛響應起義，宣布脫離清政府而獨立，遂與清廷形成南北對峙之勢。陳璧君救汪心切，又再次北上。此時清廷為示寬大，內閣就有奏請釋放汪等革命犯之議，終於在 11 月 6 日（1911 年農曆 9 月 16 日）將汪精衛、黃復生等人釋出，汪並立即離京。於此同時，袁世凱（1859-1916）重獲清廷重用，掌握內閣與軍事大權，於是同盟會要汪負起與袁聯絡之任務，勸其推翻清廷，實行民國，恢復漢人統治。12 月南北議和，汪精衛居中聯繫，成了和談中的重要人物。而陳璧君至北京時，汪已離京往上海，[46] 陳璧君又匆匆趕到上海，兩人歷經生死重見，這番劫後重聚真是感慨萬千，陳璧君不禁淚述這段期間的思念與艱難，更有恍如隔世之感。

此時的汪精衛未死為烈士，反成活著的革命英雄，「司法次長徐謙，昨（二日）派收發所員，將汪精衛前因炸彈案監禁時所戴鎖鐐刑具收拾潔淨，並令速製紫檀大匣一對裝入，派人解往南京作革命紀念品」。[47] 他因謀刺攝政王載灃名噪一時的詩句，「引刀成一快，不負少年

44　蔣永敬，《胡漢民先生年譜》，頁 118。

45　居正，〈辛亥箚記〉，《辛亥革命在湖北史料選輯》（武漢：湖北人民出版社，1981），收入武漢大學歷史系中國近代史教研室編，《辛亥革命在湖北史料選輯》，頁 142。章裕昆，《文學社武昌首義紀實》收入《近代中國史料叢刊 續編》，第 86 輯（臺北縣：文海出版社，1981），頁 31-36。

46　抵上海是與唐紹儀一起，時間是 1911 年 12 月 18 日。《民立報》，1911 年 12 月 18 日，第 3 版。

47　《民立報》，「廣東電報」，1912 年 5 月 5 日，第 3 版。

頭」，更已是膾炙人口傳誦一時。這時汪成了赴京迎袁的代表之一，陳
璧君也跟他北上，在途中，汪與蔡元培等人發起「進德會」，陳璧君是
女子支部會員。清帝退位，民國肇建，汪決定不做官「汪精衛先生已自
星加坡行抵香港即偕孫公子與孫胡兩夫人進省寓孫中山先生行館，翌日
辰刻回豪賢街本宅」、「精衛擬謝絕各界歡迎聲稱有開歡迎會相招者一概
不往，且已宣言祇效力社會不入政界」。[48] 並宣示六不主張成立「六不
會」，[49] 不戀棧革命光環，不在政府中謀職位。兩人有情人終成眷屬，在
上海宣布結婚，「民國元年三月底，許多革命志士都赴廣州公祭黃花崗
七十二烈士墓，汪陳也於此時大宴賓朋，而由胡漢民擔任主婚人。那天
的婚筵自是十分熱鬧，而婚禮則十分簡單，且未舉行什麼儀式」，[50] 兩人
結婚時除由胡漢民主婚，何香凝（1878-1972）任女儐相，[51] 同是星加坡
華僑的李曉生（1888-1970）任介紹人。[52] 並在《民立報》（1912 年 5 月
25 日）上發布消息，「汪精衛先生已與前次偕同謀炸攝酋之暗殺女黨員
新會人陳璧〔君〕女士成婚」，[53] 這一年陳璧君 21 歲，汪精衛 29 歲。[54]

48 《民立報》，「廣東電報」，1912 年 5 月 18 日，第 3 版。
49 所謂「六不會」是以進德會之主張更進一步：不賭、不嫖、不娶妾、不吸煙、不
飲酒、不食肉、不做議員。可後來將不做官吏與議員這條刪去而成六不主張，
有別於進德會。高平叔，《蔡元培年譜長編》（北京：人民教育出版社，1998-
1999），第二冊，頁 410；陳三井，《旅歐教育運動：民初融合世界學術的理想》
（臺北：秀威資訊，2013），頁 19。
50 金雄白，《汪政權的開場與收場》，頁 929。
51 陳璧君，〈我的母親〉，「陳氏家譜」，《汪精衛》，http://wangjingwei.org/wp-content/
uploads/2014/11/wjw-wei-yuelang-bio.pdf。（檢閱時間：2017 年 1 月 19 日），頁
1-2。
52 李曉生乃星加坡華僑，是在晚晴園拜見孫中山加入同盟會的，也是新加坡同盟會
的創始人之一。張泉，〈陳璧君：枯萎的革命，流失的愛情〉，《看歷史》（2011），
頁 32。
53 《民立報》，「廣東電報」，1912 年 5 月 25 日，第 3 版。
54 陳璧君，〈我的母親〉，「陳氏家譜」，《汪精衛》，http://wangjingwei.org/wp-content/
uploads/2014/11/wjw-wei-yuelang-bio.pdf。（檢閱時間：2017 年 1 月 19 日），頁
1-2。

這場婚禮舉行在民國元年 1912 年，當時很多黨人位這對終成眷屬的有情人倍感開心，「理應受到整個中國的祝福」，[55] 他們的喜事與將展開的新生活，就如同剛誕生的中國，同樣可喜可賀。之後汪陳夫妻伴隨已辭去臨時大總統的孫中山，一起去武漢赴黎元洪之邀約。兩人遊黃鶴樓，並一起陪同孫出席各種歡迎會等活動，「孫中山及胡漢民汪精衛等二十餘人，今日到鄂街市停車商民結彩各界異常歡迎」。[56] 之後再與孫分道揚鑣，夫妻兩人先回到檳城探親，「聞汪精衛先生實往庇能」，[57] 8 月兩人準備遠赴法國求學。赴法途中先去日本與方君瑛、曾醒等商議留法之事，然後再去陳璧君檳城家中小住數月後，就與曾醒、方君瑛等會合，連同衛月朗、陳昌祖與方君瑛小妹方君璧，一起前去法國。

二、留學異邦、夫唱婦隨（1912-1916）

汪精衛夫婦帶著岳母、陳璧君幼弟、與曾醒的弟弟、兒子及方君瑛、君璧姐妹等一行人之所以選擇法國留學，據陳璧君所述「除嚮往法國革命外，是受李石曾之勸告」，[58]「民國元年，吳稚暉、汪精衛、李石曾、張溥泉、張靜江、褚民誼、齊竺山諸君，發起『留法儉學會』，並設預備學校於北京方家胡同原師範學校內，吳山、齊竺山、齊如山諸君擔任組織，法人鐸爾孟君擔任教授」，其時「蔡子民君為教育總

55　張泉，〈陳璧君：枯萎的革命，流失的愛情〉，頁 32。

56　孫中山於 1912 年 4 月 7 日偕胡漢民、汪精衛、景秋月、問宸組等由上海抵南京。旋隨孫中山轉乘聯鯨兵艦前往武昌。《民立報》，1912 年 4 月 8 日，第 3 版。孫與汪等人於 1912 年 4 月 10 日往黃鶴樓，出席群眾大會。《時報》（上海），1912 年 4 月 15 日。《民立報》，1912 年 4 月 10 日，第 3 版。蔡德金、王升，《汪精衛生平紀事》，頁 21。

57　據汪之年譜這是 1912 年 4 月 25 日事，在陳之老家檳城住到 5 月 8 日乘福生輪由新加坡首途香港。《民立報》，1912 年 4 月 26 日，第 3 版。

58　張靜星，《從革命女志士到頭號女漢奸——陳璧君傳記》，頁 45。

長，假以校舍」，[59] 鼓勵並協助青年留學法國，目標是「改良社會，首重教育。欲輸世界文明於國內，必以留學泰西為要圖。……擬興苦學之風，廣闢留歐學界。今共和初立，欲造成新社會新國民，更非留學莫濟」。[60] 這段留法生涯之初，飽覽法國名勝，陳璧君喜歡爬山遠足，據稱有「山之友」之稱。[61] 在歐戰爆發前，他們與李石曾大都居住在蒙達爾城（Montargis，今普譯蒙塔基），在巴黎以南約百公里之寧靜小城，也是勤工儉學的重要地點。據吳稚暉拜訪後曾記錄他訪眾友會蔡、李、汪等，「蒙達爾城之儉學團方開兩週一度之講學會。主其事之李石曾君，特邀蔡子民君為本期之講員。余遂與蔡李兩君同去。蓋蒙達爾城在巴黎南境二三百里外，為法蘭西之中原。李君習農，最先至。近年遂家於此。汪精衛陳璧君諸君亦偕朋友親戚卜居焉」。[62] 在這承平之時期，這批倡導勤工儉學者都希望學子們朝科學、農牧等學科發展，留法青年也懷抱無比希望在法國取經，冀望日候有益於中國的農、牧、工業等發展。因而曾仲鳴在波爾多大學讀化學，直到去里昂出任中法大學秘書長，才隨心之所向進入里昂大學攻讀文學。[63] 可惜這樣平靜愜意的留學生活沒多久就被國內動盪的政局給攪擾。民國 2 年（1913）宋教仁遇刺殞命，孫中山決定發動二次革命倒袁，並急電法國召汪精衛回國共商革命大事，時陳璧君剛產下長子汪文嬰，汪因事赴巴黎，在接到孫之急

59　旅歐雜誌社編、陳三井校訂，《旅歐教育運動》（臺北：中央研究院近代史研究所，1996），頁 50；陳三井編著，《民初旅歐教育運動史料選編》（臺北：秀威資訊，2014），頁 20。

60　旅歐雜誌社編、陳三井校訂，《旅歐教育運動》，頁 50；陳三井，《旅歐教育運動：民初融合世界學術的理想》，頁 44。有關「留法儉學會」的研究與資料，可參，陳三井編著，〈引論〉，《民初旅歐教育運動史料選編》，頁 9-14。

61　張靜星，《從革命女志士到頭號女漢奸——陳璧君傳記》，頁 45。

62　中國國民黨黨史史料編纂委員會編，〈歐戰前後兩游法國記〉，《吳稚暉先生選集》，下冊（臺北：中國國民黨黨史委員會，1964），頁 459-460。

63　曾仲鳴是 1921 年讀里昂大學研究所。曾仲鳴，《汪精衛》，http://wangjingwei.org/wp-content/uploads/2014/11/wjw-wei-yuelang-bio.pdf。（檢閱時間：2018 年 1 月 19 日）

電後就速返上海，陳璧君在蒙達爾城醫院聽說汪須立即回國，忽又聞汪在巴黎急病吐血入院，陳璧君不顧產後不能行動之勸，硬是在方君瑛陪伴下趕赴巴黎張靜江住處，汪與其他人已乘車搭船返回中國。趕回上海後，汪主張以法律解決宋案並與袁世凱談判，但孫力主武裝革命，結果二次革命落敗，孫敗走赴日本，汪亦再次回到法國。1914 年歐戰爆發，法國與歐洲都捲入戰火中，時年 23 歲的陳璧君一貫行動派的原則與性情，與曾醒、方君瑛等都到巴黎加入紅十字會，充當護士救傷員。[64] 只是法軍戰事不理想，節節敗退，法國政府令所有留學生與外國人都離開巴黎避居鄉間。住了數月，考慮長居鄉間會影響隨行的陳家、方家、曾家正是讀書求學階段的年青人，於是又遷到大西洋岸的波爾多城，當時蔡元培全家亦在此躲避戰亂。這一路之顛波使身懷六甲的陳璧君早產，產下長女汪文惺，幸有陳璧君母親衛月朗的細心照顧，以及曾醒、方君瑛亦對這早產女嬰多方照料，這個早產兒才得免夭折並成長，其名字中的惺與醒有同音之諧音，乃是為感念曾醒照顧之恩德。[65] 由於歐戰似不會很快結束，加上國內情況不佳，袁世凱的帝制運動日益積極，於是汪氏夫婦決定回國，將一雙幼齡兒女托方君璧與曾仲鳴照料，在歸國途中繞道檳城將陳母送回南洋老家。陳璧君於 1915 年 6 月間與汪精衛回到中國，由於革命情勢薆蘪，局勢不利孫中山與中華革命黨，陳璧君也無事可做，加之思念一雙年幼兒女，於是在同年底 12 月再返法國。沒料到她回到法國後不久，國內情勢竟出現戲劇般劇變，蔡鍔與唐繼堯舉起護國軍討袁，並迅速擴及全國竟成鼎沸之勢，連袁身邊大將段祺瑞、馮國璋亦通電要求撤銷帝制，迫使袁世凱宣布帝制取消，結束八十三天洪憲帝制，袁本想繼續戀占總統之位，但不為護國軍等接受，致宿疾復發而病死，汪精衛於是重返法國。

64　王光遠、姜中秋，〈陳璧君活動年表〉，《汪精衛與陳璧君》，頁 228。張泉，〈陳璧君：枯萎的革命，流失的愛情〉，頁 34。
65　金雄白，《汪政權的開場與收場》，頁 935。

　　1916 年的 3 月 29 日汪氏夫妻在法國參與蔡元培、褚民誼、李石曾、張人傑及自英來法的吳稚暉等人發起，大力為中法教育及文化交流在巴黎自由教育會會所召開「法華教育會」的發起大會，會中推舉幹事，法華各半，中方會長是蔡元培、副會長是汪精衛。同年 6 月 22 日仍是在這個地方召開成立大會，其會務除獎勵留學法國外，致力於學生之入學、工作等介紹與生活各方面協助，也辦了一些雜誌，與汪精衛較相關的刊物是此會之機關刊物《旅歐雜誌》（1916.8.15-1918.3.1）是半月刊，共發行 27 期，蔡、李、汪是其主編，大多數文章是他們所作，據統計蔡子民作了 26 篇，汪精衛 18 篇，李石曾也寫了 19 篇，褚民誼 15 篇，曾仲鳴 11 篇，張竟生 4 篇。[66] 此時陳璧君因留法數年，法文頗有進步，她以自己的字「冰如」作為筆名，前後就在這刊物投稿數篇，泰半是翻譯性質文章為主，原創之論文僅兩篇，計有「〈記路易十四逸事〉、〈蜜蜂與蠅〉、〈蛙求王〉、〈灣水〉、〈寡婦與孤女〉、〈貧女〉、〈感孟德斯鳩之戰論〉、〈果敢與謹慎之非不相容〉」。[67] 由題目判斷，她此時的興趣尚稱廣泛，但已注意婦女方面問題。另方面，受到戰爭對她的影響，而有〈感孟德斯鳩之戰論〉這樣的論文。另書寫格式上，〈蜜蜂與蠅〉最末段，仿太史公而有「譯者曰」之慨嘆評論；在短篇論文〈果敢與謹慎之非不相容〉則是在末段以「冰如曰」，來抒發自己見解。這種文體書寫雖是出自中國傳統史家形式，已可見她欲表現個人主張的強烈

66　《旅歐雜誌》，「全國報刊索引資料庫」，http://www.cnbksy.com/literature/literaturesearch/906075ec03daf1b84f88f7c45a37ca30。（檢閱時間：2017 年 2 月 2 日）

67　薛蕙雅夫人（Madame de Sévigné）原著、冰如譯，〈記路易十四逸事〉，《旅歐雜誌》，第 1 期（1916），頁 1-2；費黎龍原著、冰如譯，〈蜜蜂與蠅〉，《旅歐雜誌》，第 2 期（1916），頁 1-2；冰如譯，〈蛙求王〉，《旅歐雜誌》，第 22 期（1917），頁 1-2；冰如譯，〈灣水〉，《旅歐雜誌》，第 24 期（1917），頁 1；冰如譯，〈寡婦與孤女〉，《旅歐雜誌》，第 26 期（1917），頁 1-4；冰如譯，〈貧女〉，《旅歐雜誌》，第 26 期（1917），頁 4-5；冰如，〈感孟德斯鳩之戰論〉，《旅歐雜誌》，第 14 期（1917），頁 1-3；冰如，〈果敢與謹慎之非不相容〉，《旅歐雜誌》，第 18、19 期（1917），頁 1。

企圖，即使是寓言式的故事〈蛙求王〉，也可見她對社會與政治事務的興趣。整體言，她當時文筆尚稱通順，雖不確定汪是否為其中文潤稿（因她寫給吳稚暉之書信，會發現她很習慣於口語式的寫作，看其信如見其人，彷彿當面叨唸），這些譯稿是少見的陳璧君獨自發表的文章，雖是要表現她的法文習作，但多少展現她的思想與關懷。另方面，也看出她的傾向不是抒情類文章之習作者占多數，只是此時的陳璧君仍不是很獨立的處理一些事，她如同革命時期，是追隨汪的步履。不過，汪精衛 1917 年 1 月回到中國後，便由褚民誼代理編務工作。[68] 法華教育會的附屬組織在法國有法國里昂中法大學（里昂中法學院），其成立是法國獻地，中國出資（捐款所得）所成立。原是李石曾在主導，後來委任褚民誼負責校舍改建。1921 年中法正式簽訂合約，學校開始運作。「此學校最高權力機關是董事會，其董事分三種，第一種是創始董事，中方有蔡元培、李石曾、吳稚暉、汪精衛、高魯、褚民誼等六人。……第三種為選任董事，中方亦有十人：……李書華、曾仲鳴、劉厚等人」。吳稚暉任校長，曾仲鳴出任秘書長。[69] 雖然看不出陳璧君出席或擔任何種職務，但依她個性原是不會坐不管事，唯汪精衛僅是掛名的創始董事，且權力都操在法方，中國會長與副會長亦僅是掛名，一旦召集會議時，其他董事也未必都能出席會議，久而久之，形成法國會長與秘書的獨斷與濫權，也就是「學校受制於協會，校長受制於協會秘書，會計又操於人手」。因而中方的秘書、校長都跟法方會長不合，從曾仲鳴以降，劉厚等人皆然，[70] 以至於即使有心替中國學生多謀福祉亦不容易實現，陳璧君似無插手餘地，故而全然看不出她有管理任何學校事務。由於 1916 年汪精衛已奉孫之命，趕回中國參加護法之爭，陳璧君並未隨行，此時的陳璧君仍以學習語文等為主。1917 年汪取道英國，經挪

68　陳三井，《旅歐教育運動：民初融合世界學術的理想》，頁 70-71、76。
69　陳三井，《旅歐教育運動：民初融合世界學術的理想》，頁 121。
70　陳三井，《旅歐教育運動：民初融合世界學術的理想》，頁 122-123。

威、芬蘭、俄國與西伯利亞回到中國，在途中看了第次一大戰的戰事慘況，在旅途中寫了二首絕句給陳璧君，[71]

> 六年一月自法國度海至英國，復度北海，歷挪威、芬蘭、至
> 俄國京城彼得格勒，始由西伯利亞鐵道歸國。時歐戰方亟，
> 耳目所接皆征人愁苦之聲色。書一絕句寄冰如
> 野帳冰風冷鬢鬉，鄜州明月又如何？
> 天涯我亦化離者，莫話深愁且讀書。
>
> 西伯利亞道中寄冰如
> 我如飛雪飄無定，君似梅花冷不禁。
> 迴首時晴深院裏，滿裾疏影伴清吟。

　　法華教育會另又成立一個學校，「歐戰結束後成立的巴黎中國學院，為了普譯古書，作為傳播中國文化之理想。此學院成立於 1920 年 3 月，1921 年 12 月 12 日得到法國承認，到 1929 年 3 月 17 日附屬法國巴黎大學，命名為巴黎大學中國學院」。[72] 此學院內設評議會為管理階層，組成分子是九位法國人，四位中國人，這四人是「李石曾、徐世昌、汪精衛、葉恭綽、中國政府代表劉厚代理」。[73] 由於汪精衛在 1916 年抵已應孫中山之電召先返國；之後 1917 陳璧君亦返回中國，這就只是掛名而已，並未參與實際運作。當 1912-1917 汪氏留法期間，中法的民間或政府交涉的關係上，汪精衛皆扮演一定角色，此時他相當注重教育上的活動參與，當時他與這班法德派也是同盟會老黨員，無論是理念、關係與目標較一致也親近。已是北大校長的蔡元培原有意聘他去北

71　汪精衛，〈六年一月自法國度海至英國，復度北海，歷挪威、芬蘭、至俄國京城
　　彼得格勒，始由西伯利亞鐵道歸國。時歐戰方亟，耳目所接皆征人愁苦之聲色。
　　書一絕句寄冰如〉、〈西伯利亞道中寄冰如〉，《雙照樓詩詞藁》，頁 60-61。
72　陳三井，《旅歐教育運動：民初融合世界學術的理想》，頁 102。
73　陳三井，《旅歐教育運動：民初融合世界學術的理想》，頁 92、102-103。

大任教，美稱他是「中國今日之菲希特」，不過汪予以婉拒。[74] 1918 年
孫中山在廣州就任軍政府的海陸軍大元帥，「任命汪精衛為秘書並代理
大元帥府秘書長」。[75] 陳璧君隨後也告別曾醒、方君瑛等人，將一對子
女送至檳城娘家後，自己也回到廣州。結束五年多留學生涯，這是陳璧
君一生中除去 16 歲前的少女求學時代後最能靜心的學習歲月，尤其是
外國語文，亦是她歸入汪家後，這一生中僅有的一段平淡、簡單的生
活，沉浸在人妻、母親、少婦的傳統角色。

三、革命再起、異域返鄉

　　由於汪精衛對當時廣州軍政府狀況並不十分滿意，他仍持進德會的
主張「不願做官」，抱持協助孫中山推行黨務的理念。沒料到 1918 年
5 月 20 日國會非常會議選舉唐紹儀、唐繼堯、孫中山、伍廷芳、林葆
懌、陸榮廷和岑春煊等七人為總裁，且廢除大元帥制，「護法國會改選
他為七總裁之一，地位由升而降，中山忿怒離去」，[76] 於 5 月 21 日乘船離
粵，先去陳炯明攻閩前線巡視，6 月 20 日抵日本京都，孫中山於 6 月
23 日自神戶啟程，[77] 偕胡漢民、汪精衛往蔣中正（1887-1975）主持下的
上海，一般視為「第一次護法運動」的失敗。汪除了拒絕廣州新成立政
府的邀請，並在《民國日報》上否認就廣州軍政府之新職。[78] 陳璧君因
無事可做又閒不住，獨自去遊歷北京城內頤和園、西山等地，汪則隨

74　高平叔，《蔡元培年譜長編》，第 2 卷，頁 18；程舒偉、鄭瑞峰，《汪精衛與陳璧
　　君》，頁 51。
75　程舒偉、鄭瑞峰，《汪精衛與陳璧君》，頁 52。
76　關於孫中山轉向聯俄容共思想與決策之轉變，可參張朋園最新之研究，《從民權
　　到威權：孫中山的訓政思想與轉折兼論黨人繼志述事》。氏著，《從民權到威權：
　　孫中山的訓政思想與轉折兼論黨人繼志述事》（臺北：中研院近史所，2015），頁
　　13。
77　張玉法，《中華民國史稿》（臺北：聯經出版社，1998），頁 110。
78　《民國日報》（上海），1918 年 7 月 28 日。

孫中山留上海，這時期他又發揮其文人特質，作了三首詩以誌此番心
情。[79]

> 冰如薄遊北京，書此寄之
> 坐擁書城慰寂寥，吹窗忽聽雨瀟瀟。遙知空闊煙波裏，孤棹
> 方隨上下潮。
>
> 彩筆飛來一朵雲，最深情語最溫文。鐙前兒女依依甚，向頰
> 微渦恰似君。
>
> 北道風塵久未經，愁心時逐短長亭。歸來攜得西山秀，螺髻
> 蛾眉別樣青。

隨一戰結束，由於廣州政府不滿北洋政府作為中國的代表並派員參
加巴黎和會，就讓熟悉法國的汪精衛代表廣州軍政府前去法國參加和
會，可是汪精衛因不滿這個廣州七總裁制下的政府而不願為其代表，
但表示願意去考察。他在取道美國赴法中途的船上，曾有詩寄妻子陳璧
君，[80]

> 舟次檀香山書寄冰如
> 烏篷十日風兼雨，初見春波日影融。家在微茫蒼靄外，舟行
> 窈窕綠灣中。
> 鶯飄鳳泊年年事，水秀山明處處同。雙照樓中人底似？莫教
> 惆悵首飛蓬。

之後他也加入了拒簽合約的行列，他接受《巴黎通信社》[81] 訪談強

79　汪精衛，〈冰如薄游北京書此寄之〉，《雙照樓詩詞藁》，頁66。
80　汪精衛，〈冰如薄游北京書此寄之〉，《雙照樓詩詞藁》，頁71。
81　這是因應巴黎和會報導產生的媒體，是在法華教育會及李石曾的支持下成立。成
　　員多是當時在法的勤工儉學會成員，如李璜、周無等人。汪精衛的採訪即給這家

調此番雖拒簽和約，卻毋須擔心會被世界所孤立。[82] 這次回到法國，他也參加勤工儉學的活動，並去法國南部比那蓮山遊覽，還寫詩寄給陳璧君〈比那蓮山雜詩〉，他自記「比那蓮山在法國南部，與西班牙接壤。冰如嘗以暑假一覽其勝，歸國後時時為余言之。八年夏重至法國，因與方、曾兩家姐妹弟甥往遊，足跡所及皆冰如舊經行地也，得詩數首以寄冰如」。[83] 等返回中國後於 1920 年間他與章士釗、陳獨秀一起籌組西南大學。[84] 等同年 11 月孫中山再返廣州，重新建立軍政府，孫返回廣州後即宣布重組護法軍政府，繼續護法運動，是為「第二次護法運動」開始。1921 年國會非常會議在廣州復會，議決取消軍政府，組織正式政府，孫中山再被選舉為非常大總統。又將汪召回，陳璧君亦隨之搬回國內，自此隨汪精衛步入宦海後，再也難離開政界，雖然她有時也感無事可發揮，她就往來於上海、香港、廣州之間，行蹤不定，任務不一。[85] 當孫在廣州改組軍政府，廣東校育會委員長由汪出任，當時陳璧君正值在香港閒居，於是汪寫了首〈初夏即事寄冰如〉，「近來何事關心最，一紙書來萬里親」以作為小別之思念。[86] 在陳炯明尚盤據廣州時，相傳與陳璧君情如姐妹的何香凝與她為救廖仲愷（1877-1925）發生一場意見不合的齟齬，由於陳炯明設計將廖給軟禁，陳璧君當時原在香港，匆匆趕回廣州，還獻上一計，要用重金收買綠林好漢去劫獄救人，唯何香凝

通訊社發表。陳正茂，《各擅風騷——民國人和事》（臺北：秀威資訊，2009），頁 46-49。

82　巴黎通信社訪汪精衛氏談話，〈汪精衛在法談話〉，《新中國》，第 1 卷第 7 期（1919），頁 246-247；《民國日報》（上海），1919 年 7 月 4 日。

83　比那蓮山今通譯為比利牛斯山（Pyrenees）。方、曾兩家姐妹弟甥：方君瑛、方君璧姐妹、曾醒、曾仲鳴姐弟及曾醒子方賢叔等人。汪精衛，〈寄冰如〉，《雙照樓詩詞藁》，頁 73。

84　《民國日報》（上海），1920 年 2 月 15 日；蔡德金，《汪精衛生平紀事》，頁 33。

85　王光遠、姜中秋，〈陳璧君活動年表〉，《汪精衛與陳璧君》，頁 42。

86　汪精衛，〈初夏即事寄冰如〉，《雙照樓詩詞藁》，頁 102；周世安，《不負少年頭汪精衛雙照樓詩詞稿揭祕》（臺北：新銳文創，2012），頁 221；王光遠、姜中秋，《汪精衛與陳璧君》，頁 42。

反對，陳璧君一度還不死心，就找了朱執信（1885-1920）夫人楊道儀去遊說，[87] 只是何香凝仍是婉拒，陳璧君這個「妙計」才沒有執行。當初要救大牢中的汪精衛，也曾想出重金找人挖地道，她前後這兩個計策真是如出一轍，可見她做事不拘一格，只是她年紀雖有增長，思慮似嫌不深，對照當年庚戌刺殺載灃之役，因炸藥鐵罐很重而可能還在原地，就堅持要喻培倫與黎仲實回甘水橋察看，她這種突發奇想的跳脫作風雖欠思慮，但卻有果敢的執行力。

　　由於國民黨屢屢在與軍閥鬥爭中失敗甚至內鬨，孫鑒於俄國革命的成功，且歐美國家不願助他北伐，使他的廣州軍政府內缺金錢，外有北洋軍閥虎視下，倍感困頓。在這樣青黃不接時僅有俄國派員與他接觸，並「願以共產主義立場，贊助國民黨的革命，……馬林希望中共與國民黨合作，首與國民黨的要人張繼商議。十二月，經廣州至桂林訪孫中山」，[88] 孫中山與越飛在 1923 年於上海會晤，並發表公報，這也是國民黨公開聯俄的聲明，表示願意雙方互相承認。這段期間國民黨內與俄國的接觸，也讓一些黨內人員熱衷學習俄文，以俄為師是當時頗時髦的風尚。陳璧君自不落人後，她在上海積極學習俄文並參加講習，只是時間不長，後來也沒繼續。[89] 孫受陳炯明叛變之刺激，且為加速實踐革命理念，決定將國民黨改造成列寧式政黨，在孫主導下，他指派廖仲愷與越飛在日本會面談判，此時廖是替孫徹底執行聯俄容共政策的人，可說是國民黨內左派領導人，直到 1925 年 8 月 20 遇刺，汪精衛一度成了國民黨左派 [90] 的領導人。當孫在世時，孫的「聯俄容共」政策已引發國

87　王光遠、姜中秋，《汪精衛與陳璧君》，頁 43-44。

88　郭廷以，《近代中國史綱》（臺北：曉園出版社，1994），下，頁 604。

89　王光遠、姜中秋，〈陳璧君活動年表〉，《汪精衛與陳璧君》（北京：中國青年出版社，1992），頁 42。

90　據蔣介石的說法「共產黨『指胡漢民、戴季陶及反共的本黨黨員為右派，指汪兆銘、廖仲愷及親共的本黨黨員為左派，挑撥汪、胡之間相互猜疑與衝突』，是共產黨對國民黨的分化利用」。蔣中正，《蘇俄在中國：中國與俄共三十年經歷紀要》（臺北：中央文物供應社，1957），頁 38。

民黨的內鬨，謝持、鄒魯等反對此一政策，與支持的廖仲愷、汪精衛等人決裂，待孫1925年3月過世後，這群被排斥於廣州國民政府及國民黨核心的同盟會元老們，被歸入所謂右派，於11月在西山碧雲寺召開「國民黨一屆四中全會」，參加者形成「西山會議派」，這也構成國民黨內最反共的「右派」，有別於像廖仲愷、何香凝、汪精衛、陳公博等人的「左派」。[91]

　　這段期間由於汪隨侍孫身邊且甚受重用，孫常命汪穿梭往來於北方與南方，從事各種合縱連橫的連絡工作。孫中山為了替國民黨建立黨軍即後來之黃埔軍校，又不好以建黨軍之名勸募，遂決定以為執信學校[92]募款之名進行勸募，陳璧君身為執信學校的董事，自不能閒著，1923年5月她帶著也是董事的弟弟陳耀祖前往美加向華僑募款，[93] 由於陳璧

91　關於國民黨內西山會議派的研究甚多，此處僅略舉較有代表性的研究，餘不贅述。郭廷以，《近代中國史綱》，下冊，頁637；張玉法，《中華民國史稿》，頁162-163。至於胡漢民是以正統派自居，當孫活著時他初始雖是支持聯俄容共政策，但他謹慎持部分保留，他後來對共產黨員在國民黨內迅速擴大產生疑慮，且他素與鮑羅廷不和，又與廖仲愷發生衝突，於是漸漸也在立場上傾向右派。郭廷以，《近代中國史綱》，下冊，頁633-634；楊天宏，〈蘇俄與20年代國民黨的派別分化〉，《南京大學學報（哲學‧人文科學‧社會科學版）》，2005年第3期，頁86-96；〈汪精衛為何接了孫中山的班〉，《報刊薈萃》，2009年3月，頁79-80。

92　執信中學始創於1921年，初名私立執信學校（1921-1927），校內有朱執信墓。並於1921年10月1日舉行了開學典禮。孫中山攜夫人宋慶齡前往參加開學典禮並演說致詞。最初校址在應元路應元書院。1923年遷至執信南路現址。其校董有金曾澄、汪精衛、胡漢民、林森、廖仲愷、伍朝樞、許崇清、鄒魯、陳璧君、李石曾、吳稚暉、孫科、鄧澤如、古應芬，林雲陔、胡清瑞、陳廉伯、陳耀祖、陳融、郭標、戴傳賢、李大釗、張繼、霍芝庭、曾醒、譚延闓、何香凝、陳公博、曾仲鳴、馬洪煥、劉紀文、褚民誼等。1928年改為執信女子中學，1943年陳璧君主持廣東省政時，更名為廣東省立執信女子中學。首任校長是曾醒（1921-1927），其後是朱執信夫人楊道儀（1927-1940.9），之後1940.9-1943.7是曾任中山大學代校長的金曾澄（1879-1957），他同時還代理了仲愷農校的校長。〈廣州市執信學校〉，「維基百科」。https://zh.wikipedia.org/wiki/%E5%B9%BF%E5%B7%9E%E5%B8%82%E6%89%A7%E4%BF%A1%E4%B8%AD%E5%AD%A6。（檢閱時間：2017年2月8日）

93　張靜星，《從革命女志士到頭號女漢奸——陳璧君傳記》，頁54-56。

君當時已有身孕，汪精衛親送上船還填詞贈愛妻，

> 綺羅香　冰如有美洲之行，賦此送之 [94]
> 月色輕黃，花陰淡墨，寂寂春深庭戶。自夏重簾，不放游絲飛去。博今宵、絮語西窗，拼明日、銷魂南浦。最憐他、兒女鐙前，依依也識別離苦。
> 蒼茫煙水萬里，好把他鄉風物，自溫情緒。柁尾低飛，空妒煞閑鷗鷺。當海上、朝日生時，是江東、暮雲低處。正惺惺、梅子初黃，小樓聽夜雨。

這趟行程無論時間、路程都相當長，很是考驗毅力與體力，備嘗舟船勞頓之辛苦。她先至香港，經馬尼拉，飛檀香山，再去三藩市，經其他的美國南方城市後至古巴，再折回美國，經中部一些城市，最後抵加拿大。陳璧君到達芝加哥時，出現流產跡象，經醫生診斷後施行催生，早產生下一子，是他與汪之第五個孩子，但因陳璧君只住院兩週即趕著出院，將孩子留醫院照顧，可惜因醫生照顧不周，這個孩子在出生後的21 天即不幸病歿夭折，[95] 陳璧君倒還是堅強的繼續她的行程。由是可見其性格堅韌與好強之特點。陳璧君的美加行頗成功，除當時有國民黨美加的海外黨人、華僑接待與安排募款活動，她主要是利用晚上去演講與宣傳，當時海外華僑並不是極富有，不少人白天都需工作，甚至是辛苦靠體力工作的下層勞工，但都傾囊捐輸，人人響應，「陳璧君身穿寶藍綺霞緞衣裙，容貌端莊，華僑萬人空巷，爭瞻風采。……謂執信學校，採用美國新學制，因陳炯明破壞該校，特來募款」，風塵僕僕半年後回到上海，募得 30 餘萬，解決創辦軍校的經費，[96] 這次成功募款行，讓

94　汪精衛，〈綺羅香〉，《雙照樓詩詞薨》，頁 173-174。
95　張靜星，《從革命女志士到頭號女漢奸——陳璧君傳記》，頁 55-56；程舒偉、鄭瑞峰，《汪精衛與陳璧君》，頁 55-56。
96　程舒偉、鄭瑞峰，《汪精衛與陳璧君》，頁 56。

陳璧君在國民黨內地位大大躍升。1924 年國民黨第一次全國黨代表大會，陳璧君與何香凝、唐允恭[97]是被指定出席的三位女代表。

　　陳璧君夫婦與原是出身同盟會的老黨員關係自不一般，除了親如兄弟的胡漢民、廖仲愷夫婦外。由於留法之關係，她們夫妻與法德派的人關係更深，如蔡元培、李石曾、吳稚暉、張靜江等人。他們與李石曾、吳稚暉的交往甚密。[98]

　　稚暉先生鑒：
　　能否今晚七時半來李宅一談。 此上即候

元月十二日

陳璧君

　　尤其是與吳稚暉，因同為法華教育會與里昂中法大學的校長、董事之故，一樣出身同盟會，同倡勤工儉學運動，他們關係已到了親如家人一般，往來甚勤，「日前赴杭歸來見先生名刺，即赴趨謁，但外出為悵。昨日又由杭歸，而璧君六日由美洲歸，皆甚欣見先生，何時得晤，乞示知」。[99]陳璧君遠行之前亦會致書告知，「暑假之中，璧去東京，若須他行，則又必不果，不得已」。而因汪精衛隨行孫中山至北京，當孫中山病危時，陳璧君就特別寫一紙短牋通知吳稚暉病危之事，要他趕來見面，[100]

　　稚暉先生鑒：
　　總理危急請即來上房。此上即候

97　唐允恭是廣東女界聯合會成員，長期在廣東從事婦女運動。參見，洪宜嫃，《中國國民黨婦女工作之研究（1924-1949）》（臺北：國史館，2010），頁 22。

98　〈陳璧君致吳稚暉〉，《吳稚暉檔》，?/1/12，臺北：黨史館，檔號：稚 07583。

99　〈陳璧君、汪精衛致吳稚暉〉，《吳稚暉檔》，?/?/5，臺北：黨史館，檔號：稚 07553。

100　〈陳璧君致吳稚暉〉，《吳稚暉檔》，1925/3/11，臺北：黨史館，檔號：稚 07584。

大安

三月十一日　　陳璧君

由於吳稚暉有幾次突然昏倒情況發生，陳對吳身體健康亦很關切，還會
買棉衣給吳做衣衫，眾所周知，吳稚暉素有名士作風，並不重視穿著，
加上勤工儉學的訓練，更加不重衣著。陳璧君或許對這種習慣有些看不
過眼，而主動要買衣料給他製棉袍，可見他們關係曾親如家人。

> 家有存料，欲為　先生作一棉袍，繼因不知尺寸，本為奉
> 上，以便自製，想更合用，望為　　哂納 此致
> 稚暉先生
>
> 璧君
> 中華民國十四年十一月十一日 [101]

正因兩家親若一家人，陳璧君隨汪於國內奔走，就很放心將一雙年幼兒
女汪文嬰、汪文惺做了類似托孤的交付，「不得已如先生去粵，則請偕
嬰惺行，一如先生之少子少女，生死教養一聽先生主張，譬如先生多生
一子一女亦不能不為之所」[102] 並且一再請求吳將其兒女帶在身邊受其指
導，

> 前信去先生，如必須離粵則請先生挈嬰惺等偕輿，為不補
> 是，先生不以為先生將為彼等之乳母，必至大驚不敢行也。
> 盡璧之意，以為先生如他行，譬如往滬，先生可另請其他先
> 生教彼二孩外國文、數理化、体操等學科，而兩孩於每晚下
> 堂得瞻先生之豐采，得受先生一二時之國文指示，至於飲食
> 起居，則一如先生之家人及習慣，如此當無一可為也，如先
> 生以惺女子不便，則可託之舍妹及曾醒，以女子十三、四

---

101 〈陳璧君致吳稚暉〉，《吳稚暉檔》，1925/11/11，臺北：黨史館，檔號：稚 07664。
102 〈陳璧君致吳稚暉〉，《吳稚暉檔》，?/6/26，臺北：黨史館，檔號：稚 07662。

齡，即有實力，不如另之險，然此為不得已辦法，最好是兩
兒同去，萬不得已則先生決不可捨嬰，先生不能與共，則交
與世兄姐，惺則交執校讀書，此我真不能令嬰與先生家人離
也。但璧以為嬰等如隨先生他行，或入學校習數理化與國文
体操，或另延他師，切聽尊命但切不可令其有所偏也。[103]

尤其重視期盼能得到吳對其子女國文上的教育，並甚欣喜能得其指導
「諸兒之得先生，真不知幾生修到矣！」[104] 以上這封信之內涵，也透露
出，陳璧君雖是先進女性，十六歲就加入革命，但是在其對子女教育
時，卻也充分顯示陳璧君仍不免有重男輕女的傳統觀念，華僑向來極其
保守與傳統，她年少時雖在家中受寵，曾受西式新教育，又於二八之齡
加入革命行列，但受家庭教育影響，仍充分顯示她對長子的重視與兒女
間仍有些差別看待，但她還是重視女子教育。

四、結論

陳璧君作為汪精衛的妻子，也是同志，無論是革命時期或是結婚
後，當可看到陳璧君將她的愛戀與革命合一，婚姻亦和革命結合，她與
汪的革命眷屬是一種生死以之的同命鴛鴦。隨著汪精衛的仕途浮沉，她
也伴隨著汪同進退、共患難。汪早年最轟動的大事——刺殺攝政王，當
時還未成夫妻的陳璧君已是亦步亦趨的跟從，並且無條件傾力支持他的
所有行動。在汪當時所組織的暗殺行動團中，擔任聯絡、掩護等行動，
等汪被捕後，她又籌錢、聯絡、奔走於南洋、香港、北京間，想盡辦法
要與汪通消息，並且又含悲憤之心加入三二九廣州起事，雖然她是在團
攻督署行動後才到廣州，但她參與攜帶、運送革命物品，掩護與打探同

---

103 〈陳璧君致吳稚暉〉，《吳稚暉檔》，?/6/26，臺北：黨史館，檔號：稚 07662。
104 〈陳璧君致吳稚暉〉，《吳稚暉檔》，?/3/17，臺北：黨史館，檔號：稚 07642。

志消息的努力，其行動勇敢，可謂是堅強的新女性。且陳璧君當時年紀
雖輕，但果敢與勇氣卻絲毫不遜色於成年男子，故而她的發言也受到同
志的重視。縱使她在鐵罐事件上判斷過於天真，以為這過重的鐵罐許還
在原處，堅持要喻、黎二人在事發第二天重返埋罐處探查，實是有勇無
謀，但可見其個性之強拗與固執，身邊人是很難改變其認定之事與決
定。這樣堅韌的性格在她以後的人生，是汪的助力，亦是她飽受汪身邊
人怨懟原因之一。而她的母親同是革命黨人，還傾其所有支持陳璧君的
革命行動，陳家長輩愛屋及烏之餘，連庶母也曾出資協助援救陷於牢籠
之汪精衛，她屢屢返家募資贊助汪的行動，就連胡漢民都深感佩服，
「觀璧君一家之行事，不禁敬佩」。[105] 這些不惜傾家蕩產也要追隨汪，協
助支持汪的舉動，自令汪心存感激與感動，由於習慣這種無論何事都一
起參與的模式，更不免讓他人相信她對汪的影響力，是勝於其他人，這
也是汪身邊人共同的說法。但她的性情是起而行更勝坐而言，她也自認
不擅言辭，卻是積極行動，但不是膽大心細型，證之在辛亥黃花崗之役
失敗後，她竟敢穿膠底布鞋入廣州城內探查同志消息一事已證，這樣個
性格與汪卻頗有互補之效。到底在汪精衛的重大決定中，陳璧君占去多
少程度的「關鍵」影響，是一貫如此或是與日俱增？將是未來值得繼
續探討的重點之一。由於此次以 1908 年至孫中山過世止為主要時間軸
線，即陳璧君、汪精衛的早年行事活動，並梳理她二人的交友圈與彼此
互動，此一時期他們主要的人際網絡仍以同盟會時期的革命同志為主，
尚未擴展到知識分子的交友圈，且此時汪精衛聲勢與地位在國民黨與國
內政壇雖頗崇高，但孫仍在世，黨內權力的爭奪尚未浮上檯面，汪的輔
佐角色很是到位，陳璧君也很稱職扮演「男性政治人物背後的賢內助」
角色，但她的參與程度很高，主動性與決策部分卻有限，除了雲英未嫁
時的自主加入革命行動外，其他時候，她的角色只是輔助與隨同，這與

105　雷鳴，《汪精衛先生傳》，頁 81。

以往的看法，無論是陳公博、陶希聖、高宗武、周佛海、陳克文等均認為陳可以左右汪之決定，是有落差的，至於隨汪的政治行情的改變，以及婚後共同生活越久，是否她的影響力真是與日俱增到如同這些汪身邊友人、僚屬之見，則有待更進一步的研究。

1927 至 1936 年服裝產業發展與時尚潮流變遷：以上海為中心

陳晧昕

國立政治大學歷史學系博士生

一、學術回顧

1940 年代，張愛玲（1920-1995）曾經表示無法想像 30 年前大清統治時的生活：「我們不大能夠想像過去的世界，這麼迂緩，安靜，齊整——在滿清三百年的統治下，女人竟沒有什麼時裝可言」。[1] 由此可見，對她而言，幾十年間上海日常生活有翻天覆地的變化，而最大的變化即是時裝。

民國是新舊交替的時代，文化上有白話文運動的新舊交替、政治上有訓政實施的新舊交替，日常生活上亦有新舊交替——新的穿衣觀念替代舊的穿衣觀念。這種交替十分隱晦，是不自覺下為適應新商業模式而逐步建立。

目前服裝史、時尚史研究多集中在經濟史和觀念史方面，少見將兩者連接以論證新商業模式與觀念發展之關係。本文以穿衣觀念變遷為核心，探討 1927 到 1936 年間，商業模式與新富中產階級審美觀之變遷。

民國以前，服裝有明顯階級意義，主要表現為與禮制的結合，用以區別社會階級，使政權穩定。民國審美與清以前審美之最大不同，在民國審美不再將階級進行可視化處理。導致近代中國時尚產生改變之原因

1　張愛玲，〈更衣記〉，《張愛玲典藏全集 8・散文卷一・1939-47 年作品》（臺北：皇冠出版社，2001），頁 19。

在紡織工業化，服裝價格日趨低廉，一使服裝更替輕易、生活習慣改變；二使服裝從家庭貴重資產中退位，推動塑造比以往更重視服裝短期時尚的價值判斷。

時尚歷史如人類歷史一般古老，但直至 14 世紀之後方發展出其現代定義：「精緻的剪裁與組合、風格上持續而快速的變化」。[2]「多變」是時尚的關鍵特徵，需兩項經濟背景方滿足此條件：一是蓬勃的紡織業，以增加服裝普及和修改速度；二是強大的消費力，以確保消費者具模仿（無論購買或自製）能力。

時尚被認為是傳統秩序的敵人，在歷史學上已有共識。林美香《「身體的身體」：歐洲近代早期服飾觀念史》指出時尚是新的魔鬼，挑戰理想的社會秩序：每個人不逾越其社會地位、身分、性別、年齡而必須穿上相應之服裝，讓社會秩序能從外在衣著中得見。[3]西方如是，中國亦然，如明初為一般庶民的穿著制定的繁瑣規定，目的除了辨別華夷與崇儉抑奢之外，還有維持等級分明的社會秩序。[4]中國與西方在服裝與社會關係之理解上並無二致，時尚作為傳統秩序之敵人亦是毋庸置疑。

時裝是一個時代對美的認識，反映該時代的價值取向乃至於經濟與社會背景。時裝與經濟緊密連接，當無異議。[5]費爾南 · 布羅岱爾（Fernand Braudel，1902-1985）名著《15 世紀至 18 世紀的物質文明、經濟和資本主義》指出「服裝隨心所欲地變化，在世界各地揭示社會

2　Christopher Breward, *The Culture of Fashion: A New History of Fashionable Dress* (Manchester: Manchester University Press, 1995), p. 8; Elizabeth Wilson, Adorned in Dreams, p. 3; Aileen Ribeiro, *Dress and Morality* (Oxford: Berg, 2003), p. 42. 轉引自林美香，《「身體的身體」：歐洲近代早期服飾觀念史》（臺北：聯經出版社，2017），頁 31。

3　林美香，《「身體的身體」：歐洲近代早期服飾觀念史》，頁 31-31。

4　巫仁恕，《品味奢華：晚明的消費社會與士大夫》（北京：中華書局，2008），頁 165。

5　林美香，《「身體的身體」：歐洲近代早期服飾觀念史》，頁 219。

對抗的激烈程度」。[6] 例如英國亨利八世（Henry VIII，1491-1547）重臣克倫威爾（Thomas Cromwell，1485-1540）在 1533 年頒布的服飾法及 1530 年代一系列服飾詔令，是抑制外國織品進口以扶植本土產業，並利用服飾法作為控制社會秩序的手段。

　　儘管中國經濟發展與時尚變遷有緊密關係，但相關研究仍少。沈從文（1902-1988）曾以秦為例，指出歷史學界初對秦代服飾除尚黑、囚徒衣赭外一無所知，至考古文物出土後方有進一步認識，並提出中國古代服飾史是文字學、考古學與藝術史之結合。[7] 及至明清，資料漸多，但仍少與經濟史連接之研究。進入民國，已具豐富數據、圖像和時人論述，適合開展討論。

　　李長莉在〈中國近代城市生活史研究熱點〉一文總結四個當下城市生活史研究缺陷：一、對城市生活近代化「高點低面」的極度不平衡狀況關注度不夠；二、缺乏對各城市生活變遷不同類型的相互比較、相互聯繫研究；三、缺乏對中西生活元素交匯融合的機制，特別是傳統生活元素的演變與作用的研究；四、缺乏對各種生活元素在生活變遷及社會整體變遷中的地位與影響的研究。[8]

　　與本研究主題相關者，較純粹的民國時尚研究主要從文化史角度切入，主要有吳昊的《都會雲裳：細說中國婦女與身體革命》（下稱《都會雲裳》）和張小虹的《時尚現代性》。[9] 吳昊《都會雲裳》認為民國時

6　費爾南 · 布羅代爾（Fernand Braudel）著，顧良、施康強譯，《15 世紀至 18 世紀的物質文明、經濟和資本主義》（北京：生活 · 讀書 · 新知三聯書店，1992），頁 367。

7　沈從文編著，《中國古代服飾研究 · 增訂本》（上海：上海書店出版社，1999），頁 6。

8　李長莉，〈中國近代城市生活史研究熱點與缺陷〉，《武漢大學學報（人文科學版）》，第 70 卷第 1 期（2017 年 1 月），頁 24。

9　吳昊，《都會雲裳：細說中國婦女服飾與身體革命（1911-1935）》（香港：三聯書店（香港）有限公司，2006）；張小虹，《時尚現代性》（臺北：聯經出版社，2016）。

尚史幾等於女權主義史，指出「在這二十五年間（1911-1935），中國大城市的婦女在動盪的政治和紛亂的社會裡浮沉，面對挫敗毫不妥協。服裝也毫不滯止，永遠求變，見證著她們頑強的奮鬥意志和解放心理」，並運用女性人類學，將民國婦女服裝變遷歸納為「女性自我的心理衝突」和「女性與政治社會的衝突」兩個範疇，認為女性服裝變化是從「維持自然存在」到「實現精神存在」的過程。[10] 儘管此書暗示「民國以前之女性多屬於自然存在而缺乏精神追求」尚待商榷，但指出民國女性對服裝觀念有明顯變遷，其變遷形式亦比過去更明顯。而且本書資料豐富，文必有徵，是了解民國服裝史料的重要參考，為本文提供全面幫助。

張小虹《時尚現代性》通過文化研究方法，解讀民國時尚現代性。張小虹作為文學研究者，有別於一般歷史研究者之角度考察清代至民國的時尚變化，通過重新梳理班雅明（Walter Benjamin，1892-1940）和德勒茲（Gilles Deleuze，1925-1995）的理論，發掘近代時尚發展背後的歷史和人文思考。[11] 本書「從理論到文本，從文化到國家，從時尚到歷史，張小虹穿梭在各個不同畛域的縫隙間，力行她的翻譯大計」，但缺少從市場營銷環節進行深入探討。[12]〈陰丹士林藍〉是較集中討論民國經濟發展與時尚關係的部分，亦是與本論文最相符的章節，文中指出洋行壟斷陰丹士林藍的中國銷售，因其顏色亮麗和背後深刻的國族意識而受歡迎，指出「新生活運動對陰丹士林布作為實用時尚的挪用，顯然是經濟實惠大過漂亮鮮艷」，揭示商家和官方宣傳如何為女性定義愛國的審美觀。[13]

以上二本論著可見當下民國時尚研究的殊途同歸：非討論至顏色或

10　吳昊，《都會雲裳：細說中國婦女服飾與身體革命（1911-1935）》，序。
11　張小虹，《時尚現代性》，頁 4。
12　張小虹，《時尚現代性》，頁 6。
13　張小虹，《時尚現代性》，頁 365-408、391-393。

設計意涵上便戛然而止，便是將其延伸到國族意識或女權主義之上。本文將擺脫既有脈絡，透過「商業領導時尚」觀點，延續對時尚形式之討論。

巫仁恕《品味奢華：晚明的消費社會與士大夫》探討晚明平民服飾流行時尚的形式，以及其對社會結構與經濟方面及士大夫之影響。本書指出中國服裝史研究多停留在敘述沿革的階段，展開對晚明平民服飾流行時尚形成的探討，討論其社會結構與經濟方面的影響，並提及「蘇州能成為當時流行服飾的時尚中心，和其手工業發展密不可分；而當地流行時裝造成對服飾消費的大量需求，亦帶動生產製造面，特別是成衣業與紡織業」，反映手工業發展與時尚之緊密關係。[14] 本文受其啟發，將進一步論證在「商業發展推動時尚發展」前提之下，商業的何種環節對時尚的何種部分產生影響。

簡瑞的碩士論文〈民國時期滬、寧、漢服裝產業發展之分析與比較〉，曾分析與討論服裝產業與時尚之關係。作者指出，在 1930 年代歐美服飾的最新式樣僅隔三四個月就會流行到上海，時人主要通過國外雜誌，包括電影畫報、時裝雜誌等渠道獲得，還曾經向國外買成衣和紙樣，緊隨時尚步伐。此時上海的畫家也擔當起了服裝設計師的角色，在外來時尚的基礎上加以創新，並定期在《玲瓏》雜誌上發表「洋裝」款式，對服飾時尚的流行和傳播頗有影響。同時，南京、武漢等地的服裝款式多受上海影響。[15]

簡瑞總結民國服裝產業的主要變化：一、民國時期服裝在「西風東漸」歷史潮流的影響下，在設計觀念、造型款式、面料與搭配等方面都發生了變革：設計觀念上服裝由政治權力象徵轉變為追求形式美和實用性，造型款式上採用了西方的立體裁剪，面料上多樣化，服裝搭配上中

14　巫仁恕，《品味奢華：晚明的消費社會與士大夫》，頁 119-120、141。

15　簡瑞，〈民國時期滬、寧、漢服裝產業發展之分析與比較〉（無錫：江南大學碩士學位論文，2010），頁 15。

西結合。二、從服裝產業市場結構角度來研究，民國時期服裝業逐漸出現了公司等近代企業組織形式，服裝企業間屬於競爭關係。三、從服裝產業市場行為角度來分析，民國時期服裝店的業務從傳統的承接服裝製作，逐漸擴大到兼營面料的零售、批發、配料等，一應俱全。這是與這一時期的近代化進程相聯繫的，符合時代發展的趨勢。簡瑞發現上海服裝業的營業額與投資額之間存在正相比關係，但上海的服裝業營業收入可能受到其它因素的影響，如上海當地經濟水平較高，人們追求時尚的步伐較快等，對投資的依賴程度較輕。四、民國時期上海服裝業發展速度較南京、漢口較快，成熟程度也較兩地較高。這主要是與這一時期上海的政治、經濟、文化等歷史條件以及對現代經營制度的合理運用有關。[16]

　　1920 至 1930 年代的上海是近代中國商業的塑造者，葉文心《上海繁華：都會經濟倫理與近代中國》指出「上海在二十世紀上半葉，成功建構這個近代新富階層，把他們塑造成一股愛國、專業與自治的力量」，[17] 通過專業知識與企業組織，以科學方法而非「欺騙和貪婪」創造財富的新富階層。在新商業倫理下，上海企業向年輕人傳遞一個訊息，就是只要學有所長，不斷努力求新向上，就可在都會新經濟中贏得一席之地。上海的繁華，給每個有為青年自我實現的機會。此種盛況至1930 年代中期。[18] 本文亦以 1920 至 1930 年代作為參考年期，此時正值新商業倫理冒起，新富中產階級追求自我實現的年代，「時尚」則是自我實現的一種方式。同時，卞向陽《中國近現代海派服裝史》則提出，「近代中國紡織業的發展，使得服裝面料和紋樣更加豐富多樣」的觀點。[19] 關於近代中國紡織業發展與時尚發展之關係，本文將從市場供

16　簡瑞，〈民國時期滬、寧、漢服裝產業發展之分析與比較〉，頁 41。

17　葉文心，《上海繁華：都會經濟倫理與近代中國》（臺北：時報文化出版社，2010），頁 11-12。

18　葉文心，《上海繁華：都會經濟倫理與近代中國》，頁 12。

19　卞向陽，《中國近現代海派服裝史》（上海：東華大學出版社，2014），頁 34。

應、商品銷售等因素，考慮民國時尚的變遷形式。

　　中國關於經濟發展與消費文化關係之歷史研究有限，而有關經濟發展與觀念變遷則更少。目前研究多集中於純粹討論經濟發展或純粹分析消費文化，即論連結者，亦多止於「經濟帶動消費文化發展，消費文化發展提攜經濟發展」之互利互惠關係，而兩者有何深層連結，未見深入討論。

　　本文將經濟史與文化史連接進行討論，同類研究有葛凱（Karl Gerth）《製造中國：消費文化與民族國家的創建》。[20] 作者將中國消費文化定義為「消費的民族主義類型」（Nationalistic categories of consumption），指出民族主義在近代中國消費主義發展中起重要作用，民國時期的民族主義不止界定消費主義，且推動消費主義的發展，消費主義發展也不斷界定民族主義。本文亦認為商業界定觀念，並希望探討消費主義如何界定「美」。

　　為討論新富中產階級與時尚之關係，百貨公司研究將有重要意義。連玲玲〈中國家族企業之研究——以上海永安公司為例，1918-1919〉提及百貨公司對服裝銷售的作用，作者指出百貨公司的多種銷售技巧，包括通過櫥窗陳列、貨品排列、大減價，乃至時裝秀吸引消費者，讓讀者全面理解百貨公司運作及其銷售策略，亦可了解商業如何操作時尚。[21]

　　關於時尚變遷的原因，歷史學界多以性別視角為主流論述。例如，連玲玲〈「追求獨立」或「崇尚摩登」？——近代上海女店職員的出現及其形象塑造〉以百貨公司女店員為例，討論其如何在摩登與獨立間自處，並談及百貨公司如何利用性別策略刺激消費者慾望，以及消費者和

20　葛凱（Karl Gerth）著，黃振萍譯，《製造中國：消費文化與民族國家的創建》（北京：北京大學出版社，2007），頁 3-4。

21　連玲玲，〈中國家族企業之研究——以上海永安公司為例，1918-1949〉（臺中：東海大學歷史研究所碩士論文，1993），頁 111-116。

社會如何看待女店員。[22] 本文則希望從經濟動因，解釋「時尚—審美」觀之變化，補充當下研究之不足。

為了表現審美觀念之變化過程，本文選擇 1927 至 1936 年的審美轉折期為研究對象。此時正經歷商業和觀念上的重大變化，商業上，以百貨業為主要對象的各式消費冒起，促成消費革命；[23] 觀念上，新富中產階級生活產生重大改變，其中以女性觀念變遷最為矚目。[24] 簡瑞〈民國時期滬、寧、漢服裝產業發展之分析與比較〉也指出，1917 至 1936年服裝消費呈逐年上升趨勢，而服裝需求占總需求比重在 1925 年後始穩定增長。[25] 本文則選取處於穩定期之 1927 至 1936 年，更有利於討論。由於 1920-1930 年代的「成衣」主指男女中式服裝，「時裝」專指西式女裝、「西服」專指西式男裝。[26] 為避免產生歧義，本文「成衣」仍沿用民國時之定義，[27] 而男女裝則視其所指而加上「中式」或「西式」之形容詞。

二、近代中國服裝消費方式的轉變

研究服裝，或許是理解近代中國時尚變遷最恰當的例子。尼爾‧

---

22 連玲玲，〈「追求獨立」或「崇尚摩登」？——近代上海女店職員的出現及其形象塑造〉，《中國婦女史讀本》（北京：北京大學出版社，2011），頁 312-337。

23 連玲玲，〈從零售革命到消費革命：以近代上海百貨公司為中心〉，《歷史研究》，2008 年第 5 期，頁 76-93。

24 相關研究眾多，如游鑑明，《運動場內外近代華東地區的女子體育（1895-1937）》（臺北：中央研究院近代史研究所，2009）。

25 簡瑞，〈民國時期滬、寧、漢服裝產業發展之分析與比較〉，頁 13。

26 〈成衣舖〉，《1942 年大上海》，「中央研究院近代史全文資料庫」，http://dbj.sinica.edu.tw:8080/handy/index。（檢閱日期：2017 年 7 月 5 日）。

27 1930 年代中國成衣定義也逐漸向其現代定義：「大量生產、現成，不論中西式和非為個別的消費者而出品的衣服」轉變。這可從〈廢除了剪裁，成衣大革命〉（1936 年 7 月 2 日），《大公報上海版》，第 12 版中得見。文中想像未來服裝的製作方式，而其對成衣的了解則是「用手工剪裁」的服裝。

佛格森（Niall Ferguson）指出服裝是全球化的核心，西方工業革命便從紡織業始，「如果沒有以對廉價服裝彈性需求趨於無限大為特徵的動態消費社會發展，工業革命就不會在英國發端，更不會蔓延至西方世界的其他地區」，[28] 而民國時期便是一個向「廉價服裝彈性需求趨於無限大」的消費社會發展的初步階段。紡織工業化與銷售公司化，不僅使服裝價格下跌，也改變大眾對新衣的觀感，逐漸使傳統的日常生活變成現代意義的消費生活。「消費」，是讓時尚實踐到生活的過程。而出現在民國大城市之中的，尤其是百貨公司推動大減價，從而達到清理庫存的目，[29] 讓平常有購買力但沒有購買慾的大眾加入時尚實踐的環節，改變其消費行為更是重要。

民國商業模式首先改變新富中產階級對時尚的傳統認識。在清代，時尚和新衣是沒有直接關係，當時之時裝往指服裝上有新裝飾，非指服裝是新，新服裝加上新裝飾多有錦上添花的意味。從19世紀西方人將中國大眾服裝形容為「他們日夜穿著同一件衣服，衣服自裁縫完成到破爛至沒辦法穿為止，從來就不更換」中便可看到端倪。[30]《紅樓夢》中富裕如榮國府，也只在重要日子縫製新衣。[31] 清代的時尚與新衣並無直接關係，此時期對訂製新裝的需求甚少，多是修改舊衣、增減布料、改換紋飾以作時尚，此亦是古人常用「裝飾」、「錦繡」、「羅衣」等詞——藉飾物／紋飾形容時尚的原意。由於服裝具「傳家之寶」般的耐久屬性，買新衣成為年中乃至人生大事。

在民國時期的大城市上海，民眾將消費作為獲得成衣的方法。當時

---

28 尼爾·佛格森（Niall Ferguson）著，曾賢明、唐穎華譯，《文明》（北京：中信出版社，2012），頁182。

29 上海社會科學院經濟研究所編著，《上海永安公司的產生、發展和改造》（上海：上海人民出版社，1981），頁29。

30 李尚仁，〈穢物與骯髒感：十九世紀西方人對中國環境的體驗〉，《體物入微：物與身體感的研究》（新竹：國立清華大學出版社，2008），頁46。

31 如《紅樓夢》第三十二回，「訴肺腑心迷活寶玉，含恥辱情烈死金釧」中有關於新舊衣裳的描述。

介紹「在上海，除煙紙店之外，街頭最容易見到的店鋪，恐怕就要算成衣鋪（裁縫店）了。……成衣鋪一替人做了衣服，往往就不能收錢，要等到端午、中秋、年關三節時期才結帳清算。在結帳期之前，一切的衣料裁縫匠的工資，就要由老板來預先支付了」。[32] 此則資料反映成衣的需求龐大，或使家中不必再備用布料，需要時直接購買即可。

吳稚暉（1865-1953）或是最愛做家務的民國名人之一，其不止收藏如何清潔衣服的剪報，[33] 也有收拾房間用的布置圖，[34] 在其搬家清單中羅列生活中所有物品，由錢物、家具、書籍、牛肉汁到餅乾都有，在衣服一類中有各色各樣的棉袍、衫褲、背心乃至壽衣，唯獨沒有布料，當中應僅「被咬破的衣服」具布料功能。[35] 此例也說明當時大眾已不需在家中備藏布料，反映市場布料供應量充足，具有需要時直接購買布料的習慣。

時尚形式之所以與布料價格產生連接源於設計風險。布料成本高，設計風險成本會相應提高，如 1946 年《上海指南》裡提及「好衣料要到大成衣鋪去做，因小成衣鋪往往會發生意外」，[36] 這裡說的意外就是將衣料裁砸，使大眾儘管在換季時也不敢對服裝做出過大修改以承受破壞布料的風險，改而採保守設計以適應儘量多的場合。相反，布料成本低時，裁剪風險成本也低，此時即使「裁砸」也不用付出重大代價，故工業化後，百貨公司以及私人家庭，也更願意推銷和製作多樣化之設計。

---

32 〈成衣鋪〉，《1942 年大上海》，「中央研究院近代史全文資料庫」，http://dbj.sinica.edu.tw:8080/handy/index。（檢閱日期：2017 年 7 月 5 日）。

33 〈衣服的清潔法〉，《吳稚暉檔案》，中國國民黨文化傳播委員會黨史館，館藏號：稚 03561。

34 〈新舊置物賬目〉，《吳稚暉檔案》，中國國民黨文化傳播委員會黨史館，館藏號：稚 01688。

35 〈正式尚存之賬〉，《吳稚暉檔案》，中國國民黨文化傳播委員會黨史館，館藏號：稚 01689。

36 〈上海之衣食住〉，《1946 年最新上海指南》，「中央研究院近代史全文資料庫」，檢閱於 2017 年 7 月 5 日。

　　近代中國服裝消費的轉變，與之變化過程有關。與西方不同，中國工業化起始是由官方主導，實施工業化之相關產業為主，而因西方工業革命由民間而起，故首先工業化之產業是以紡織業為首的民生項目。要待清末民初時，民間主導之紡織工業陸續建立，中國工業化方產生自我發展之動力。

　　清末民初，原料價格下降導致服裝需求增加，為滿足市場需求，間接推動棉紡織業從手工業階段向工業發展。方顯廷（1903-1985）在1934年即說，「棉紡織業在中國之成為新式工業，稽其肇始，猶為近數十年事耳」。[37] 1930年代的中國有六至七成的工業都集中在上海和江蘇，紡織工業更是兩地的龍頭工業。[38]

　　外商在華大量設廠引起民族主義者警戒，葛凱曾經指出，儘管「中國人被外商剝削」更像是「神話」而非事實，但這種認知已足以使國人和政府作出應對，並不止為國貨運動提供背景故事，也定義愛國消費者的內涵。[39] 國民政府為自強，大力推進國內紡織業發展。[40] 除棉紡織業外，繅絲工業化進展也十分明顯，從1890年僅5家上海絲廠發展到1930年的107家，浙江省絲廠數量在1926年更高達254家，至1931年方漸減少。據1930年的調查，上海纖維工人占上海工人總量46.6%，[41] 而紡織工人受惠於紡織業之發展，隨收入增加，消費服裝的金額所佔比例相對提高，詳見表1。

────────

37　方顯廷，《方顯廷文集》（北京：商務印書館，2011），頁4。
38　嚴學熙，〈再論研究江蘇近現代經濟史的意義〉，見《江蘇近現代經濟史文集》（南京：江蘇省中國現代史學會，1983），頁4。
39　葛凱著，黃振萍譯，《製造中國：消費文化與民族國家的創建》，頁41-46。
40　秦孝儀編，《十年來之中國經濟建設（1927-1937）》（臺北：中國國民黨中央委員會黨史委員會，1976），序。
41　陳慈玉，《近代中國的機械繅絲工業（1860-1945）》（臺北：中央研究院近代史研究所，1989），頁4-5；52。

表 1   1930 年上海紡織勞工家庭每月平均收支額總計

收入與支出項目	20 元以下		20-29.99 元		30-39.99 元		40-49.99 元		50 元以上		全收入合計	
	金額	%	金額	%	金額	%	金額	%	金額	%	金額	%
衣服費	1.09	5.34	2.13	8.21	3.06	9.32	4.34	10.48	6.48	11.42	2.92	9.17
食費	12.53	61.39	15.06	58.01	18.67	56.89	22.61	54.59	30.32	53.30	18.04	54.62
居住費	1.63	7.99	1.84	7.09	2.25	6.86	2.46	5.94	2.90	5.11	2.09	6.55
燃料及光熱費	1.90	9.31	2.08	8.01	2.46	7.49	2.80	6.76	0.03	7.11	2.43	7.63
雜費（註）	3.26	15.97	4.85	18.68	6.38	19.44	9.21	22.23	13.07	23.05	6.38	20.03
調查戶數	42		90		46		34		18		230	
平均收入	16.68		25.15		34.77		44.61		63.55		32.56	

資料來源：楊西孟，《上海工人生活程度的一個研究》（上海，1930）。見《民國史料叢刊》（鄭州：大象出版社，2009），774 卷，頁 36。
註：雜費包括祭祀、教育、交際、煙草、醫藥、稅金、化妝等費用。

從表 1 可見，衣服和雜費隨收入增加，其所占比例持續上升，沒有出現如食費、居住費、燃料及光熱費般觸及「開支天花板」而使比例下跌，反映在一二八事變前，民國上海紡織業最繁榮時紡織工人的生活水平和消費重點。

推進中國棉紡織業向工業轉型的動力主要來自外商。上海機器織布局在 1890 年成立後，中國商人紛紛在無錫、蘇州、南通、常州等城市開設機器棉紡織廠，但此時影響並不明顯，[42] 反在 1895 年《馬關條約》簽訂後，中國允許包括日本在內的外商可「在中國通商口岸、城邑任便從事各項工藝製造；又得將各項機器任便裝運進口，只交所訂進口稅」及「日本臣民在中國製造一切貨物，其於內地運送稅、內地稅鈔課雜派以及在中國內地沾及寄存棧房之益，即按日本臣民運入中國之貨物一體辦理」，[43] 大量增加外商在華，帶動機布供應面。上海則在 1919 年永昌縫紉機廠投入生產後，形成一個新行業：機縫業，使服裝的批量化生

---

42 王翔，《中國近代手工業史稿》（上海：上海人民出版社，2012），頁 253。
43 《馬關條約》，第六款第四條。

產漸事實，為成衣銷售提供必要條件。[44] 隨紡織業工業化和服裝貿易興盛，是部分原僅上層少數人擁有的服裝，如呢絨大衣，逐漸下跌到中產階級，到 1936 年，「一般婦女則因國產和舶來呢絨日多，祇要手頭有得一二十元，便可作件大衣。於是時裝大衣近年甚為風行。」

　　西方工業發展影響也影響中國服裝發展。19 世紀末歐洲發明的陰丹士林藍「不僅比天然靛藍來得更鮮艷明亮，也比一般的合成靛藍來得更為持色堅牢、耐久持久」，工業化後的陰丹士林藍不止產生視覺上的美觀，還對破壞歐洲階級秩序有重大作用：「在封建社會服色與 [45] 階級的連結中，不僅慣於透過各種相關法令與成規，規範限制服色的使用範疇，更透過經濟力（天然染料的成本）阻擋平民百姓對王孫貴族的服色模仿」。可見陰丹士林藍的流行原因之一，或在染料價格大幅下跌，使上層色調降落到下層，造成模仿風潮。加上陰丹士林藍比其他布更鮮亮，「令人覺得特別乾淨、平整」，若結合 1920 年代漸流行的西式衛生觀，更可看到兩者如何相輔相成地推進陰丹士林藍成為流行色，加上包括陰丹士林藍在內的深色服裝，耐用不顯髒，經濟條件有限者只需備有一兩件即可常年穿著。[46]

　　近代中國洋衣代替土衣，日益減少大眾自行設計和製作的環節而轉入市場導向。在《婦女雜誌》推廣的服裝，亦有出於為個人經濟節省為目的而設計的剪裁方案，[47] 既見衣料價格對時尚形式具重要影響，即購布自製，大眾仍按時尚款式而造。服裝的價值在哪裡，依時人觀念而判斷，無法一概而論，儘管如此，也可以試著尋找普遍性。隨著經濟轉差，大眾對服裝功能判斷可能從 1920 年至 1930 年代的精神需求，主

44　簡瑞，〈民國時期滬、寧、漢服裝產業發展之分析與比較〉，頁 34。

45　〈時裝店調查　女大衣風行全滬〉，《大公報上海版》，1936 年 11 月 7 日，第 7 版。

46　張小虹，《時尚現代性》，頁 361-380。

47　王曉光，〈從《婦女雜誌》看民國時期服裝工藝與設計問題〉，《中華女子學院學報》，2011 年 2 月第 1 期，頁 104。

張「穿衣是為時尚」，[48] 回到「穿衣是為保暖」的生理需求，如購置服裝時明確指出是為「冬令禦寒所需」。[49] 這可從上海各公司、部門員工面對布料價格上升，紛紛要求公司專為員工供購、代購布料，[50] 甚至發起工人運動要求降低物價、提高工資、津貼以保障生活中得見，[51] 可見市場與大眾的價值判斷有緊密關係。

三、民國成衣業概況

以民國成衣業史料最為豐富的上海為例，上海成衣業主要可分為裁縫、估衣和制服店。1930 年代杭州的調查資料提到，「在清前，祇有裁縫店與估衣店兩種，皆用手工縫製，及光緒年間，美德等國，始有縫衣機之輸入，杭市應潮流之所趣，在估衣店一部分逐漸改用縫紉機，制服店開始於光緒年間，若保佑坊之華英，三元坊之瑞茂等，當時名為拷衣店，係用縫紉機，專做內衣之砌邊者，故名，及民元後，學校林立，市民需用制服量甚多，故拷衣店即之產品，即改製制服，亦改名為制服店。」[52]

成衣業服務的對象以富裕階層為主。當時一則小文描述，「客：你

48　周越然，〈衣服漫談〉，《文友》，第 34 號，第 3 卷第 10 期（1944 年 10 月 1 日），《革命歷史檔案》，上海市檔案館，館編檔號：D2-0-1638-4。

49　〈本府及地政、民政、教育、衛生局、市參議會要求市銀行墊款購置衣料問題的來往文書（附員工名單）〉（1947 年 9 月至 1948 年 7 月），《民國時期檔案》，上海市檔案館，館編檔號：Q1-6-309 等。

50　如〈中國紡織建設公司上海第六紡織廠為職工代購衣料布疋日用必需品等申批函件〉，《民國時期檔案》（1946 年 4 月至 1947 年 12 月），上海市檔案館，館編檔號：Q192-6-46。

51　關於戰後工人運動之史料與研究眾多，如劉明逵、劉玉良主編，《中國工人運動史第六卷》（廣州：廣東人民出版社，1998），頁 150-176。提及包括各百貨公司職工在內，上海各行業工人因物價飛漲，生活無法支持，紛紛展開罷工、怠工要求改善待遇。

52　〈調查統計：杭州市工業調查錄〉，《市政月刊》，第 5 卷第 7 期（1932），頁 8-9。

不斷引了線，把針穿，穿的是什麼布的邊？（成衣）婦：穿紗羅，也穿絹。客：為誰穿，那紗羅，那絹？婦：為的是那些富貴人們的子女兒孫」。[53] 儘管成衣製作是以客人要求為主，但成衣匠仍具有相當大的靈活性。在南通成衣廣告詞有「舍舊更新，悉憑意匠；裁長補短，獨出心裁」[54] 一語，可見成衣匠裁製時具有推動時尚，規劃設計，在客戶要求內發揮個人創意之空間。

1930 年代之後，上海同孚路上有一些成衣業者以「服裝公司」為名，由寧波紅幫業者為外國女性服務，一件成衣定價由 20 元至 50 元不等。雖然這些「公司」以做外國生意為主，但仍有中國的太太小姐們光顧。服裝製作將製衣和繡花分開，製衣由成衣匠負責，而繡花則由老闆送到西門由住戶人家處理。[55] 此時上海成衣匠的人才供應龐大，老闆僱用大量學徒，導致時裝設計師張菁英指出：「普通的蘇廣成衣鋪只懂得墨守成規，而各新裝公司的裁製家雖然有先進的思想，可是也缺乏藝術眼光，製成的衣服，不是雷同，就是離奇，兩者都不是十分適合現代人士需要」。[56]

為顧客剪裁縫製衣服的上海成衣業是中國成衣業的牛耳，成員組成公會，頗具勢力。1934 年，四川成衣業同業公會為推行國貨，希望上海市商會「聯合同業，申明約束，凡非國貨衣料，不剪不裁，亦足以使侈奢時尚之人物，喚醒迷夢，此事不妨先由滬市辦起，俟有成效，再行商請全國成衣業仿行」。[57] 此事一方面反映了國貨運動損害成衣業利益，另一方面表示了上海成衣業領導風潮之地位。

---

53 稚良，〈成衣婦〉，《中中十日》，第 23 期（1932），頁 4。
54 〈成衣鋪〉，《南通民眾（南通 1928）》，第 22 期（1929），頁 3。
55 九香，〈同孚路的服裝店〉（1936 年 9 月 6 日），《大公報上海版》，大公報本市增刊，第 13 版。
56 袁劍俠，〈民國時期的「服裝設計師」〉，《文藝爭鳴 · 藝術史》，2011 年第 3 期，頁 91。
57 〈滬商會勸成衣業不裁製外貨衣料〉，《四川善後督辦公署土產改進委員會月刊》，第 1 卷第 1 期（1934 年），頁 129。

　　上海市成衣同業會對成衣業有強制力，在《上海市政府公報》刊載的章程中指出，「凡在上海是區域內經營成衣業者無論會員非會員須一律遵守之」，其強制力甚至擴及行業收費「同業價目無論點工包做統由本會議定，價目單呈請社會局核准並送市商會備案後通告各同業遵照，變更價目時亦依上項手續辦理，但市區內鄉區範圍營業清淡者價目另訂之，其手續同上」。[58]

　　成衣業同業公會的強制力，難免引起既得利益者不滿。在 1934 年上海成衣業同業公會剛成立時便有衝突，引發工潮：「近因有陳某等呈請縣府核准成立成衣業同業公會，除每一桌子（俗稱桌檯板）月須改捐洋九角外，並取締輕料（向例縫製衣有偷料陋習，否則僱主須另加酒資，所謂輕料即係革除此陋習），減工（約照市面做工打一六折，例如單夾旗袍一襲，原須工價二元八角，減至一元五六角），等辦法，該業認為有切膚利害，有妨害工友生活，為表示反對，實於昨（一日）晨起罷工，並聚眾二千餘人。」[59]

　　先比較成衣業分支的裁縫店，可略得知工價水準與大眾收入之關係。1932 年杭州「裁縫店設備簡單，用板鋪紙，即可工作。製法，按身體之尺寸，以布或綢用人工裁、剪、針、燙即成。資本每店最多五百元，最少五十元，均係獨資經營。杭市成衣店共三百五十餘家，合共資本，約七萬餘元。工資論件，每件（指長衫）工資七角至二元四角，包工論日，每日工資，在五角左右，飯食在外。全市工人，約一千餘人，全年工資約十五萬六千元」。[60] 以上海裁縫店工價單件旗袍 2.8 元，而工資 0.5 元，約為杭州工人 6 天工資。

　　有權力的地方就有鬥爭，成衣業同業公會內部並不太平。「甬人徐

58　〈上海成衣業同業公會業規〉，《上海市政府公報》，第 122 期（1932），頁 215-216。

59　〈成衣業工潮〉，《國際勞工》，第 1 卷第 7 期（1934），頁 64-66。

60　〈調查統計：杭州市工業調查錄〉，《市政月刊》，第 5 卷第 7 期（1932），頁 8-9。

善昌年四十九歲，因其平日在成衣同業方面，資望尚老，故今年三月十八日，經全滬中西成衣業勞資雙方混合組織之北長生公所舉行改選大會時，舉徐為該公所理事會長，指導一切會務。詎自徐被選為會長後一部分，一部分會員不滿意理事會之工作，曾糾眾於上月一日，結隊至塘山路四九九弄三號辦事處動武，搗毀什物」。[61]

隨成衣業發展，1930 年代出現工人運動，如江蘇「泰縣屬姜堰鎮，全體成衣匠，應要求增加工資未遂，三十日一致罷工（十一月四日公）」。[62] 工潮亦有成功協商個案，在 1930 年的《無錫縣政公報》報告雙方之協定為「一、工資每天日工加一成，計銀三角三分，夜工加二成，計銀二角四分；二、每月十五日，停夜工一天工資照給」[63] 由此可見無錫成衣業工人的計資方式及工資水準。

其次是估衣業，這成衣業中體系最為複雜的支線，包含了收購、裁縫、轉賣、典押、轉讓、批發等業務。為了便於理解，茲依據 1929 年對估衣業之描述資料，製為表 2 及表 3。[64]

61　〈成衣業北長生公所〉，《國際勞工通訊》，第 9 期（1935），頁 118-119。

62　〈泰縣成衣業〉，《國際勞工通訊》，第 3 卷第 12 期（1936），頁 174。

63　〈縣政府佈告成衣業勞資雙方遵守會議約定工資由〉，《無錫縣政公報》，第 23 期（1930），頁 6。

64　〈估衣業〉，《社會月刊（上海 1929 年）》，第 1 卷第 7 期（1929），頁 40-43。

表 2　1929 年上海估衣業組織構成表

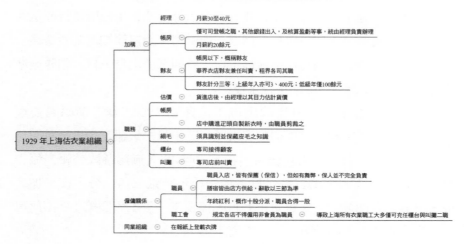

表 3　1929 年上海估衣業資本構成表

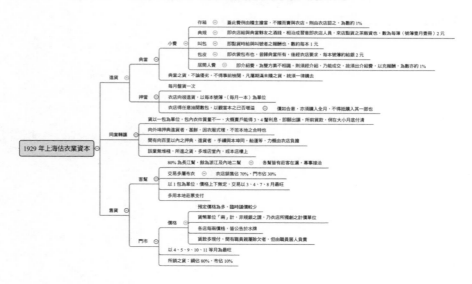

　　從表 2 和表 3 可見，估衣業從屬於成衣業，但自成體系。從上海估衣業組織而言，分工明確，華界與租界之運營也有所差異。從運營而言，估衣業包攬了其他成衣業功能，包括收買材料、裁縫、儲藏、換

算、門市、轉讓等裁縫業、典當業、甚至百貨業的功能。由於其體系成熟，因此亦不難想象估衣業對大眾生活的影響，以及其對服裝產業發展的重要作用。

估衣業會通過鐵路收集衣物，在《京滬滬甬鐵路日刊》中列出了收費，並說明原因：「局車務處以題莊商採辦之估衣包，中間雖均係舊衣，惟其質料及皮衣核收一等運費，似非貨商所能負擔；如一律按舊衣服核收四等運費，則以其中夾有綢衣或皮衣，既與規定不符，又嫌過低。擬另訂估衣包一項（包括舊綢衣舊皮衣舊布衣等）按三等收費」[65]由此可見，估衣對象儘管是舊衣服，但當中的綢衣或皮衣價格高於一般舊衣，為舊衣估價帶來複雜性。

估「衣」的本質是估「衣料」。如 1930 年軍政部誥誡士兵必須愛惜服裝，不能「將所服冬裝，抽取棉花，任意變賣」，[66]反映原料因其可重複製衣，其市場價值與已成型的服裝不可同日而語，無需考慮「時尚」等影響銷售價格的因素，所以當衣料形式越接近原料，轉賣難度便越低。因此，估衣業興衰與綢緞布疋價格有密切關係，天津估衣業的興衰便是一例。「每年營業額亦甚可觀，尤當疋頭綢緞貨價提漲之時，此類營業，最易發達。惟本年（1933 年）來，綢緞布疋貨價迭輕迭落，用戶以新衣價廉，不願再買舊物，估衣銷路，大受打擊。同時肆中存底，又多係過去市價尚高之時倒入，即使賤價出脫，尚難免陪累，況市間每日現售，頗呈清淡，外鎮客幫，丁此時局不靖之下，鮮敢採辦，去途甚透狹窄。」[67]當衣料價格上升，衣服能以高價賣出，衣料價格下降，估衣業則轉以薄利多銷為銷售策略。

估衣店亦會對衣料進行裁縫，甚至進行衣料包工訂製。1932 年

---

65 〈核定估衣包運價〉，《京滬滬甬鐵路日刊》，第 1486 期（1936），頁 100。

66 〈軍政部誥誡士兵須愛惜服裝〉（1930 年 4 月 9 日），《一般檔案》，中國國民黨文化傳播委員會黨史館，館藏號：一般 440/3.197（三）。

67 〈估衣業營業蕭條〉，《檢驗月刊》，第 5 期（1933），頁 77。

〈杭州成衣鋪取締規則〉便指出「凡估衣店附設之成衣作場或家庭僱工免予（因沒有成衣執照而被）取締」，[68] 可見估衣業會依其所需而擴展業務範圍，建立成衣作場。估衣業銷售[69] 之服裝主要有「綢緞、嗶嘰、紗羅、布疋、西服、雨衣」，而相對於門市的估衣攤則售價不定。在〈估衣攤贊〉中便描述了消費者的無奈：「衣名雖稱估，當令即是新。羅紗無好價，棉皮正宜人。北風聲朔朔，我輩喜欣欣。若問利幾何？此則無定論。一視購貨者，需用緩與殷。坑蒙帶拐騙，多利志豈昏。實亦多好貨，識者有幾人？嗚呼！羊頭狗肉，東販西搜，渡金渡鐵，滔滔水流。何者適於體而能暖，視君之眼有否珠眸！」[70]

最後是裁縫業與制服業，同屬於成衣業分支，由於其功能多可被估衣業或百貨業所兼營，並已在成衣業、估衣業中已有討論，故僅作簡要補充，為便於理解裁縫業之性質，本文試以表 4 將其與估衣業進行比較說明。

表 4　1932 年杭州估衣業與裁縫業資本比較表

	經營方式	店家數量	資本		全市資本共	工資		全市工人	全年發出工資
			不多於	不少於		論件	包工（日）		
裁縫業	獨資經營	350 餘家（包括所有成衣店）	500 元	50 元	70000 餘元	0.7-2.4 元	0.5 元（不包飯食）	1000 餘人	約 156000 元
估衣業	不定	60 餘家（獨資 50 家，合資 8 家）	800 元	300 元	30000 餘元	不定	0.5 元（不包飯食）	約 200 人	35200 元

資料來源：〈成衣業〉，《市政月刊》，第 5 卷第 7 期（1932），頁 8-9。

68　〈杭州市成衣鋪取締規則〉，《市政月刊》，第 5 卷第 1 期（1932），頁 21-22。
69　〈華竹〉，《天津商報圖畫周刊》，第 1 卷第 4 期（1930），頁 1。
70　〈估衣攤〉，《圖畫周刊》（1934 年 11 月 25 日），頁 4。

　　在 1932 年杭州市統計中，裁縫店被視作成衣店，此因成衣店必具裁縫功能；其全是獨資經營，此應與其資本門檻及廣地域運作要求低相關，只需 50 元即可，無需收取衣服之網絡，也不需要能評判衣料價值的人才。裁縫店入行門檻低，所以工人數目大大多於估衣店，加上裁縫店之衣料由買主自備，無需如估衣店般為搜集、裁縫衣料而費神，亦是裁縫店得以廣設之原因。

　　至於制服店，時人描述多創始於民元之後，製法簡陋，到 1930 年代逐漸改進。以 1932 年杭州制服業者為例，製法為「將原料裁剪後，用縫機足踏成衣，針燙後即成。機產美德等國，單價最高若美之勝家機，每架須洋百八十元，最低若德之利康機，每架須洋百四十元。原料皆購自滬地，以舶來品為最多，國貨原料約占十分之二，出品為西裝學生裝及軍警制服內衣等，工資四十元，最少九元」。「若西裝每人每機，約三日可製一套。若軍衣每日每機，可製十套。」[71]

四、服裝銷售與引領時尚

　　民國服裝銷售最為發達之地，首推上海。上海服裝業發達，銷售門路多樣。以地段分，有時稱「女人街」的畫錦里（今天九江路、山西路），街上婦女的日常用品、服裝、首飾一應俱全。以門店分，獨立成店的有綢緞莊如大綸、老九章、老九和等，百貨公司有先施、惠羅、永安等，應有盡有。甚至百貨公司會為顧客度身訂造各式服務，「只要向公司叫得出商品的名稱，公司總要設法滿足他們的需要」，由英國棉布、呢絨、羊毛衫、洋毛襪，到法國化妝品、綢緞、汗衫；美國絲襪；瑞士鐘錶、繡花手帕；日本毛巾都有。[72] 百貨公司有時不只提供商品，

71　〈成衣業〉，《市政月刊》（1932），第 5 卷第 7 期，頁 8-9。
72　上海社會科學院經濟研究所編著，《上海永安公司的產生、發展和改造》（上海：上海人民出版社，1981），頁 23。

亦起介紹商品的作用，顧客進入百貨公司，才知原來身上服裝配件有這麼多。

百貨業既提供商品，亦引領時尚。百貨業的商品類型，乃至服務對象都符引領時尚的條件，以永安公司為例。首先，貨品種類齊全、更新速度快，部分小商品如燙髮鉗、補襪針、捲髮夾、撳鈕等皆先由永安公司獨家經銷，再下放到其他商店銷售，保證引領時尚的市場地位，亦確保消費者持續更新服裝，興趣不減。[73] 其次，商品以外國貨為主，符時尚中「新」和「異」的普遍標準，即貨品既要滿足的新東西，亦要在外觀、性質或內容上異於舊的東西。最後，服務對象以上層為主，商品價格有別一般日常用品價格，價格雖高卻未至大眾無法負擔的水平，保證商品稀少性以及對大眾的吸引力，其消費者主屬城市上層、名流，確保相關商品具充分宣傳路徑及賦予「這是上層所用的東西」的時尚涵義。

新商業模式不局限一階層一地域，而呈跨空間和階層散播，如百貨公司的大減價推銷。在大減價前幾天，百貨公司不止會在各大報章上刊登廣告，也派人去滬寧、滬杭兩條鐵路沿線各城市張貼招紙，吸引鄰近城鎮較富裕階層前往，使新服裝向上海以外擴散，將時尚帶到鄉郊地區。[74] 當新富中產階級認識到百貨公司商品之多樣和新穎之後，漸增加往百貨公司購物的動機。1930 年代魯迅批判的那種沒錢消費，卻流連在商店裡面的上海女性以「挑選不完，決斷不下」的消費者形象出現。[75]

大減價的目的是促銷，不代表賺不了錢，因來貨價低，只在平時將價格設得高昂以符上層消費的形象而已。1930 年上海工人的平均工資為 15.28 元，因上海物價上升，女性（12.50 元）及小童（8.07 元）大

73　上海社會科學院經濟研究所編著，《上海永安公司的產生、發展和改造》，頁 24。
74　上海社會科學院經濟研究所編著，《上海永安公司的產生、發展和改造》，頁 30。
75　魯迅，〈上海的少女〉，《魯迅全集編年版第七卷》（北京：人民文學出版社，2014），頁 307。

規模地進入勞動市場，推斷一般家庭月平均收入約 25-30 元。[76] 此時土布售價約 2 元一匹（20 碼），大減價降至 1.5 元，降幅明顯，仍獲利 0.4 元，可見大減價只將「少賣多賺」的銷售策略改為「薄利多銷」。[77] 永安、先施、大新之間的減價戰，亦讓價格向成本靠攏，有助時尚推廣，故 1933 年魯迅說，「在上海生活，穿時髦衣服的比土氣便宜」。[78]

百貨公司為保持競爭優勢，致力建立特約工場或發展自設工場，其目標在提升質量和降低價格。永安公司每月都會檢查特約工場的生產，工廠亦定期設計新品以滿足公司所需，甚至可為公司顧客定制商品，加上由公司主動提供原料，故能有效成本控制，保持價格競爭力。[79]

當服裝銷售量增加時，亦推動紡織投資。隨時尚推廣，上海對新式服裝需求日切，永安百貨公司或出於地緣因素，會漸擴大投資就近的永安紡織工場。1930 年上海永安公司的聯號企業共 5 家，分別是香港永安公司、永安水火保險公司、永安人壽公司、香港永安銀行和永安紡織印染公司，當中投資永安紡織印染公司最多，佔 120 萬大洋投資總額中的 60 萬，足足一半，雖翌年增加投資其他公司，其所佔份額仍維持在三分之一。1921 年至 1931 年紡織印染公司先後從總公司調入 3,000 萬大洋，期間亦有從紡織印染公司調出資金，至 1931 年結算時，紡織印染公司仍調入總公司近 500 萬大洋。[80] 儘管調入紡織印染公司的資金不一定全投資在服裝或被服生產上，但基數明顯增加，服裝投資應能受惠。

---

76 工商部編，《全國工人生活及工業生產調查統計總報告》，見李文海編，《民國時期社會調查叢編二編：城市（勞工）生活卷》（福州：福建教育出版社，2014），頁 8。

77 上海社會科學院經濟研究所編著，《上海永安公司的產生、發展和改造》，頁 31。

78 魯迅，〈上海的少女〉，《魯迅全集編年版第七卷》，頁 307。

79 上海社會科學院經濟研究所編著，《上海永安公司的產生、發展和改造》，頁 43-44。

80 上海社會科學院經濟研究所編著，《上海永安公司的產生、發展和改造》，頁 72-73。

　　上海永安公司 1931 年對紡織印染公司的投資額達 700 萬大洋，比
1930 年的 400 萬大洋要多近一倍，這應與是年發生九一八事變相關。
因日本侵華危機使永安銀業部發生信用危機，故與其說總公司在此時加
大投資紡織印染公司，倒不如說是利用其作為資金避險池更恰當。[81] 永
安公司選擇利用紡織印染公司作為避險池的可能原因有三：一因上海服
裝需求龐大，紡織公司回報較穩定，故投資風險最小；二因投資慣性，
一直以來永安公司對紡織印染公司的投資額度皆最大，理所當然也必須
繼續投資，不然之前的投資就顯得浪費，或會破壞累積的發展成果；三
因別無選擇，銀業部的挫敗已證實大眾在戰爭危機時是不信任存款，故
不可能將資金轉向香港永安銀行，也不可能在可預見會發生大規模破壞
和傷亡的戰爭時，仍加大投資永安水火保險公司和永安人壽公司，而香
港永安公司遠在香港，增加投資無助其上海業務，故投資紡織印染公司
成唯一選擇。上海永安公司與永安紡織印染公司的緊密關係既表示紡織
業對百貨業的關鍵性支持，亦反映上海服裝業銷量穩定可靠，形成經濟
支柱。

　　一則名為「摩登條件」的漫畫曾直接描述商家如何塑造摩登「花
瓶」，[82] 並將摩登女子或漂亮少年的產品和費用一一羅列，可見時人皆知
百貨公司塑造時尚的作用：教導消費者何謂時尚和告訴消費者僅在其公
司方能備齊所有時尚配件。永安公司時裝表演小冊子更直接說白這層意
思：

　　　諸位女士在賞鑒表演之後，請將這本小小冊子保存起來；因
　　　為有好多幅精美的新裝圖樣，不但使你觀覽後的印象，更深
　　　一層，並且在你怎樣去選擇適合自己的服裝的時候，可以給

81　上海社會科學院經濟研究所編著，《上海永安公司的產生、發展和改造》，頁 78。
82　〈摩登條件：春裝的估價；西裝的代價〉，《時代漫畫》，第 1 期（1934），《革命歷
　　史檔案》，上海市檔案館，館編檔號：D2-0-2748-21。

你一個有力的參考。[83]

百貨公司塑造時尚比想象為靈活，例如強調「改造社會道德與國民精神」的新生活運動應是百貨公司一直推銷的摩登形象的敵人，但商家仍能從中謀利。如蔣中正（1887-1975）在新生活運動提出八項婦女服裝規定：

一、旗袍最長須離腳背一寸。

二、衣領最高須離顎骨一寸半。

三、袖長最短須齊肘關節。

四、左右開叉旗袍不得過膝蓋以上三寸，短衣須不見褲腰。

五、凡着短衣者均須著裙，不著裙者，衣服須過臀部三寸。

六、腰身不得繃緊，貼體須稍寬鬆。

七、褲長最短須過膝四寸，不得露腿赤足，但從事勞動工作時不在此限。

八、裙子最短須過膝四寸。[84]

新生活運動對婦女服裝的繁複規定，是否會打擊服裝銷售？可以看到，正因規定繁複，使大眾轉向百貨公司和制服店購買指定服裝，而非在自家製作規格複雜的服裝，這和今天學生多向校服供應商統一訂購而非自行在市場尋購的道理一樣，不止進一步推動購買服裝的生活習慣，也增加商家的利益。百貨公司甚至將「蔣委員長禁令」直接搬上時裝廣告，推出符規定之時裝，通過櫥窗、報刊、模特、畫像等將之包裝成時尚象徵，[85] 使原本以敦促女德、提倡國貨為目標的「蔣委員長禁令」

83　〈上海永安有限公司永安時裝表演紀念一冊、永安紗廠開幕紀念一冊、竹秀園月報滬北救火會復員紀念特刊，《民國時期檔案》〉（1936 年 5 月 18 日），上海市檔案館，館編檔號：Q225-2-66，頁 172。

84　袁仄、胡月，《百年衣裳：20 世紀中國服裝流變》（北京：生活讀書新知三聯書店，2010），頁 177。

85　〈新生活標準婦女服裝〉，《時代漫畫》，第 7 期（1934），《革命歷史檔案》，上海市檔案館，館編檔號：D2-0-2748-260。

變成商家強迫購物的工具，而禁令和時尚則成百貨公司的胡蘿蔔和棒子，既指出消費者必須購買符合政府禁令的服裝，也引誘消費者說這就是時尚。結果，政府非但沒有在時裝上打贏這場「精神方面的重大戰爭」，[86] 蔣委員長反成為百貨公司的最佳代言人。

在1930年代，大眾對時尚之理解可概括為「摩登」二字。1934年國府紀念週上，汪兆銘（1883-1944）指出「摩登」二字譯自法文「moderne」，是「現代」之意，認為當時中國樣樣落後，必須努力發展現代國家，並提醒當時大眾莫因「摩登」二字從佛書而來——故事中有一魔女名「摩登枷」，意圖蠱惑有道行的和尚——而徒生反感，「為反對摩登而反對時式尚且無謂，因反對摩登而反對現代，尤其不可」。有兩點需注意：一是汪兆銘指出「摩登」在中國的詞源是指蠱惑他人的魔女，這表示在衛道之士眼中，摩登女郎是負面的存在；二是汪兆銘只用一個當代例子論證為何不應反對摩登：「例如我們每年的衣服，舊的如果還可以將就，當然不必買新的。如果舊的實在不能再穿了，自然只好再置一兩套新的衣服，在置新的時候，如果採用時款時式，那有什麼罪過？」[87]

大量吸收西方時尚引起國人對建立自身時裝的期許。《中國衛生雜誌》便反問到：「我們為什麼不趁這機會丟掉不好的方面，發展好的方面。改造一種合乎衛生、提倡體育、各方面經濟的時裝，來作世界時裝的模範呢？」[88] 在時人眼中，服裝是「摩登」的最佳例子，而將之與女性配對，便是典型的摩登形象。此時大眾面對摩登女郎產生兩類反應：一是如汪兆銘般抱同情的理解，認為時裝既是生活的必需品，亦是現代

86　袁仄、胡月，《百年衣裳：20世紀中國服裝流變》（北京：生活讀書新知三聯書店，2010），頁177。

87　〈摩登〉，《新生》，第1卷合訂本（1934年6月8日），《革命歷史刊物》，上海市檔案館，館編檔號：D2-0-849-406。

88　〈時裝與衛生〉，《中國衛生雜誌》，第9期（1929），頁28-30。

化的必然過程；二是持衛道之士觀點，目為使人墮落、貪財勢利、[89] 破壞社會風俗的魔女。這種時尚與傳統的角力從未休止。

時裝業與估衣、裁縫業不同，其服務對象主要是新富中產階級。如「南京路電力公司下面美麗綢緞公司，直接向倫敦和巴黎名廠定製花樣最新，質地最好的各式綢緞，供給一般漂亮的仕女，因為他們的經營政策是以現錢買進，現錢賣出，所以定價方面，比較公道，並且對於任何人的服裝問題，都願意代為解決」。[90] 時裝業為了吸引顧客，不止引入西方時尚，也提供穩定價格和解答顧客問題的服務。同時，時裝公司會聘請著名設計師設計，然後由公司裁製。如從 1929 年「本星期南京惠羅公司舉行時裝舉行之時裝展覽會，其全部服裝係雲裳公司承接裁製，由本報葉淺予君計畫打樣」，可見時裝公司與設計師之關係。[91]

在各種時裝推廣中，以國貨運動的影響最明顯。如多次舉辦國貨時裝展覽，「上海市社會局以歷屆國貨運動不能引起女界注意，故於今年舉行第三次國貨運動會時，倡議發起國貨時裝展覽會。」[92] 為了推廣產品，廠商不止強調商品的優點，也會強調商店之性質。在勤豐染織廠的廣告中指出「無論裁縫或令成衣匠製衣，選料必求國貨，此乃現代主婦之常識。更進一步，則採用堅牢而不褪色之勤豐廠布疋也」，[93] 把「選料必求國貨」定義為現代主婦之常識。

連玲玲總結的 1930 年代永安公司營運狀況，可以看到民國時期百貨業與時裝推廣之關係：

除減價活動外，永安公司還常舉辦各種展售活動吸引消費

---

89 〈兩性摩登生活面面觀〉，《時代漫畫》，5 月號第 38 期（1937 年 5 月 20 日），《革命歷史刊物》，上海市檔案館，館編檔號：D2-0-2756-25。

90 〈美麗的服裝〉，《快樂家庭》，創刊號（1936），頁 1。

91 〈雲裳〉，《上海漫畫》，第 48 期（1929），頁 3。

92 〈上海國貨時裝展覽會紀〉，《商業雜誌（上海 1926）》，第 5 卷第 7 期（1930 年），封頁 2。

93 〈家政一班〉，《機聯會刊》，第 52 期（1932），頁 37。

者。在 1934 年至 1936 年，曾舉行三次時裝表演。由絲織廠
提供衣料，以永安公司的場地舉辦表演，並由公司女職員擔
任模特兒。每次的展示都會吸引大批人潮參觀，不但帶來公
司營業佳績，合作的絲綢廠亦同蒙其利。第三次參展廠商多
達十五家，盛況空前。除時裝外，還有泳裝、海濱浴巾等表
演，十分熱鬧。[94]

首先，百貨公司引領時尚。在新商業模式下，百貨公司通過各種展
售活動吸引消費者，其基礎是與包括自設的絲織廠合作，提供商品，按
自身提供的商品塑造時尚。百貨公司是民國上海時裝表演的重要推動
者，由百貨公司主辦的時裝表演約占這時期服裝表演活動總數的五分之
一，其餘由國貨公司、慈善表演、政治推廣為主。其主辦的活動一般多
持續數天到十餘天，參觀者數以萬計，其社會影響非一般時裝表演可媲
美。

其次，時尚逐漸以服裝形式出現和推銷，相比以往重視布料、花
紋、飾物，現在則重視設計，此時純粹布料和紋飾的配搭已無法作為
時尚；也和大量廠商合作，推出泳裝、海濱浴巾等各類時尚形象，既將
「健而美」視像化，亦從中牟利。時裝表演作為商品促銷環節，其效果
有如時尚雜誌的實體演示，皆為將商品組合推銷而設，其推銷之商品以
謀利而非獨家傾銷為目的，故永安、先施等百貨公司會和上海鴻翔時裝
公司、上海美亞絲綢廠交互合作，也和上海婦女提倡國貨會、上海市商
會、美亞綢緞廠、鴻新布疋公司等組織和國貨公司合作，推廣商品。[95]

最後，從公司使用職員而非專業模特可見，1920 至 1930 年代審美
觀處於「部件美」的階段，因此時穿著者非主角，時裝秀展示的既非服

94　連玲玲，〈中國家族企業之研究──以上海永安公司為例，1918-1949〉，頁 116。

95　呂國財，〈試論民國時期的上海服裝表演〉，《山東藝術學院學報》，2016 年第 2 期
　　總 149 期，頁 83-88。

裝有多漂亮，更非穿著者有多漂亮，而是告訴觀看者穿著時——使用部件時有多漂亮，除女職員外，也用到女學生，至於中西名媛多會在慈善時裝表演中作為模特，如 1930 年的皮貨時裝大會中「參加表演者，均海上名媛及名人之夫人」。[96] 在同時期舉行的國貨時裝展覽會（1930 年 10 月 9 日）也具同樣特色，當天「男子西式服」表演裡，5 個男模特中有 1 個是胖子，3 個是「扁平的胸、萎靡的腿、菜色的面」，而女子時裝表演中，6 個女模特中有 3 個的背是彎。[97] 不過，此時大眾審美已開始意識到「身體美」的重要，例如產生男模特要雄健煥發、女模特要活潑嬝娜的「健而美」要求。到了 1933 年，明星和舞星漸從為「募集善款」的慈善時裝表演，轉而出現在以「盈利」為目的的上海商業時裝表演活動中，不止代表商業宣傳轉向，也代表大眾陸續接受明星作為服裝的主體，穿著者比服裝更重要。[98]

小結

黃克武《言不褻不笑：近代中國男性世界中的諧謔、情慾與身體》說：「大眾傳播學者指出廣告是廠商和讀者互動的結果，廠商在報紙上投下巨資，將商品塑造成一種偶像，並透過長期的反覆宣傳，使廣告傳達的訊息融入人們的記憶，最後在無形中影響其消費抉擇。[99] 讀者也不是完全處於被動的接受地位，反之，他們常常是主動地尋找需要的資訊來解決生活問題，而廠商亦須配合消費者的需求，才能達到宣傳的效

---

96 〈皮貨時裝大會參觀記〉，《血湯》，第 1 卷第 4 期，頁 1。

97 〈看了國貨時裝展覽會〉，《生活》（第 5 卷 45 期），《革命歷史檔案》，上海市檔案館，館編檔號：D2-0-494-527。

98 呂國財，〈試論民國時期的上海服裝表演〉，《山東藝術學院學報》，2016 年第 2 期，總 149 期，頁 88。

99 黃克武，《言不褻不笑：近代中國男性世界中的諧謔、情慾與身體》（臺北，聯經出版社，2016），頁 309。

果。」[100]

　　廣告將商品塑造成一種偶像部件，通過各種媒體在消費者無視覺防禦時，逐漸修改原本的參考架構，最終影響價值判斷。[101] 在永安公司的宣傳策略可見，與其說消費者具主動尋找資訊的能力，更像是消費者進入具選擇權的假象裡，因百貨公司推銷的商品都服從於他們推銷的生活形象，消費者只在他們營銷的生活理念下選擇大同小異的暖水壺、絲襪、花露水等，無論選擇結果如何，最終仍是推銷形象的組合，結果使以新富中產階級為主的消費者成為時人所譏的「時裝的奴隸」。[102] 商家則更像是服從於營業額而非消費者的需求，因消費者的需求是商家塑造，而營業額方是商家真正關心。

---

100 黃克武，《言不褻不笑：近代中國男性世界中的諧謔、情慾與身體》，頁 308。
101 黃克武，《言不褻不笑：近代中國男性世界中的諧謔、情慾與身體》，頁 309。
102 〈婦女談藪：現代婦女的時裝熱〉，《婦女雜誌（上海）》，第 16 卷第 12 期（1930），頁 60。

五四前後男性話語權下的「新性道德」

方慧雯

香港中文大學歷史學系博士生

一、前言

「五四」為一意念紛陳的時代，依據幾個內涵不盡相同的「構件」協力生成：先自清末以來社會對實踐改革的汲汲渴求，後至《新青年》推展之國民思想與文化改造，由此萌芽新文化運動；加諸動盪時局的驅策，1919 年 5 月 4 日以學生主導的大型示威遊行，迸發為國族主義運動之激情，復加演成「五四」獨特的精神、思想與意識形態。

「沒有晚清，何來五四」，[1] 五四時期知識分子對「新」的索求，循晚清的承繼及拓展，並繫連「科學」、「民主」等 [2] 西學思想，應用於當世「造社會」之決斷，高揚「現代性」為國族未來的理想圖像。然而，此現代性思想的取用，對近代中國而言是一場精神冒險，[3] 實為中國救亡

---

1 關於晚清與五四現代化的聯繫，可詳見王德威著，宋偉杰譯，《被壓抑的現代性：晚清小說新論》（臺北：麥田出版社，2003），頁 15-34。

2 五四的「科學」，不是現今泛指的科學技術。五四知識分子對「科學」的理解，一是科學主義，一是歸納主義，前者是一種意識形態，後者則是對科學方法經驗的理解，當中以前者為重，為一「方法論」概念的思維模式，適用於社會政治及倫理道德領域，以求生成變革方案。詳見邱若宏，〈五四科學思潮研究綜述〉，《中南大學學報（社會科學版）》，10：1（2004 年 2 月），頁 95-96。

3 梅嘉樂（Barbara Mittler）於〈挑戰／定義現代性：上海早期新聞媒體中的女性（1872-1915）〉，深入考察近代中國對現代性價值的爭論，指明「『新』鮮事物在中國幾千年來聲名不佳」，其受時人鄙夷之處，重於破壞及否定「世人崇敬的經典

存圖下對西潮衝擊的回應：迎受西方現代性而改革傳統、抵抗西方殖民霸權而復興民族。[4]

　　當中「婦女問題」自晚清至五四以來，漸受知識分子的看重。中國傳統女性多受限於家族掣肘，與公共領域之間的連結薄弱，歷代也鮮有把「婦女問題」放諸公共政策或國家發展，直至清末國難危在旦夕，知識分子順應世界潮流，中國的「婦女解放」終在民族主義的話語下推展，[5] 如梁啟超的「女權論」、金天翮之《女界鐘》，均認定婦女地位為國家強弱的指標，[6] 高舉「禁早婚」、「興女學」、「廢纏足」等倡議，重在塑造體格剛健、生利以貢獻家國民族的「女性新民」；或成為「國民之母」以獻力革命，盡心建立新式國家體制。此「婦女解放」實服膺於民族復興的未來願景，只講究女性「共赴國難，同擔責任」的付出，皆見知識分子先列定「解放」的框架及步驟，然後吸納女性「動能」為己所用，權力的施行與收發依舊牢固在男性手中。[7]

　　思想」，故「拒絕接受新生事物更好的觀念」，遭致的反對力量也許比歐洲更甚。詳見游鑑明、羅梅君、史明主編，《共和時代的中國婦女》（臺北：左岸文化，2007），頁 257。

4　高力克，《五四的思想世界》（上海：學林出版社，2003），頁 8。

5　著名女性主義學者 Kumari Jayawardena 曾分析亞洲與中東地區的婦女運動歷史，指出自 19 世紀始，婦女解放運動均在取得政治獨立、確立民族認同、推動社會現代化的民族主義之背景下進行，而中國近代「婦女解放」的歷史背景實與此類同。可參考 Kumari Jayawardena, *Feminism and Nationalism in the Third World* (London: Zed Books, Atlantic Highlands, N. J., 1986), pp. 1-24.

6　婦女地位為國家強弱的指標，源於晚清時人對英國哲學家斯賓塞（Herbert Spencer）著作的評介，當中馬君武翻譯《斯賓塞女權篇》，指明：「欲知一個人民之文明程度為何，必以其國待遇女人之情形如何為斷」，這為 19 世紀以來流行歐美的一句名句。理論傳至中國後，梁啟超〈論女學〉、金天翮《女界鐘》也曾用來論述自身見解及理論。可參考劉人鵬，《近代中國女權論述——國族、翻譯與性別政治》（臺北：臺灣學生書局，2000），頁 109-111。

7　此權力的施行與收發重在文化權力之話語表述，而非實質的政治權力。當中梁啟超、馬君武、金天翮等「女權」論述，均強調女性貢獻社會、獻力革命之重要，並逐漸培養女性的政治意識，形成「女國民」之社會性別身分。於國民政府建立後，女性參政權遭至否決，社會風氣亦轉至「賢妻良母」的論調，及後轉化成對

　　演至五四時期，接受新式教育的男子主導社會，既推崇新知識、新作風女性，也基於國族未來的設想，要求她們必須擁有「賢妻良母」之品行，故五四「新女性」形象，為一「新思維舊品德」的複合物，顯見於男性知識分子的權力變奏，進而對際遇環境的相應調適。

　　五四時期，「家國民族」雖沉澱成為一種「底色」，但社會對「國民性」的討論仍舊熾熱，[8]「婦女問題」亦緊隨民族建構話語進入公共領域。唯中國婦女形象的變革實取決於男性之凝視與改造，以五四時期發行規模最大的女性期刊《婦女雜誌》為例，其時任主編、主要撰稿者、讀者回饋等，皆為男性聲音為主。《婦女雜誌》為一群受過外國新思潮洗禮的年輕男性知識分子，共同享有的婦女問題的討論空間；期刊所呈現的，不是時代領導者把西方婦女經驗，成功地作用於中國的進程，而是反映當時新知識分子何以認識、學習新思潮，並檢討其如何適用於中國的過程。[9]五四新思潮以男性新知識分子主導社會動向，藉著文化傳播、話語論述，以建構「新女性」的角色定位，把婦女的需求、對女性的認知，置於男性的國族慾望之中。

　　據筆者所及，中國以「新性道德」統屬為題的文章，始見於1920年10月張叔丹翻譯日本評論家生田長江、本間久雄合著的〈性的道德之革命〉，文中回溯西方婦女問題的演進，並載有戀愛與婚姻議題之討

　　「母性」的重視，開展「新性道德」的討論，五四時期知識分子亦視此為「反傳統」、「反封建」的新文化表述，皆反映女性只為政治的工具性「構件」，無有自主權力。

8　王汎森，〈從新民到新人——近代思想中的「自我」與「政治」〉，收入王汎森等著，《中國近代思想史的轉型時代》（臺北：聯經出版社，2007），頁177。

9　陳姃湲曾以《婦女雜誌》作為研究對象，分析當時中國出版界、文化界對《婦女雜誌》內容與編輯方針的影響，進而深入探討《婦女雜誌》的編者、讀者及撰稿人的社群變化，點明《婦女雜誌》實為五四男性年輕知識分子討論婦女問題的園地，「幾乎都是男性知識分子的聲音」。詳見陳姃湲，〈《婦女雜誌》（1915-1931）十七年簡史——《婦女雜誌》何以名為婦女〉，《近代中國婦女史研究》，12（2004年12月），頁1-38。

論，極力點明「性的道德的新傾向」。[10] 此後「新性道德」的內涵不斷
拓展，從批判傳統舊俗為始，躍升至學理上的思想層次，謀求「兩性
角色」的未來發展路向。[11] 當中自 1921 年 1 月章錫琛擔任《婦女雜誌》
的主編後，順應社會風氣，刊登大量以「社交」、「貞操」、「戀愛」、
「婚姻」、「生育」為題的文稿，引領各界參與討論。

其後《婦女雜誌》為了改善女性地位，以「促起社會的注意」，[12] 雜
誌在 1922 年 4 月推出〈離婚問題號〉、6 月發行〈產兒制限號〉；1923
年 9 月推廣〈家庭革新號〉、11 月發布〈配偶選擇號〉；當中 1925 發刊
的〈新性道德號〉，點明「性慾是道德的中性」、「道德是隨社會及各人
的需要」，[13] 引來社會激烈的迴響，各類報章雜誌的相關文稿不絕，逐漸
構成「新性道德」之重要內容。

關於五四時期「新性道德」所引起的筆戰風波，近年已有論文加以
探析，[14] 筆者在此不多贅述，唯感諸位學者在言及相關論調時，雖有涉
略論題與時人建構民族國家之願景，但未能充分與近代思想脈絡作緊密
的連結，進而深入闡明此「文化想像」的清晰面貌，或擷取性別理論作
深入闡釋。[15] 五四「新性道德」實貫連時代思想，並揉雜民族主義、兩
性關係意涵，具有性別、話語權力與國族論述的複雜內容。而探究近代
中國的「婦女問題」，女性實不可統一以「被壓迫者」或「受害者」作
簡單概括，她們實基於其所處階層、身分、社經地位等，各有差異性建

10　生田長江、本間久雄合著，張叔丹譯，〈性的道德之革命〉，《民鐸雜誌》，2：3
　　（1920 年 10 月），頁 21。
11　許慧琦，〈1920 年代的戀愛與新性道德論述──從章錫琛參與的三次論戰談起〉，
　　《近代中國婦女史研究》，16（2008 年 12 月），頁 37。
12　記者，〈發刊旨趣〉，《婦女雜誌》，8：4（1922 年 4 月），頁 1。
13　章錫琛，〈新性道德是什麼〉，《婦女雜誌》，11：1（1925 年 1 月），頁 3。
14　詳見許慧琦，〈1920 年代的戀愛與新性道德論述──從章錫琛參與的三次論戰談
　　起〉，《近代中國婦女史研究》，16（2008 年 12 月），頁 29-92。
15　彭小妍，〈五四的「新性道德」──女性情慾論述與建構民族國家〉，《近代中國
　　婦女史研究》，3（1995 年 8 月），頁 77-96。

構；而傳統的家庭、婚姻，可視為「抑遏」或「保護」之一體兩面。[16]
除卻身分政治的特殊，[17] 實不可忽視性別分治下，婦女集體承受政治、
社會、文化影響的「同一性」，此呈現出「女性是相同，而各有不同」
的多元化面貌。

故本文研究，竭力兼具「同一」與「差異」，為釐清概念，將分而舉
之，並循 1915 至 1928 年廣義之「五四」為據，[18] 採集近代期刊雜誌為
主要材料，著眼五四「新性道德」的「社交」、「貞操」、「戀愛」、「婚
姻」及「優生學」等內涵，探討五四「新女性」是如何形塑生成，又依
據何種形式、身分，被吸納至近代國族主義之論述，重在揭示女性真實
處境，表現其「能動性」（agency）如下，[19] 冀能補足議題之方方面面。

16　例子如中國傳統的「七出之條」，一直被視為壓迫女性的弊陋，但此籠而統之說
　　法，實掩蓋了不同婦女的差異性建構，若情況為年紀較大且無獨立謀生能力的
　　婦人，「七出之條」實保障她不會被胡亂拋棄，避過貧苦無依，甚或被原生家庭
　　販賣的風險；又如近代中國「自由離婚」的法律施行，看似保障了雙方的婚姻權
　　利，但最初的「被離婚者」，大都為未能合符社會潮流的舊式纏足婦人。過往傳
　　統社會，男女婚姻會被家庭制約，即使舊式婦人與丈夫感情淡薄，但礙於離婚實
　　難見於鄉黨，婦人仍能寄活夫家，不致被拋棄、顛沛流離，「自由離婚」則令舊
　　式婦人失卻保護，變成一種壓迫。

17　身分政治（identity politics），意指個人所屬之種族、性別、文化、階層等聚合而
　　成的「社會角色」，本文指向中國女性據自身條件不同之差異性建構。

18　呂芳上，〈五四時期的婦女運動〉，收入陳三井主編，《近代中國婦女史》（臺北：
　　近代中國出版社，2000），頁 157。

19　中國的「婦女解放」之路，一直被男性主導及建構，從「家國民族」過渡至「群
　　體組織」，依舊無法掙脫男性視野的掣肘，女性看似有著更多表達意見的機會，
　　但整體意見的萌動、討論的範圍實困滯於男性設下的框架。誠然，中國婦女的
　　歷史，無為「五四」時人陳東原所言之「盡是摧殘」；五四時期的女性形象，亦
　　非一如魯迅筆下「祥林嫂」。近代「婦女解放」的發展路徑，宋少鵬言之為「男
　　女同盟」，指明女性利用男性所拓展的話語空間、政治空間，來伸張婦女關注家
　　國前景、男女平權的訴求。與其言之「同盟」，筆者較傾向此現象謂為「父權紅
　　利」（patriarchal dividend）的體現，謂之給予遵守父權體系者之「獎勵」，具體情
　　況如傳統家族的老奶奶自年輕始，必須服從鄉黨宗族定立的規則，依循「三從
　　四德」、「七出之條」，謹慎行事以取得家族父輩的信任，及後同輩及丈夫離世，
　　其以年資、聲望等條件，終成家族輩分最高的掌舵人，可見女性身的「可發展
　　性」實困於男性力量，謂之「能動性」（agency）存有局限與不足。學者意見可參

二、時代思想與性別形構

　　五四思想具有複雜的兩歧性，理性主義與浪漫主義並兼、偶像破壞與崇拜共存、主張面對現實卻設法逃避，[20] 在此「問題符號滿天飛」的曖昧時局，五四知識分子汲汲反思「為我」的價值，欲尋求一系列對內可安身立命、向外能強國興邦的「改變」，此可為意識形態的革改，或謂整體形象之變更，是一確立「主體」的演進過程。而五四時期的思想內涵，實左右「婦女問題」的討論與發展。劉人鵬曾參考西方有關中國婦女史之觀點，並以「後殖民主義」理論，分析晚清「西方─東方」、「父權體制─婦女」的「主體」與「客體」建構，指出女性雖為「父權體制所壓迫的客體」，也為「歷史的能動主體」，但當中尚能以翔實的歷史脈絡加以拓展，進一步說明父權「主體」內涵的建構過程或女性之「能動性」。[21] 故本文據此加以延伸，復以後現代概念深入探討，以闡明五四男性知識分子在確立「自我定位」之過程，如何使用話語權力，轉化為有益自身之用。

　　拉岡（Jacques Lacan）的精神分析學，重在點明人對於自我的認知，是通過自己在外界的映像反作用於人之心理，猶如在鏡子中得到自己的影像，憑藉影像確立「自我」，並用於區分「我」（主體）與「他」

考陳東原，《中國婦女生活史》（北京：商務印書館，1998），頁 19；宋少鵬〈民族國家觀念的建構與女性個體國民身分確立之間的關係〉，《婦女研究論叢》，68（2005 年 11 月），頁 51。

20　張灝言明五四思想具複雜的兩歧性，總結其研究：「就思想而言，五四實在是一個矛盾的時代。表面上它是一個強調科學、推崇理性的時代，而實際上它卻是一個熱血沸騰、情緒激盪的時代；表面上五四是以西方啟蒙運動理性主義為楷模，而骨子裡它卻帶有強烈的浪漫主義色彩。一方面，五四知識分子詛咒宗教，反對偶像；另一方面，他們卻極需偶像和信念來滿足他們內心的飢渴。一方面他們主張面對現實，『研究問題』；同時他們又急於找到一種主義，可以給他們一個簡單而『一網打盡』的答案，以逃避時代問題的複雜性」。詳見張灝，《時代的探索》（臺北：中央研究院、聯經出版社，2004），頁 105-132。

21　劉人鵬，《近代中國女權論述──國族、翻譯與性別政治》，頁 83-95。

（他者）之差異。22 對應五四時期，西方的民主、科學等思想，早對中國影響殊深。當中的「鏡」可謂自清末迄今之「西洋鏡」，國人接受西方標準觀照己身，唯「鏡像」顯見中、西方國力懸殊的殘酷現實：中國衰頹且備受壓迫，時人隨之產生強烈的羞恥感。此外部「鏡像」結合主觀情感，從而深化「主體」內在自我意識之生成，國人由是建構「西強中弱」的自我認知，更隨之衍變且串聯諸種「新與舊」、「文明與粗野」、「現代與傳統」、「進步與落後」等二元對立概念。換言之，「他者」的存在，實為「主體」認識自我的重要元素，復加賦予「主體」獨立意義；而「鏡像」作為媒介，除了讓「主體」生成自我意識外，更會根據主觀期許，內化且確立對「他者」的認知。

在「西洋鏡」的映照下，近代中國女性轉化為男性鏡中影像的「他者」，施予象徵及形塑之用。23 自清末始，男性知識分子已把「落後的中國女子」，比擬成國際間競賽失利的中國，如梁啟超的廢纏足論述，先把小腳婦女歸類為「弱」、「苦痛」、「落後」等象徵，提倡天足則能摒棄「衰弱」，朝向「剛強」，為「文明」、「進步」的表現，見「拯救女子」實為「拯救中國」的託願，24 後至五四時期一系列「解放婦女」

---

22 拉康的鏡像階段為人的心理發展過程之認識，也是人的自我意識生成的理論，當中可據此分作前鏡子時期、鏡子時期及後鏡子時期，用以表明人對於自我認識是通過自己在外界的映像反作用於人的心理。憑藉鏡像，人可以確立自己的形象，把自己與他人區分開來，並可能產生自戀或自棄等自我態度，繼而形成自我認證的進一步發展。對應本文所指之「西洋鏡」，國人憑借鏡像得知中、西方國力之差異，並形成強烈「觀於人」之羞恥感，確立求強的進取心。拉康理論可參見方漢文，《後現代主義文化心理：拉康研究》（上海：上海三聯書店，2000），頁 27-80。

23 類近觀點見於江勇振引據女性主義理論，從語言和認識論的角度，指明女性只為鏡中裡反映出的男性之「他者」，而這個男性「他者」，其實就是男性自身，點明女性作為男性「他者」，地位是次等的，更被男性認定為缺點之象徵及載體。詳見江勇振，〈男人是「人」、女人只是「他者」：《婦女雜誌》的性別論述〉，《近代中國婦女史研究》，12（2004 年 12 月），頁 41。

24 類近觀點可參考劉人鵬對晚清「西方美人」的慾望探討，點明國族主義與廢纏足論之象徵關係。劉人鵬，《近代中國女權論述——國族、翻譯與性別政治》，頁

之呼聲，實不離所圖，當中所建構的女性形象與國族論述之間有著複雜
的聯繫。

　　五四知識分子「造社會」的終極目標，為藉由西方的科學方法，以
建立理想人生、現代性之新國度。而「主體」的形塑，不僅只依據西洋
鏡中的影像，在中國亙古本有的「樂觀主義」影響下，[25] 五四思想也以
烏托邦精神指向社會。此外，因現實際遇的急切求變，導致時人只秉持
工具理性心態提取西學，拼湊用於救國解難、改革社會等方案；對於未
來，實涵有強烈的「理想」意味，深信只要找到社會問題核心，施予相
應的解決方法，必定能邁進完美的社會，與歐美眾國一爭長短。至於方
法的可行性，則往往被旁置不論，只重在理想的理論幻想中樂觀地預測
和期待著未來，[26] 而五四關於「新性道德」之論述，也深陷其中，其對
於女性形象的建構，實為社會時局、思想變遷的反映。[27]

　　五四前後的「新性道德」，主要著重「社交」、「貞操」、「戀愛」、
「婚姻」、「優生學」之論述，當中的討論方向和主題，多為男性引介、
推展、主導討論、列定標準的「婦女問題」，用以建構適時之「新女
性」形象。相對而言，女性只為「他者」，服膺於男性「凝視」的框
架，思想與行為備受規範，以助重建家國社會。所謂的「婦女解放」，

161-186。

25　墨子刻（Thomas A. Metzger）、張灝、黃克武等學者，曾深入探討中國傳統樂
　　觀主義所延伸之政治、社會問題，並點明中國缺乏「幽暗意識」及「悲觀主義
　　認識論」，導致對歷史的認知、社會發展之鋪展，均結合終極理想和絕對真理等
　　信念。詳見黃克武，《近代中國的思潮與人物（修訂版）》（北京：九州出版社，
　　2016），頁 40-75。

26　楊聯芬，《晚清至五四：中國文學現代性的發生》（北京：北京大學出版社，
　　2003），頁 8。

27　梅嘉樂（Barbara Mittler）發現近代中國媒體對於女性的描繪，帶有現代性的諸
　　多特徵，時人對於「新女性」的觀念也結合了現代性原有的特質：可能性、對立
　　性、矛盾性、模糊性。詳見梅嘉樂（Barbara Mittler），〈挑戰／定義現代性：上海
　　早期新聞媒體中的女性（1872-1915）〉，收入游鑑明、羅梅君、史明主編，《共和
　　時代的中國婦女》（臺北：左岸文化，2007），頁 258-272。

也取決於當世男性知識分子對「解放」、「自由」、「個性」、「人格」等理解及期待，實未有真正消解禮教、家庭、社會對女性的束縛。

五四「新女性」形象實為時代之產物，當中所謂之「新」，顯見於對女性身體及行為的規範：不得纏足、打扮得宜、具思想、懂社交、有獨立的謀生技能；同時也為適應時局，改進傳統「賢妻良母」的指標，保留舊式婦女相夫教子之品德美行，更增設「善種強國」的重責，以貢獻家國民族。故此，五四「新性道德」論述所形塑的「新女性」形象，實為「新思維舊品德」女子，看似能掙脫家庭套牢，能上學追求知識、得工作見識世情，惜一切終歸獻力家庭、服務社會，用於強國興邦，於男性烏托邦的國族論述下，婦女只淪為工具性「構件」，甚或只用作陳述及推展未來社會之美好託願，無有顧慮女性的真實處境，皆標誌著性別權力的不對等關係。正如五四時人李達批評「天賦人權」，實應改為「天賦男權」，指出婦女深陷的壓迫，是男性的持久加害所致，讓女性處境如同囚犯、奴隸，所謂「解放婦女」，其性質只為「解放奴隸囚犯」，社會仍舊為「男權世界」，未見真切地視女性為「人」，無給予「精神」及「物質」的自由解放。[28]

五四「新性道德」論述展示了性別權力之不對等，此明顯差異見於兩性的文化權力部分，源於男女掌握知識之高低多寡。1907年，中國始有官方教育體制之女學堂，分設初、高二等小學課程，女子修畢高等小學堂，年滿15且通過考升者，則可入讀女子師範學堂，但教學程度僅能滿足家事教子之用。1905年，嶺南大學首開放女禁，男女同校逐漸靡然成風，各地大學紛紛招收女生；1919年，政令頒布女子教育增設13學科，包涵歷史、地理、化學、物理等，並開辦女子職業學校，加設醫學、農業、工業、商業課程。唯男女整體就學率仍存有嚴重差距，如1904年至1929年間，全國省立、縣立、私立中學共計學生

28　李達：中國哲學家、教育家，歷任湖南大學、武漢大學校長。李鶴鳴（李達），〈女子解放論〉，1：3《解放與改造》（1919年10月），頁18-20。

89873 人，女學生人數只佔 3040 人，約為總數的 0.03%。[29] 迄至五四時期，受教育女性仍未成普遍，更遑論洋灑成文抒發己見、參與婦女問題之討論，如 1921 年《婦女雜誌》公開徵集讀者投稿，但所得之女子文稿實屬鳳毛麟角。[30]

　　兩性知識水平的差距，讓掌控話語系統之權力斜傾男方，套用傅柯（Michel Foucault）「知識型構」的哲學理論：權力產自話語機制，並對話語內部進行調整，賦予相應的秩序與意義，建立話語網絡，繼而排斥及貶抑未所指陳的事物，不容其申明意義。[31] 話語也重旨描述權力、知識、社會制度、知識分子、生育控制，表達當世思維系統的特定狀態。[32] 對應五四前後的「新性道德」論述，相關報章雜誌發展成熟，形成了龐大的文化傳播網絡，當中專事「婦女問題」的讀物相繼冒生，大型報社甚或另闢副刊深入討論，[33] 但無論刊物主編、作者，及至讀者群方面，皆以男性為主導，從文章立論、論述方向、取材等，得見他們極力形塑稱心的「新女性」，[34] 以話語作為表述，嵌入文化網絡所建構的文

29　數據百分比為筆者就資料核查及統計所得，詳見吳相湘、劉紹唐，《第一次教育年鑒》（臺北：傳記文學出版社，1971），頁 269-270。

30　黃澤人，〈對於婦女雜誌的希望〉，《婦女雜誌》，7：12（1921 年 12 月），頁 112-113。

31　Michel Foucault, translated from the French by A. M. Sheridan Smith, *The Archaeology of Knowledge and The Discourse on Language* (New York: Pantheon Books, 1982), pp. 21-39. 融會斯圖亞特 • 霍爾（Stuart Hall）對話語的分析：話語是一種用來建構某種特殊話題的用語，當某種特殊話題能用特定話語作為表述時，這同時亦限制了我們用其他用語來表達相同的概念。詳見 Stuart Hall, "The West and the rest: discourse and power", In Stuart Hall and Bram Gieben , *Formations of Modernity* (Cambridge: Polity Press, 1982), p. 201.

32　Paul A. Bove, "Discourse", In Frank Lentricchia and Thomas McLaughlin, *Critical Terms for Literary Study* (London: The University of Chicago Press, Ltd, 1990), pp. 54-55.

33　段煉，《「世俗時代」的意義探詢──五四啟蒙思想中的新道德觀研究》（上海：上海人民出版社，2015），頁 105。

34　類近觀點見江勇振曾深入探討《婦女雜誌》有關「婚嫁」的論述，發現雜誌為了強調「女性為母」的天職，於 1922 年出版的「產兒制限」專號，在介紹刪格爾

化想像中，服務於國族理想之託願。婦女的「能動性」深受局限，只宛如從窄小洞穴走進另一較寬廣洞窟，從深閨步入社會，女性的處境未見徹底革新，過程也屢添羈絆。

三、形塑順從的「新思維舊品德」女子

五四為近代中國的「轉型時代」，社會發展呈現中西交會、新舊紛陳的多元面貌，連帶思想也處於新舊之間，或言「不新不舊」、「亦新亦舊」，難以劃定明顯的兩立界綫，[35] 五四知識分子關於「新性道德」的討論，進而對「新女性」的形塑亦處其中，內涵亦非穩固不變，皆歷經諸種論戰後漸達共識。在五四「新性道德」的建構，不乏見男性知識分子的「一廂情願」，實未有充分顧慮女性之真實處境。於「社交」、「貞操」、「戀愛」等論述，實涵有「複雜事情簡單化」的傾向：對應所謂的問題核心，施予包攬整體、一網打盡的直線解決方法，並由此樂觀地期待著美好未來。

（一）「狼與綿羊」的社交格局

在社交與戀愛部分，時人視開放社交為戀愛的「先導」，明言：社交的解放，是男女選擇戀愛的一個方便，為戀愛的訓練；[36] 或因婚姻、

夫人（Mrs. Sanger）的節育觀點時，刻意避談其核心邏輯結論：母性的自由，即女性擁有為母與否的決定權，女性可選擇只結婚、不生育，但《婦女雜誌》的作者群為了堅定立場，避而不談。詳見江勇振〈男人是「人」、女人只是「他者」：《婦女雜誌》的性別論述〉，《近代中國婦女史研究》，12（2004 年 12 月），頁 58-60。

35 羅志田，〈新舊之間：近代中國的多個世界及「失語」群體〉，《四川大學學報（哲學社會科學版）》，105（1996 年 6 月），頁 77-82。

36 始，〈雜譚：社交的意義〉，《現代婦女》，4（1922 年 10 月），頁 4。

為兒女家庭教育的長遠發展，得作「女子社交解放」；[37] 甚或能用作解決社會問題，實現「兒童公育、鰥、寡、孤、獨，有養也」；而男女接觸的機會增加，能使人類獨立，「由個人而團體，而社會、而國家、而世界，都沒有一個寄生蟲」，「普及社會的大革命」也由此著手。[38]

　　開放男女社交的初衷為破除舊有傳統之「禮防」，實踐女子對外交際之「人格」體現，[39] 使女子和男性立在社會的平等地位。[40] 唯理想與現實未得同步，普遍男性的心理未及修正，多以社交為名親近、引誘女生，甚至「專在性上認識女子」，[41] 若女生拒絕求愛，則反被指控未能緊貼「潮流」，此形成喧擾一時之「浮蕩少年」。他們皆接受新式教育，以新派作風為由，滿口「自由戀愛」、「婦女解放」，用以調戲及侮辱婦女；甚至訪查女學生資料，亂寫猥穢情信，令女生遭受學校斥退、家庭禁錮之苦，「女少年的叫苦聲，也一天一天地多了起來」。[42] 開放社交的提倡，或只對男性有利，於女界實未得普行，女生甚至以「狼與綿羊」比擬自身情況：「現在許多已覺悟的女子的不敢走上交際臺，而且男性如狼，其實就是怕上這班男性的當」，[43] 可見開放社交不但未能趨向男女平等，反讓新式女子陷入兩難之尷尬處境。

37　太空，〈女子社交解放之商榷〉，《青年進步》，38（1920 年 12 月），頁 79-80。
38　個儂，〈思潮：男女社交的意義與功能〉，《嚶聲月刊》，2（1921 年 4 月），頁 12。
39　楊潮聲，〈讀者論壇：男女社交公開〉，《新青年》，6：4（1919 年 4 月），頁 439-440。
40　編者，〈主張與批評：社交與戀愛〉，《婦女雜誌》，10：12（1924 年 12 月），頁 1820。
41　漢俊，〈男女社交應該怎樣解決？〉，《民國日報・婦女評論》，7（1921 年 9 月），頁 3。
42　佛突，〈評論：男女社交與浮蕩少年〉，《民國日報・覺悟》，1：7（1921 年 1 月），頁 1。
43　C. F.，〈言論：社交公開的障礙〉，《民國日報・婦女評論》，14（1921 年 11 月），頁 1。

（二）「戀愛神聖」與貞潔困囿

　　於「戀愛」的論題上，五四男性知識分子普遍陷入「戀愛神聖」、愛情能排憂解困的烏托邦理想國度，認定「人是必須為戀愛而生存的」；[44] 戀愛是「解決婦女問題的起頭，也是解決婦女問題的煞尾」、「教育經濟政治道德的解放，無非是謀戀愛自由的手段，戀愛真正自由了，婦女問題也解決了」，[45] 一舉把女性困境簡而化之，轉以「戀愛」導向，並視此為解救女性的「萬靈丹」，實未有真正理解婦女的需求，無有徹底地解決社會的根本問題。後至「自由戀愛」與「戀愛自由」論題，[46] 探討「戀愛」及「貞操」、「靈」與「慾」之是非取捨，有論者主張「靈慾一致」，指明「僅有肉的結合而沒有靈的結合，這不是戀愛」；[47] 或有「自由性交」的提倡，主張雙方同意便可自由交合，沒有戀愛或感情皆可。[48]

　　表面上，言論俱解放了「性」對女性的束縛，讓婦女能自主身體，但實際上，社會仍未能拋卻對女性「貞潔」的期待，悲劇如 1928 年 3 月上海女子馬振華為情自殺一事，其與革命軍人汪世昌相戀，惜汪世昌抱有處女情結，並曾作多番試探而無果，轉而以談婚論嫁為由，要求與

44　Y. D.，〈自由戀愛與戀愛自由──讀了鳳子女士的「答客問」以後〉，《婦女雜誌》，9：2（1923 年 2 月），頁 42。

45　王平陵、章錫琛，〈通信：關於戀愛問題的討論〉，《婦女雜誌》，8：10（1922 年 10 月），頁 120-121。

46　「自由戀愛」（free love）、「戀愛自由」（love's freedom），為愛倫凱（Ellen Key）《戀愛與結婚》探討的議題。「自由戀愛」意指「性」的放縱，或只圖「性」的滿足而結合；「戀愛自由」則涵有「性自制」，重在兩性的感情基礎，而非只訴諸慾望。五四時期關於「自由戀愛」與「戀愛自由」的爭論不斷，《婦女雜誌》更於 1923 年 2 月開設「戀愛自由與自由戀愛」欄目專事討論，而《青年友》、《上海常識》等雜誌亦刊有專文討論。

47　佩韋，〈言論：戀愛與貞操的關係〉，《民國日報．婦女評論》，5（1921 年 8 月），頁 1。

48　五四時期提倡「自由性交」論者，被歸為「非戀愛自由論派」，詳見晏始，〈非戀愛自由論諸派〉，《婦女雜誌》，11：4（1925），頁 592-596。

馬振華性交。汪世昌完事後感覺馬振華非處女，但仍對其多次求歡，被拒絕後卻以馬振華非處子之身為由，將她拋棄，馬振華失戀後憤而以自殺明志，事件轟動一時，[49] 張競生更撰文明言馬振華之死，為「死於處女膜」，以諷刺社會的執著及愚昧。[50] 而早於 1924 年，女性作家廬隱的小說《淪落》，已反映社會對女性貞潔的執重，因愛失身的婦女備受世人鄙薄。[51] 可見男性提倡男女社交、支持女子戀愛、鼓動婦女拋棄舊有貞操觀念等行徑，實極具男性霸權，按自身需要、時代發展需求，引導女性開放精神與身體，誰知實際權力終不在其手，「能動性」仍深受男性制限。

（三）「條件性」婚姻之苛求

　　五四男性知識分子對「新思維舊品德」女子的苛求，或以當時各種針對青年婚姻觀念為調查為標誌。[52] 如 1927 年復旦大學曾進行全校性的〈大學生婚姻調查〉，共收得問卷 296 份，當中問及已婚男學生及男教職員對配偶的滿意處，回覆多為「忠實」、「身體康強」、「性情溫柔」、

49　馬振華為情自殺事件，在社會轟動一時，更被電影取材，把事件的源由及結果搬上銀幕，詳見乃器，〈馬振華的自殺〉，《新評論》，8（1928 年 3 月），頁 11-16。

50　競生，〈批評欄：馬振華與處女膜〉，《情化》，1（1928 年 5 月），頁 59-61。

51　1924 年，廬隱（本名黃淑儀，又名黃英）發表小說《淪落》，敘述少女松文的戀愛悲劇。松文為北京某學校學生，曾於家鄉溺水被救，依存感激之心而失身於恩人。後一男生對其展開熱烈追求，松文把事實告知，但男生卻嫌棄松文非處子之身，轉而接受父親安排，與另一女子結婚；松文則因失身一事，備受同學冷眼與譏諷，更被視為害群之馬。

52　五四時期發表的婚姻調查報告，如 1921 年陳鶴琴刊於《東方雜誌》的〈社會問題：學生婚姻問題之研究〉、1924 年刊於《社會學雜誌》的甘南引〈中國青年婚姻問調查〉及本文所取之 1927 年復旦大學全校性〈大學生婚姻調查〉，均有收集並記錄女性受訪者的取態，唯女受訪者的回答量不足，導致數據稀少且無代表性，原因或重於當時報刊雜誌以男性讀者居多、高等學府女性寡少等情況；加諸問卷問題設置偏重男性受訪者的取態，本文亦據此分析男性知識分子對婚姻之意見。

「品貌優良」、「有溫柔語調」、「能夠做賢妻良母」、「很體諒我，看護我」、「沒有虛榮心，不隨波逐浪，和氣而且她很愛我」等；於不滿意處方面，則集中在妻子「缺乏學問及才能」，指明其「不識字」、「無新智識」、「小學畢業」、「舊式教育」等。[53]

　　調查也問及其對妻子職業之期待，當中 67% 受訪男性要求妻子婚後管理家事、在家庭教育子女，並表明此為婦女的天職；[54] 顯見他們對理想伴侶要求：學識品德俱佳，必須具有新式女子的思想及學養，也須秉持舊式婦女的道德與品行。[55] 可見「五四」思想的新舊紛陳，連帶女性形塑也具「亦新亦舊」之標準，依據文化權力的施行，婦女實恰如一塊陶泥，在男性對「新性道德」的不絕討論中，不斷被建構，以揉成舒心之形象：對內須涵養自身，盡賢妻良母之職；對外則須貢獻社會，面對國族危難，更復加講求「母性」的責任與付出。

　　然而，當女性具有新知識、新思維、懂交際、會打扮時，卻容易招來男性的猜忌，繼而批評她們的道德取向，更把女學生、富家妻妾女子與妓女混同，視為「消費」、「奢侈」、「虛榮」，甚至「淫蕩」的典型代表。[56] 當中以女學生首當其衝，報章雜誌常刊行對女學生「流行病」的探討，內容多以「忠告」為名，斥責她們開放社交、自由戀愛的居心不

53　社會科學會社會研究組編製，〈大學生婚姻調查〉，《復旦旬刊》，2：3（1928 年 4月），頁 25-26。

54　社會科學會社會研究組編製，〈大學生婚姻調查〉，《復旦旬刊》，2：3（1928 年 4月），頁 38-39。

55　江勇振也曾以《婦女雜誌》之〈我的理想配偶〉徵文為據，指出五四時期兩性對婚姻理想的差異，點明男性作者會很明確地列定所需伴侶的條件，包括女子的年齡、外貌、身材、心理、性情、學歷、興趣、專長及身體狀況等，追求「負責任的『主婦』式婦女」；而女性作者則較為抽象，很少有關形象上的具體條件，她們所追求的，多為愛的憧憬，渴望與伴侶感情和諧。詳見江勇振〈男人是「人」、女人只是「他者」：《婦女雜誌》的性別論述〉，《近代中國婦女史研究》，12（2004 年 12 月），頁 54-55。

56　詳見江勇振〈男人是「人」、女人只是「他者」：《婦女雜誌》的性別論述〉，《近代中國婦女史研究》，12（2004 年 12 月），頁 49-53。

正，未能做好「為妻」、「為母」的準備；或以國危為由，指明女學生應犧牲學業以積極埋首救國，成為優秀的女國民。[57] 可見近代女性形象實未有自主建構能力，仍緊隨男性的喜好與立場變更，求學見識亦被設定種種規限，生活行事實無脫離男性「凝視」的框架。

四、「造社會」所用之剛健後裔

根據班納迪安‧安德森（Benedict Anderson）的《想像的共同體》，指明民族主義具有「想像性」，能在人們心中召喚出強烈的歷史宿命感，這不只是一種意識形態或政治運動，更涵有社會性的文化現象。[58] 晚清與五四知識分子的美好社會願景，實為民族主義所構築的「想像共同體」，但兩者的實踐步驟則各有不同。晚清士人以「公德」為起始，務求先實現社會的安穩繁榮，後滿足自我對人格、自由等欲求。

而五四時期因個人主義與功利主義的勃興，知識分子在重建個人德性之時，也重視自我「私德」的滿足，欲先成為充分發展個性的現代「自由人」，繼而獻力家國社會，為一「小我」到「大我」的過程。[59] 此思想也關係至五四「新性道德」論述，進而對「新女性」的形塑，知識分子除了運用性別權力以建構順從的女子，滿足個人欲求外，也高舉且強調「母性」的重要，婦女依據「生育者」的身分被吸納至民族主義之話語論述。當中「新性道德」的萌發，為一推動輪軸，藉著「貞操」、

57　五四時期的報章雜誌，如《婦女雜誌》、《婦女旬刊》、《青年友》、《現代評論》等，時有針對「女學生弊病」為題的探討，如章錫琛，〈女學生的人生觀〉，《婦女雜誌》，11：6（1925 年 6 月），頁 862-868。
58　班納迪安‧安德森（Benedict Anderson）著、吳叡人譯，《想像的共同體——民族主義的起源與散布》（臺北：時報出版社，2016），頁 17-19。
59　有關五四知識分子的思想轉型與德性追求，詳見段煉，《「世俗時代」的意義探詢——五四啟蒙思想中的新道德觀研究》，頁 132-175。

「戀愛與婚姻」、「優生學」等議題復施「願力」，要求女性成就「造社會」所用之剛健後裔，以貢獻國家未來。

（一）貞操的「公共性」

貞操本為一項私人的倫理信仰，但五四前後關於「貞操觀」的討論，卻帶有明顯的「公共性」。如魯迅〈我之節烈觀〉斷定女子守節為「毫無意義的行為」，既不利自身，更無益社會國家；[60] 周建人〈性道德之科學的標準〉雖言明貞操為「女子的牢籠」，但目標指向「這種行為是於社會和民族兩無裨益」；[61] 胡懷琛〈貞操問題〉更列舉 11 個情況，點明「貞操的界限」，從兩性問題延伸至「子女的處置方法」，建議寡婦再嫁，可把子女付託兒童公育機關；[62] 吳覺農〈近代的貞操觀〉也點明「貞操與性的新道德」之關係，重在「增進男女個人與種族的生命及幸福」。[63]

知識分子把節婦掛鉤民族未來，實看重女性的生育功能，他們鼓動節婦再組家庭，繼而生育以增加國家人口，用以富國強種。此「公與私」相互揉雜的貞操概念，也恰恰反映了清末民初知識分子，擷取西方自由、權利等觀念，結合傳統中國傳統，演成「合私以為公」的思想，把個體之私凝聚為群體之公，身、家、國形成一體關係，視民族為一家之事。[64] 此思想實蔓延至五四時期，而「新性道德」論述亦包納其中，

---

60 唐俟（魯迅），〈我之節烈觀〉，《新青年》，5：2（1918 年 8 月），頁 100。
61 建人，〈性道德之科學的標準〉，《婦女雜誌》，11：1（1925 年 1 月），頁 11-12。
62 胡懷琛，〈貞操問題〉，《婦女雜誌》，6：9（1920 年 9 月），頁 9-12。
63 吳覺農，〈近代的貞操觀〉，《婦女雜誌》，8：12（1922 年 10 月），頁 8。
64 黃克武曾據近代中國的「公私觀念」進行深入探討，指明國人之「私」並無發展至絕對的獨立性，「私」終須服膺於「公」，著眼於國家民族的理想發展。詳見黃克武，〈從追求正道到認同國族：明末至清末中國公私觀念的重整〉，收入黃克武、張哲嘉主編，《公與私：近代中國個體與群體之重建》（臺北：中央研究院近代史研究所，2000），頁 59-112。

為文化想像的重要構件。

五四前後關於貞操的討論，依舊為男性的思想領導，知識分子列定「釋出女性力量」的框架，服務家國未來，女性實為追隨其後的「他者」，自身之「能動性」備受局限。如鼓勵寡婦再醮一途上，知識分子只言好處，未有的顧慮婦女的真實處境、情感需要。[65] 迄至1935年，當時社會仍具舊習遺風，常人對再醮婦存有賤視觀念，婦人再醮大多出自貧困生活所迫，對於再醮婚禮，為避免他人訕笑，只得摸黑進行。[66] 可見五四「貞操觀」言明的「婦女解放」，成效仍滯處於知識分子的「想像」層面，被美好國族願景之「糖衣」所包裹，女性只為男性話語權下的「受眾」，她們能得到幸福、適應與否，實難見於知識分子對改造國家民族的汲汲追求。

（二）「道德」的戀愛與婚姻

五四前後的戀愛與婚姻觀，實困囿在民族主義的局促，知識分子侃侃而談的「新性道德」，實涵有多重「前置」，脫離不了「富國強種」的框架。正如周建人指明：「把兩性關係看作極私的事，和生育子女作為極公的事，這是新性道德的中心思想」。[67] 竭力言明家庭與社會的「公共性」聯繫，指明戀愛與婚姻的最終目的，為培養「優種」：「人類的最重大的義務，就是圖謀未來世代的進化及向上。兩性的關係，不但關係男女雙方的幸福，尤其是關係未來世代的產生」，[68] 當中瑞典教育家

65　類近文章如1922年《婦女雜誌》譯介日本作者宮本英雄的〈論寡婦再嫁〉，文章先介紹古代並無寡婦制度，並據西方的哲學思想，用以証明強迫寡婦守節之不道德，更以「現代化」為由，指明寡婦的再嫁好處。詳見宮本英雄著、Y. D. 譯，〈論寡婦再嫁〉，《婦女雜誌》，8：12（1922年12月），頁45-49。
66　麥惠庭，《中國家庭改造問題》（上海，商務印書館，1935），頁309-310。
67　建人，〈性道德之科學的標準〉，《婦女雜誌》，11：1（1925年1月），頁12。
68　章錫琛，〈新性道德是什麼〉，《婦女雜誌》，11：1（1925年1月），頁7。

愛倫凱（Ellen Key）的「戀愛道德論」影響殊深，[69] 讓知識分子深信歷經「戀愛自由」的婚姻才得美滿，美滿婚姻方能產出「質地優秀的小孩而舉人種改良的實益」，[70] 進而把「個人幸福」緊扣「社會價值」，點明「無戀愛底婚姻或家庭，絕對的不能產生優秀的兒女」。[71]

根據時人對議題的反覆探討，所謂「道德」實門檻過高，指明兩性必須是肢體、精神皆為無缺憾的「完人」，並經過自由戀愛，繼而結成夫婦，擁有幸福婚姻生活並生育後代，並加以盡心撫養，讓孩童成長而有用社會，步驟明確且精準，若過程稍有錯失，或起始本不為男女結合，皆為「不道德」。故此為了終止「不道德」的無愛婚姻，遂萌動「自由離婚」的倡議，一方面能解決當事人婚姻不順的痛苦，一方面能讓小孩掙脫不和父母的羈絆，讓社會能和洽發展。[72]

而五四時期興起的」「娜拉」風潮，亦鼓動女性主動「出走」，離開不美滿的婚姻，[73] 但當時女性的社經地位未見重大改進，如前文所述之再醮婦人仍備受歧視，得見婦女離婚與否，實重在「名譽」和「經濟」的考量。因社會風氣未開，離婚婦人也被視如「棄婦」，加諸婦女若無

69　愛倫凱的「戀愛道德論」，重在闡述：「個人必須由戀愛關係獲得最大的幸福，乃是說個人的幸福有益於種族之改良以改良社會」，指明沒有愛的婚姻為不道德，子女必須在父母「道德」的婚姻狀況下出生及成長，才能成為優良的健兒，以貢獻未來家國民族。參見任白濤，〈戀愛與道德：愛倫凱的偉大的論文之一〉，《民鐸雜誌》，5：1（1924 年 3 月），頁 1-22。

70　1923-1924 年間，本間久雄的《婦女問題十講》始於《婦女雜誌》連載，後上海開明書局輯錄成書。本間久雄著，章錫琛譯，《婦女問題十講》（上海：上海開明書局，1930），頁 30。

71　袁振英，《性的危機》（香港：香港受匡出版部，1928），頁 50。

72　本間久雄著，章錫琛譯，《婦女問題十講》，頁 78。

73　中國的「娜拉」風潮，源自知識分子對挪威劇作家亨利・易卜生（Henrik Ibsen）小說的譯介，當中《玩偶之家》（*A Doll's House*）引起社會的熱烈討論。小說的女主人公娜拉（Nora），因感到丈夫只視其為「玩偶」，無有承認其獨立人格而出走，此舉被時人視為反封建、反傳統家庭的「婦女解放」之表彰，並據此高揚「自由離婚」的重要性。參見朔一，〈易卜生名劇「娜拉」本事〉，《婦女雜誌》，8：4（1922 年 4 月），頁 206-219。

獨立經濟能力，失婚後果比「失業」堪然，實備受「貞操觀念的束縛和與貨品同等看待的卑視」。[74] 而知識分子理想中的「娜拉」，也難以貼合當時中國婦女的現況，魯迅曾理性地提出「娜拉走後怎樣」之疑惑，指明「中國娜拉」只有二路可走，「不是墮落，就是回來」，精警地提醒「夢是好的；否則，錢是要緊的」，點明男女經濟獨立的必要，[75] 但當時知識分子對「戀愛與婚姻」的倡議，實甚少慮及婦女的現實處境，甚或明言「兩性解放」比女子運動爭取「經濟自由」來得可貴，[76] 活現男性話語權下民族美好願景的烏托邦想像。

（三）高揚「母性」的優生學倡議

西方近代優生學的倡議，隨著五四新文化運動傳至中國，1919 年《曙光》已翻譯美國優生學家查爾斯（C. B. Davenport）的著作，以科學方法點明具有遺傳病的人不宜生育後代，避免不健全的「種子」繼續繁衍。[77] 而章錫琛在〈新性道德是什麼〉一文中，亦指明「產生優良的兒童，而防止劣弱兒童的產生」，為「人類最高的道德規律」，並據此批斥那些只顧繼承宗嗣，不問後嗣優劣的陳舊思想。[78] 及後潘光旦學成歸國，大加宣揚優生學說，理論更漸得國人認識及了解。[79]

而愛倫凱的主張亦涵有優生學的概念，言明婦人的生命重在「母

74　高山，〈離婚自由與中國女子〉，《婦女雜誌》，10：9（1924 年 9 月），頁 1366。

75　1919 年，魯迅於北京女子高等師範學校以〈娜拉走後怎樣〉為題進行演講，同年刊於《北京女子高等師範文藝會刊》。唯相關議題一直備受社會關注，1924 年《婦女雜誌》得作者修正原文，再度發表。詳見魯迅演講，陸學仁、何肇葆筆記，〈娜拉走後怎樣〉，《婦女雜誌》，10：8（1924 年 8 月），頁 1218-1222。

76　袁振英，《性的危機》，頁 148。

77　C. B. Davenport 著，宋介譯，〈優生學（續）〉，《曙光》，1：2（1919 年 6 月），頁 47-53。

78　章錫琛，〈新性道德是什麼〉，《婦女雜誌》，11：1（1925 年 1 月），頁 6-7。

79　潘光旦於 1931 年主辦《優生》月刊，重在宣揚優生學學說，並論及婚姻、家庭、教育、衛生學等思想理論，著有專書《優生閒話》、《優生與抗戰》等。

性」，這是「一切民族的進化關鍵」。為了能「創造[80]一個新世紀出來」，積極塑造「理想母親」為「根柢」，進而發揮「母性力量」，建構利於後代成長之「和寧而恬美的家庭」。[81]此概念深得「五四」知識分子的青睞，紛紛翻譯其學說，高舉「生育神聖」，反對婦女的獨身主義；認定婦女為「靈魂之教育者」，應盡心為家庭獻力，「不當從事家庭以外之勞作及職業」；[82]並據兩性特質的不同，主張社會性的男女分工，指明女子不應與男子競爭，[83]矛頭直指當時婦女運動對改善女性政治、社會、經濟地位的申訴。

五四時期知識分子拼合當時的社會現況，紛紛指出女權運動具有之弊害，如章錫琛言明婦女運動應以「女性的自由」為根本目的，而女權的提倡卻與男性對立，實不知男女天職有別、智力及體力有差，貿然爭取憲法平等、經濟獨立；她們據「個人主義」為由，避免「母性」及主張獨身，更甚者或拋夫棄子，此「第三性化」女子產生對男性的仇視，必須加以防遏。故此，其進而闡明女權運動的精神重在「生殖的神聖」，必須從「婦女解放」延伸至「兒童解放」，認定真正的「婦女解放」不為打破以男性為本位的社會制度，而是女性謀求個人主義的幸福，「無非是為了增進民族的幸福」，並據「社會的兒童化」為人生最大的目的，點明這必為「母權運動」提倡者的「唯一的主張」。[84]

此「自圓其說」的話語，實活現於男性知識分子的「民族主義」理想，未有顧慮婦女的現實處境，更無法理解女性爭取平等的迫切，在他們的烏托邦想像中，女權運動要求男女教育、職業、政權的平等，只為

80　沈雁冰（茅盾），〈愛倫凱的母性論〉，收入東方雜誌社編纂，《婦女職業與母性論》（上海：商務印書館，1924），頁 23。

81　沈雁冰（茅盾），〈愛倫凱的母性論〉，頁 35。

82　李三无譯述，〈婦人職業問題〉，收入東方雜誌社編纂，《婦女職業與母性論》，頁 18。

83　李三无譯述，〈婦人職業問題〉，《婦女職業與母性論》，頁 19-20。

84　瑟廬（章錫琛），〈婦女運動的新傾向〉，《婦女雜誌》，9：1（1923 年 1 月），頁 2-7。

一個「過程」，目的是為了「專心致志，完成她的職責」，以培養優秀後代。[85] 故為了滿足婦女的「母性」需求，必以「兒童教育」為重，不斷轉換話語論述用作「避重就輕」、「以偏概全」，更「只求結果，不謀過程」，只高舉「種族進化」、「人類向上」的民族願景，要求婦女把目光放諸未來的理想經濟組織、社會制度，而非囿於當今時態。

五、結語

　　「現在一般儼然道貌的老年人甚至少年人，平常所持的論調無不痛惡新式的女子，罵她們為妖治、輕浮、多言，好奢華；然而到了他們自己要尋求女子的時候，卻又覺得舊式女子的呆板可厭。女子看透了男子的這種心理，因此寧願受男子的口頭的罵詈，為婚姻的職業的獲得上，仍然竭力造成適於男子需要的性格」，[86] 章錫琛的言論雖仍囿在女子難自有成就，必須依附男子維生的卑視，但實清楚點明五四時人對新式女子所持之矛盾心態。女性服膺於男性的「凝視」，其思想、行事作風均被受掣肘；新與舊、討喜或厭惡的形象，更多憑藉男性的感覺建構，女性稍有過越，或會陷入「兩面不是人」的尷尬處境。

　　在這複雜多變的五四時期，國家政治、社會發展不絕革新，而父權體制也「順應潮流」，轉換形式迄立依然，婦女雖看似有著更多的表現機會，但其「能動性」實無掙脫男性所列定的「活動框架」，仍受困樊籠，難得真正的自由。中國的「婦女解放」之路，女性實一直深陷在「自我犧牲」當中，五四男性依據性別權力，以滿足自身欲求、家國民族理想；及至抗戰時期重塑「女國民」身分，後至毛澤東主導中國建立

85　瑟廬（章錫琛），〈婦女運動的新傾向〉，《婦女雜誌》，9：1（1923 年 1 月），頁 6-7。

86　章錫琛，〈舊式女子與新式女子：大太太與姨太太〉，《新女性》，2：12（1927 年 12 月），頁 1271。

「女同志」形象，女性實依據時代發展，其形象、內涵不斷被變更以貼合社會趨勢。當中的「順從」與「舒心」，可謂「女性」亙古應有的特質。

當「營養」成商品：
維他命在近代中國（1920-1931）

皮國立 *
中原大學通識教育中心副教授

一、前言：研究回顧與資料分析

　　近年來，臺灣本土不斷因各種食品安全的問題，屢屢造成重大的社會爭議。作為一位史學工作者，不能不對現實社會問題有若干回應；然史學工作者研究之對象既為過往之陳跡，當然不可能直接面對現實問題來提出正面解決之道，但我們仍可能透過梳理近代以來人們對於食物與健康、疾病關係之認識，來達到或進行一種人文思考，提供一些歷史上真實發生之飲食問題、科學爭議、認識傳統與現代之間連結的可能性，此為本文寫作背後較為深刻的在地關懷。[1]

　　而撰寫本文之起始動機，其實來自於筆者博士論文之論題延伸，以及在執行科技部主題計畫過程中所衍生之課題。研究動機可謂既具有現實工作之延續性，又不失比較與擴大的企圖。筆者曾撰寫有關秦漢時期

---

* 文初首先感謝審查人的指正，本文僅為延續性成果之一部分，先以 1920 年代的情況為主，而詳細的 1930 年代情況，容筆者另文呈現。本研究受科技部專題研究計畫「飲食與衛生知識的現代轉型：以民國時期中西醫界對食物性質與疾病論述為主的討論」（105-2410-H-033-019-MY2）、科技部人社中心補助「近代中國與東亞研究群」以及復旦大學人文社會科學重點研究項目（16JJD770013）補助，於文初一併致謝。

1 　其實林富士已經整合過這樣的計畫，參見林富士主編，《食品科技與現代文明》（臺北：稻鄉出版社，2010），引言頁 1-6。該書為整合性成果，並指出食品科技問題乃一牽涉各個研究領域的問題，可以針對各個層面提出關懷與建議。

的食物禁忌問題，足證古人對飲食致病說，已有一定程度的瞭解；[2] 後來在處理博士論文時，更發現近代「食物禁忌」的問題。當民國時期西方的營養知識進入中國後，「補充」營養開始取代傳統補氣血的概念，成為新商品喜歡挪用之科學話語。[3] 然而，中西醫兩方對「攝食」與生理關係上的認知，仍有所差別，亦顯示食物與營養來源在病理、保健等觀念上之中西落差。為此，筆者希望能進一步深化既有研究，提出實際案例——維他命，來檢視營養、科技知識在近代醫療、商品上面的具體展現。此外，筆者在執行科技部計畫時，亦曾發現民國時「家庭常備藥物」對治療流感的影響與重要性，[4] 不管在當時報刊或醫（方）書內，都出現許多補充營養之商品（包括維他命的藥品與食品），之前的研究主要針對防治流感、調養身體意義上的梳理，[5] 但這些營養品背後知識形塑和中西醫間針對「營養」而可能存在的一些爭論，仍待進一步探討。故本文希望探討「維他命」作為健康知識和藥品販賣之種種面向，以深化民國時期中西醫知識內匯通與爭議的整體研究，也藉此深化既有的衛生史論述。[6]

---

2   皮國立，〈追索秦漢「食忌」的知識譜系——以熱病為考察中心〉，《中國飲食文化》，4.2（2008），頁 81-114。

3   皮國立，《「氣」與「細菌」的近代中國醫療史——外感熱病的知識轉型與日常生活》（臺北：國立中國醫藥研究所，2012），第八章「調養與禁忌：古典理論在病患世界的轉型」。

4   科技部計畫「醫療、疾病與社會——民國時期對流感（Influenza）疫情的認識與應對」（103-2410-H-033-007-MY2，2014/08/01 -2016/07/31）。

5   皮國立，〈從專業醫書到居家知識：近代中國流感的治療方與預防法〉，發表於「報刊與近現代中國的知識再生產」國際工作坊（上海：復旦大學中外現代化進程研究中心、亞洲研究中心，2015 年 10 月 31 日 -11 月 1 日）。

6   衛生史的研究回顧可參考余新忠，《清代衛生防疫機制及其近代演變》（北京：北京師範大學出版社，2016），頁 1-35。有關衛生史的基礎意義與擴展，可參考劉士永、王文基主編，《東亞醫療史：殖民、性別與現代性》（臺北：聯經出版社，2017），頁 7-21。劉士永、皮國立主編，《衛生史新視野——華人社會的身體、疾病與歷史論述》，導言頁 1-2。

　　有關飲食歷史的研究，無論中外，都已有不少成果。[7]中國飲食史的研究，本做為一種日常生活史或社會史、民俗史而長期存在；[8]西方飲食史，近年則更有興盛之勢。[9]不過，針對本文研究的主題而言，雖然也可說是飲食文化的一環，但與傳統菜餚、飲食、烹調的歷史仍有所不同。[10]本文切入的角度，在主題上，仍屬於醫療與疾病史，關心的是飲食和健康、疾病的關係。在這樣的範圍內，陳元朋的研究可以說非常具有代表性，他曾寫過多篇文章，說明飲食在社會文化史內的意義，[11]更重要的是，他很早就關切到食物與疾病關係的梳理，[12]雖然其論文關

7　例如 Kenneth F. Kiple, *Kriemhild Conee Ornelas ed., The Cambridge world history of food* (Cambridge, UK ; New York: Cambridge University Press, 2000). 由歐洲史學家編纂的 Histoire de l'alimentation（營養的歷史），也很快的有了英文版，編者強調，飲食史是一門整合多學科的學問，這本論集集合了許多學者，針對各種不同的角度來探索世界歷史中人們如何烹煮食物、或取營養的歷史。英文版見 Jean-Louis Flandrin and Massimo Montanari ed. (English edition by Albert Sonnenfeld; translated by Clarissa Botsford), *Food: a culinary history from antiquity to the present* (New York : Columbia University Press, 1999). 許多世界飲食史的著作都具有全球性的視角，不過這些著作探討的是飲食、烹飪和文化之間的關係居多，與本文所要探討之醫療與疾病的路數仍有所不同，但有部分內容會略為提及，還是值得參考。還可參考菲立普・費南德茲 - 阿梅斯托（Felipe Fernández-Armesto）著、韓良憶譯，《食物的歷史：透視人類的飲食與文明》（新北：左岸文化出版，2005），頁 31-35。當然，這本書也值得一讀，因為它談到一些東方飲食與健康的關係。
8　姚偉鈞、羅秋雨，〈二十一世紀中國飲食文化史研究的新發展〉，《浙江學刊》，第 1 期（2015），頁 216-224，有較全面的研究回顧。原始文獻的部分，可參考姚偉鈞、劉朴兵、鞠明庫所著，《中國飲食典籍史》（上海：上海古籍出版社，2011），裡面介紹相當多與飲食有關的醫書、食療、食經等等可供參考。
9　Paul Freedman ed., *Food: the history of taste* (Oakland, California: University of California Press, 2007). 這是一本集合世界各地歷史學家編的區域飲食史的專書，體現了史學界對飲食史的重視。
10　徐吉軍、姚偉鈞，〈二十世紀中國飲食史研究概述〉，《中國史研究動態》（2000 年 8 月），頁 12-18。
11　陳元朋，〈作為社會史研究的中國飲食史〉，《中國社會》，no.15（2005 年 5 月），頁 87-102。
12　陳元朋，〈中國食物療養傳統的形成與變遷〉，收入李建民主編，《從醫療看中國史》（臺北：聯經出版社，2008），頁 373-426。

切的主題多在清代以前，但像是維他命會涉及到的「補養」之觀念，
大部分是自古傳下來的，[13] 不論是內容還是書寫形式，很多仍具有知識
累積的痕跡。本文就是要探討這些傳統知識在受到西方營養知識衝擊以
後，有何改變？如何從「適當的飲食」（寒、熱、溫、涼）轉變為「營
養的食物」（維他命、營養素）。[14]

　　維他命知識剛傳入中國時，其實與醫療疾病有相當之關係，人們
在 20 年代一邊探討維他命的種類，也一邊關注維他命可以治療何種疾
病，如此的知識呈現，其實更早於維他命成為商品之現象。歷史上中醫
也相當重視飲食治病的知識，雖然目前醫界對社會文化史的關切比較不
足，但其整理之資料與文獻，大致可以作為我們對瞭解中醫食療歷史的
參照。[15] 而中醫文獻近十年來整理之各種養生、本草類書籍，也有大量
飲食健康的歷史論述，可作為「維他命」商品療病的一種對照；[16] 陸續
也有醫史學者關注這些議題，深入研究包括食療、飲食養生療病等問
題，皆為本文撰寫之基礎。[17] 報紙期刊的部分，牽涉到日常醫藥知識的
普及，同為研究營養、維他命與健康觀等諸多關係的重要資料，也應盡

13　陳元朋，〈傳統食療概念與行為之傳衍——以〈千金・食治〉為核心觀察〉，《中
　　央研究院歷史語言研究所集刊》，69 本 4 分（1998）。

14　筆者將有一系列論文探討這個現象，本文僅以 1920 年以前的維他命為例，比較
　　能夠聚焦。

15　蘇奕彰，《飲食療法中醫典籍彙編》（臺北：行政院衛生署中醫藥委員會，2007），
　　頁 20-47。

16　曹洪欣，《中醫養生大成》（福州：福建科學技術出版社，2012），共 3 冊。本草類
　　的書目，更是汗牛充棟，我們關注的是以「食物」或「食療」為主的著作，例如
　　姚可成，《食物本草》（北京：人民衛生出版社，2002）；或是〔唐〕孟詵原著、
　　尚志鈞輯校，《新修本草輯複本附影印殘本及研究資料》（合肥：安徽科學技術出
　　版社，2005）。虞舜，《中華食療本草經典文庫》（南京：江蘇科學技術出版社，
　　2008）則收錄了歷代一些食療或食治的書籍或篇章，有助我們理解傳統中醫這方
　　面的理論。

17　陳秀芬，《養生與修身——晚明文人的身體書寫與攝生技術》（臺北：稻鄉出版
　　社，2009），特別是第 4 章，頁 129-159。以及鄭金生，《中國古代養生》（臺北：
　　臺灣商務印書館，1998），頁 78-95。

量蒐集呈現。

　　醫藥知識的傳衍，一代有一代之特色與呈現方式。明清以降，承載傳統中醫藥知識的專書，最重要的仍是以經典的方式呈現，[18] 不管是世醫還是儒醫，都需具備一定的專業閱讀能力；另一方面，明、清以來出現的通俗醫書，已使醫學知識較為普及，[19] 甚至著名醫者也從背誦歌訣入門來學習醫理；[20] 但一般民眾手中能掌握的主要還是一些方書與藥書，專業知識擴散的廣度仍較狹窄。[21] 但自近代以來，隨著新式報刊的出現，醫學中有關營養的知識開始透過白話，去除了艱澀的理論，以「家用」、「居家」、「常備」等語言形式，透過報刊或西藥品目錄這類的書，直接刊載有效的藥方，出現在民眾的日常生活中。[22] 故西醫營養知識，除了 1920 年代後對譯 nutrition 的專門知識外，亦及於當時定義下，進入與生理、病理、衛生法等相關的飲食知識內。這些知識偏於日常應用，各界也常將這些知識編成小冊子，以供公眾之閱讀。當「家庭」的概念運用於醫藥或飲食營養之際，即不單指在「家庭」這個

18　謝觀，《中國醫學源流論》（福州：福建科學技術出版社，2003），頁 48-49。「經典」醫書的源起與歷史脈絡，參考李建民，《旅行者的史學——中國醫學史的旅行》（臺北：允晨文化，2009），特別是頁 103-127。

19　Angela Ki Che Leung（梁其姿），"Medical Instruction and Popularization in Ming-Qing China," *Late Imperial China* 24:1 (June 2003), pp. 130-152.

20　祝平一，〈藥醫不死病，佛度有緣人：明、清的醫療市場、醫學知識與醫病關係〉，《中央研究院近代史研究所集刊》，第 68 期（2010 年 6 月），特別是頁 7-8。

21　這種狹窄不是指民眾無法獲取醫藥知識，而是與近代相比，當時很多民眾的家裡可能都備有一、二本方書，但這種獲取知識的方式，相對狹窄。魯迅曾說：「因為我後來檢查（家中）藏書，屬於『子部醫家類』者，說出來真是慚愧得很，實在只有《達生篇》和這寶貝的《驗方新編》而已。」家藏一、二本醫書，檢方以自療，是民國前的一般情況。引自魯迅，《集外集拾遺補編・我的種痘》，收入《魯迅全集》（北京：人民文學出版社，1996），第 8 卷，頁 344-351；註釋頁 352-353，可一併參看。

22　柯惠鈴已做過一部分定義與特色之梳理，參看氏著，〈出版、醫療與家庭生活：以 1930 年代《家庭醫藥》雜誌為主的探討〉，發表於「全球視野下的中國近代史研究」國際學術研討會（臺北：中央研究院近代史研究所，2014 年 8 月 11-13 日），本篇為會議論文，徵得作者同意引用。

場域，或許應視為日常、公眾的醫學知識，較為合宜。[23] 不過，根據統計，家庭用成藥與營養品的範圍相當廣泛，可說是民國時各大西藥房藥品分類中的最大宗。[24] 筆者就發現，這類資料往往記載著大量的藥品、食物療病等知識，包括維他命的商品在內。它們怎麼影響大眾日常的健康概念？目前已有不少學者從醫藥廣告切入，研究各種飲食衛生行為與營養商品間的關係；[25] 或是從食品的生產史、日記中的記載來探討大眾

23　陳繼武編，《家庭醫學》（上海：商務印書館，1934），頁1。

24　上海市醫藥公司、上海市工商行政管理局、上海社會科學院經濟研究所編著，《上海近代西藥行業史》（上海：上海社會科學院出版社，1988），頁384-3877。

25　黃克武，〈從申報醫藥廣告看民初上海的醫療文化與社會生活，1912-1926〉，《中央研究院近代史研究所集刊》，第17期下冊（1988），頁141-194。後來他又有，〈廣告與跨國文化翻譯：20世紀初期《申報》醫藥廣告的再思考〉，《翻譯史研究》，第2輯（2012年12月），頁130-154。而有關中國近代的藥品文化史，研究者多運用報刊資料，有許多研究推陳出新，較具代表性的還有：張哲嘉針對女性與醫者在雜誌專欄內的討論，來探討中西醫學概念的融合，也牽涉不少媒體傳播、疾病解釋和性別史的綜合討論，參考氏著，〈《婦女雜誌》中的「醫事衛生顧問」〉，《近代中國婦女史研究》，第12期（2004年12月），頁145-166，還有〈《婦女雜誌》中的藥品廣告圖像〉，收入王淑民、羅維前（Vivienne Lo）主編，《形象中醫——中醫歷史圖像研究》（北京：人民衛生出版社，2007），頁111-116。至於中藥科學化研究，可參考雷祥麟原著，林盈秀中譯，〈常山：一個「新」抗瘧藥的誕生〉，收入李建民編，《從醫療看中國史》（臺北：聯經出版社，2008），頁331-372。尚有藥品與商業、身體觀之研究，如張寧，〈阿司匹靈在中國——民國時期中國新藥業與德國拜耳藥廠間的商標爭訟〉，《中央研究院近代史研究所集刊》，第59期（2008年3月），頁111-119。以及張寧，〈腦為一身之主：從「艾羅補腦汁」看近代中國身體觀的變化〉，《中央研究院近代史研究所集刊》，第74期（2011年12月），頁1-40。臺灣的部分也有祝平一，〈塑身美容、廣告與臺灣九○年代的身體文化〉，收入《文化與權力——臺灣新文化史》（臺灣：麥田出版社，2001），頁259-296。皮國立，〈中西醫學話語與近代商業論述——以《申報》上的「痧藥水」為例〉，《上海學術月刊》，45.1（2013），頁149-164，則注意到藥品與疾病知識之間關係之形塑。張仲民做了相當多這方面的研究，至少有：〈晚清上海藥商的廣告造假現象探析〉，《中央研究院近代史研究所集刊》，第85期（2014年9月），頁189-248。以及〈晚清中國身體的商業建構——以愛羅補腦汁為中心〉，收入《新史學（第5卷）：清史研究的新境》（北京：中華書局，2011），頁233-263。還有楊祥銀，〈衛生（健康）與近代中國現代性：以近代上海醫療衛生廣告為中心的分析（1927-1937年）〉，《史學集

文化的改變等各式切入視角，[26] 皆可作為本文創新與寫作的參考依據。

二、從「營養」概念到維他命的出現

　　傳統中醫的藥食合一、食療概念，到近代怎麼轉型？應該舉一個具體的實證研究，可以將這些中西食物與衛生知識串連起來，本文選取的是「維他命」在近代中國的歷史。在「維他命」這項產品如此盛行的現今，或許很難想像這個來自西方的醫藥知識在中國古代歷史上僅不過是個陌生的名詞。它如何傳入 20 世紀的中國、如何被民眾所接受，以及如何在極短的時間內部分取代傳統中醫根深蒂固的「補氣補血」觀念，進而成為廣告詞中的新寵兒？當 1920 年代後期，隨著西醫在有機化學與消化生理學上的進展，食物中的營養素一一被科學揭開神祕面紗後，民國的醫療衛生市場上，已出現追求一種更精純、安全的營養補充品之

刊》，第 5 期（2008），頁 52-64。有關身體之近代意義，還可參考王儒年，《慾望的想像：1920-1930 年代《申報》廣告的文化史研究》（上海：上海人民出版社，2007），第四章「美的理想」。吳詠梅，李培德主編，《圖像與商業文化：分析中國近代廣告》（香港：香港大學出版社，2014），則是關於近代中國廣告研究的論集，裡面也有收錄關於醫藥與身體觀的相關論文，值得參考。Wendy Siuyi Wong, "Establishing the Modern Advertising Languages: Patent Medicine Newspaper Advertisements in Hong Kong, 1945-1969," *Journal of Design History*, 13:3 (2000), pp. 213-226；Juanjuan Peng, "Selling a Healthy Lifestyle in Late Qing Tianjin: Commercial Advertisements for Weisheng Products in the Dagong Bao, 1902-1911," *International Journal of Asian Studies*, 9:2 (July 2012), pp. 211-230. and Sherman Cochran, *Chinese medicine men : consumer culture in China and Southeast Asia* (Cambridge, M. A.: Harvard University Press, 2006). 沒有列出的中、西學者著作還有很多，以上所提學者之著作中，也列出不少，此處就不一一列舉，這些學者提供的思路，皆有助於本計畫於搜索史料時的指引。

26　這個部分的研究成果，可參考李力庸，〈殖民、營養與風尚——日治時期臺灣大眾畜產飲食文化〉，《雅俗相成——傳統文化質性的變異》（中壢：中央大學出版中心，2010），頁 415-459。以及李力庸，〈食物與維他命：日記史料中的臺灣人營養知識與運用〉，收錄於李力庸等主編，《新眼光：臺灣史研究面面觀》（臺北：稻鄉出版社，2013），頁 265-297。

風潮，它具有古代食補的功能，但經過純化與科學化處理之後，轉成為
一種商品、一種亦藥亦食的營養補充品，而且經過科學驗證的背書，免
去傳統中醫「食物禁忌」與「毒」的可能因素，成為民眾日常生活內的
新寵兒。本文就藉由分析營養品——維他命的商品概念，[27] 來梳理當時
這種衛生史上的新興現象。

　　虛弱的民族、病夫的形象，是近代中國人揮之不去的頹唐形象，類
似的例子，不勝枚舉，[28] 皆導源於中國人「不衛生」的結果，[29] 故近代許
多商品都搶搭「衛生」的列車，來引起民眾的日常需求與消費慾望，各
種添加維他命的商品，可以看作是這個趨勢的延續。目前相關的二手研
究內仍未關注到近代中國藥品與食品內「維他命」的角色。[30] 在「維他
命」這項產品如此盛行的現今，很難想像這個立基於西方醫藥知識的商
品在中國古代史中竟是個不存在的名詞。它如何傳入 20 世紀的中國、
如何被民眾所接受，以及如何在極短的時間內部分取代傳統中醫根深蒂
固的補養觀念，進而成為廣告商品中的新寵兒？當時中藥與西藥之間的
界線相當模糊，藥商為了在競爭日益激烈的藥品市場脫穎而出，運用各
種已為人知的傳統醫學概念，並參雜新式、新穎的西方身體概念，來說
服一切可能的消費人群。性別疾病、腦弱、血虛、腎虧等往往正是這些

27　「保健食品」這個名詞在臺灣可能是 70 年代後才出現，不過類似的食品或藥品概
　　念，在晚清時期已經出現，這還是根據營養學的知識進入中國的，臺灣的問題可
　　參考林富士已經整合過這樣的計畫，參見鄭斐文，〈科技食品的社會學——臺灣
　　保健食品的科技與社會分析〉，收入林富士主編，《食品科技與現代文明》，頁 49-
　　120。
28　楊瑞松，〈想像民族恥辱：近代中國思想文化史上的「東亞病夫」〉，《政治大學歷
　　史學報》，第 23 期（2005），頁 1-44。也可參考皮國立，《國族、國醫與病人：近
　　代中國的醫療和身體》（臺北：五南出版社，2016），緒論部分。
29　「衛生」一詞在中國的演變，參考雷祥麟，〈衛生為何不是保衛生命：民國時期另
　　類的衛生、自我和疾病〉，前揭文。
30　有關的研究情況，可參看劉宗靈，〈身體之史：歷史的再認識——近年來國內外
　　身體史研究綜述〉，收入復旦大學歷史系等編，《新文化史與中國近代史研究》（上
　　海：上海古籍出版社，2009），頁 287-322。

廣告的大宗，[31] 或許維他命商品也有這樣的趨勢？而這類廣告，也和近代中國強種健體的概念可以連結，成為衛生商品的寵兒。1928 年，維他命已成為日常生活不可或缺的一種吃的營養素。[32] 這波流行直到 1948 年的一則廣告詞都還寫到：「許多中學生不曉得誰是王安石，誰是胡政之，但是少有不知道『維他賜命』的」、「不得不佩服藥商廣告宣傳威力之大。」[33] 可見維他命一詞，藉由藥商的推波助瀾，已被加入到各藥品中，而為當時消費者所熟知。但是缺乏進一步研究，我們無法對這種現象提出更深刻的分析與解讀，故以下將從維他命的發明、傳播與進入中國的歷史來加以梳理。

人的身體內有許多元素，在傳統中國醫學的知識範疇中，它多用一種籠統的名詞代替，例如氣、津液、精、神等等，這些不具體的指陳，到了近代，有很大的轉變。自晚清以來，許多新譯名詞傳入中國，在「維他命」這一名詞還沒有輸入近代中國時，「營養」一詞已先進入中國了。1905 年的《四川學報》，定義「營養」為：「營養者，何也？用腦記事，則精神不免耗損，用身作事，則身體不免疲乏，補其耗損，填其疲乏，此營養之所以為貴也。」[34] 此時西醫所提出之營養缺乏致病論，本欲解決前述營養與後天病態體質之因果關係，但卻經常被藥販、商號用來比附中醫固有之「補養」的觀念。早在 1930 年代即有上海西醫對此深表不以為然，並極力呼籲西醫的營養和中醫進補的觀念南轅北轍。[35] 又，儘管晚清還沒有維他命一詞，但「營養」一詞已經具體分析出維持人體生命、活力泉源的物質與成分，是可以被科學分析的。當時

31　皮國立，〈從鎮靜到補養的救贖──民國時期新醫藥對縱欲致病的醫療史〉《新史學》，第 9 卷（2017），頁 123-155。

32　褚民誼，〈衣食住行之衛生要則〉，《大公報》（天津），1928 年 10 月 29 日，第 9 版。

33　陳鵠，〈補藥〉，《醫潮月刊》，第 2 期（1948），頁 22。

34　不著撰人，〈講義第二節：營養〉，《四川學報》，第 12 期（1905），頁 34a。

35　"Report of modern science of medicine in China," Rockefeller Archive 1.1 box 602 (1938).

三大營養素：炭素、脂肪、蛋白質都已出現，相關的烹飪方法與人體吸收之原理也已釐清，[36] 這與傳統中醫的思想已有不同。

　　早在 1881 年，西方學者露甯（N. Lunin，1853-1937）已注意到有維他命的存在。1912 年才由豐克（Kazimierz Funk，1884-1967）將其正式命名為「維他命」（vitamin）。[37] 這開啟了西方醫學論述「匱乏疾病」的新時代，原來所謂健康的飲食是由特定的化學元素組成，於是各種維他命的面貌一一被研究出來。[38] 根據「民國期刊資料庫」的檢索，最早的「維他命」一詞是出自 1920 年代之初；[39] 此前用「營養」一詞，都是比較籠統的講法，但 1919 年時報紙上已介紹「vitamin 為營養要素之一」。[40] 而且有趣的是，較之先前的「營養」一詞，「維他命」或「維生素」這類名詞，以其字面上之白話易懂，似乎更容易轉化成為商品宣傳之用，而當時還有「維太命」、「生活素」等等譯名，大量相關論述的出現，是在 1920 年代之後。1928 年有人就指出，含有維他命的天然食品可以治療水腫、貧血等多種症狀，如果能做成商品，將可造福更多人，甚至可行銷海外，展現了一種販賣「衛生」的國貨思維。[41] 更有中醫指出，維他命就是中醫「衛氣」之來源，可以「溫分肉、充皮膚、肥腠理、司開闔」，營養並充實全身生理功能之正常運作。[42] 時間往後推移，維他命更結合各種藥品，成為各種藥品中的主要添加物之一。當時

36　Y. L.，〈常識談話：食物之營養及消化〉，《婦女雜誌》（上海），第 7 卷 5 期（1921），頁 77-82。

37　吳鴻志，〈營養研究：談談維他命〉，《常識畫報：高級兒童》，第 16 期（1935），頁 16-18。其他部分，可參考〔英〕羅依‧波特（Roy Porter），張大慶譯，《劍橋醫學史》（濟南：山東畫報出版社，2007），頁 173-174。

38　〔英〕若伊‧波特（Roy Porter）著，王道還譯，《醫學簡史》（臺北：商周出版社，2005），頁 143-144。

39　天鳥，〈「維他命」為食品中之一要素〉，《中華醫學雜誌》，第 5 卷 2 期（1919），頁 101。

40　和聲，〈養生紳言（下）〉，《申報》，1919 年 03 月 21 日，第 4 張。

41　賴序樂，〈擬製生活素液之管見〉，《廣濟醫刊》，第 5 卷 10 期（1928），頁 72-73。

42　張蘊忠，〈中西醫學融化論〉，《大公報》（天津），1928 年 10 月 3 日，第 9 版。

是說維他命甲、乙、丙三種（其實就是後來我們熟知的 A、B、C），例
如談維他命丙不足，就會引發敗血症，當時已有呼籲，盡量攝取新鮮的
食物與蔬菜，才能獲取最好、最多的維他命。[43] 而「維他命」的相關知
識論述，最受矚目者即為「缺乏維他將導致某種疾病」之論，例如缺乏
維他命 B 會罹患腳氣病，並持續研究，至 30 年代後，德國拜耳公司用
維他命乙（B）製劑，還可治療各種神經炎及多發性神經炎，[44] 此篇文章
也再次提到腳氣病（又稱之為東方國家的鄉土病）的成因是因為食物中
缺乏一種主要抗神經炎的維他命乙。

　　相關論述非常多，隨時間的推進，當維他命知識被大家所熟知
後，人們也就不再對「維他命有哪幾種？」這樣簡單的問題感到興趣，
而更多是去論述，維他命攝取不足會導致什麼疾病，和補充維他命可以
幫助身體哪些地方更健康。整體而言，此趨勢大約於 20 年代中期之後
開始逐漸增多，從現有的報刊資料庫來檢視，已發現這是當時的衛生商
品或健康食品的業者，很喜歡挪用的科學話語。以下再以「知識」和
「商品」兩個層面的問題來分析

三、1920 年代的維他命知識

　　維他命知識在出現時，大都稱其「新營養素」，是相對於舊的蛋白
質、脂肪而言，20 年代初還算是很新的知識，有不少文章其實是翻譯
外國的文字，最早的「活力素」和「生活素」之名，是從日文而來，後
來到 30 年代，維他命一詞才更加廣泛。[45] 當時的文章指出：從古代到
近世，飲食從簡單進步到山珍海味，不但沒有更健康，反而衍生許多疾

43　孫繩武，〈維他命之保存法〉，《農業叢刊》，第 1 卷第 4 期（1922），頁 1-4。

44　梁豪雄（譯），〈醫療：用 Betaxin（維他命乙 1 製劑）治療各種神經炎及多發性神
　　經炎之經驗〉，《廣西健社醫學月刊》，第 3 卷第 7 期（1938），頁 26-34。

45　江亭，〈新營養素：維他命〉，《國聞週報》，第 2 卷 31 期（1925），頁 19-21。

病，這就是因為不講究飲食的衛生，營養學所致，這時再詳細介紹維他命發現的歷史。[46] 它是全新的營養素，在 20 年代還處於介紹的狀態，當時呼籲不要只重視蛋白質、脂肪和澱粉類等舊的三大營養素，應多注意新的維他命。[47] 20 年代有許多專業刊物用生活素來作為 Vitamin 的譯名，說明它是近代營養學中最被重視的一物，而其最重要的是，它還能治療疾病，但在 20 年代初時尚不廣為國人所知，[48] 而且譯名頗亂，維他命 A、B、C、D、E 有時也以甲、乙、丙、丁、戊代稱，到 30 年代初仍未統一。[49] 當時人們對維他命有很多樂觀的想像，例如比喻秦始皇派人遠赴日本所求的仙藥，其實就是維他命。因為日人喜食含胚芽的玄米，所以古代日本天皇壽命多超過 100 歲，而且古代日本民族的體格更是「異常魁偉」，[50] 顯示人們對維他命樂觀之想像，甚至認為維他命雖服用過量，也沒有任何傷害。[51] 當時中醫也注意到維他命的知識，沈仲圭在醫報上還主持刊載各種維他命對衛生學上的價值。[52]

當時不少醫學刊物報導，飲食雖山珍海味，但沒有維他命，也只是敗絮，缺乏一種維他命，立刻就產生許多其他疾病。若以一種疾病可以用一種維他命治癒，則其價值之高貴，勝於任何物質。也指出當時科學

46　群言，〈榮養學中維他命之價值〉，《軍需雜誌》，第 11 期（1930），頁 15-27。

47　不著撰者，〈益智叢錄：維他命之分類〉，《通問報：耶穌教家庭新聞》，第 1110 期（1924），頁 12。

48　Smith, Sybil. L 著，熊其毅譯，〈食品中之生活素（附表）〉，《自然界》，第 5 卷第 8 期（1930），頁 727-728。

49　不著撰者，〈維他命是什麼〉，《時兆月報》，第 25 卷第 6 期（1930），頁 30。

50　薛德焴，〈秦始皇求靈藥即為生活素問題〉，《自然界》，第 4 卷第 5 期（1929），頁 480。

51　黃鳴龍，〈維太命之分析〉，《醫藥學》，第 6 卷第 4 期（1929），頁 38-41。

52　沈仲圭、張心弼，〈衛生叢談（續七號）維他命〉，《三三醫報》，第 4 卷第 11 期（1926），頁 23-26。「三三」之名，取自「以醫者須讀三世醫書、求三年之艾，方能三折其肱」，故名為「三三」，為一近代中醫社團，創辦人裘慶元（1879-1948），字吉生，浙江省紹興人，曾擔任《紹興醫藥學報》編輯之一（另兩位是何廉臣和曹炳章）。1921 年他遷居杭州，復成立三三醫社，並於 1923 年創刊《三三醫報》。

進步，未來展望能以維他命口服或注射來達到治療功效，遠遠超過已有醫藥可治療之願景。[53] 至 20 年代末，南通大學醫科畢煥奎，指出維他命缺乏與疾病關係密切，其重要性在於：

> 富家翁日進珍饈，求所以滋養身體，而反不若農工專攝取粗食野菜之身體強壯者，維他命攝取量之多寡，實為一大原因。更證諸家畜如豬羊等，倘僅飼以白米之殘飯殘粥，將立見其發生種種之病變，轉不若飽以飽以秕糠、芻、蕘等之發育佳良也。蓋野菜、雜草之維他命整個含量，較諸白米細麵為多，故吾人對於身體營養上，除宜注意蛋白質、脂肪、含水炭素、無機鹽類之適量攝取外，尤必須注意維他命之充分攝取。[54]

在後面加了維他命後，就成了「五大類營養素」，正式誕生。很多專業的文章，主要都在分析天然食物中的哪種維他命含量多少，[55] 或是介紹西方實驗的狀況等等，這是全新的知識。[56] 它一開始被介紹時，多用歷史上航海者缺乏維他命 C、士兵缺乏維他命 B 而罹患腳氣病的例子來說明，主要是要說明日常所攝取的食物、營養和疾病之間的關係。[57] 關於實驗的部分，當時也有不少文章介紹。外國維他命的各種介紹，不涉及藥品，大多是實驗之介紹，而在實驗中也會介紹療效，後來逐漸轉變，才勾連到藥品與商品。例如同德大學醫科的講師葛拉教授透過翻譯，介紹維他命又稱營養上的 Hormon，是一種觸媒的角色，

53　磐石安，〈維他命究為何物？〉，《廣濟醫刊》，第 3 卷第 2 期（1926），頁 30-33。
54　畢煥奎，〈維他命〉，《醫藥評論》，第 10 期（1929），頁 22-23。
55　程瀚章，〈食品中乙種生活素之分佈〉，《新醫與社會彙刊》，第 1 期（1928），頁 426-427。
56　周振民，〈胎兒與維他命 A〉，《科學月刊》（上海），第 2 卷第 6 期（1930），頁 183-189。
57　張為儒，〈益智叢錄：維他命〉，《通問報耶穌教家庭新聞》，第 1051 期（1923），頁 18。

是將身體裡的食物經作用整合起來，扮演促進的角色。[58] 關於療效之介
紹，紐約醫者賽氏與布氏（Shernan and Burtis）以田鼠作實驗，研究確
認維他命 A 可以給予動物極強的抵抗力以抵抗一切的傳染病。[59] 還有維
他命可以降低癲病傳染的機率，可治療與預防癲病，但也只提到鼠類實
驗。[60]

　　當時報刊上有不少食物中維他命成分的對照表，有些甚至會載明各
種療效。[61] 這些食物表很多也是來自外國的實驗報告，例如英國醫術研
究委員會（British Medical Research Committee）所發布之「食物含維
他命量表」。[62] 分析起來，1920 年代有論述各種維他命的療效，包括維
生素 A 可增強抵抗力和預防感染、舌頭基底生膿瘡；缺乏它容易罹患
眼病、結膜與角膜乾燥症、小兒體重減輕、食慾減退、對疾病抵抗力
變差、脾疳（營養吸收障礙）。[63] 各種維他命缺乏的病症，也一一被研
究清楚，又如維他命 B（當時外國還有用 F 或 G 來表示的）可抗神經
炎、神經衰弱、腳氣、增進食慾，也能抗細菌之傳染、哺乳所需之營
養。維他命 C 則可抗壞血病、成人風濕病、血管破裂、牙齦疼痛、骨
骼牙齒脆弱。維他命 D 則可抗軟骨病，又稱「英國病」；[64] 而外國最新
的研究，對每一種維他命的細部研究都有論述，例如維他命 D 對治療

58　葛拉，梁俊青翻譯，〈維太命及其對於醫學上之要點〉，《新同德》，第 1 卷第 5 期
　　（1925），頁 39-40。
59　黃勝白，〈醫林新識：維太命甲（維生素 A+Vitamin+A）有抵抗傳染病之功能〉，
　　《醫藥學》，第 6 卷第 2 期（1929），頁 48-49。
60　不著撰者，〈他命能防止癲病之傳染〉，《科學》，第 15 卷第 2 期（1930），頁 303。
61　不著撰者，〈維他命 Vitamin 之究研（附表）〉，《軍需雜誌》，第 5 期（1930），頁
　　55-64。
62　張伯豪，〈最近生理化學之進步附維他命說〉，《農聲》，第 133 期（1930），頁 11-
　　24。
63　李慎微口述、沈鼎鴻記錄，〈維太命（生活素）與小兒疾病〉，《南洋醫學院季
　　刊》，第 1 期（1930），頁 3-14。
64　黃勝白，〈維太命（Vitamin）研究之新成功〉，《醫藥學》，第 4 卷 8 期（1927），
　　頁 45-48。

肺結核有效，患者肺部組織結疤，病灶退化，盜汗停止，體重也增加，咳血或痰症減少，甚至消失，死亡率確實下降，但對於續發性的貧血病沒有幫助，而且若服用過量，可引起嘔吐、白血球過多、食慾缺乏等副作用。[65] 但大部分的研究還是報導正向的治療效果。最後，維生素 E 則可抵抗不孕症，最不易取得，且當時流行之商品魚肝油中也沒有該營養素；[66] 該營養素的實驗與發現也是 1920 年後中期以後，基本上還算很新的知識，由於它與生育能力密切相關，所以當時也叫「生殖素」，缺乏它會導致睪丸、卵巢萎縮、性慾缺乏等症，所以它在被介紹時也有「生殖素」一詞。[67]

關為其性質，維他命最怕烹煮與加熱。若以罐頭肉餵養動物，則動物將死亡。每種維他命對應的食品、含量和缺乏導致的疾病，都有論述。[68] 對身體發育之影響和數種疾病的治療上，確實有意義，但知其然不知其所以然，大部分的化學成分人們是不明瞭的，只知道烹調過度或太過精緻，反而無法得到維他命。[69] 這也牽涉到接下來的問題：療效雖被一一證實了，但維他命很容易被外界物理或化學因素破壞，怎麼提煉出精純的維他命，就成了另一個重要的問題。當時翻譯外國的維他命化學提煉法指出：

> 提純淨之維他命，其困難在於含維他命之原料，其品性複雜，維他命之存量頗微，且極易於試驗時為試藥所破壞。而最困難之點，則在無可靠之化學試驗，以驗其存在與否，致

---

65 愚公選錄，〈海外新聲：用維他命 D 治療開放性肺結核〉，《新醫學》，第 1 卷 6 期（1930），頁 41-42。

66 Smith, Sybil. L 著，熊其毅譯，〈食品中之生活素（附表）〉，《自然界》，第 5 卷 8 期（1930），頁 727-744。

67 忻介六，〈生殖素維他命 E 之解釋〉，《東方雜誌》，第 27 卷 9 期（1930），頁 98-100。

68 朱善恒、顧寅，〈維太命〉，《同德醫學》，第 3 卷 6 期（1922），頁 37-43。

69 楊佚，〈維太命〉，《廣濟醫刊》，第 6 卷 11 期（1929），頁 6-8。

提淨之步驟，無從節制而加以改進。現今所用之試法，僅以
豢養家畜為間接之試驗，所需之時間頗多，而結果又不能一
致可靠。[70]

　　這則報導指出，在 20 年代中即使是外國先進的技術也很難提煉出
純淨的維他命。維他命雖已發現近三十年，各國有機化學家和生理學都
不斷進行研究，但其實維他命的化學分子構造仍不清楚，對人體與獸類
之生理功用，「亦屬茫茫難測」，而且大部分的實驗，都還停留在老鼠
的試驗，引用的外國研究也超過一半都是近三年的，基本上仍處於「實
驗」階段。[71] 當時對許多維他命的化學構造還不甚清楚，只知道維他命
有數種，皆不能互相替代，有化學和理學的特質以及動物實驗之展開，
但沒有人體的實驗。[72] 所以到了 30 年代開始之際，「各種維他命在動物
體內究竟如何生理作用，現今不明之點尚多。」仍多臆測之語。[73]

　　這一切還導源於維他命的保存非常困難，極不穩定又容易破壞，類
似罐裝食物，只要一經消毒作用，維他命就被破壞。只有維他命 A 的
保存較為容易，維他命 B 也可存在乾燥之麥粉中，維他命 C 的保存則
較為困難，並言目前要讓它製成可攜帶而穩固的成分，仍無法成功。孫
繩武認為，市面上所售之維他命製品，特別是醫藥類，常說其含量甚豐
富，但其實「亦不過數兩青菜所能供給之量爾」，即使有人說可以純化
提煉並保存，他是不相信的。[74] 又像是維他命 E，確實證實有抗不孕症
的效果，但是提煉、分離法極難，花費許多時間與金錢，卻只能得到微

70　Dr. Atherton Seidell 著，王葆仁譯，〈維他命之化學（附圖）〉，《科學》，第 11 卷 8
　　期（1926），頁 1081-1097。
71　薩本鐵、李贊文，〈饑渴與缺少乙種維他命症之比較〉，《清華學報》，第 6 卷 2 期
　　（1930），頁 63-70。
72　，〈生活素（Vitamine）維他命〉，《河南中山大學醫學季刊》，第 1 卷 1 期
　　（1930），頁 87-92。
73　群言，〈榮養學中維他命之價值（續）〉，《軍需雜誌》，第 12 期（1930），頁 4-11。
74　孫繩武，〈維他命之保存法〉，《農業叢刊》，第 1 卷 4 期（1922），頁 1-4。

量。[75] 在 1930 年被介紹日本方面的研究，已指出能提煉出維他命 B，但是「欲使之純粹，則甚困難」，尚在發展中，只有維他命 A，已能提出有效成分，大概就在 1930 年代前後。[76] 但其實在 1932 年，Chichester 才第一次合成維生素 A，這種替代素不是真的維生素 A，而是碘、鐵、麻油酸的混合物。1935 年 Zucker 則從鱈魚肝油中提煉出維生素 D 等，可以看見，維他命和荷爾蒙等補藥一起大量出現於中國 30 年代的報刊中，都跟西方的種種發明有關。[77]

當時中醫也指出：「維他命一名，實有物在，非空想也，將來之研究，或有人造維他命出，亦未可知也。」[78] 可見在 20 年代中，至少在中國，尚無或極少人造維他命的商品。只是，因維他命之發明歷史極短，「且以各國文字不同之故，進步甚遲，深奧微妙之處，為我人所不知者，當在不少，其在食料中含量雖微，而其關係於我人之營養與健康者，至重且大，故我人如欲保持健康，圖生活愉快，自當從此研究。」大體維他命很重要，但含量稀少，所以各國的科學家都努力想要提煉出精純、高濃度的補充品，此趨勢在 1930 年代後，才真正逐步實現。[79]

四、作為「商品」的維他命

既然純淨的維他命在 1920 年代不可得，那何來「商品」之有？有一種是食品中含維他命的廣告，這倒還不算是維他命商品，只能用說是借用維他命概念而已。一則報告指出，牛奶中含有各種維他命的含量，

75　劉雲青，〈抗不姙性「維他命」E〉，《社會醫報》，第 125 期（1930），頁 1214-1216。

76　群言，〈榮養學中維他命之價值〉，《軍需雜誌》，第 11 期（1930），頁 15-27。

77　吳瑞年，《化學發達史》，頁 123。

78　沈仲圭，〈衛生叢談：維他命提要〉，《三三醫報》，第 4 卷 14 期（1926），頁 23-25。

79　王良寄，〈說維他命（迂錄博士演講詞）〉，《醫藥學》，第 3 卷 9 期（1926），頁 41-44。

為所有食物中之最。歐美人以鮮牛奶為主要食料之一，畜牧業重視餵養。中國的牛種下賤，飼養無方又不重視衛生，鮮牛奶多汙穢不堪，大部分嬰幼兒疾病都是因為牛奶不良所致。近代科學家用奶粉來代替，但該品在製做時的高溫殺菌、成形，卻會破壞牛奶中的維他命。話鋒一轉，談到「寶華乾牛奶」運用最新技術，減少熱度對牛奶之損害。雖為專論，卻有行銷之實，[80] 這篇文章也在同年刊載於《家庭雜誌》上。[81] 另一篇文章指維他命乃人生不可或缺之營養。牛奶中所涵之維他命最多，但舊式方法所製造之奶粉與煉乳，製造不得法，使得牛奶中的維他命都被摧毀殆盡。「寶華乾牛奶」運用新的製法，「絕無燥熱獲不消化等弊因」，而且保存了充量的維他命。[82] 此外，有人建議像米糠本身就含有維他命，指出米糠可以補血、理濕，治療貧血和水腫症，並建議商人可以將米糠和白糖炒在一起，放入鐵罐中銷售，成為一種可以和外來商品對抗之舶來品。[83] 這些產品雖非純淨的維他命提煉藥品，但已充分運用維他命的功效來作為廣告，而且融入科學製作的元素來作為宣傳。

　　另一個 1920 年代的顯例是一個叫做「百齡機」的補品。我們先看一則廣告，商品廣告先介紹維他命 C 可以抗敗血病，是維持循環器健康之要素。接著談到「百齡機」中含有充分的維他命，適合男女老幼服用。[84] 另一則相同產品的廣告，則先引外國學者對維他命的研究，說明維他命若食不得法，則會變成「磨他命」。其原因在於「世人不知養生之道，常使食品中維他命消失，而變為磨他命，雖日服極滋養之食品與種種補藥，其結果反不能健康。」又說：「服百齡機後，能使食品

80　李元信，〈常識：論維他命（即生活素）〉，《廣濟醫刊》，第 2 卷 8 期（1925），頁 1-4。
81　曾楊蘭因，〈論牛奶與維他命（即生活素）〉，《家庭雜誌》，第 1 卷 1 期（1925），頁 48。
82　上海申報館編輯，《申報》，1926 年 8 月 15 日，第 19 版。
83　賴序樂，〈製生活素液之管見〉，《廣濟醫刊》，第 5 卷 10 期（1928），頁 11-12。
84　上海申報館編輯，《申報》，1925 年 12 月 18 日，第 3 版。

入胃，製造多量之維他命，以健旺精神、增進食量，不必半月，眼皮
下之血色，必較未服時鮮紅。男則髓固精厚、女則種子調經，皆有正
確之實驗，此即百齡機能製造維他命之鐵證也。」人人宜服可治療，
宣稱：「人體中有何種病症，彼即治癒何種病症，無病者服之，則使腦
力體力，發達壯健，永不生病，防止衰老」、還可治「久病氣血兩傷，
如不補必成虛損，服百齡機，復原甚易。」廣告也稱會逐日換廣告刊
登。[85] 不過，特別的是此處又有一則同商品的廣告：早婚真陰告竭、精
液稀薄、氣血兩虧、腎水涸竭。男則陽痿、女則血枯，生育絕望。宣稱
「百齡機」可以滋補真陰以強腎、補肝血。[86] 這兩者雖都是「百齡機」，
但後者卻沒有運用維他命的現象。這之間的新舊話語比較，饒富趣味；
更重要的是，上節所言：維他命所能治療的疾病，其實和上述傳統病症
都不相符，所以可以這樣說，維他命帶給人們新奇、科學則帶來新藥品
的信任感；但人們所擔憂的，仍是傳統疾病話語下所建構的身體觀，混
雜在一起，才會展現如此之不協調感，但當時人卻認為「理所當然」的
廣告詞。另外，一則廣告說明，人體營養成分應求均衡，有一位胡宣明
博士，曾寫過衛生方面的專書《攝生論》，表明是衛生專家所言。說明
食品中有一種維他命，但並沒有說明是哪一種，但透過烹煮，往往會使
其失去效用。但是科學化的藥品「百齡機」，經提取後只有維他命的精
華，沒有火候太過或失去效用之弊端。[87] 若對照本文上節所述，1920 年
代根本不可能有純淨的藥品，故此廣告可謂誇大不實。

　　1920 年代比較為人所熟知的維他命商品，大概非魚肝油莫屬。早
在晚清之時，魚肝油已能夠治療癆疾、氣弱體虛和常患傷風感冒之症的
相關知識，已被介紹到中國。[88] 後來的研究指出：以動物餵食試驗法，

85　上海申報館編輯，《申報》，1924 年 5 月 14 日，第 3 版。
86　上海申報館編輯，《申報》，1926 年 8 月 15 日，第 4 版。
87　上海申報館編輯，《申報》，1925 年 9 月 3 日，第 6 版。
88　艾約瑟，〈格物雜說：魚肝油療勞疾〉，《格致彙編》，第 2 卷春季號（1877），頁
　　16。

發現甲種維他命在魚肝油、牛乳及數種青菜中。乙種維他命，則多存於蛋黃、青菜及胚芽中。丙種維他命，發現數種果汁，如檸檬汁，橘子汁，及新鮮青菜中。丁種維他命，則於魚肝油中見之。[89] 大體可見魚肝油內含有的維他命 A、D。但是魚肝油卻成為商品，雞蛋只是食料，其間的差異，就在於商人對魚肝油療效之包裝。魚肝油因是油性，像是維他命 A 雖無法提煉出濃厚之藥品，但溶於油後保存較容易，故在魚肝油內可穩定保存數年之久，這是魚肝油含維他命的可信之處。[90] 當時有關魚肝油的報導與介紹不少，一篇文章指出，魚肝油的食用歷史很早，對人體有益，世界所公認，只是其功效之 [91] 科學性，在維他命被發現後，漸漸有了科學證據。可惜的是該產品有油膩、阻礙消化和腥臭的特質，應該加以改良，若加入麥精後，則更臭，半數的使用者都不能忍受。但本篇也只講魚肝油維他命 A 豐富，對癆病有所幫助。[92] 一般廣告有時也只強調魚肝油的維他命 A。[93] 這邊就指出魚肝油有腥臭的特質，所以當時很多商品都會強調經過提煉。

再舉幾個當時魚肝油的例子，讀者更可以知道當時魚肝油的興盛情況。例如上海中西大藥房所賣的「維他命麥精魚肝油」，宣稱大部分的魚肝油是用鰵魚，也用了腎虧精竭這樣傳統醫學的話語，其他還包括虛弱、乏力、衰老、血枯、產後失調、脾胃不和等幾個民國時期常見之病症。[94] 「寶華鰵魚肝油」除了有充分的維他命，可以培養神經、抵抗疾病、增進健康、智力等等，「對於營衛滋補獨多也」，也是訴諸中國人

89 姜維生，〈禮來可哥維他命 COCO Vitamin, Lilly〉，《廣濟醫刊》，第 3 卷第 7 期（1926），頁 4。

90 簡可成，〈國外養雞珍聞：鮮卵所含的維他命〉，《中國養雞雜志》，第 2 卷第 4 期（1929），頁 38-39。

91 孫繩武，〈維他命之保存法〉，《農業叢刊》，第 1 卷第 4 期（1922），頁 2。

92 汪於岡，〈魚肝油之利弊及其改良法〉，《醫藥評論》，第 16 期（1929），頁 9-10。

93 不著撰者，〈禮來最上清魚肝油〉，《廣濟醫刊》，第 7 卷第 3 期（1930），頁 50。

94 上海申報館編輯，《申報》，1929 年 12 月 24 日，第 1 版。

喜歡進補的心理作用。[95] 集成藥房也有製造麥精魚肝油，都會強調無腥味、好消化，避免了一般人對魚肝油不好的印象。針對傷風咳嗽、痰核、瘰癧、體弱血薄、咳血盜汗等，均有奇效，常服可以強壯筋骨、肺力。[96] 地球老牌麥精魚肝油含極富之生活素與種種滋養之成分，更有強固筋骨之鈣質，常人服之，建胃增食，養成壯健肢體，老人服之，氣血兼補，嚴冬不怕寒冷，童子服之，強固筋骨，樹強壯之基。[97] 不是廣告，在報刊上還介紹鱈魚肝油和嬰兒的關係。一篇文章指出，藥用魚肝油一般都是使用鱈魚（Gadus）之肝中，含維生素 A 與 D，A 刺激發育並增加身體免疫力，D 則與鈣的新陳代謝有關，所以有助牙齒與骨骼之發育，頂多如此。[98] 另一篇文章指出：每年冬季 11 月到 2 月間，日光照射不足，不足以照顧嬰兒生命發育之元素，所以在冬天，嬰兒常患傷風、嗆咳、肺炎、軟骨等症狀。故此時應服用魚肝油，因為它可以保護健康免受傷風、肺炎之傳染，增進抵抗力，預防軟骨症，但該文倒是沒有談是維他命的功效。[99]

　　另一種商品是稱「維他命」，但其實就是以魚肝油為主成分。例如美國禮來藥廠出產的「禮來可可維他命」，稱其含魚肝油百分之四十，具多量維他命，而且強調外國藥廠的標準試驗，先進化學技術。該廣告談到：「設食物中維他命不足，即呈病的現象，如不能長育、體重減輕、眼乾燥病、胃口不佳、腳氣病、壞血病、軟骨症等事。且與人體之內分泌組織有密切關係，人當病時，或病方痊癒之時，食量銳減，勢必不能得相當之維他命，對於此類病者，有標準而濃厚之維他命出品，其

95　上海申報館編輯，《申報》，1926 年 8 月 15 日，第 19 版。
96　不著撰者，〈集成之麥精魚肝油〉，《商業雜誌（上海 1926）》，第 1 卷第 2 期（1926），頁 1。
97　不著撰者，〈地球老牌：麥精魚肝油〉，《世界醫報》，第 1 卷第 5 期（1930），頁 36。
98　阮其煜，〈餘之刪薉呈菁錄：魚肝油〉，《廣濟醫刊》，第 2 卷第 6 期（1925），頁 13-14。
99　不著撰者，〈鱈魚肝油與嬰兒〉，《衛生月刊》，第 1 卷第 1 期（1928），頁 21。

重要與藥物相等，嬰兒孩童，又為需要。」經化驗保證，維他命含百分之四十，有維他命 A 與 B 在內，另含麥精、亞磷酸鉀，另加可可與香料，調製得宜，芳香適口，沒有一般魚肝油難以下嚥之苦。可治療軟骨症、滋養不足、傷寒後虛弱症、腳氣病、肺病及「一切諸虛百損」，則同樣使用了傳統的疾病觀念。[100] 另一個國產魚肝油的例子是一位知名的德國柏林大學醫學博士江逢治醫生所創設之上海江逢治化學製藥公司，該醫宣稱他是中國留德的第一位醫學博士，他鑒於舶來西藥每與華人體質不合，必須自行配製國藥發售，因組織該公司，先後配製發售專治肺癆藥水、潤肺咳嗽藥水、百補強身血等藥，「業已風行全國，遠銷美洲」。他發現麥精魚肝油為世界各國人士公認為補品之王，沒有過於滋補與不及之弊，強調特地採用上等國產麥精與挪威鱉魚肝油，聘請著名藥劑師精心提煉配置麥精魚肝油。功能潤肺止咳，補血生津，治療療虛培元固本，而且美味可口，毫無腥氣；還指出傳統冬令進補的時刻，「需補者尤多，且以該麥精魚肝油為最滋補之上等國貨，購者尤為踴躍。」[101] 則可見魚肝油等相關商品在 1920 年代的興盛。

　　持負面觀點的言論不是沒有的，報刊上記載聶子因的孫子因誤服魚肝油而致病的醫案。說到：「上海等埠，紛華靡麗，俾晝作夜耗人精神，陰虛之人，多有虛炎，故間服鱉魚肝油，雖無甚益亦無甚損若無虛炎者服之，則亦唯覺肌肉見浮腫睥腎漸敗而已，陽虛之人，或加體寒有痰，則服之往往委靡而尋至於至於致命，蓋其性寒而又凝也。」聶的長孫素體本虛弱，感寒即發痰哮喘，結果親戚勸服鱉魚肝油，可以補身體。其長孫購服之，「每日一匙，服至數日，漸覺神疲體倦不能支持，飲食減少，更進而嗜臥，更進而氣欲脫，更進而發笑似神經病，更進而

100 姜維生，〈禮來可哥維他命 COCO Vitamin, Lilly〉，《廣濟醫刊》，第 3 卷第 7 期（1926），頁 4-5。
101 不著撰者，〈商業新聞：麥精魚肝油效宏銷暢〉，《商業雜誌（上海 1926）》，第 2 卷第 1 期（1927），頁 1。

耳熱頰赤。夫嗜臥，油裏寒痰凝脾也。氣欲脫，油裏寒痰凝肺也。發笑，油裏寒痰凝心也。耳赤，油裏寒痰凝腎也。頰赤，油裏寒痰凝於肝膽也。」聶子因指出，他有不少相關友人都因誤服鱉魚肝油補身而「抱病經年」，所以「談及鱉魚肝油之害人猶共切齒」。[102] 該論以中醫的觀點來梳理魚肝油之害，但在當時的中醫界，這樣的反對聲音還是比較少的，或許魚肝油大量使用傳統中醫的術語，也減低了中醫對該商品的負面印象。

魚肝油帶給大家對健康、治病的想像還不夠吸引人，人們總是相信科學能夠提煉出更有效、便利且純淨的藥品。或許在 1920 年代還可以舉「三德維他命」為例。該藥的廣告指出並宣稱，它是第一個實際粹取成功的維他命補品，並建構在古人茹毛飲血，所以維他命不致受破壞，但是後來習慣熟食後，維他命也被破壞，遂導致許多疾病。正是因為維他命容易受環境、化學因素之影響，所以從食物中提取維他命的技術，正是科學界亟待突破的問題，而「三德維他命」正是，第一個提取成功的實例。[103] 這個維他命的廣告，可以看出其行銷策略的不同，例如談到缺乏維他命所導致的病症，包括貧血、骨軟、痀僂、腳氣、夜盲、老衰、便秘、風濕、糖尿病、失眠、缺乳、神經萎靡、妊娠後虛弱、發育不全、元氣虧損、抵抗力衰弱、新陳代謝機能不健全。經過實驗，單單補充蛋白質、脂肪，就會導致上述病症。只需補充維他命，上述病症就都會消失。「三德維他命」指出，蔬菜中的菠菜、牛奶、鰻魚，都含有多量之維他命，但是一經熱度、壓力、乾燥等因素，就會損壞。至於市面上所賣的魚肝油，雖然含量豐富，但是「常服則損害腸胃」，而且又有腥臭等特性，不好入口，所以經科學提煉的純粹維他命，可避免此缺點。[104] 由這些論述可以發現，與傳統魚肝油不同，新式的維他命藥品多

---

102 聶子因，〈鱉魚肝油之商榷〉，《中醫世界》，第 2 卷第 8 期（1930），頁 38-39。
103 上海申報館編輯，《申報》，1929 年 6 月 17 日，第 15 版。
104 上海申報館編輯，《申報》，1929 年 5 月 22 日，第 15 版。

強調西方的病理學和實驗的結果，而他們訴求的療疾多是從實驗報告上得來的，而非腎虛、缺精這類傳統話語。不過，上節已有說明，這些實驗多是動物實驗，並未確知真正的療效，只要一有新的實驗，藥商立刻會將之轉變成廣告用語來行銷，例如同商品廣告，即引用外國科學家洪特氏（Rold Hunt）用老鼠實驗服用維他命的差異，發現餵食維他命的老鼠可以有效抵抗外界之毒物和傳染病，而其實該研究是真實的，也曾為當時的醫學期刊所報導，但也指出細部的機轉還不明朗。[105] 但該則廣告仍引申、擴大解釋說常服用「三德維他命」，可以免染鼠疫、霍亂、腦膜炎等一切恐怖的傳染病。[106] 該藥在另一則廣告中還挑戰傳統的補養觀念，指出：「即使每天吃山珍海味或傳統的人蔘、鹿茸，缺乏維他命，也不能維持一個正常之生命。」而且有說名老式的魚肝油所含維他命量仍太少，最多的魚還是鰻魚，故「三德維他命」即用科學方法將鰻魚中的維他命提取出來。這則廣告刊載於報上「家庭萬病自療顧問欄」中，雖然是廣告性質，但仍可見這類新藥品對形塑日常消費與家庭衛生觀念所帶來的巨大作用。[107]

　　維他命作為商品，還有一些是加入食品中的例子。例如宣稱是維他命乙的結晶食品「味奇」。廣告中只說維他命有甲、乙兩種，植物中的蔬果含有豐富的維他命乙，能強筋骨健身體。「味奇」為新發明的、從植物中用化學發酵法提煉出來，能開胃助消化，還含有鐵質可以補血。其實該商品很像是味精，其廣告宣稱煮飯調味、拌麵、拌菜，對小孩、病人等都可以發揮強筋骨、恢復元氣的功用，甚至能治療便秘和糖尿病，因為這兩個病症的病源就是缺乏維他命乙，[108] 這是將維他命加入食品內以作為商品的例子。另外就是「維太命牛肉汁」，指出兒童生而孱

105 Casimir Funk and Harry E. Dubin，張輔忠，〈生活素研究之進步〉，《同德醫藥學》，第 7 卷第 5 期（1924），頁 32-37。
106 上海申報館編輯，《申報》，1929 年 5 月 30 日，第 8 版。
107 上海申報館編輯，《申報》，1929 年 7 月 14 日，第 19 版。
108 上海申報館編輯，《申報》，1927 年 8 月 27 日，第 18 版。

弱者，服此可以轉弱為強，如在發育之際調養得宜。也可成為強壯之青年，則是以身體之生長發育為訴求。[109] 但在 20 年代，維他命添加入食品的情況還不常見，要到 30 年代才開始增加；而且，20 年代維他命的提煉技術根本不純熟，只能說誇大的成分居多。

五、結論

有關近代中國的文化史，藉用報刊資料和廣告文字來梳理各式主題，早已蔚為風尚，但本文必須指出，真正好的研究，不能只就廣告文字論廣告，也不能一概視廣告為「真」或「假」，分析廣告要有技巧，必須能藉由廣泛的閱讀分析來找出其中的問題，說明一時代的觀念和科技演進之狀況，才能真實反映歷史，也是運用報刊資料的重要方法。

經過本文梳理，大概可以理解 20 年代作為「商品」的維他命，至少有魚肝油、維他命補充劑或添加至食品內，如牛肉汁等幾個商品實例，但一來當時技術根本不可能提煉出純淨的維他命，即使是魚肝油本有口碑，不需特別強調，但在維他命知識剛進入中國時，有些魚肝油的廣告未必會強調它添加了維他命。但當維他命的知識漸漸被建立之後，魚肝油廣告就不斷強調它含有「維他命」，但其實也不過也只有 A 和 D 比較穩定而已，但當時這類商品多廣泛運用「維他命」三字，很少加以分類；而且把所有當時一般民眾懼怕的疾病預防與治療，不論中西新舊，都賦予在商品的廣告中，這中間的誇大，[110] 醫學理論知識和商品療效二者之間的巨大差異和錯置，還是顯而易見的。

109　上海申報館編輯，《申報》，1929 年 5 月 22 日，第 9 版。

110　上海（雙獅牌）羅威公司國藥「麥精魚肝油」，出品申請人寫著該公司經理「黃磋玖」，筆者懷疑即民初造假藥高手黃楚九的別名。引自不著撰者，〈審定商標第七六一一號，專用商品：第一類，麥精魚肝油〉，《商標公報》，第 44 期（1930），頁 1。有關其人滑頭事蹟，可參考張仲民，〈晚清上海藥商的廣告造假現象探析〉，前揭文，頁 189-248。

　　其次是維他命添加進入食品內和製做成純粹補藥的形態，在當時仍是少見的。一來因為 20 年代維他命的觀念尚在發展中，不能與 30 年代更加興盛的情況相比，其次就是提煉萃取之技術尚無重大突破，故純粹以「維他命」來命名的商品，還不算太多，這是正常的情況。此外，順著這個趨勢可以解釋的是，維他命因為還在發展中，人們多對其未來效益抱持樂觀的態度，所以相關負面報導較少，20 年代所見，寥寥二條，既然研究不足，當然較少談其弊病。僅有外國研究指出，大量服用魚肝油而未添加維他命 B，即呈現營養不均衡之中毒現象，例如心臟受損、筋肉發生褐色萎縮及筋肉細胞退化。但刊載該篇文章的《中西醫學報》卻不一定為一般讀者所熟知，也沒有在報紙中呈現。[111] 當時也有報導 H. M. Evans 在給老鼠餵食純粹的維他命 A、B、C、D、E 食物後，發現老鼠並沒有發育得特別好，應該是缺乏其他天然食物的營養所致。[112] 當時有部分報刊會介紹，例如食用動物的肝臟也能補充大量的維他命，可以治療癆瘵，[113] 但是否人的心態總認為要服點藥品，而不是光吃食物即可？這可能是一種觀察藥品市場不斷推陳出新的切入視角，而且藥商在宣傳上，總是能用傳統或更日常、民眾較容易理解且擔憂的疾病話語作為宣傳，更能取得消費者的青睞。維他命的歷史，使我們對現代食品和藥品交會下「衛生」的知識史與內涵，有一更全面之理解。很多維他命商品和「藥品」的界線是非常模糊的，它們不只可以保健，甚至可以治療許多疾病，這也是現今醫藥廣告上常看到的現象（食品雖不能宣稱療效，但商人可能總是希望引導消費者作如是想），因此本研究可供我們反思現在所處的社會與文化，各種形塑健康商品的知識話語及其背後可能之源頭，能使閱讀者用歷史與文化的眼光，來分析科學知

111　丁錫康〈魚肝油與維他命〉，《中西醫學報》，第 9 卷第 8 期（1927），頁 4-5。

112　不著撰者，〈新維他命的發見〉，《學生雜誌》，第 15 卷第 11 期（1928），頁 49。

113　天鳥，〈「維他命」為食品中之一要素〉，《中華醫學雜誌（上海）》，第 5 卷第 2 期（1919），頁 101。

識和健康商品背後的「真相」，則本文又不失有其現實意義與價值的層
面。